湖南省文物考古研究所 编

湖南考古辑刊

Journal of Hunan Archaeology

第13集

科学出版社·北京

内 容 简 介

《湖南考古辑刊》是湖南省文物考古研究所编著的以湖南地区考古学发掘与研究成果为主，兼顾国内外考古学研究的一套集资料性与学术性于一体的系列学术文集。

本书为丛书的第13集，收录12篇考古发掘简报和8篇研究论文。简报内容涵盖药王洞遗址，周家岗遗址，老爷台、高坪、木马岭遗址，车轱山遗址，老鸦洲遗址，龙祖山战国、汉墓，赤蓝桥东汉墓，狮北汉墓等考古新资料。研究论文涉及湖南地区史前和历史时期考古学文化研究、秦简研究、植物考古研究及考古科技等方面的研究和探讨。

本书可供考古学、历史学等学科研究者及高等院校相关专业师生阅读、参考。

图书在版编目（CIP）数据

湖南考古辑刊. 第13集 / 湖南省文物考古研究所编. —北京：科学出版社，2018. 12

ISBN 978-7-03-060248-0

Ⅰ. ①湖… Ⅱ. ①湖… Ⅲ. ①考古–湖南–丛刊 Ⅳ. ①K872. 64-55

中国版本图书馆CIP数据核字（2018）第289773号

责任编辑：王光明 / 责任校对：邹慧卿

责任印制：肖 兴 / 封面设计：张 放

科学出版社 出版

北京东黄城根北街16号

邮政编码：100717

http://www.sciencep.com

中国科学院印刷厂 印刷

科学出版社发行 各地新华书店经销

*

2018年12月第 一 版 开本：787 × 1092 1/16

2018年12月第一次印刷 印张：21 插页：26

字数：575 000

定价：158.00元

（如有印装质量问题，我社负责调换）

《湖南考古辑刊》编辑委员会

目　录

考古新发现

探索与研究

科技考古

金石锥指

CONTENTS

Inscriptions Study

考古新发现

湖南花垣药王洞遗址考古发掘简报

湘西土家族苗族自治州文物管理局
花垣县文物管理局

［摘　要］　2011年湘西土家族苗族自治州文物管理局对边城镇药王洞进行了旨在究明洞内有否人类文化遗存的小规模试掘。2015年，为配合江滨旅游公路建设，对药王洞遗址实施了抢救性发掘。史前文化堆积分上下两部分。下部堆积属旧石器时代晚期；上部堆积包含新石器时代早期的文化要素。发现挡土墙遗迹1处。出土打制石器61件，磨制石器1件，以及熊、牛等动物化石。

［关键词］　药王洞遗址；动物化石；打制石器；磨制石器；旧石器时代晚期及新石器时代早期

1999年12月至2000年1月，为配合茶峒镇（现边城镇）边贸大街的建设，湘西土家族苗族自治州文物管理处（现湘西土家族苗族自治州文物管理局）在工程建设范围内开展了抢救性发掘，并在更新世晚期地层中发现了多件打制石器。根据这一线索，考古工作人员对周边区域展开了考古调查，在发掘区西约500米处发现一洞穴——药王洞，并采集有野猪、豺、竹鼠等动物化石。2008年5月，湖南省文物考古研究所袁家荣所长与湘西土家族苗族自治州考古专业人员再次调查药王洞，又采集到少许动物化石标本。鉴于该洞穴保存状况和地理位置的特殊性，湘西土家族苗族自治州文物管理局继2011年对该洞穴遗址开展试掘之后，2015年为配合地方基本建设又进行了抢救性发掘，现将两次发掘情况一并报告如下。

一、遗址概况

药王洞遗址位于花垣县边城镇隘门口村十二组，处清水江右（东）岸一级阶地，马鞍山西麓，地理坐标为北纬28° 30′ 43″，东经109° 16′ 26″，海拔317米。南距中国边城百家书法园约100米，西与重庆市秀山县洪安镇隔河相望，距清水江24米，现洞口与河床落差15米，坎下为村道，古时为茶峒通往川、贵的官道（图一；图版一，1）。2011年公布为花垣县县级文物保护单位，2016年公布为湘西土家族苗族自治州州级文物保护单位。

该遗址分布面积600余平方米，由3个洞穴组成，自南向北分别编为1号、2号和3号（图版一，2）。其中2、3号洞穴为2015年抢救性发掘时的新发现。另在1号洞穴上方约20米处有第4个洞穴，因未进行发掘，故暂不编号。

1号洞穴　洞口与河床落差15米，分南北两个洞口，南洞口宽4.1、高4.5米（现地表距洞口顶），北洞口宽2.6、高1.5米（现地表距洞口顶），洞内宽6、进深14米，面积84平方米。

2号洞穴　位于1号洞穴北侧6米处，洞口呈葫芦状，底宽3.5、顶宽0.6、高2.5米，西北侧宽1.5～2.5、进深4米，东北侧宽5、进深6米，总面积38平方米。

3号洞穴　位于2号洞穴北侧，为天然凹口洞穴，洞口宽4、高5米，外延台地面积约50平方米。暂未对3号洞穴进行发掘。

二、发掘过程

出于保护的考虑，两次发掘均选址在洞口及其外延台地，洞内未开展工作。2011年，仅在1号洞穴口试掘一个小探沟，面积8平方米。2015年，以1号洞口西南角为基点，向北、西两个方向布5米×5米的探方，并覆盖2011年的发掘区，发掘面积300余平方米，逐层清理至第15层，由于发掘期间发现了2、3号洞穴和挡土墙，故停止发掘，保护现场。仅保留1号洞穴南、北洞口地层剖面（图二；图版二）。对于出土石器的地层和重要遗迹，发掘人员均穿鞋套进入，收集的遗物和土样及时密封包装，尽可能地避免外来杂物混入发掘区并影响标本的检测。对于重要地层，均收集土样，并进行细致筛选和浮选，对于出土石器的具体位置，均保留地层柱，确保现场地层信息完整，以备今后研究用。

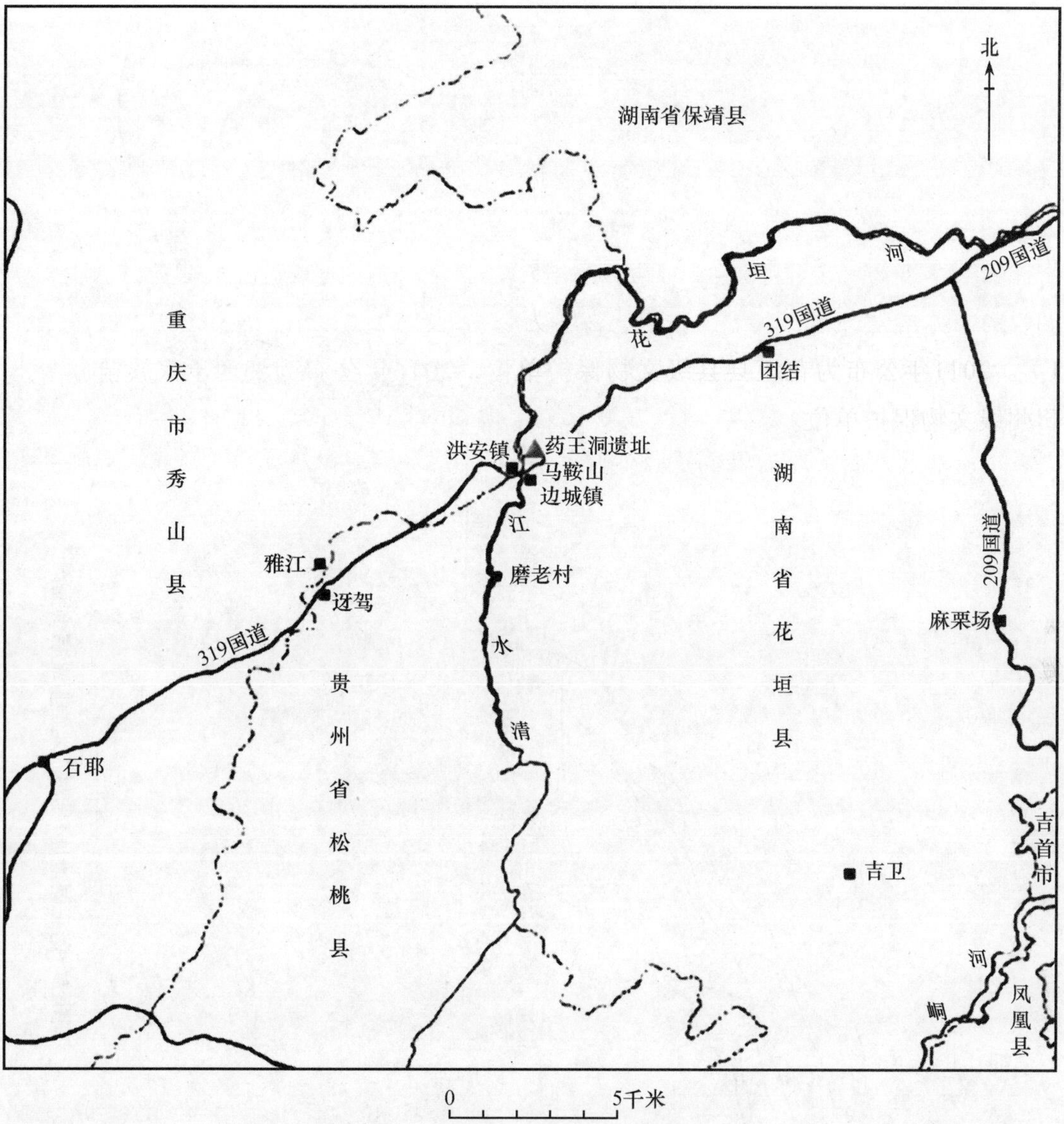

图一　药王洞遗址位置示意图

三、地层堆积

该遗址文化层堆积达5米，可分23层，自东向西呈坡状堆积，第1、2层的全部及第3、4层的大部分布于洞穴外台地。

第1层：表土层。厚0.2米。夹大量现代生活垃圾和明清陶瓷器残片。此层下有民国时土坑竖穴墓，打破第2层。据调查，墓主均为民国期间流浪至此、终因贫病交加而亡故的穷苦之人。

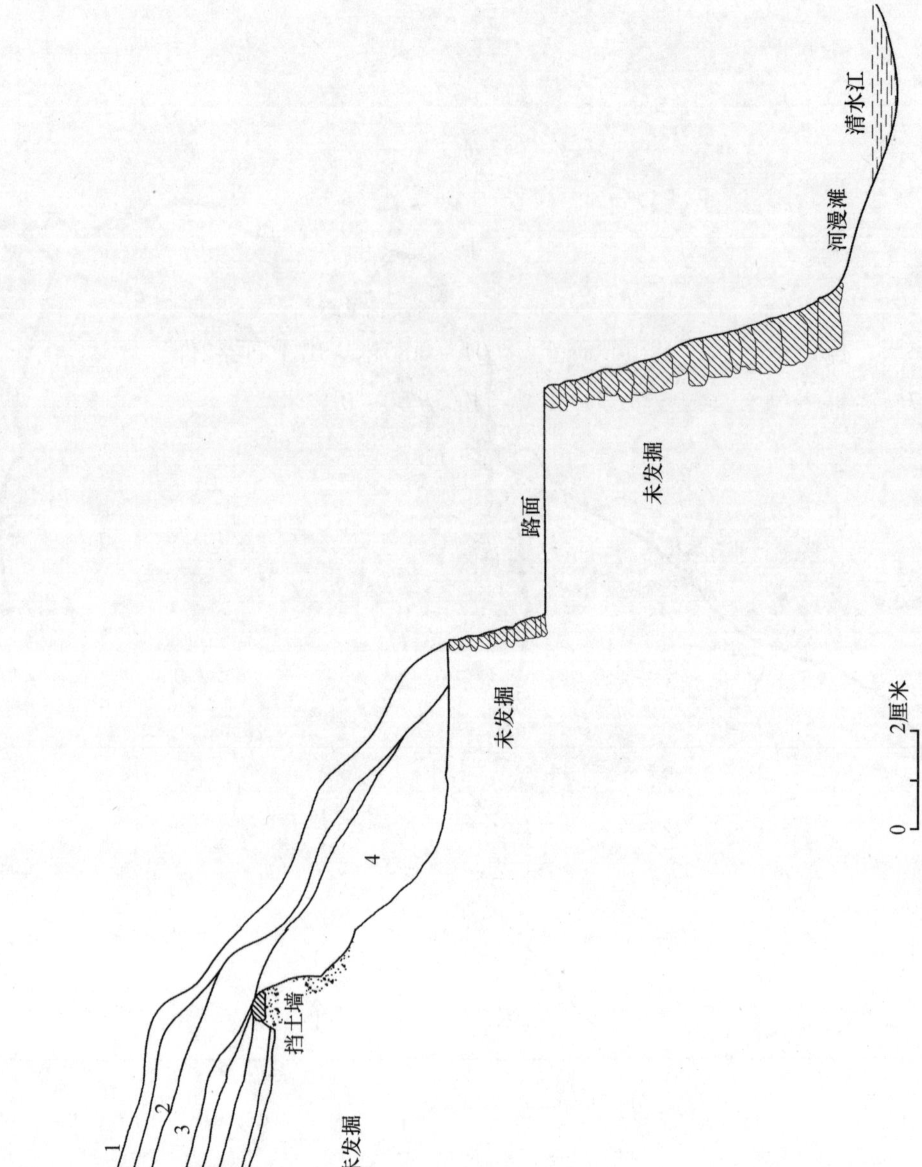

图二　药王洞遗址1号洞穴北洞口地层剖面图

第2层：清代至民国堆积。厚0.3米。含少量铁器、子弹壳、道光通宝和动物骸骨。

第3层：深黄色亚黏土，颗粒较粗，土质较疏松，杂砂砾、炭末及烧土颗粒。厚0～0.1米。含少量青花瓷片。系明代堆积。

第4层：浅黄色亚黏土，颗粒较粗，土质较硬，夹砂砾和少量植物根茎。厚0～0.25米。出土少量砾石及石器2件。

第5层：棕黄色亚黏土，颗粒偏粗，土质较疏松，夹较多砂砾。厚0.01～0.7米。出土石器15件。

第6层：棕色土，夹少量粗砂砾。厚0.01～0.85米。出土石器2件。

第7层：棕褐色土，颗粒较细，土质疏松。厚0～0.12米。

第8层：棕红色土，颗粒较粗并夹少量砂砾，土质较板结。厚0～0.22米。出土石器2件。

第9层：红褐色土，颗粒粗且夹较多砂砾，土质板结。厚0～0.27米。出土石器1件。

第10层：黄褐色土，颗粒粗大，土质致密。厚0～0.2米。出土石器3件。

第11层：浅黄褐色土，颗粒粗大，土质纯净而疏松。厚0～0.15米。出土石器1件。

第12层：深黄褐色土，颗粒粗大并夹不少红砂砾，土质较致密。厚0～0.28米。

第13层：浅灰黄色沙土，土质较疏松，夹大量砂砾及少量炭末。厚0.3～1.3米。出土石器15件。

第14层：深灰黄色沙土，土质较疏松，夹较多石灰岩碎块和其他砂砾。厚0～0.38米。出土石器7件。

第15层：浅灰黄色亚黏土，土质较致密，夹少量砂砾。厚0.09～0.4米。出土石器3件。

第16层：深灰黄色亚黏土，土质较疏松，夹砂砾稍多。厚0.1～0.22米。出土石器1件。

第17层：灰白斑浅黄色土，夹较多石灰岩碎块和其他砂砾。厚0～0.2米。出土石器1件。

第18层：灰白斑深黄色土，夹较多石灰岩碎块和其他砂砾。厚0.17～0.42米。出土石器1件。

第19层：灰白斑黄褐色土，夹较多粗砂砾。厚0.01～0.3米。出土石器5件。

第20层：浅灰斑黄色土，土质较板结，夹少量砂砾。厚0.12～0.3米。

第21层：深灰斑黄色土，土质较板结。厚0.03～0.1米。出土石器2件。

第22层：深黄色粉沙土，土质疏松。厚0.08～0.2米。

第23层：浅黄色粉沙土，土质疏松。厚0～0.35米。

四、遗迹及遗物

（一）遗迹

两次发掘仅发现一道挡土墙。位于1号洞穴前7米处，处于第12层下，顶部为砂岩石块。挡土墙长12、高1.5米（图二）。

（二）遗物

出土遗物以打制石器为主，个别为磨制石器（图三；图版三），另见少量动植物化石（图版四）。下面对出土的石器分类介绍如下（表一、表二）。其中2011年考古试掘所涉区间、地层及出土遗物的编号管理，以2015年探方号及地层为准。

表一　各类石器统计表

单位	编号	名称	质地	长×宽×厚（厘米）	刃角（度）	重量（克）
2015TN2W1⑤	2	磨制石斧	花岗岩	18.3×6.2×2.5	32	1120
2015TN3W3④	1	砍砸器	砂岩	18.2×8.4×5.3	30	1015
2015TN3W3④	2	砍砸器	砂岩	16×8.2×5	85	935
2015TN1W1⑤	1	砍砸器	砂岩	17×10.5×6	40	1025
2015TN1W1⑤	2	砍砸器	砂岩	17×10.5×6	45	1120
2015TN1W1⑤	3	砍砸器	砂岩	13×11×4.9	30	550
2015TN1W1⑤	6	砍砸器	砂岩	12.4×8.3×4.9	44	840
2015TN3W1⑤	2	砍砸器	砂岩	21×11.8×5.6	55	1480
2015TN2W2⑤	1	砍砸器	砂岩	12.1×6.3×4.5	50	650
2015TN3W1⑤	1	砍砸器	砂岩	10.8×9×6.8	75	856
2015TN1W1⑥	1	砍砸器	砂岩	12.2×10×4.7	68	895
2015TN3W1⑥	1	砍砸器	砂岩	13.3×12.2×3.7	60	510
2015TN3W1⑩	1	砍砸器	砂岩	8.7×8.6×4.8	73	245
2015TN3W1⑩	2	砍砸器	砂岩	8.9×6.7×5.3	30	188
2015TN3W1⑬	1	砍砸器	砂岩	17.6×9×5.2	60	1045
2015TN3W1⑬	2	砍砸器	砂岩	13×9.5×3.6	30	565
2015TN3W1⑬	3	砍砸器	砂岩	16.8×13.2×4.4	49	994
2015TN3W1⑬	4	砍砸器	砂岩	14.6×10.4×7.2	56	1055
2015TN3W1⑬	11	砍砸器	砂岩	14.7×8×2.4	57	430
2015TN3W1⑬	14	砍砸器	砂岩	12×7.4×5.8	60	800
2015TN3W1⑲	1	砍砸器	砂岩	8.8×11.6×3.5	70	296

续表

单位	编号	名称	质地	长×宽×厚（厘米）	刃角（度）	重量（克）
2015TN3W1⑲	4	砍砸器	砂岩	5.5×5.5×1.9	60	69
2015TN3W1⑪	4	凸刃器	砂岩	6.1×2.8×1.3	58	21
2015TN3W1⑬	6	凸刃器	砂岩	11.4×6.4×3.5	60	375
2015TN3W1⑬	8	凸刃器	砂岩	7.65×7.6×2.8	40	185
2015TN3W1⑭	13	凸刃器	砂岩	8.1×6.8×2.7	55	127
2015TN3W1⑩	3	刮削器	砂岩	3.1×4×0.9	29	11
2015TN3W1⑬	12	刮削器	砂岩	4.7×8.3×0.7	10	29
2015TN3W1⑬	5	刮削器	砂岩	4.4×4.9×1.4	33	25
2015TN3W1⑭	1	刮削器	砂岩	8.1×6.4×1.6	14	65
2015TN3W1⑭	3	刮削器	砂岩	5.5×5.3×1.9	39	40
2015TN3W1⑱	4	刮削器	砂岩	6×12×1.8	28	125
2015TN3W1⑲	10	刮削器	砂岩	12.4×11.4×3.6	35	415
2015TN4W1⑤	1	锤	砂岩	13.4×9×3.4		875
2015TN4W1⑤	2	锤	砂岩	22.4×12.4×8.6		1825
2015TN1W2⑤	2	锤	砂岩	9.8×5.2×1.7		165
2015TN2W1⑤	4	锤	砂岩	7.5×5.1×1.8		145
2015TN1W1⑤	7	锤	砂岩	15.5×3.4×2.8		220
2015TN4W1⑧	1	锤	砂岩	17×9.6×7.8		1264
2015TN4W1⑧	2	锤	砂岩	18.6×10.4×8.2		1482
2015TN3W2⑨	3	锤	砂岩	6.1×3.8×0.8		75
2015TN3W1⑬	13	锤	砂岩	16.8×7.2×5.3		1245
2015TN3W1⑬	7	锤	砂岩	15.1×8.9×5.5		1005
2015TN3W1⑬	9	锤	砂岩	19.4×6.8×5.8		1225
2015TN3W1⑭	9	锤	砂岩	10.4×3×1.8		100
2015TN3W1⑮	1	锤	砂岩	18.8×8.9×6.6		1600
2015TN3W1⑰	7	锤	砂岩	8.1×6.9×3.2		280
2015TN3W1⑲	7	锤	砂岩	8.2×6.1×4.8		285
2015TN1W2⑤	2	石核	砂岩	9.8×5.2×1.7		102
2015TN2W1⑤	3	石核	砂岩	5.2×11.4×2.9		110
2015TN4W1⑧	3	石核	砂岩	9.8×5.7×4.5		95
2015TN3W1⑬	10	石核	砂岩	12.2×8.9×2.8		465
2015TN3W1⑬	11	石核	砂岩	10.9×6.2×5.1		215
2015TN1W4⑭	4	石核	砂岩	5.1×5×3		106
2015TN3W1⑭	8	石核	砂岩	4.9×4.3×3		25

续表

单位	编号	名称	质地	长×宽×厚（厘米）	刃角（度）	重量（克）
2015TN1W4⑭	2	石核	砂岩	5.8×8×3.8		92
2015TN3W1⑮	3	石核	砂岩	11×6.7×1.5		180
2015TN3W1⑲	3	石核	砂岩	7.4×6.3×1.5		84
2015TN3W1㉑	2	石核	砂岩	5.8×5.4×3.6		114
2015TN3W1㉑	7	石核	砂岩	9×5.3×1.6		86
2015TN3W1⑮	2	砧	砂岩	20.1×20.1×8		2018
2015TN3W1⑯	1	砧	砂岩	28.6×20.4×7		5540

表二　代表性石器分类统计表

类别	型式	数量	合计	百分比（%）
斧		1	1	3.1
砍砸器	AⅠ	2	8	25
	AⅡ	1		
	AⅢ	1		
	B	2		
	C	1		
	D	1		
凸刃器	AⅠ	1	4	12.5
	AⅡ	1		
	B	2		
刮削器	A	1	5	15.6
	B	1		
	C	1		
	D	2		
锤	A	2	6	18.8
	B	3		
	C	1		
石核	AⅠ	3	6	18.8
	AⅡ	2		
	B	1		
砧		2	2	6.2
合计			32	100

1. 石器

代表性石器　32件。

斧　1件。标本TN2W1⑤：2，选用硬度较大而且成形难度较小、上下两端基本等宽的扁平长条形青色花岗岩制成。正面即原生光滑面、背面即剥片修饰面均可见程度不一的磨制痕迹。刃部弧出带经局部精磨，刃缘锋利。上端及左右两侧为粗糙原状。长18.3、宽6.2、厚2.5厘米。刃角32°。重1120克（图三；图版三）。

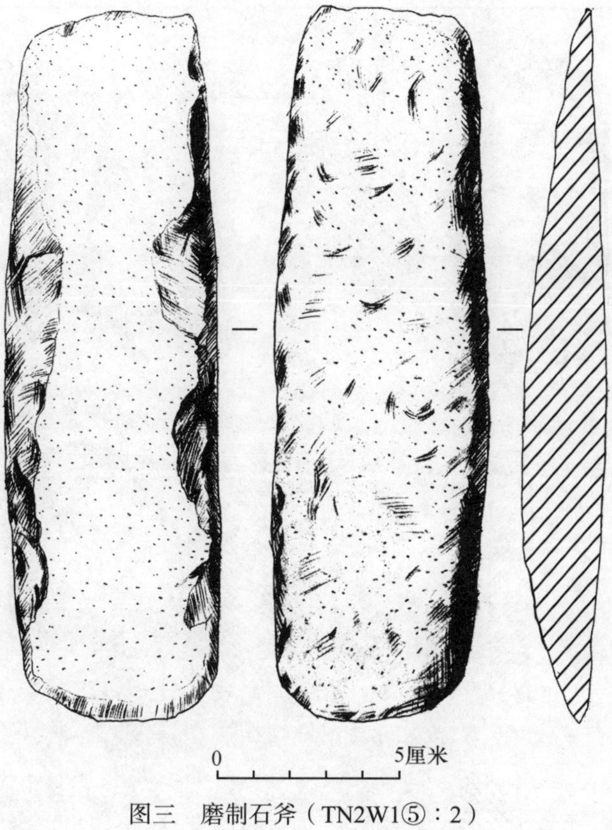

图三　磨制石斧（TN2W1⑤：2）

砍砸器　8件。均为砂岩性砾石，大多为单向一次打击成刃。依形状可分四型。

A型　4件。斧状，均为一次性单向打击成刃，剥片加工面较平整。依顶部形态可分为三式。

Ⅰ式　2件。均为圆弧顶，单向一次性打击成刃，刃缘较薄，有明显使用痕迹。标本TN3W1⑬：1，剥片较大，刃缘大于顶。长17.6、宽9、厚5.2厘米。刃角60°。重1045克（图四，1）。标本TN1W1⑤：1，长17、宽10.5、厚6厘米。刃角40°。重1025克（图四，2）。

Ⅱ式　1件。尖顶，且略作加工，腹部较宽，一端单向打击成刃，剥片加工面短平。标本TN3W1⑬：11，长14.7、宽8、厚2.4厘米。刃角57°。重430克（图四，3）。

Ⅲ式　1件。方形顶，刃缘小于顶部，剥片较大。标本TN2W2⑤：1，长12.1、宽6.3、厚4.5厘米。刃角50°。重650克（图四，4）。

B型　2件。手斧状，一次性单向打击成刃，刃部较规整。标本TN3W1⑬：2，蹄状较扁，握柄圆而短，刃部宽而薄，且较规整。长13、宽9.5、厚3.6厘米。刃角30°。重565克（图四，5）。标本TN1W1⑤：3，长13、宽11、厚4.9厘米。刃角30°。重550克（图四，6）。

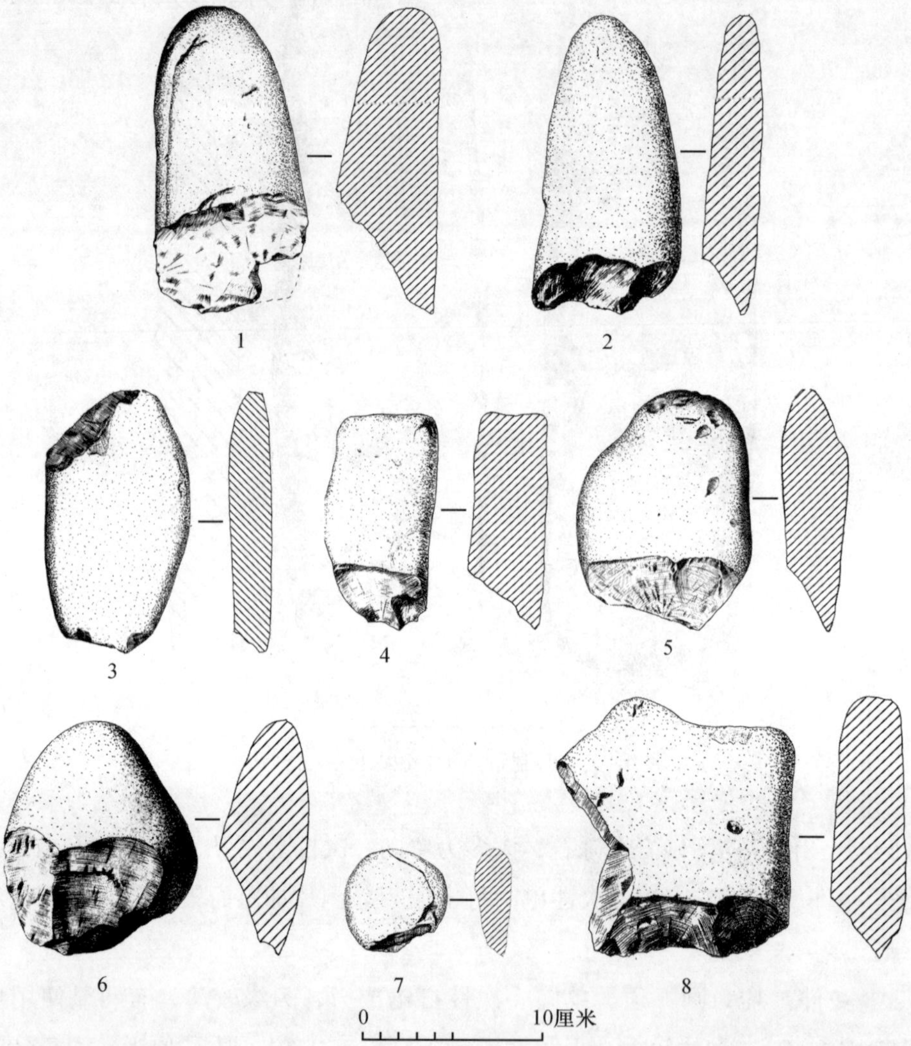

图四　石砍砸器

1、2. A型Ⅰ式（TN3W1⑬：1、TN1W1⑤：1）　3. A型Ⅱ式（TN3W1⑬：11）　4. A型Ⅲ式（TN2W2⑤：1）　5、6. B型（TN3W1⑬：2、TN1W1⑤：3）　7. C型（TN3W1⑲：4）　8. D型（TN3W1⑥：1）

C型 1件。盘状，单向一次打击成刃，刃缘短小。标本TN3W1⑲：4，单向打击成刃，刃薄且小，呈梯状台面。长5.5、宽5.5、厚1.9厘米。刃角60° 。重69克（图四，7）。

D型 1件。不规则形状，单向一次打击成刃，刃缘短小。标本TN3W1⑥：1，长13.3、宽12.2、厚3.7厘米。刃角60° 。重510克（图四，8）。

凸刃器 4件。砂岩性砾石，分为单个砾石和打片加工两种。一者为一端一面双向打击修成尖锋，二者为剥片呈棱状修脊至尖锋。依形状分为二型。

A型 2件。均为尖锋。依出锋长短分为二式。

Ⅰ式 1件。尖锋稍长。标本TN3W1⑬：6，扁长，一个面双向打击修理成短脊至刃锋。长11.4、宽6.4、厚3.5厘米。刃角60° 。重375克（图五，1）。

Ⅱ式 1件。尖锋稍短。标本TN3W1⑬：8，较方正，厚且短，体小。长7.65、宽7.6、厚2.8厘米。刃角40° 。重185克（图五，2）。

B型 2件。均为棱形。标本TN3W1⑭：13，剥片后双向一次性打击成，脊背部加工成尖锋。长8.1、宽6.8、厚2.7厘米。刃角55° 。重127克（图五，3）。标本TN3W1⑪：4，剥片后双向打击修脊至尖锋。长6.1、宽2.8、厚1.3厘米。刃角58° 。重21克（图五，4）。

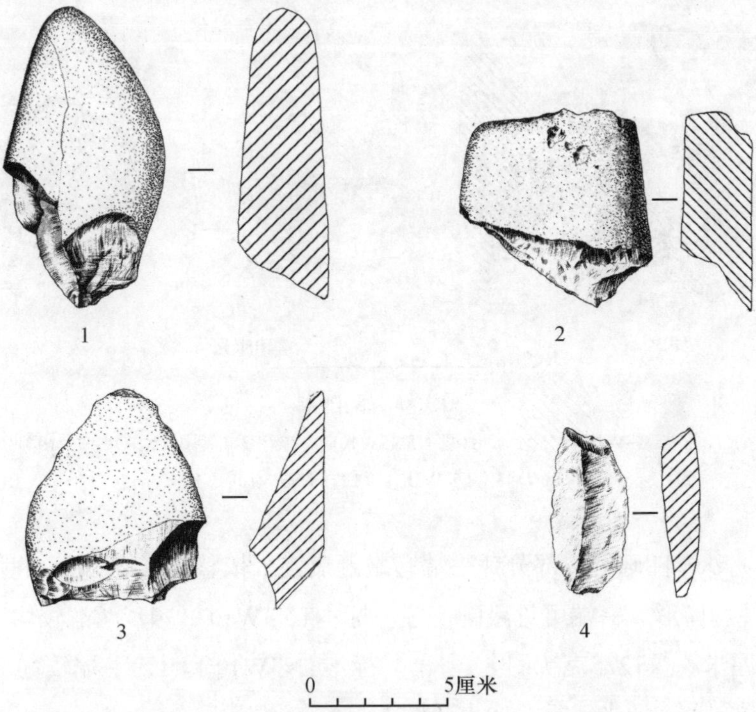

图五 石凸刃器

1. A型Ⅰ式（TN3W1⑬：6） 2. A型Ⅱ式（TN3W1⑬：8） 3、4. B型（TN3W1⑭：13、TN3W1⑪：4）

刮削器　5件。砂岩性砾石。依其刃口多寡变化分为四型。

A型　1件。单刃，刃口位于左侧长边上，修疤浅宽，有明显的使用痕迹。标本TN3W1⑭：3，长5.5、宽5.3、厚1.9厘米。刃角39°。重40克（图六，1）。

B型　1件。双刃，两侧刃口有明显的使用痕迹，背部修疤浅宽。标本TN3W1⑱：4，长12、宽6、厚1.8厘米。刃角28°。重125克（图六，2）。

C型　1件。三刃，复向加工，修疤深而长。标本TN3W1⑲：10，长12.4、宽11.4、厚3.6厘米。刃角35°。重415克（图六，3）。

D型　2件。多刃，刃口为弧形凸刃，修疤浅而宽，刃较锋利。标本TN3W1⑬：12，长8.3、宽4.7、厚0.7厘米。刃角10°。重29克（图六，4）。标本TN3W1⑭：1，长8.1、宽6.4、厚1.6厘米。刃角14°。重25克（图六，5）。

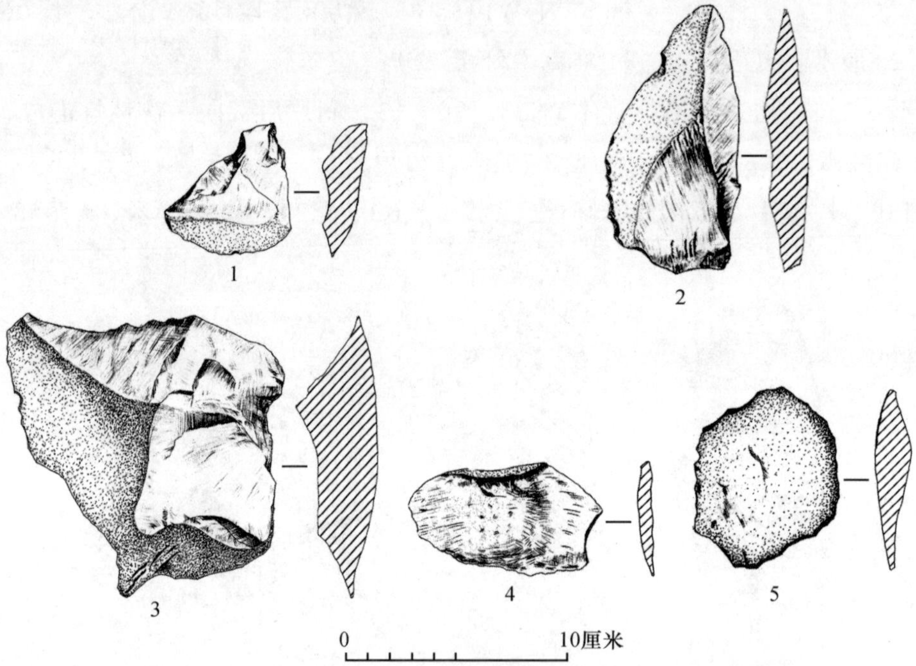

图六　石刮削器

1. A型（TN3W1⑭：3）　2. B型（TN3W1⑱：4）　3. C型（TN3W1⑲：10）
4、5. D型（TN3W1⑬：12、TN3W1⑭：1）

锤　6件。砂岩性砾石。部分锤一端有敲砸痕迹。依整体形态分为三型。

A型　2件。棒形。一端可见敲砸痕迹。标本TN3W1⑬：9，两端较均等。长19.4、宽6.8、厚5.8厘米。重1225克（图七，1）。标本TN3W1⑮：1，一端较宽，顶部较平。长18.8、宽8.9、厚6.6厘米。重1600克（图七，2）。

B型　3件。扁锥形，较规整，其中青色石英砂岩1件、黄色粗砂岩2件。标本

TN3W1⑬：7，青色石英砂岩。一端宽，一端窄。长15.1、宽8.9、厚5.5厘米。重1005克（图七，3）。

C型 1件。长条形。标本TN3W1⑬：13，青色石英砂岩，一端有明显的敲砸痕迹。长16.8、宽7.2、厚5.3厘米。重1245克（图七，4）。

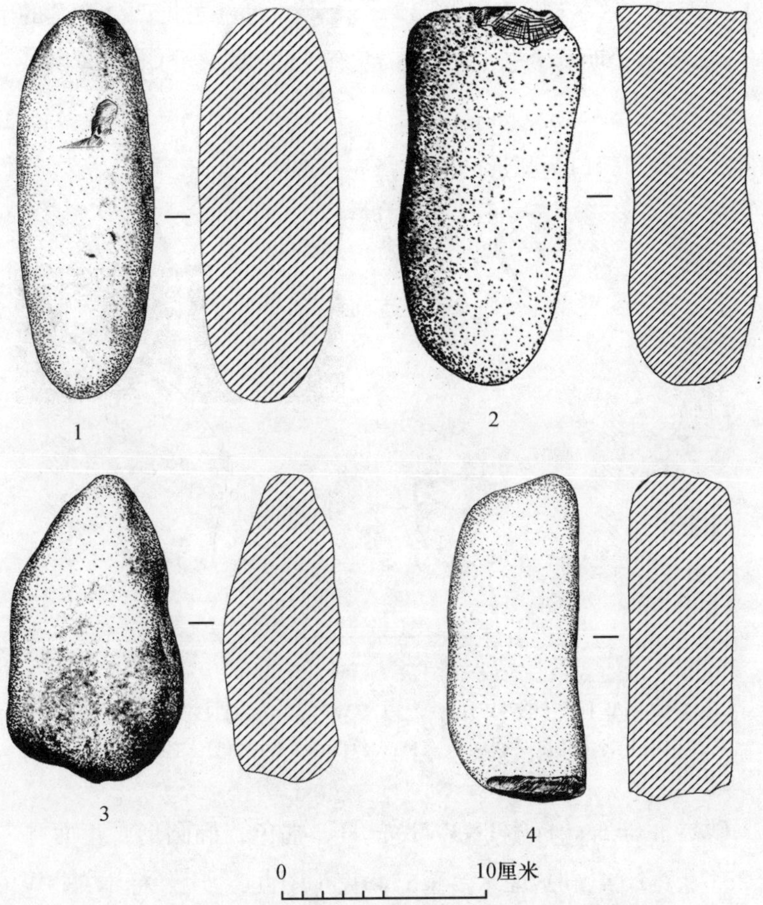

图七 石锤

1、2. A型（TN3W1⑬：9、TN3W1⑮：1） 3. B型（TN3W1⑬：7） 4. C型（TN3W1⑬：13）

石核 6件。砂岩性砾石。分锤击和砸击。依制作方法分为二型。

A型 5件。锤击。依台面多寡分为二式。

Ⅰ式 3件。单台面。标本TN3W1㉑：2，灰砂岩。扁方形。以一个自然面为台面，三面向内剥片，片疤比较规整。长5.8、宽5.4、厚3.6厘米。重114克（图八，1）。标本TN3W1⑬：10，青色砂岩，扁圆形。两面均有浅且宽的剥片痕迹。长12.2、宽8.9、厚2.8厘米。重465克（图八，2）。标本TN3W1⑬：11，灰色砂岩。不规则形。两边打击点明显，放射线较清楚。长10.9、宽6.2、厚5.1厘米。重215克（图八，3）。

Ⅱ式　2件。灰色砂岩。多台面。标本TN3W1㉑：7，底面为自然面，正面为打击台面，且进行过多次打片，形成多个浅且窄的台面。长9、宽5.3、厚1.6厘米。重86克（图八，4）。TN3W1⑭：8，近方形，侧面形成三个打击台面。长4.9、宽4.3、厚3厘米。重25克（图八，5）。

B型　1件。砸击。标本TN3W1⑮：3，长方形，缘部可见四处清楚的砸痕，剥落片疤短小，放射线稀疏但较明显。长11、宽6.7、厚1.5厘米。重180克（图八，6）。

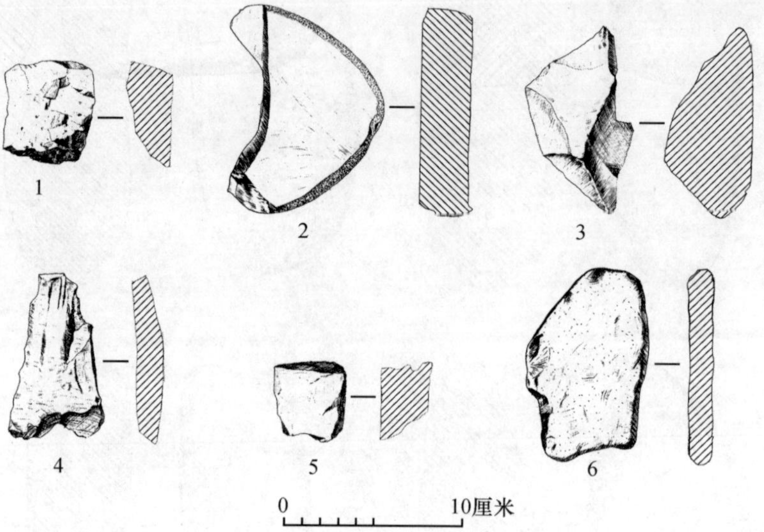

图八　石核

1～3. A型Ⅰ式（TN3W1㉑：2、TN3W1⑬：10、TN3W1⑬：11）
4、5. A型Ⅱ式（TN3W1㉑：7、TN3W1⑭：8）　6. B型（TN3W1⑮：3）

砧　2件。砂岩性砾石。标本TN3W1⑯：1，褐色，椭圆形，正面有多处宽而浅的剥片痕迹。长28.6、宽20.4、厚7厘米。重5540克（图九，1）。标本TN3W1⑮：2，黄灰色，扁方形，两面均留有短小疤痕。长20.1、宽20.1、厚8厘米。重2018克（图九，2）。

2. 动物化石

3件。

药王洞遗址出土动物化石数量较多，目前可辨动物有野猪、竹鼠、熊、马、牛、豺、猫、兔等，另有数量不等的动物脊椎骨、腿骨等化石残片。

熊齿　1件。根部稍有断裂。长3.5、宽2.6、厚1.3厘米。重6克（图一〇，1；图版四，1）。

牛齿　1件。完整。长7、宽3.1、厚2.9厘米。重70克（图一〇，2；图版四，2）。

椎骨　1件。物种尚不明确。长6.7、宽4.6、厚3.6厘米。重98克（图一〇，3）。

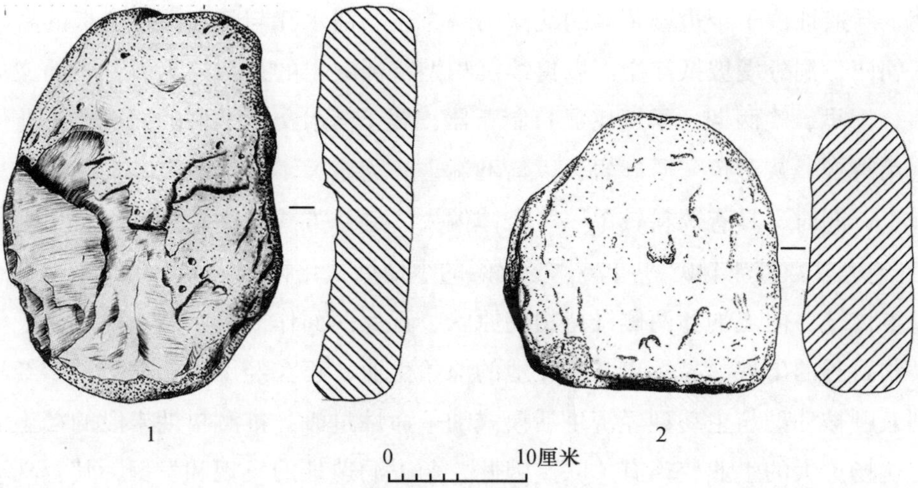

图九　石砧

1. TN3W1⑯：1　2. TN3W1⑮：2

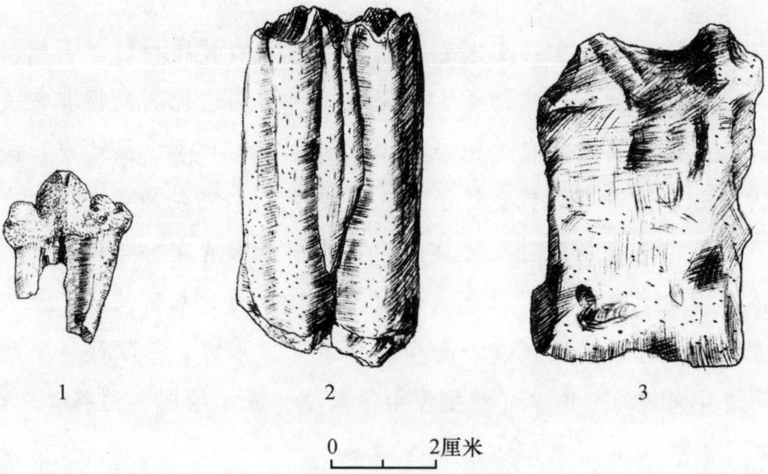

图一〇　动物化石

1. 熊齿　2. 牛齿　3. 椎骨

五、结　　语

茶峒古镇居湘、渝、黔三省要冲，依山凭河，负固阻险，近古以来，兵家必争。清水江、雅江河至此相汇，水路直达旁通，边贸都会，一时为盛。前溯千纪万载，茶峒所在谷地气候温和，雨量充沛，螺蚌鱼虾、瓜果鸟兽等水陆生资丰盛，早期人类流连于此，化育一方，清水江两岸多个旧石器地点隔水相望，就是昔日此地被动型经济相当发达的明证[1]。

药王洞遗址位于今边城茶峒的北端山脚，正当清水江与雅江河汇合点的右岸。洞口坐东朝西，洞外漫坡抵江岸。以持续沉积型特征突出的第12层为界，史前文化堆积可大体分为早、晚两期。早期仅见打制石器，属于澧水文化类群的旧石器工业传统，主要选用青灰、灰黄色变质砂岩，以借助锤击法为主、不施加第二步加工的技法进行剥片加工，同时又具有选料较单一、个体偏大、制作方式较简单粗犷、石片角均大于110°且绝大多数处于140°～176°变化区的小地域文化特征。晚期延续了早期石器工业的基本传统，但上端和两侧维持粗糙原状、正反两面作简单磨制、刃部给予精细磨制的磨制石斧的出现，显示出其所在地的原始生业，正在经历由纯粹被动型经济生活模式到兼顾被动型与主动型经济生活模式的革命性过渡。推测早期末段的挡土墙也很可能与这场重大的生业变革有关联。因此，药王洞遗址的发现和发掘，其意义不止于填补清水江流域洞穴遗址考古的空白，同时在湖南旧、新石器时代过渡节点、早期磨制石器工业发生地域、变革时期经济形态等多个方面，都提供了十分有益的信息和启示。

附记：本次田野考古由湘西土家族苗族自治州文物管理局组织实施，龙京沙任领队。湖南省文化厅、文物局、文物考古研究所对药王洞遗址的发掘非常关注，多次现场给予指导，湘西土家族苗族自治州委、州政府，花垣县委、县政府、民宗旅文广新局，边城镇政府，景区管理委员会给予了大力支持。本文在吴顺东、龙京沙、李意愿等老师指导下完成。笔者在此对上述单位、领导和专家的支持与帮助表示衷心感谢。先后参与发掘工作的有湘西土家族苗族自治州文物管理局龙京沙、刘玉成、龙浩然，花垣县文物管理局刘伟、查莉霞、石高峰、龚方周、张静、徐双刚、李超，永顺县文物局赵云，保靖县文物局彭博。资料整理由徐双刚完成，绘图、拍照者为刘德靖。

执笔：徐双刚　刘玉成

注　释

［1］　湖南省文物考古研究所、湖南省考古学会：《湖南考古2002》（上），岳麓书社，2004年。

The Excavation of Yaowangdong Site in Huayuan County, Hunan

Cultural Relics Administration of Xiangxi Tujia & Miao Autonomous Prefecture
Cultural Relics Administration of Huayuan County

Abstract: In 2011, Cultural Relics Administration of Xiangxi Tujia & Miao Autonomous Prefecture conducted a small-scale tested excavation to explore the existence of human cultural remains at Yaowangdong in Biancheng Town. In 2015, in order to coordinate the construction of the Jiangbin road, a rescue excavation was performed at Yaowangdong site. The prehistoric culture of the site is divided into two parts. The lower deposit is speculated to the upper Paleolithic. The upper one includes the cultural elements of the early Neolithic. A retaining wall was also discovered at the site. 61 knapped stone artifacts, 1 ground stone tool, and many animal fossils were uncovered.

Keywords: Yaowangdong Site; Animal Fossils; Knapped Stone Artifacts; Grinding Stone Tools; Upper Paleolithic and Early Neolithic

湖南桃源周家岗新石器时代遗址考古发掘简报

湖南省文物考古研究所
桃源县文物管理所

［摘 要］ 湖南桃源周家岗遗址在2011年秋季发现了一批新石器时代遗存。主要遗迹有灰坑和房址。文化遗物有石器和陶器，石器以石核、石片、石坯数量最多，陶器数量很少，以红衣彩绘带状黑彩罐或釜为主。遗址年代为大溪文化早期。

［关键词］ 湖南桃源；周家岗遗址；新石器时代

周家岗遗址位于湖南省常德市桃花源管理处白鳞洲村七组（原桃源县桃花源镇白鳞洲村）。白鳞洲为沅江下游的一处河心洲，大致呈椭圆形，地势平坦，东西长3.2、南北宽1.1千米。遗址地处白鳞洲中部，相对位置较高。地理坐标为北纬28° 47′ 39″，东经111° 24′ 48.1″，海拔49米（图一）。

该遗址于1985年第二次全国文物普查时发现，1988年公布为桃源县文物保护单位。历年调查时采集有红衣陶片、彩陶、各种石器等。

2011年9月，为配合桃源水电站建设，湖南省文物考古研究所在常德市文物局、桃源县文物管理所等相关文物部门的协作与支持下，对该遗址进行了小规模试掘。此次发掘选取遗址堆积较厚的区域布设3个探方，设总基点，按象限法编号，探方规格为5米×5米，实际发掘面积48平方米（图二）。

一、地层堆积

发掘区内地层堆积一致，以T0101、T0201南壁为例（图三）。

第1层：耕土层。浅灰色细沙土，土质疏松。厚0.1～0.15米。夹杂石块、植物根系等。出土遗物有近现代瓷片等。

第2层：灰褐色细沙土，土质紧密，较硬。深0.1～0.15、厚0.05～0.1米。出土少量青花瓷片。时代为明清时期。

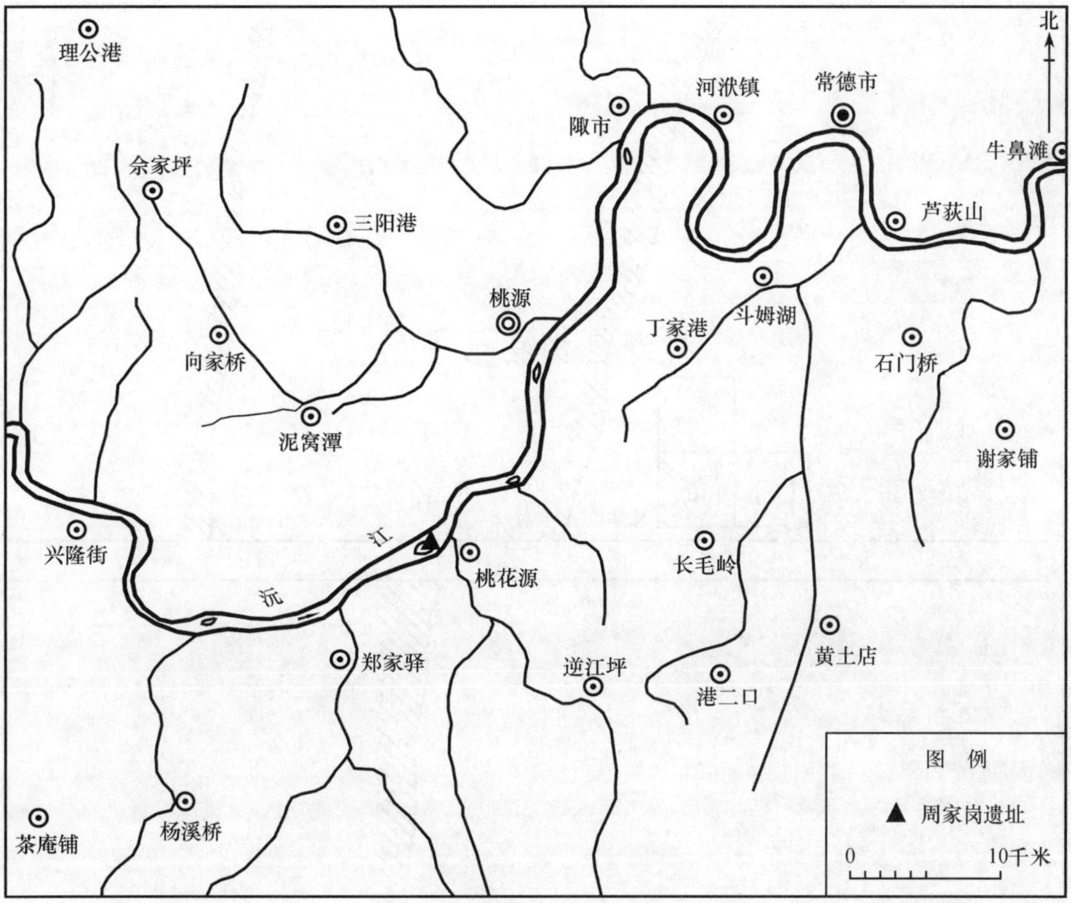

图一　周家岗遗址位置示意图

第3层：浅黄色细沙土，土质紧密，较硬。深0.12～0.2、厚0.1～0.25米。较纯净，仅在层表出土较多的锤、砧、石片、石核、石坯等打制石器，另有少量陶片，陶片可辨器形有罐、釜口沿等。该层除在层表发现文化遗物外，基本无其他包含物，推测是洪水冲积而成。为新石器时代文化层。

第4层：浅棕色细沙土，土质紧密，较硬。深0.2～0.38、厚0.35～0.55米。出土遗物以大量石片、石核、石坯为主，另有少量石锤、磨制石器和陶片等，陶片可辨器形有罐、釜、器盖、圈足等。该层下开口遗迹有H3～H5和F1。为新石器时代文化层。

第4层下为生土。生土为黄色粗沙，结构疏松。

二、遗　　迹

仅在T0201内发现1处房址和4个灰坑（图四）。

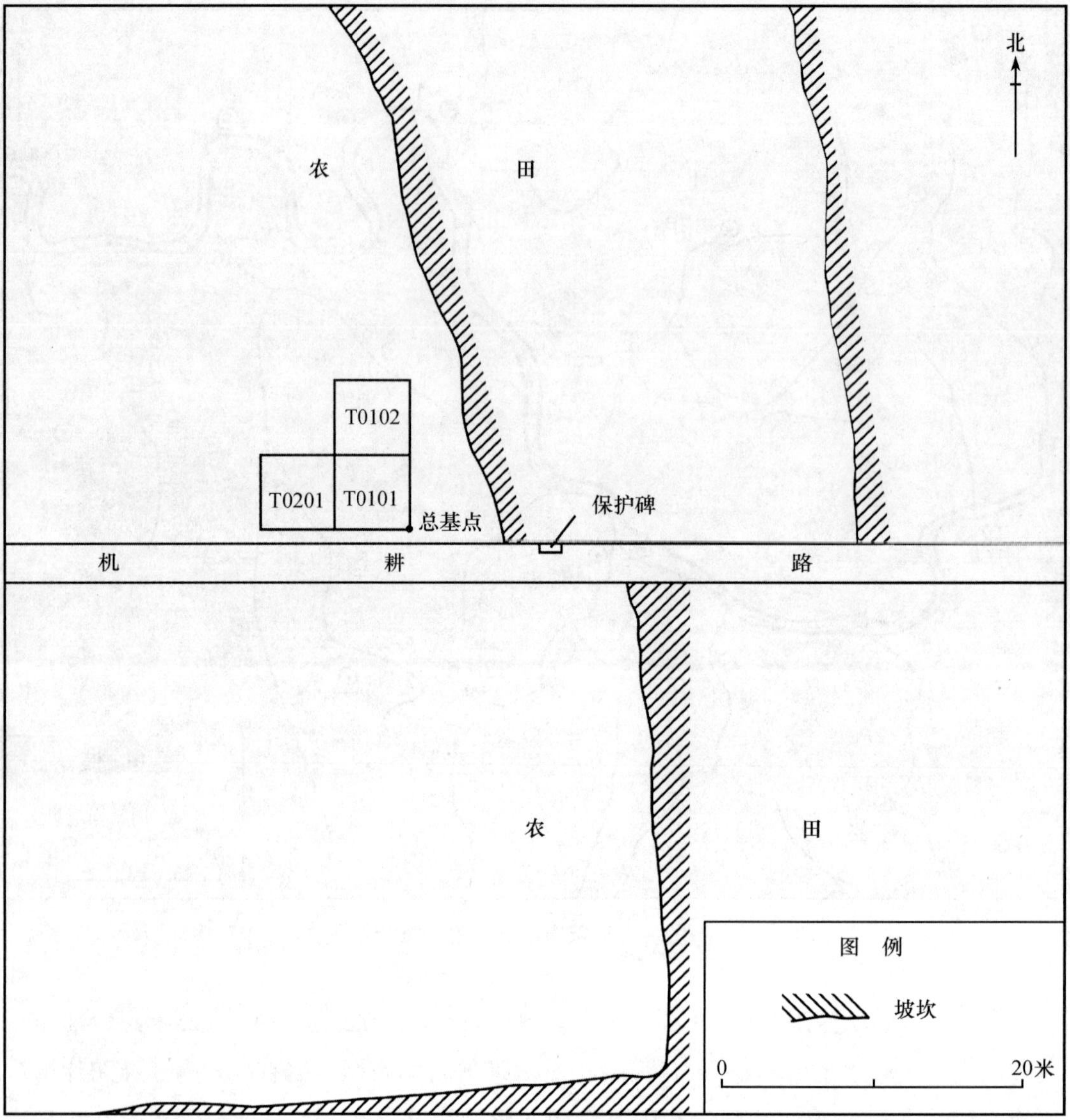

图二　探方位置分布图

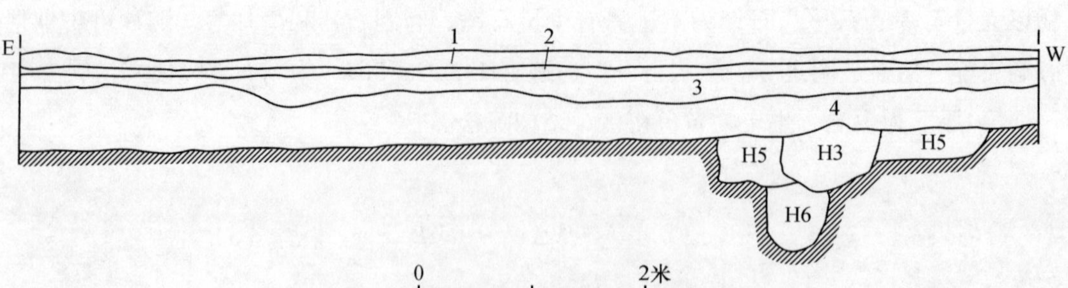

图三　T0101、T0201南壁剖面图

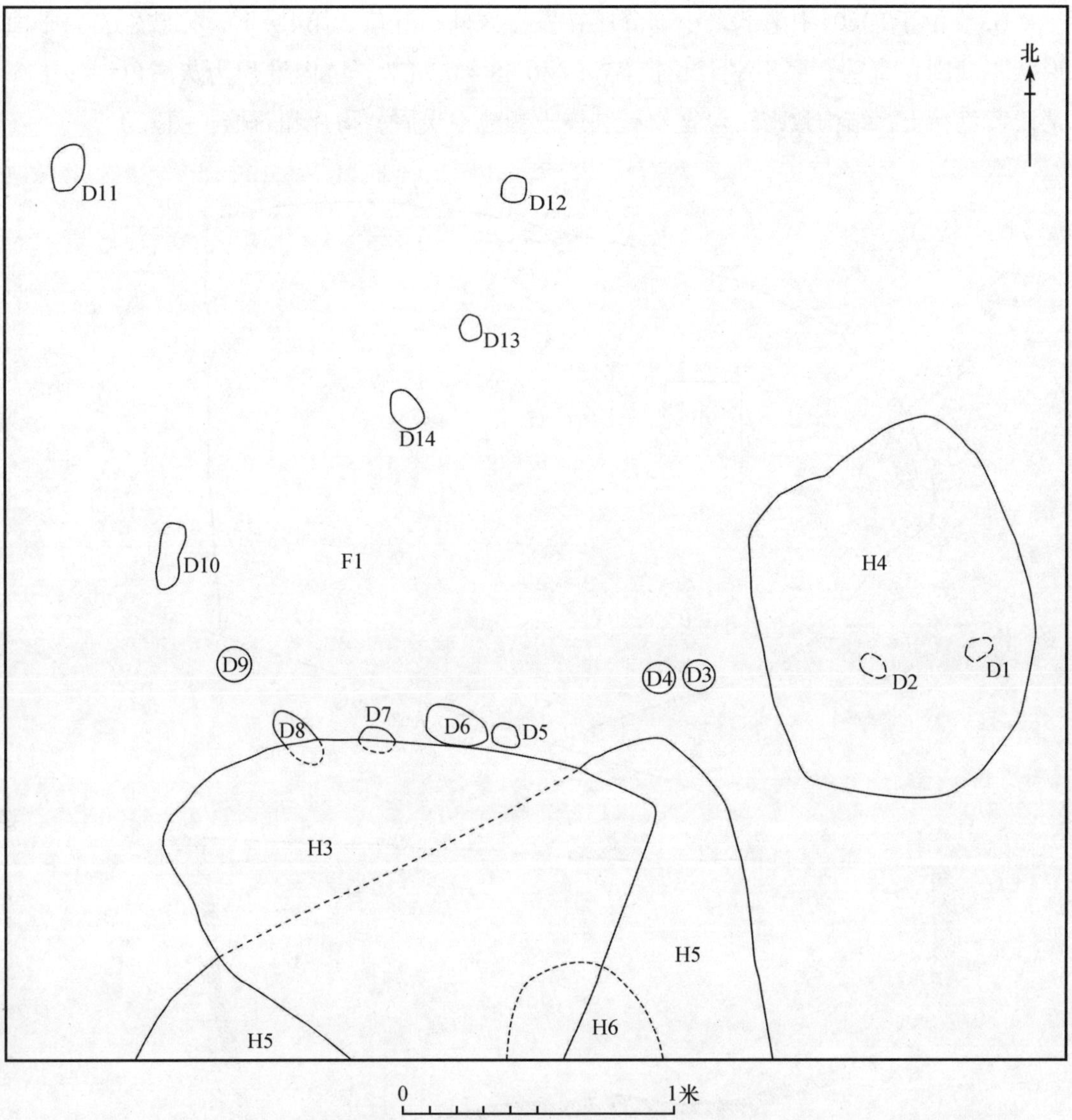

图四 T0201第4层下遗迹分布图

1. 房址

F1 位于T0201内，仅发现14个柱洞，呈弧形分布，发掘区外可能还有少量柱洞。柱洞均开口于第4层下，打破生土，呈圆形或椭圆形，直（长）径0.08～0.24、深0.12～0.3米。壁微倾斜，平底。填土为灰褐色细沙土，较紧密，夹杂红烧土颗粒和炭屑。

2. 灰坑

4个。分别编号H3～H6。有椭圆形和不规则形两种。

H3　位于T0201中南部，小部分压在发掘区外，开口于第4层下，打破生土。平面形状不规则，直壁，底不平。长径1.7、深0.58～0.74米。坑内堆积为灰黑色细沙土夹杂浅黄色黏土，结构致密。包含物有红烧土颗粒、炭屑、陶片和石器（图五）。

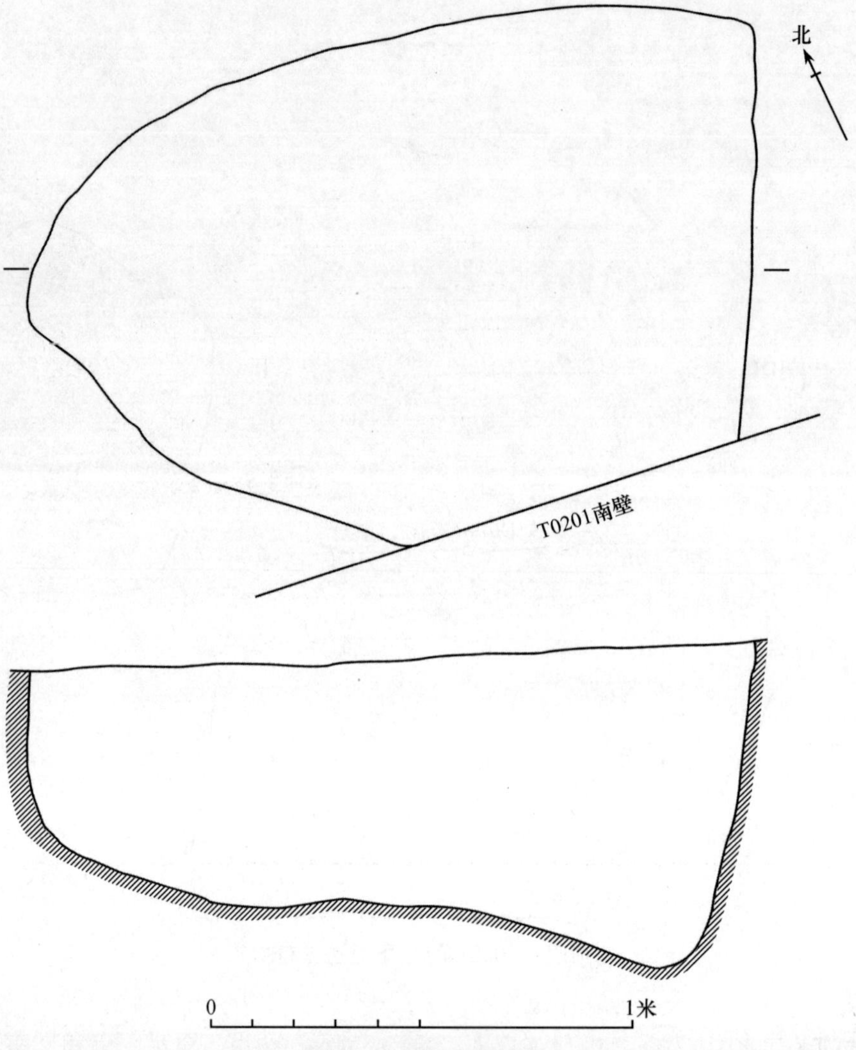

图五　H3平、剖面图

H4　位于T0201东部，开口于第4层下，打破生土。平面呈近椭圆形，斜壁，圜底。长径1.42、短径1.04、深0.22米。坑内填土为灰褐色细沙土，土质紧密。包含物有炭屑、红烧土颗粒和少量碎陶片、石料等（图六）。

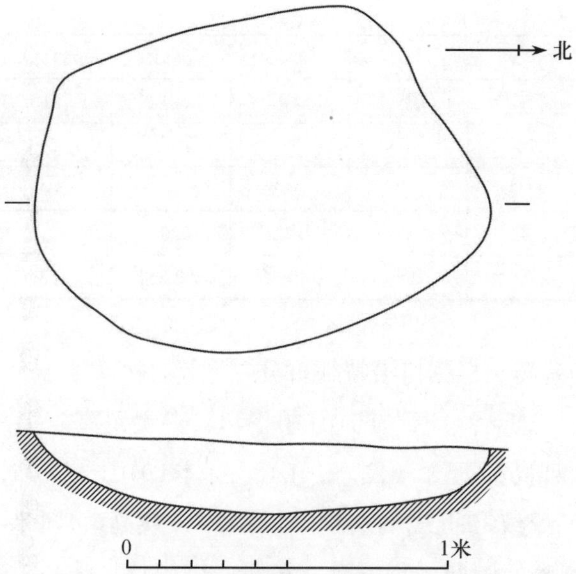

图六 H4平、剖面图

三、文 化 遗 物

出土遗物仅见陶器和石器两大类。陶器较为破碎，多为器物口沿残片。石器数量众多，多为打制成形的半成品和废料，磨制石器较少。

1. 陶器

陶器数量不多，均为手制，烧制火候不高，易碎。从表一可以看出，陶质以夹炭陶为主，约占总数的55%，泥质陶和夹砂陶数量基本相当，泥质陶占21.7%，夹砂陶占22.9%。陶色以红陶数量最多，占71.3%，其次为褐陶，占27%，另有极少量黑陶和白陶残片（表一）。器表多素面，红陶、褐陶多施红衣，并装饰条带状黑彩，常见于釜、罐类口沿及颈部内外侧，另有少量白衣陶。纹饰有刻划纹、篦点纹、指甲纹、戳印纹、粗划纹等（图七）。可辨器形有罐、釜、器盖、圈足、豆足、碗和支座。

表一 周家岗遗址陶片统计表

单位	陶系 / 百分比	泥质		夹砂			夹炭	
		红	黑	红	褐	白	红	褐
第3层	陶片	53	7	99	20		185	190
	%	9.6	1.3	17.9	3.6		33.4	34.3
第4层	陶片	115				2	81	25
	%	51.6				0.9	36.3	11.2

续表

单位	百分比 \ 陶系	泥质		夹砂			夹炭	
		红	黑	红	褐	白	红	褐
H3	陶片	14		73		5		
	%	15.2		79.3		5.4		
合计	陶片	182	7	172	20	7	266	215
	%	20.9	0.8	19.8	2.3	0.8	30.6	24.7

罐　10件。均为残器。根据口沿特征可分二型。

A型　5件。敞口，折沿。标本T0101③：44，夹炭褐陶。尖圆唇。口沿外侧有条带状黑彩。口径14、残高3.6厘米（图八，1）。标本T0101③：45，夹砂褐陶。圆唇，宽折沿。口沿外饰凹弦纹和折线刻划纹。口径24、残高6.4厘米（图八，5）。标本T0201④：9，夹炭红陶。圆唇，宽折沿。素面。口径18、残高5.8厘米（图八，7）。标本T0201④：10，夹炭红陶。盘口，圆唇。素面。口径16、残高4.4厘米（图八，9）。标本T0101④：26，夹砂褐陶。尖唇。肩部饰刻划网格纹。口径18、残高4.6厘米（图八，12）。

B型　5件。近直口。标本T0101④：24，夹砂红陶。圆唇。素面。口径12、残高4.5厘米（图八，3）。标本T0201④：8，夹炭红陶。圆唇。颈部外侧饰三条带状黑彩。口径12、残高4.5厘米（图八，4）。标本T0201H3：4，夹炭红陶。圆唇，折沿。颈部外侧有条带状黑彩。口径12、残高3.5厘米（图八，6）。标本T0101③：46，夹砂红陶。圆唇。颈部外侧饰不规则菱形戳印纹。口径14、残高6.6厘米（图八，10）。标本T0101④：27，夹砂红陶。圆唇，沿面微内凹。内外均施红衣并磨光，唇部饰一圈指甲纹，口沿及颈部外侧饰水波纹与弦纹组合。口径22、残高4.8厘米（图八，13）。

釜　3件。敞口，折沿。标本T0201H3：3，夹砂褐陶。圆唇。口沿内侧有条状黑彩。口径20、残高3厘米（图八，2）。标本T0101④：25，夹砂红陶，红衣磨光。外有条带状黑彩。口径18、残高3.3厘米（图八，8）。标本T0201H3：5，夹砂红陶。溜肩。内外均施红衣并磨光。口沿内侧有条带状黑彩，外侧有彩痕。口径22、残高9.2厘米（图八，11）。

器盖　2件。喇叭状口。标本T0101③：47，夹细砂红陶。素面。口径8、残高3.2厘米（图九，1）。标本T0101④：29，夹砂红陶。素面。口径4.2、残高2.6厘米（图九，3）。

图七 周家岗遗址出土陶器纹饰拓片

1. 篦点纹（T0201H3：8） 2、5、9、13、14. 戳印纹（T0101③：48、T0101③：49、T0201④：12、T0201④：14、T0201④：15） 3、12. 粗划纹（T0201H3：9、T0201④：13） 4. 指甲纹加篦点纹（T0201H3：7） 6～8、10、11、15、16. 刻划纹（T0201③：50、T0101③：45、T0201④：11、T0101③：50、T0101③：51、T0201④：16、T0101③：52）

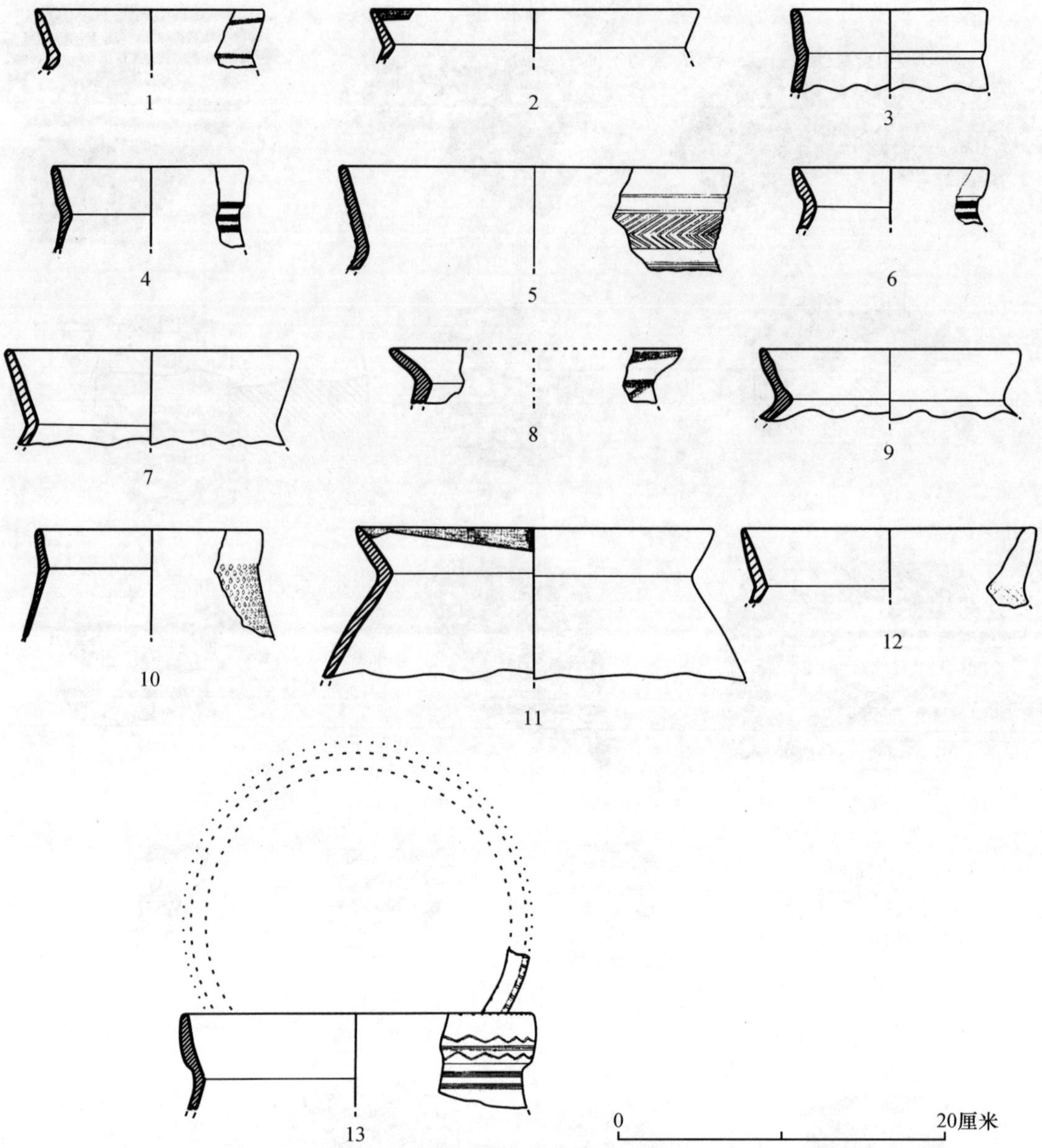

图八　周家岗遗址出土陶器

1、5、7、9、12. A型罐（T0101③：44、T0101③：45、T0201④：9、T0201④：10、T0101④：26）　2、8、11. 釜（T0201H3：3、T0101④：25、T0201H3：5）　3、4、6、10、13. B型罐（T0101④：24、T0201④：8、T0201H3：4、T0101③：46、T0101④：27）

圈足　2件。标本T0101④：28，夹砂褐陶。内外施红衣。残高1.8厘米（图九，2）。标本T0201③：48，夹砂红陶。内外施红衣。喇叭状高圈足。残高4.8厘米（图九，4）。

豆足　1件。标本T0201H3：7，泥质红陶。内外施红衣并磨光，足唇部饰指甲纹，足沿和足柄部饰大小不一的戳印篦点纹。底径8、残高1.6厘米（图九，8）。

碗　1件。标本T0201③：49，夹砂红陶。口部残，斜腹。内外施红衣。底径6、残高6厘米（图九，5）。

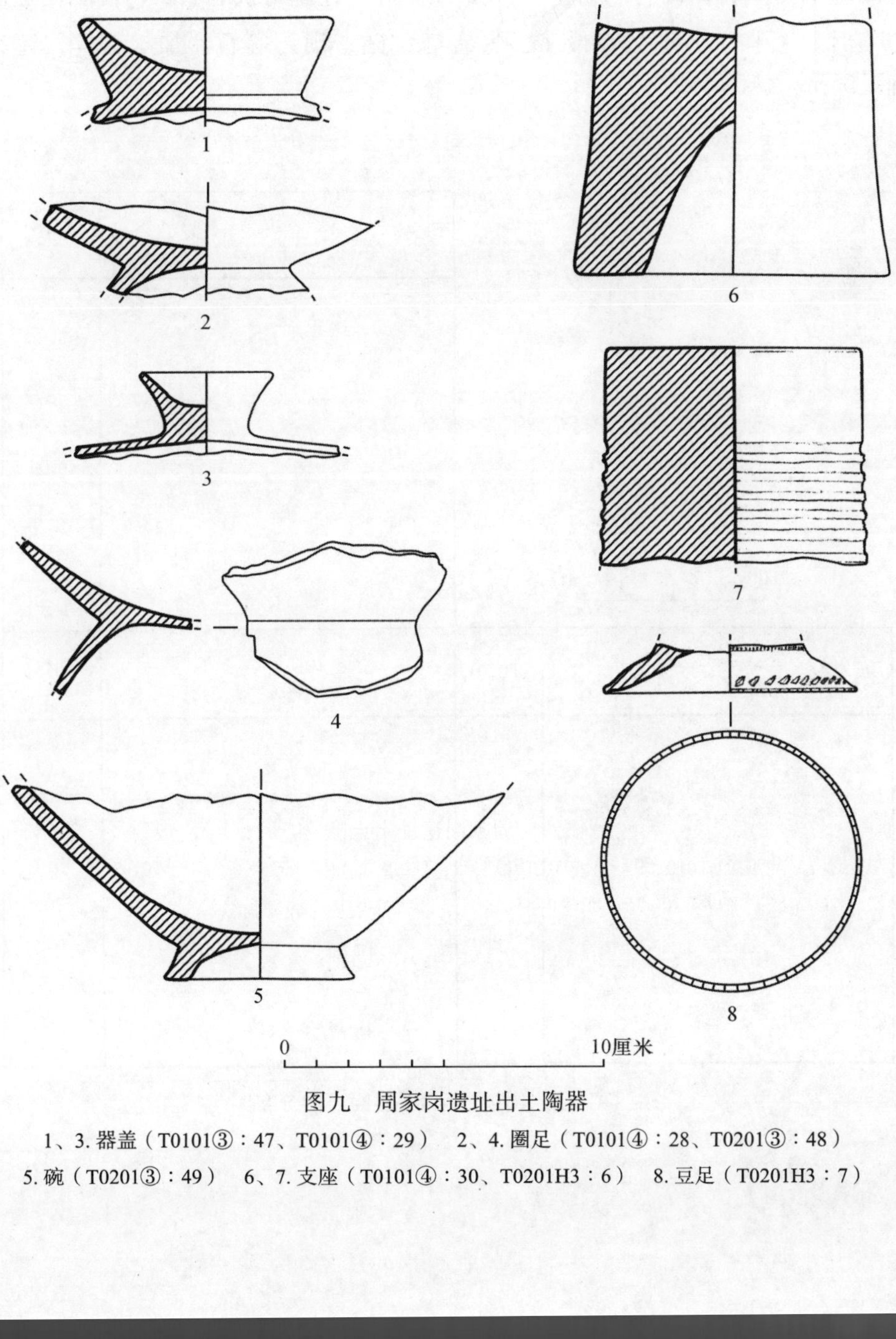

图九　周家岗遗址出土陶器

1、3. 器盖（T0101③：47、T0101④：29）　2、4. 圈足（T0101④：28、T0201③：48）
5. 碗（T0201③：49）　6、7. 支座（T0101④：30、T0201H3：6）　8. 豆足（T0201H3：7）

支座　2件。标本T0101④：30，泥质红陶，烧制火候低，做工粗糙。底部呈环状，有一锥形凹窝。素面。底径10、残高8厘米（图九，6）。标本T0201H3：6，泥质红陶。平头。外饰弦纹。直径8、残高6.7厘米（图九，7）。

2. 石器

石器数量众多，集中出土于第3层层面和第4层层面，第3层层面石器分布于整个发掘区内，第4层层面的石器主要集中于T0101全方和T0201东部，不见于T0102探方（图一〇、图一一）。石器以打制为主，少量为磨制。石料均就地取材，使用河边砾石。器形以石片、石核、石坯数量最多，另有锤、砧、砺石等石器加工工具，还有砍砸器、削、斧等。

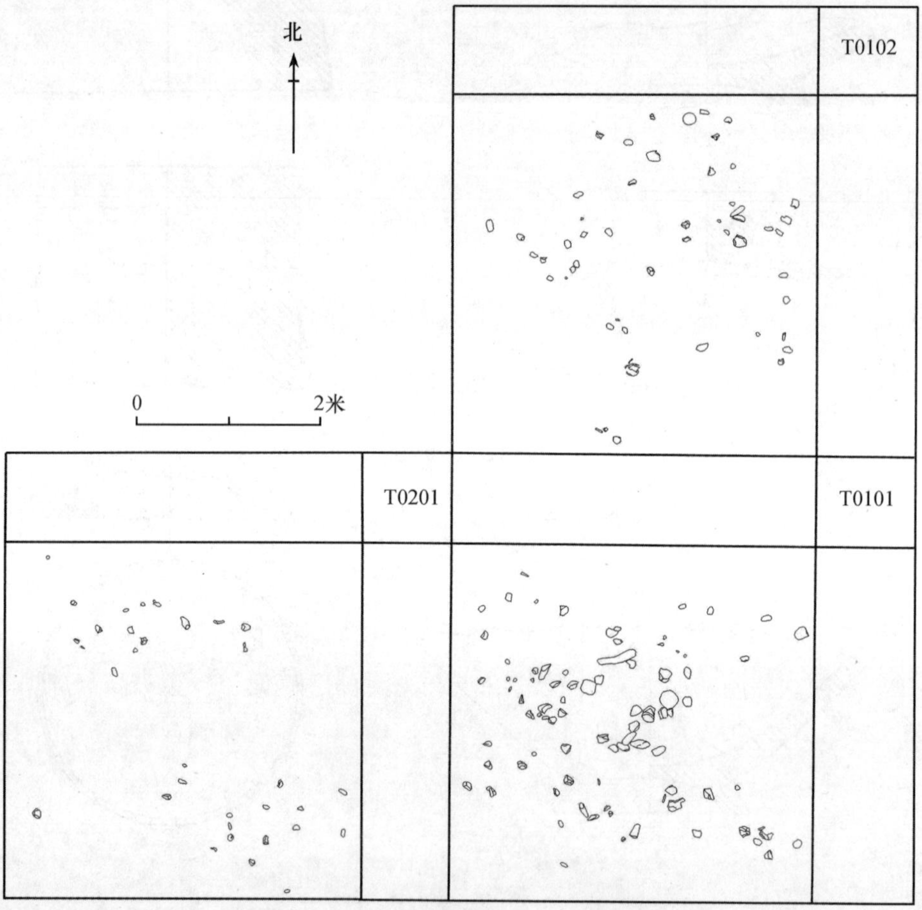

图一〇　周家岗遗址第3层层面石器分布图

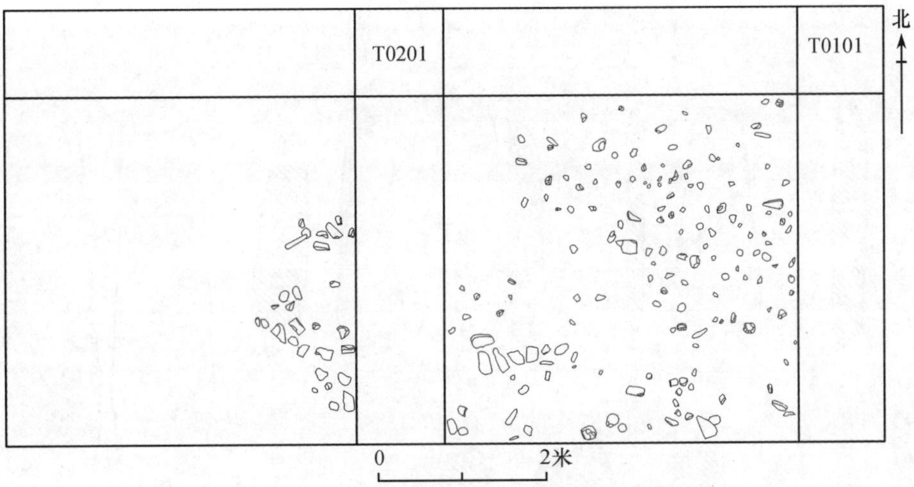

图一一 周家岗遗址第4层层面石器分布图

斧 27件。均为半成品或残次品，根据器身遗留的加工痕迹可分三型。

A型 8件。粗坯，器身可见打制片疤，余为自然面。从原材料的形态和打制部位分析，其最终产品应是斧。标本T0102③：40，平面呈近椭圆形，周身有多处打制痕迹，重点在刃部。长径19、短径5.6、厚2.5厘米（图一二，1）。标本T0102③：61，平面呈梯形，刃部两侧有打制片疤。长16.8、上宽3.7、下宽6.6、厚1.4厘米（图一二，2；图版五，1）。

B型 14件。器身可见打制片疤和进一步雕琢形成的麻点，余为自然面。标本T0101③：42，平面呈椭圆形，一角残断，一面有打制片疤，另一面可见明显的雕琢痕迹。长17、宽6.5、厚3.6厘米（图一二，3）。标本T0102③：28，平面呈椭圆形，器身有多处打制片疤，中部和下部可见麻点。长28.5、宽7.3、厚2.9厘米（图一二，4）。标本T0102③：32，平面呈长方形，柄部残断，器身两面均有琢制痕迹。残长14.1、宽7.6、厚3.9厘米（图一二，5）。标本T0101④：3，平面呈梯形，刃部残断，周身琢制痕迹明显。残长12.5、宽6.8、厚4厘米（图一二，6；图版五，2）。

C型 5件。器身可见雕琢形成的麻点和光滑的磨制面，少数残留打制片疤。标本T0102③：60，残留柄部。平面呈梯形，除少量片疤外通体磨制光滑。残长9.1、宽6.5、厚1.9厘米（图一二，7）。标本T0102③：52，残留刃部。上部有雕琢痕迹，刃部为磨制。残长4.9、宽4.9、厚1.7厘米（图一二，8）。标本T0101④：4，柄部残断，雕琢和磨制痕迹明显，交错分布。残长8.3、宽7.1、厚3.6厘米（图一二，9）。标本T0201④：2，平面呈近长方形，斧身和刃局部磨制，余为雕琢痕迹。长8.4、宽6.1、厚2.8厘米（图一二，10）。标本T0101④：5，平面呈梯形，刃和器身局部磨制光滑。长

9.6、上宽5.7、下宽7.3、厚2.8厘米（图一二，11；图版五，3）。

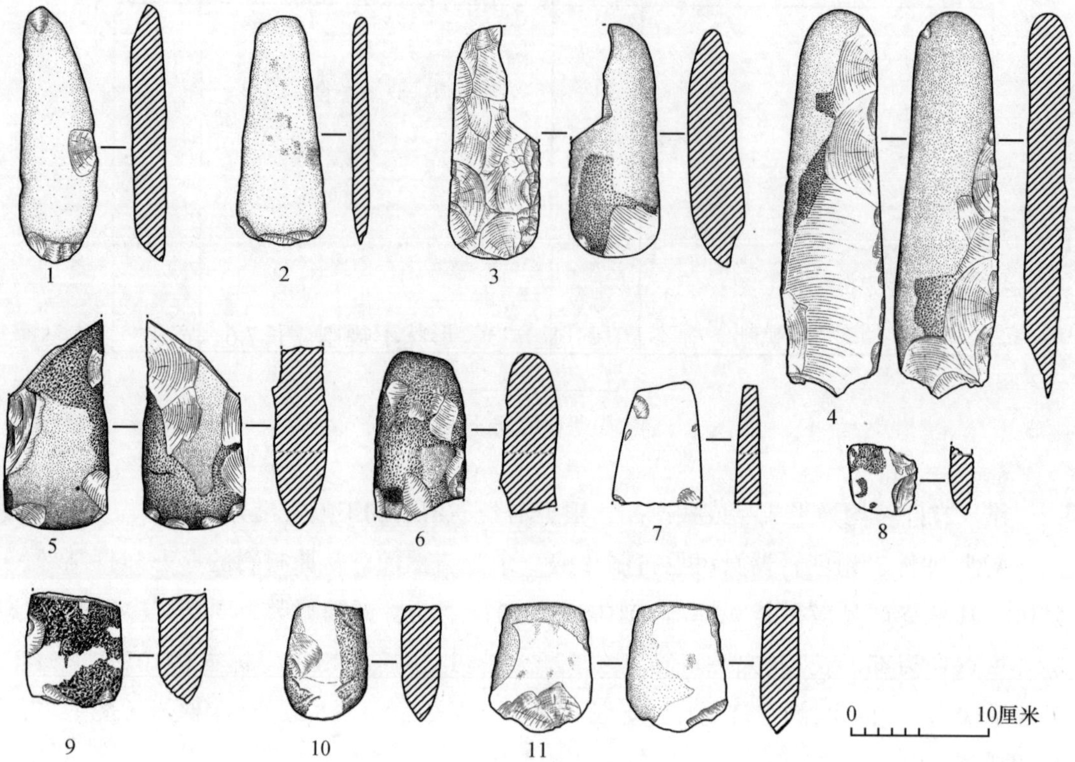

图一二　周家岗遗址出土石斧

1、2. A型（T0102③：40、T0102③：61）　3～6. B型（T0101③：42、T0102③：28、T0102③：32、T0101④：3）　7～11. C型（T0102③：60、T0102③：52、T0101④：4、T0201④：2、T0101④：5）

锤　14件。使用痕迹（锤击面）表现为较细密的锤击麻点（图版五，4）。根据整体形态可分为五型。

A型　5件。近圆形。标本T0101④：8，残，器身边缘可见使用痕迹。残长3.1、宽5.2、厚4.6厘米（图一三，1）。标本T0102③：29，残，周身有一圈锤击痕。残长4.7、宽6.7、厚5.6厘米（图一三，2）。标本T0101④：7，器身一端有使用痕迹。直径6.1、厚4.2厘米（图一三，3）。标本T0201③：6，除器身中心外，锤击麻点遍布周身。直径5.5、厚5.1厘米（图一三，4）。标本T0102③：24，器身周边有一圈锤击痕。长7.1、宽6.2、厚4.3厘米（图一三，6）。

B型　4件。椭圆形。标本T0201④：4，周身可见四个锤击面。长8.6、宽3.8、厚2.9厘米（图一三，7）。标本T0201④：3，残，器身边缘可见锤击面。长9.8、残宽5、厚4.3厘米（图一三，8）。标本T0201H2：1，锤击面约占器身的四分之三。长8.4、宽

5.6、厚4.5厘米（图一三，9）。标本T0201H2：2，上部残，锤击面位于底端。残长6、宽5.3、厚4.2厘米（图一三，12）。

C型 3件。扇形。标本T0102③：23，扇面两端可见锤击麻点。长7.6、宽6.7、厚4.6厘米（图一三，10）。标本T0201H3：1，周身多处可见锤击麻点。长10、宽8.4、厚6.1厘米（图一三，11）。标本T0101④：9，上下端各有一个锤击面。长11、宽8.4、厚5.7厘米（图一三，13）。

D型 1件。长卵圆形。标本T0201③：17，两端均有敲击痕，粗端有崩疤。长13.6、宽7.8、厚3.5厘米（图一三，14）。

E型 1件。形状不规则。标本T0101④：23，形状不规则。长7.6、宽6.7、厚4.5厘米（图一三，5）。

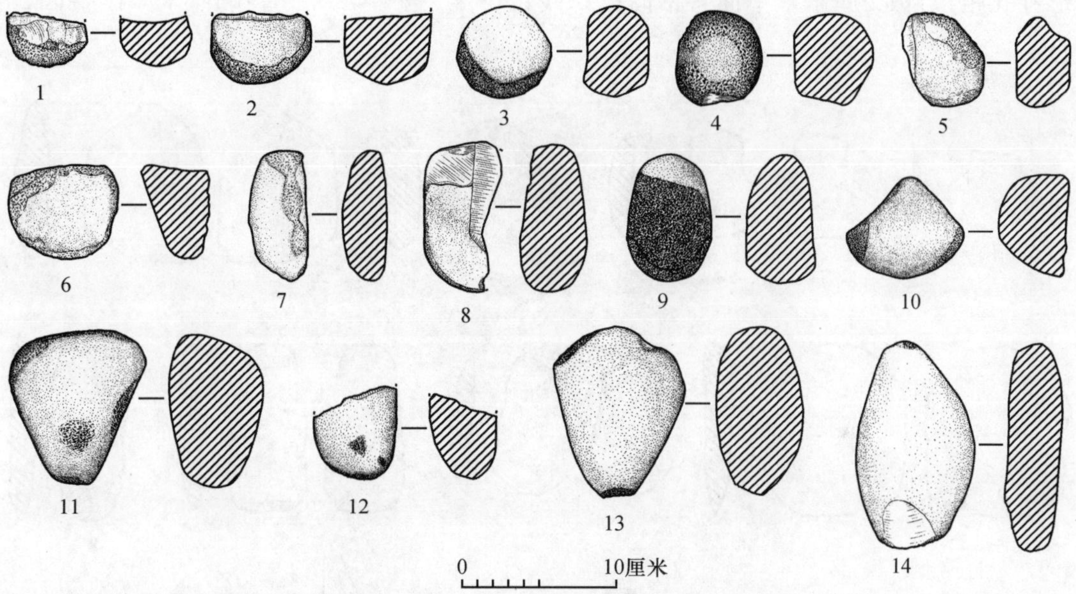

图一三 周家岗遗址出土石锤

1～4、6. A型（T0101④：8、T0102③：29、T0101④：7、T0201③：6、T0102③：24） 5. E型（T0101④：23） 7～9、12. B型（T0201④：4、T0201④：3、T0201H2：1、T0201H2：2） 10、11、13. C型（T0102③：23、T0201H3：1、T0101④：9） 14. D型（T0201③：17）

削 2件。平面呈“凸”字形，利用石片打制而成。标本T0102②：2，长4.5、宽5.3、厚0.3厘米（图一四，1）。标本T0101②：3，长6.2、宽6.2、厚1厘米（图一四，2）。

石核 47件。标本T0101④：18，近圆形，沿底部圆周剥片，石片疤依次相叠。直径6.7、厚2.4厘米（图一四，3）。标本T0102③：45，形状不规则，一侧面带少许石皮，两侧剥片痕迹明显。长9.3、宽6.9、厚2厘米（图一四，4）。标本T0102③：44，椭圆形，左右两侧各有一处剥片痕。长径10.3、短径8.2、厚1.7厘米（图一四，5）。

石坯　28件。标本T0102③：47，原材料为椭圆形石片，两侧打制，未成形。长5.9、宽3.5、厚0.9厘米（图一四，6）。标本T0101④：11，原材料为长方形石片，原始面两侧有多处打制痕迹，未成形。长10、宽4.5、厚1.2厘米（图一四，7）。标本T0201③：8，原材料为椭圆形河卵石，双面打制，未成形。长11、宽4.4、厚1.4厘米（图一四，8）。标本T0101④：16，残断，一面有较多打制痕迹，另一面未加工，尚未打磨出形状。残长12、宽5.9、厚2.7厘米（图一四，9）。标本T0201②：1，长方形，原为石片，剥落面两侧和底端有打制痕迹。长12.9、宽3.8、厚1.4厘米（图一四，10）。

穿孔器　1件。标本T0101④：1，残，仅留柄部，通体磨制精细，断为三截，圆形穿孔距顶部1.2厘米，单面管钻而成。残长15.8、宽1～3.8、厚0.5厘米（图一四，11）。

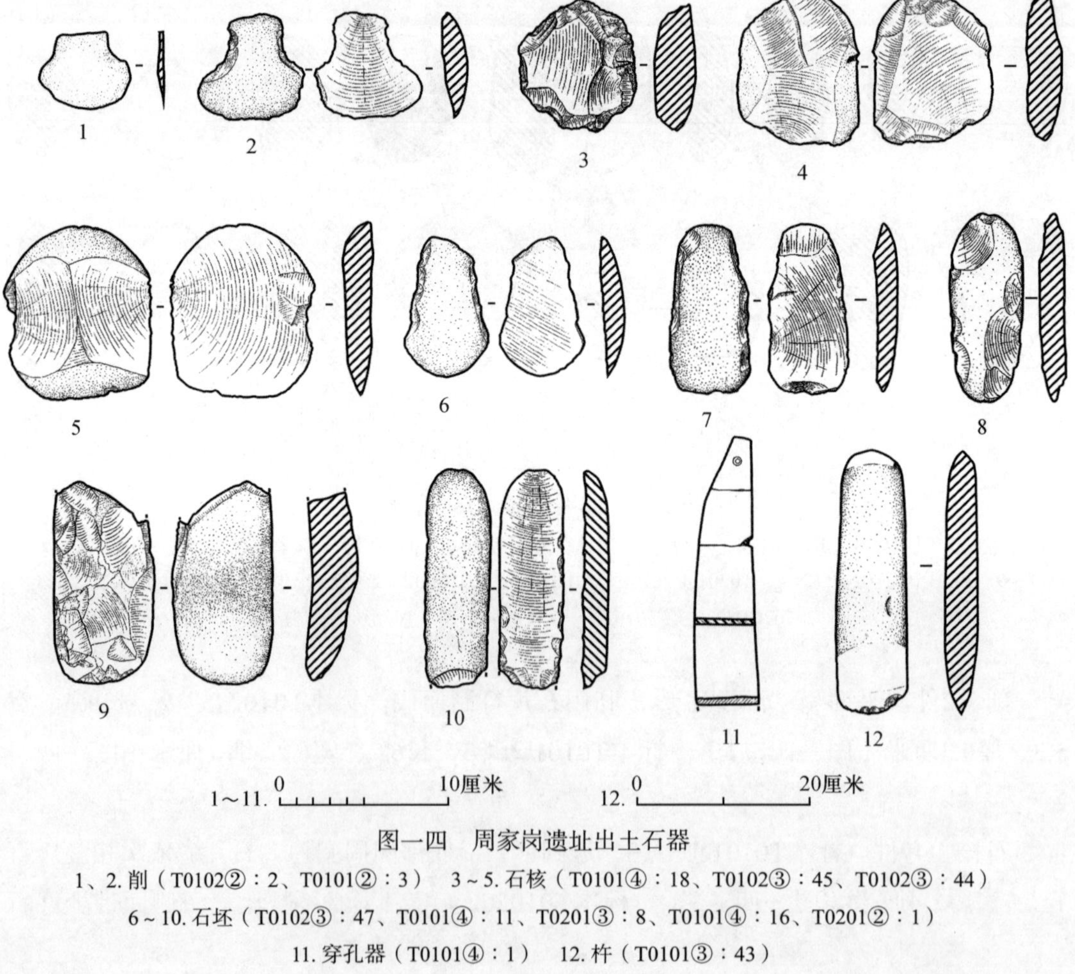

图一四　周家岗遗址出土石器

1、2. 削（T0102②：2、T0101②：3）　3～5. 石核（T0101④：18、T0102③：45、T0102③：44）

6～10. 石坯（T0102③：47、T0101④：11、T0201③：8、T0101④：16、T0201②：1）

11. 穿孔器（T0101④：1）　12. 杵（T0101③：43）

杵 1件。标本T0101③：43，平面呈近长方形，两端磨制，刃部有使用崩痕。长31.6、宽8.4、厚4厘米（图一四，12）。

石片 32件。贝壳状，放射线清晰，边缘锐利。标本T0102③：49，长11.3、宽6.9、厚1.1厘米（图一五，1）。标本T0201③：15，背面有一处石片剥落痕迹。长11.3、宽5.1、厚1.1厘米（图一五，2）。标本T0102③：39，刃部一角崩落。长9.4、宽6.6、厚2.1厘米（图一五，3）。标本T0102③：6，长12.3、宽7.6、厚0.8厘米（图一五，4）。

砍砸器 16件。取材于河卵石，在石片基础上加工而成。标本T0102③：42，一面为自然面，另一面可见明显打制痕迹。长12.9、宽11.4、厚3.7厘米（图一五，5）。标本T0101③：21，双面打制而成。长12.3、宽10.5、厚3.8厘米（图一五，6）。

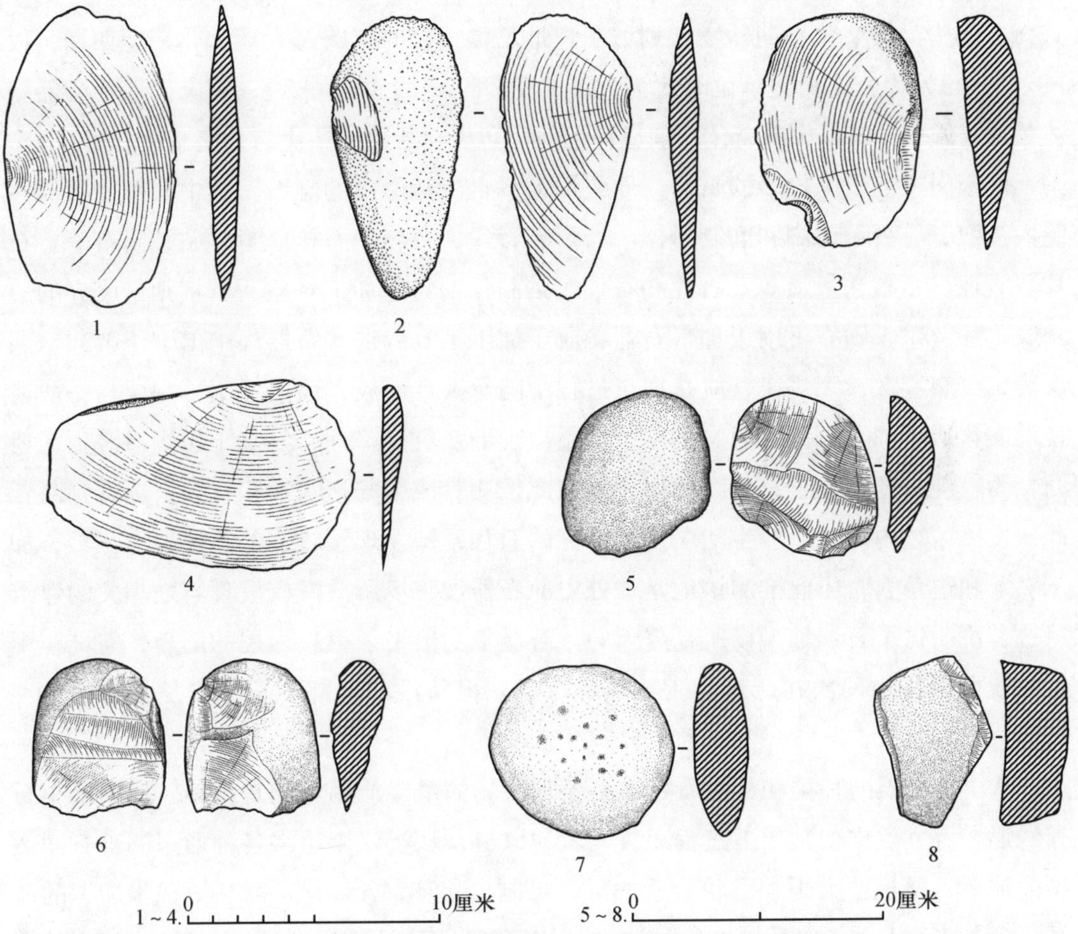

图一五 周家岗遗址出土石器

1～4. 石片（T0102③：49、T0201③：15、T0102③：39、T0102③：6） 5、6. 砍砸器（T0102③：42、T0101③：21） 7. 砧（T0102③：41） 8. 砺石（T0102③：8）

砧　6件。标本T0102③：41，近圆形，单面使用，有较明显的碰击痕迹。直径14.8、厚4.2厘米（图一五，7）。

砺石　3件。标本T0102③：8，残，一个磨砺面，微凹。厚5厘米（图一五，8）。

四、结　语

周家岗遗址试掘区域内出土陶器不多，以红衣彩绘带状黑彩罐或釜为主，属典型大溪文化风格，而纹饰方面以戳印篦点纹、指甲纹、各种组合刻划纹为代表，又有汤家岗文化遗风。A型陶罐标本T0101③：45与城头山遗址大溪文化H型陶罐近似[1]，B型陶罐标本T0201④：8与划城岗遗址乙类遗存陶罐（F8：4）十分相似[2]。陶釜的特征则与城头山遗址大溪文化J型Ⅰ式陶釜类似。城头山遗址大溪文化H型陶罐和J型Ⅰ式陶釜均为大溪文化一期器物，划城岗遗址乙类遗存时代跨越大溪文化一至四期，以F8、M148为代表的相关单位时代为大溪文化一期[3]。综合来看，周家岗遗址陶器整体特征与城头山遗址大溪文化一期遗存近似，初步判断遗址年代为大溪文化一期。

周家岗遗址出土较多的石器，原料均为采自沅江岸边的砾石。其中，打制石器占绝大多数，有少量琢制和磨制石器。器形有石片、石坯、石核、锤、砧、砺石等。石片、石坯、石核数量最多，石片和石坯应是制作石器的加工对象，石核则是废弃的边角料；锤、砧、砺石可用于加工石器，属于加工工具。这些石器集中出土于第3、4层层表，分布零散，无规律，应是加工过程中随意丢弃而成。该遗址第3、4层与一般遗址的文化层不同，少见普通文化层中大量出现的灰坑、陶片、红烧土、炭屑等生活遗存，为较纯净的细沙土，包含物极少，因此推测其成因与河水冲积有关。综合判断，此次发掘区域内缺少一般生活居址中常见的遗存，却发现了较多的石器加工工具、加工对象和边角料，因此推测该地是一处史前石器加工场所。没有发现与之相关的建筑遗迹，说明这个石器加工场所是露天的。石器集中出土于第3、4层的层表，但堆积不厚，说明有先后两次在此地加工石器的过程，但每次时间都不长，应是临时性加工场地。

从出土石器的种类和数量看，该石器加工场的最终产品可能是石斧。根据出土石斧的形态可大致推测其加工过程。首先就地取材，从沅江岸边将各种形态的砾石搬运到遗址上，并挑选大小、形状合适的砾石打制出粗坯，A型石斧即是第一步加工的产品；第二步则是对A型石斧进行再加工，使用各种石锤慢慢琢制，去除打制片疤的痕迹，使斧坯成形，B型石斧上明显的锤击麻点所体现的就是这一步加工过程；第三步则是对成形后的石斧进行周身打磨，尤其是刃部和柄部，磨制完成后即为最终产品。本次发现的C型石斧均未完成最后的磨制步骤，尚属半成品或残次品，这进一步证明了该地的石器加工场属性。

据张弛先生研究[4]，大溪文化时期，三峡及长江东出三峡出口处的长江岸边是大规模石器制作工业区，“这里几乎每一处遗址都大量地出土石制品，除成品之外更多的是制作石器过程中产生的毛坯、次品、废品和石片，也出有较多的制作石器的工具如石锤、磨石等”。同这些遗址相比较，周家岗遗址出土石器种类几乎完全一样，因此其性质也应相同。峡江地区的杨家湾、红花套等遗址还发现有固定的石器加工场，“以红花套遗址的情况最为清楚，这里发现的石器制作场是一些直径2～3米或3～4米的圆形半地穴式建筑，它的周围有几个柱洞，可以立柱搭成工棚，工棚的地面多不平整，往往放有几块冬瓜大小的砾石，砾石上有密密麻麻的砸击痕，看来是工作台，工作台旁常有用来打坯的大石锤和琢坯的两端皆有砸击痕的小石锤，周围则堆有大量的石料（砾石）、废料和半成品，有的棚子里还有磨光用的砺石”。并指出“它的专业化程度已经很高了”。周家岗遗址没有发现半地穴式建筑、工棚、工作台，发现的石器数量也远远少于红花套遗址，具有规模小、技术原始、临时性场所等特点。这一方面与其时代更早有关，另一方面也与其特殊的地理位置和环境（江心洲，易遭洪水冲击）有关。但由于此次发掘面积较小，故也不能排除遗址其他位置存在相关遗存的可能性。峡江地区石器生产场所多，生产规模较大，超过了自身需要，石器很可能是用于对外交换的资源[5]。从目前的发现来看，对周家岗遗址生产的石器是否能用于对外交换还无法下结论。

大溪文化时期，在峡江地区以外，“还没有一处发现有石器制作的场地和与石器制作有关的遗存”。因此，周家岗遗址的发掘对研究大溪文化早期石器生产活动、资源利用及文化交流有重要意义。

附记：参加此次考古发掘的工作人员有王良智、谌农、袁辉，绘图由谌农、段欣、胡重、王静完成。

执笔：王良智

注　释

[1] 湖南省文物考古研究所：《澧县城头山——新石器时代遗址发掘报告》，文物出版社，2007年。

[2] 湖南省文物考古研究所、常德市文物处、安乡县文物管理所：《湖南安乡划城岗遗址第二次发掘报告》，《考古学报》2005年第1期。

[3] 郭伟民：《城头山遗址与洞庭湖区新石器时代文化》，岳麓书社，2012年。
[4] 张弛：《大溪、北阴阳营和薛家岗的石、玉器工业》，《考古学研究》（四），科学出版社，2000年。
[5] 笪浩波：《长江中游文明化进程中的人地关系——以新石器时代为例》，上海古籍出版社，2013年。

The Excavation of Zhoujiagang Neolithic Site in Taoyuan County, Hunan

Hunan Provincial Institute of Cultural Relics and Archaeology
Cultural Relics Administration of Taoyuan County

Abstract: The Neolithic remains of Zhoujiagang site in Taoyuan County, Hunan Province was discovered in the fall of 2011. The main vestiges are ash pits and houses. The unearthed cultural relics are stone artifacts and potteries, in which stone tools have the largest number including cores, flakes and blanks while the number of pottery is very small and mainly dominated by red coated and black painted pots or cauldrons. The age of the site belongs to the early period of Daxi culture.

Keywords: Taoyuan, Hunan; Zhoujiagang Site; Neolithic Period

湖南沅陵老爷台、高坪、木马岭遗址考古发掘简报

湖南省文物考古研究所

［摘　要］　1991～1995年，湖南省文物考古研究所在五强溪水电站建设过程中抢救性地发掘了老爷台、高坪、木马岭三处遗址。其中，老爷台、高坪遗址的时代分别相当于石家河文化晚期和商代早期。木马岭遗址发掘墓葬1座，时代在南宋时期。

［关键词］　沅陵县；石家河文化；早商；南宋

沅陵县位于湖南省西北部的沅江中游地区，行政区划隶属湖南省怀化市。20世纪90年代，为配合五强溪水电站的建设，湖南省文物考古研究所主持对沅陵县境内的老爷台、高坪、木马岭三处遗址进行了抢救性发掘（图一）。现将其主要收获简报如下。

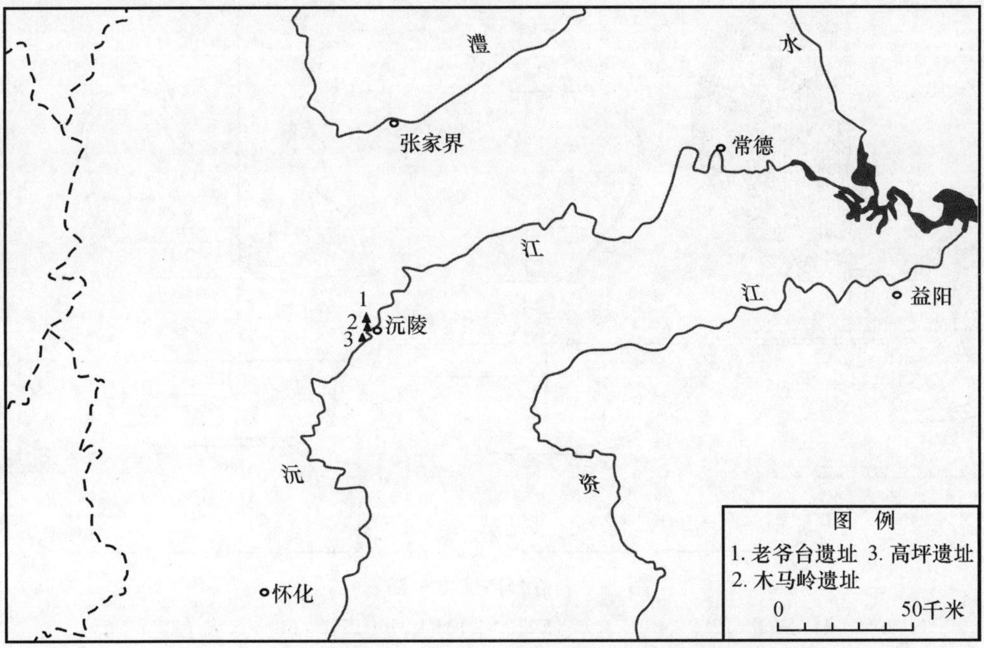

图一　老爷台、高坪、木马岭遗址位置示意图

一、老爷台遗址

老爷台遗址位于湖南省沅陵县乌宿乡。1994年，湖南省文物考古研究所主持对该遗址进行了抢救性发掘。此次发掘的原始记录现已遗失，本次整理仅见7件出自该遗址的陶器标本。

罐　2件。标本T2③：1，夹砂灰陶。小口，束领，上腹圆鼓，下腹内收，凹圜底。领部以下饰篮纹。口径10.5、底径9、高25.5厘米（图二，1；图版六，3）。标本T2③：4，泥质灰陶。小口，矮领，鼓肩，凹圜底。素面。口径7.5、底径6.5、高14.2厘米（图二，2；图版六，2）。

鬶　1件。标本T2③：2，泥质红陶。喇叭形口，裆部及以下已残，附宽带形鋬。素面。残高12.5厘米（图二，3）。

豆　1件。标本T2③：3，泥质灰陶。盘口部外侈，圈足较矮较粗。圈足中部有一对圆形镂孔。盘口径21、圈足底径14.6、通高11厘米（图二，4；图版六，1）。

盆　1件。标本T2③：5，泥质灰陶。敞口，口沿外附宽带一圈，斜腹，近平底。素面。口径24.5、底径6、高8.3厘米（图二，5）。

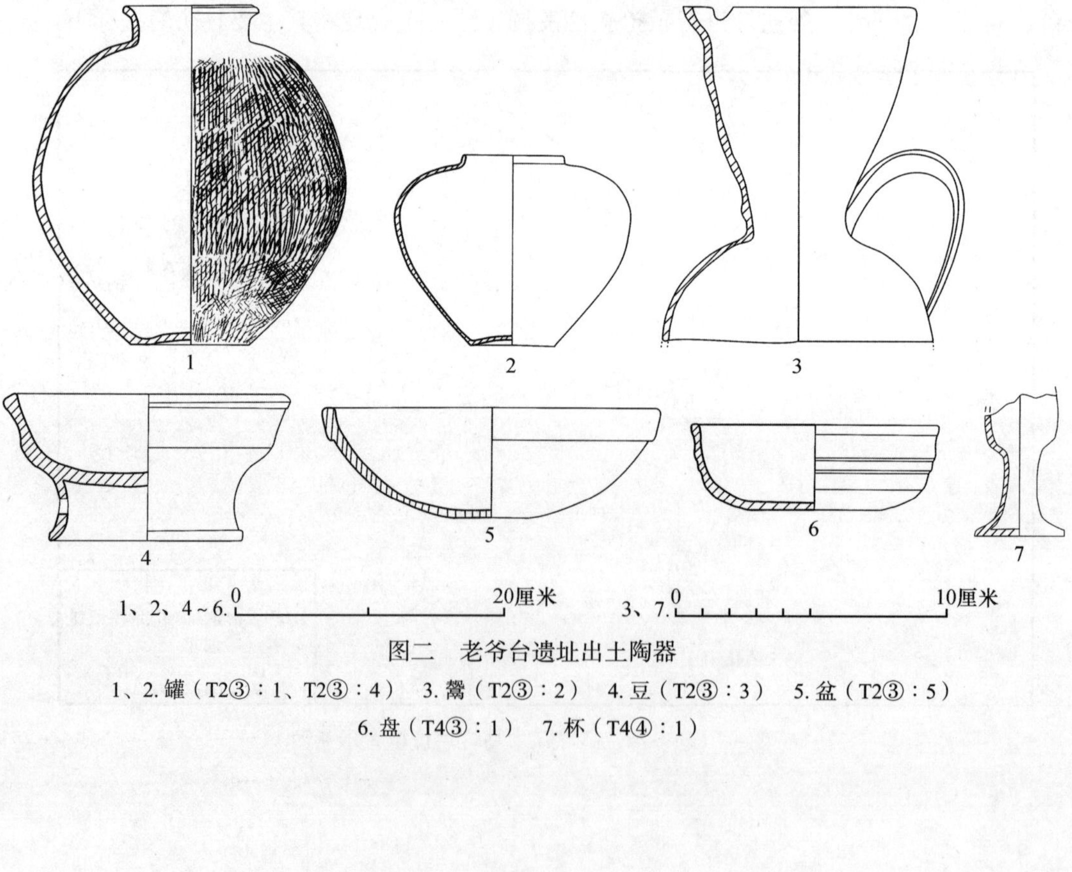

图二　老爷台遗址出土陶器

1、2. 罐（T2③：1、T2③：4）　3. 鬶（T2③：2）　4. 豆（T2③：3）　5. 盆（T2③：5）
6. 盘（T4③：1）　7. 杯（T4④：1）

杯 1件。标本T4④：1，泥质灰陶。口部已残，喇叭口状圈足。素面。残高5.4厘米（图二，7）。

盘 1件。标本T4③：1，泥质灰陶。敞口，直腹，平底。腹部饰两圈宽弦纹。口径17.8、高6.4厘米（图二，6）。

二、高坪遗址

高坪遗址位于沅陵县舒溪口乡董家坪村沅江北岸的二级台地上（图一）。遗址发现于第二次全国文物普查期间，最初被命名为“铁屎包遗址”。后来单先进先生对该遗址进行过考古调查，并将其命名为“董家坪遗址”。1995年，为配合五强溪水电站工程的建设，湖南省文物考古研究所对该遗址进行了抢救性发掘，并以最小地名命名遗址的原则将其改称为“高坪遗址”。这次发掘共布探方6个，编号T1～T6。其中，除T1为2米×5米规格外，其余皆为5米×5米，总计发掘面积135平方米，发现了一批商代早期的灰坑遗迹及陶器、石器等遗物。

（一）地层堆积

因探方分布不连续，各探方均独立划分地层。现以T3和T6的南壁为例将遗址地层堆积情况作简要介绍。

1. T3南壁

第1层：沙土。为现代表土层。厚0.05～0.12米。

第2层：黄褐色土，结构疏松。为近现代扰乱层。深约0.1、厚0.2～0.3米。包含物有瓦片等。

第3层：褐色土，结构紧密。为宋元时期的文化层。深0.35～0.5、厚0.2～0.35米。包含物有白瓷片、青瓷片等。

第4层：浅褐色土，结构较紧密。为宋元时期的文化层。深0.5～0.7、厚0.15～0.25米。包含物有一些早期陶片和白瓷片等。

第5层：黄褐色土，夹砂较多。应为商代文化层。深0.7～0.95、厚0.25～0.35米。包含物主要为陶片，可辨器形有罐、钵、大口缸等。

第6层：褐色土，夹砂较少，夹杂有红烧土、草木灰等。应为商代文化层。深0.95～1.3、厚0.2～0.3米。包含物有鼎足、豆、大口缸等陶片。

第7层：浅灰色土，夹杂有红烧土、草木灰等。应为商代文化层。深1.2～1.6、厚

0.15～0.3米。包含物较丰富，有釜、豆柄、鼎足等陶片。H3开口于此层之下。

第7层下为生土（图三）。

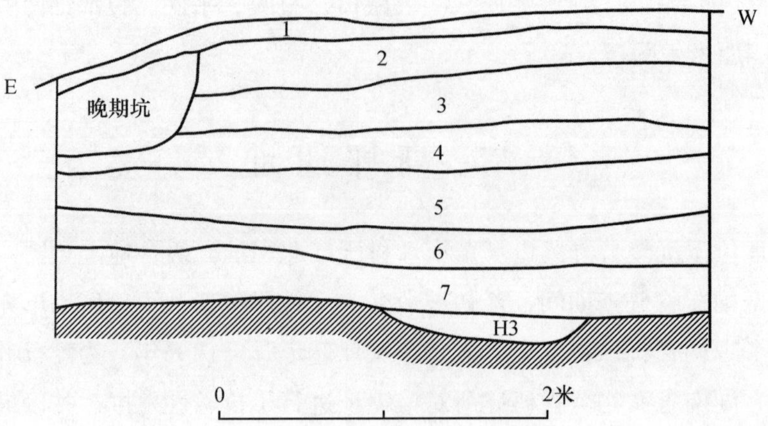

图三　T3南壁剖面图

2. T6南壁

第1层：沙土。为现代表土层。厚0.15～0.2米。

第2层：浅灰色土。为近现代扰乱层。深约0.2、厚0.15～0.2米。

第3层：灰褐色土，较疏松。深约0.4、厚0.35～0.45米。除少量卵石外不见其他包含物。

第4层：灰色土，夹砂较少。深约0.75、厚0.15～0.25米。包含物有少量大口缸、豆柄、鼎足等陶片。

第5层：灰色土，夹杂有红烧土颗粒和草木灰。应为商代文化层。深约1、厚0.1～0.2米。包含物较丰富，见有大口缸、圈足等陶片及少量石器。

第6层：深灰色土，夹杂较多红烧土和草木灰。应为商代文化层。深约1.2、厚0.2～0.3米。出土陶片较多，见有大口缸、器盖，还出土石斧等。

第7层：密集的红烧土。可能为房屋居住面。深约1.5、厚0.25～0.4米。包含物有大口缸、高领罐等陶器残片。

第8层：灰色土。应为商代文化层。深约1.65、厚0.15～0.2米。包含物有罐、釜、豆等陶器残片。

第8层下为生土（图四）。

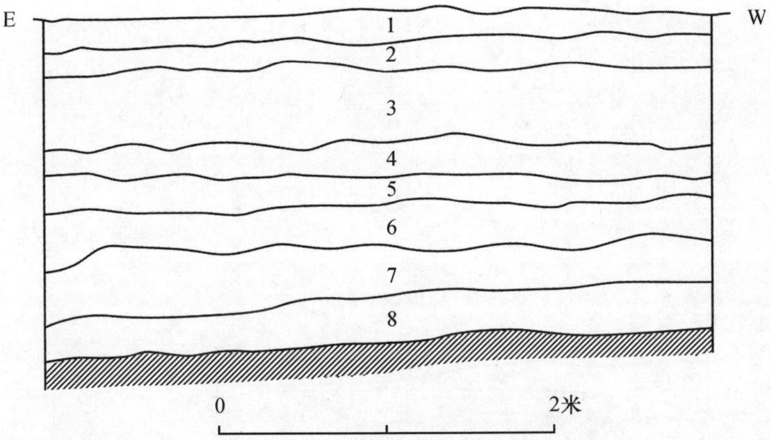

图四 T6南壁剖面图

（二）主要遗迹

本次发掘的遗迹主要为灰坑7个（编号H1～H7）、房址2座（编号F1、F2）。受发掘面积所限，这些遗迹大多伸入探方壁内，未能全面揭露。现以出土遗物相对较多的H1、H6和F1（F2即T6第7层发现的密集红烧土面，看不出明显结构）为例作简要介绍。

H1 位于T3东北角，开口于第7层下，打破生土。平面呈近椭圆形，斜壁，近平底。长约3、宽约2.1、深0.2～0.56米。包含物有釜、鬲等陶器（图五）。

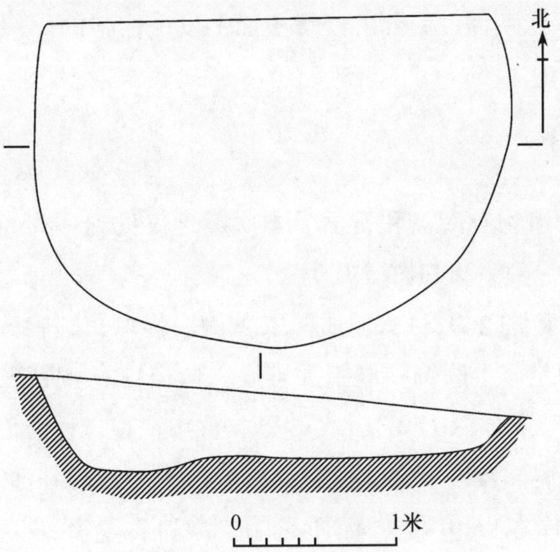

图五 H1平、剖面图

H6 位于T2北部，伸入探方北壁内，开口于F1下，打破生土。平面呈近圆形，斜壁，圜底。直径约1.6、深0.2～0.32米。包含物有大口缸、豆、釜等陶器（图六）。

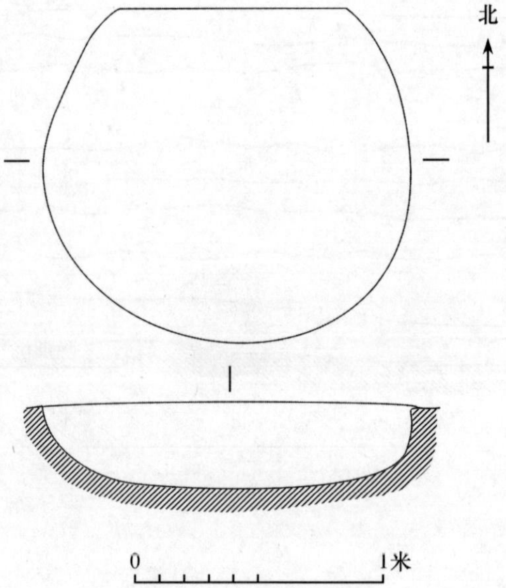

图六　H6平、剖面图

F1　位于T2北部，伸入探方北壁内，开口于第7层下，叠压H5、H6和生土，局部被晚期坑打破。房子的平面形状不明，几乎遍布全方，由红烧土面、卵石面和灶坑等组成。其中，红烧土面主要分布于南部，厚0.1～0.2米。卵石面主要分布于北部，卵石的大小及间距均不等，且看不出明显的排列规律。灶坑位于中部，平面形状呈近圆形，直径约0.7米，深度不详。南部的红烧土面上发现柱洞1个，直径0.2、深0.22米。房子内的遗物极少（图七）。

（三）主要遗物

高坪遗址发掘的遗物有陶器和石器。本次整理仅见到一些经修复的陶器标本，主要有罐、壶、釜、鬲、豆、大口缸等几类。

高领罐　2件。标本T2⑦：1，泥质黑衣黄陶。侈口，圆唇，高直领，溜肩，圆鼓腹，平底，底附矮圈足。上腹饰一周附加堆纹。口径13.6、腹径27.2、圈足径10.8、高27厘米（图八，1）。标本T3H1：1，夹砂黑衣黄陶。直口，沿面微内凹，高直领，溜肩，腹及底部已残。肩部及以下饰细绳纹。口径19.5、残高11.6厘米（图八，6）。

矮领罐　1件。标本T6⑨：1，泥质黑陶。敞口，卷沿，尖唇，矮领微内束，鼓腹，底已残。腹部饰两圈弦纹，其余为素面。口径14、残高7.6厘米（图八，10）。

长颈壶　1件。标本T6⑧：1，泥质黑陶。敞口，尖圆唇，大长颈微内束，鼓肩，斜腹内收，底残。颈上部饰三圈凹弦纹，中部饰两圈凹弦纹，下部饰一圈斜向排列的戳印纹。口径16.2、肩径29、残高30.2厘米（图八，4）。

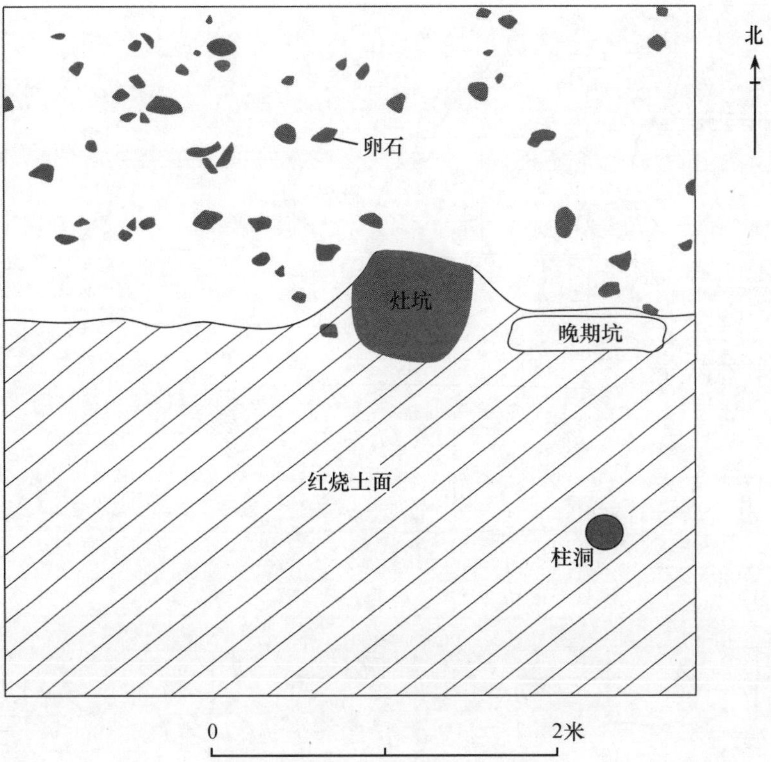

图七 F2平面图

釜 4件。根据颈部差异，可分二型。

A型 1件。长颈釜。标本T6⑨：2，夹砂黑衣黄陶。敞口，圆唇，长颈微内束，鼓腹，底已残。颈部饰两周浅凹弦纹，其余通体饰斜向细绳纹。口径23.3、残高19.4厘米（图八，5）。

B型 3件。短颈釜。依据口沿差异，又分为二亚型。

Ba型 2件。折沿釜，形制基本类似。标本T2H6：1，夹砂黄陶。敞口，尖圆唇，束颈，颈部加厚，弧腹，底部已残。颈部以下饰细绳纹。口径18、残高11.5厘米（图八，2）。标本T4⑥：1，夹砂灰褐陶。侈口，沿面微内凹，尖唇，束颈，弧腹，底已残。腹部饰细绳纹。口径22、残高8厘米（图八，7）。

Bb型 1件。卷沿釜。标本T3H1：2，夹砂灰褐陶。侈口，宽卷沿，圆唇，束颈，弧腹，底已残。腹饰细绳纹。口径19.2、残高8.6厘米（图八，3）。

鬲 1件。标本T3H1：3，夹砂灰陶。侈口，卷沿，圆唇，微束颈，直腹，底部已残。颈部饰弦纹，腹部饰细绳纹。口径16、残高7.2厘米（图八，9）。

豆 4件。依据柄部差异，分二型。

A型 2件。粗柄豆，盘部残。标本T2⑦：2，泥质黑陶。素面。圈足径10.6、残高

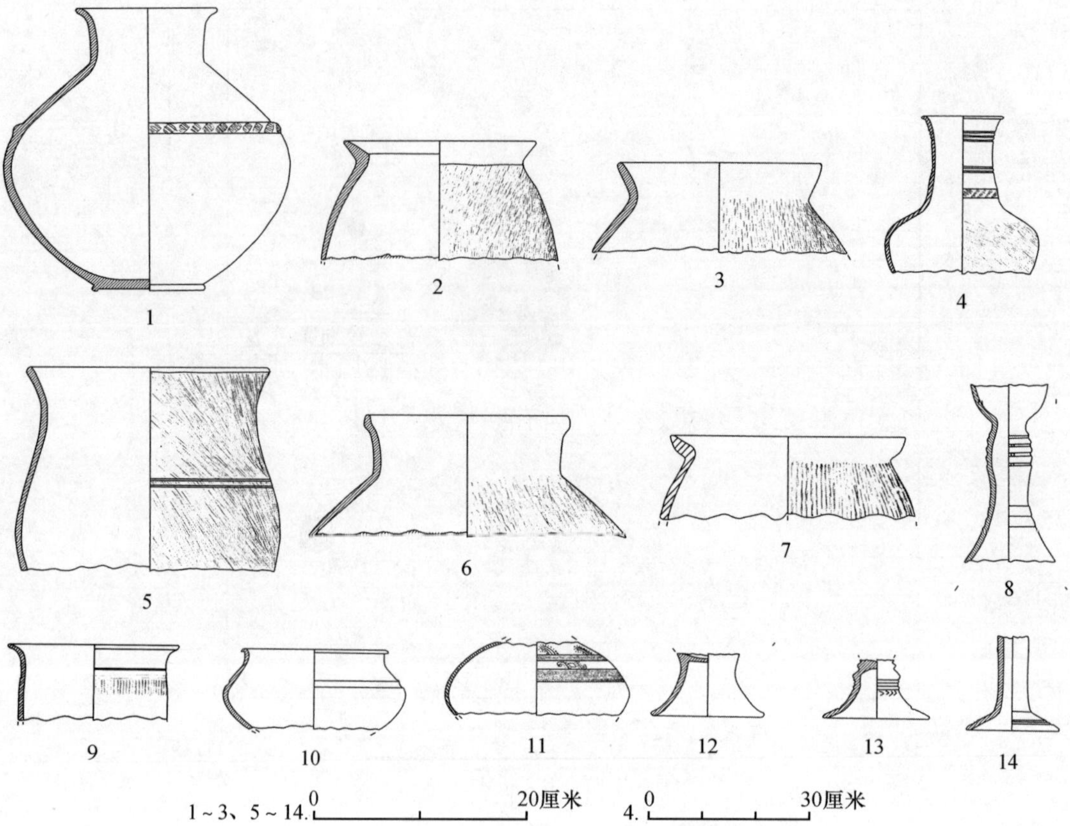

图八 高坪遗址出土陶器

1、6. 高领罐（T2⑦：1、T3H1：1） 2、7. Ba型釜（T2H6：1、T4⑥：1） 3. Bb型釜（T3H1：2） 4. 长颈壶（T6⑧：1） 5. A型釜（T6⑨：2） 8、14. B型豆（T6⑧：2、T3⑦：1） 9. 鬲（T3H1：3） 10. 矮领罐（T6⑨：1） 11. 器腹残片（T5⑨：1） 12、13. A型豆（T2⑦：2、T2⑦：3）

6厘米（图八，12）。标本T2⑦：3，泥质黑陶。柄上部有凸棱，下方饰三圈凹弦纹和一圈横“人”字形刻划纹。圈足径10、残高5.6厘米（图八，13）。

B型 2件。标本T6⑧：2，泥质黑陶。盘部及圈足底均残，柄中部外鼓，高喇叭形圈足。柄中部外鼓处饰多圈凸弦纹和三圈圆形镂孔。残高17厘米（图八，8）。细柄豆。标本T3⑦：1，泥质黑陶。盘部已残，细直柄，矮喇叭形圈足。素面。圈足径9.3、残高9厘米（图八，14）。

大口缸 7件。按腹部的差异，可分三型。

A型 3件。弧腹。标本T4⑧：1，夹砂红褐陶。敞口，尖圆唇，底部已残。口沿下方饰一圈附加堆纹，腹部饰方格纹。口径33.8、残高20厘米（图九，1）。标本T4⑦：1，泥质红陶。敞口，斜方唇，底部已残。口沿下方饰一圈附加堆纹，腹部饰方格纹。口径41.4、残高19.6厘米（图九，2）。标本T4⑦：2，泥质红陶。口沿已残，假圈足，小平底。腹部饰方格纹。残高28.4厘米（图九，4）。

B型 3件。斜直腹。标本T4⑧：2，夹砂红陶。敞口，厚圆唇，假圈足，小平底。口沿下方饰一圈附加堆纹，腹部通体饰方格纹。口径37.4、底径7、通高37厘米（图九，3）。标本T1H6：2，夹砂红陶。敞口，方唇，腹及底均残。口沿下方饰一圈附加堆纹和方格纹。口径42、残高13.8厘米（图九，6）。标本T6⑧：3，夹砂红陶。敞口，方唇，唇面有凹槽，深直腹，底部已残。腹部饰附加堆纹和方格纹。口径59.6、残高66.3厘米（图九，7）。

C型 1件。直腹。标本T4⑦：3，泥质红陶。直口，方唇，直筒形腹，底部已残。口沿外饰一圈附加堆纹，通体饰方格纹。口径30、残高19厘米（图九，5）。

除上述可大体辨认器形的陶器外，另有器腹残片1件。标本号T5⑨：1，泥质黑陶。圆鼓腹，上、下部均残。腹部饰弦纹、横“人”字形刻划纹、戳印点纹及浅刻细线条等。残高7厘米（图八，11）。

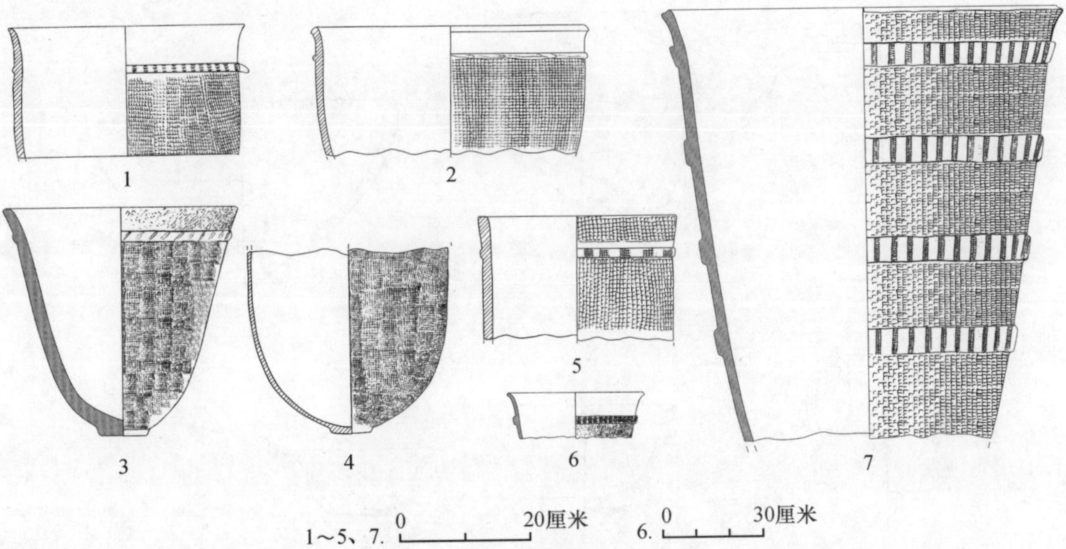

图九　高坪遗址出土陶大口缸

1、2、4. A型（T4⑧：1、T4⑦：1、T4⑦：2） 3、6、7. B型（T4⑧：2、T1H6：2、T6⑧：3）
5. C型（T4⑦：3）

三、木马岭遗址

木马岭遗址位于沅陵县太常乡木马岭村。1991年湖南省文物考古研究所在该地发掘宋代墓葬1座，编号为M1，出土陶罐、碗、壶、盆。

罐 2件。形制一致，均为夹砂红褐陶。直口，矮直颈，鼓肩，斜直腹，凹圜底。口沿外侧饰一圈宽凹弦纹，余为素面。标本M1：1，口径9.5、底径7.2、高19.5

厘米（图一〇，2；图版六，4）。标本M1：2，口径9.7、底径7.2、高17.5厘米（图一〇，1）。

碗 2件。标本M1：3，夹砂红褐陶。微敛口，弧腹，下腹内收较甚，假圈足，平底。素面。口径21.3、底径6.3、高13厘米（图一〇，3）。标本M1：5，夹砂红褐陶。侈口，斜壁，近平底，底附圆形矮圈足。素面。口径13.5、底径6、高7.6厘米（图一〇，5）。

壶 1件。标本M1：6，夹砂红褐陶。直口，长颈，一侧附斜直的细长流管，另一侧附高耸的执手，中腹圆鼓，下腹及底已残。素面。口径5.5、残高12.5厘米（图一〇，4）。

盆 1件。标本M1：4，夹砂红褐陶。敞口，平卷沿，弧腹，近平底。素面。口径11.5、高4.7厘米（图一〇，6）。

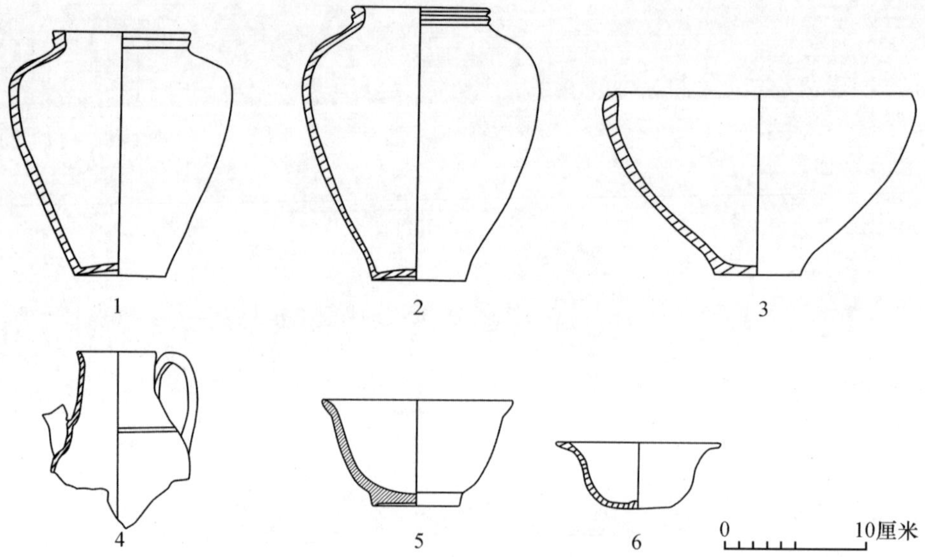

图一〇 木马岭遗址M1出土陶器

1、2. 罐（M1：2、M1：1） 3、5. 碗（M1：3、M1：5） 4. 壶（M1：6） 6. 盆（M1：4）

四、结 语

老爷台遗址出土的陶器大多可在洞庭湖及邻近地区石家河文化晚期阶段的遗存中找到形制特征类似的器物。比如，标本T2③：1罐与岱子坪M44：8罐[1]、划城岗M117：8罐[2]基本一致，标本T4④：1杯与划城岗T26③：1杯[3]形制基本类似，其他如盆、鬶等器也都见于上述诸遗址中。如此看来，我们大体可将老爷台遗址的年代推定在石家河文化晚期。

高坪遗址的文化堆积较厚，主要遗物出自遗址的第7~9层及其之下的遗迹，主要器类为高领罐、大口缸、釜、豆等。大口缸在长江中游商代遗存中大量可见，其他几类器物亦在邻近地区的鼎城贵家岗[4]、石门皂市[5]、澧县斑竹[6]、荆州荆南寺[7]等商时期的遗址中比较常见。其中部分器物如标本T2⑦：1高领罐与皂市TB10②：32、标本T3H1：3鬲与皂市H23：36等有着基本一致的形制特征。皂市遗址的上述遗存被认为属二里岗文化时期，因此，高坪遗址的主要年代应大体与此相当。虽然高坪遗址的时代主体为商代，但遗址中商文化的因素相对比较少见，反映出遗存的性质同周边地区同时期遗存一样具有明显的地域文化特征。从遗存的总体面貌上看，高坪遗址与沅江下游的贵家岗遗址之间有更强的一致性，这自然与沅江作为一条便利的通道用于沟通中游与下游地区文化联系的作用密切相关。

关于木马岭M1的年代，参考周世荣先生《湖南古墓与古窑址》一书中对湘江流域宋代墓葬的研究[8]，我们将此墓时代大体定为南宋。

附记：本文插图主要由罗希和谭何易完成，照片由杨盯拍摄，资料整理过程中还得到高成林先生的帮助，特此致谢。

执笔：盛 伟 郭伟民

注 释

[1] 湖南省博物馆：《湘乡岱子坪新石器时代遗址》，《湖南考古辑刊》（第2集），岳麓书社，1984年。

[2] 湖南省文物考古研究所、常德市文物处、安乡县文物管理所：《湖南安乡划城岗遗址第二次发掘报告》，《考古学报》2005年第1期。

[3] 湖南省文物考古研究所、常德市文物处、安乡县文物管理所：《湖南安乡划城岗遗址第二次发掘报告》，《考古学报》2005年第1期。

[4] 湖南省文物考古研究所、常德市文物局、常德市博物馆等：《湖南省常德市鼎城区贵家岗遗址考古发掘简报》，《江汉考古》2018年第3期。

[5] 湖南省文物考古研究所：《湖南石门皂市商代遗存》，《考古学报》1992年第2期。

[6] 湖南省文物考古研究所发掘资料。

[7] 荆州博物馆：《荆州荆南寺》，文物出版社，2009年。

[8] 周世荣：《湖南古墓与古窑址》，岳麓书社，2004年，第291~314页。

The Excavation of the Sites at Laoyetai, Gaoping and Mumaling in Yuanling, Hunan

Hunan Provincial Institute of Cultural Relics and Archaeology

Abstract: From 1991 to 1995, three sites named the Laoyetai, Gaoping, and Mumaling were excavated for the construction of the Wuqiangxi hydropower station. Laoyetai site probably dates from the late period of Shijiahe culture. Gaoping site belongs to the early period of Shang dynasty. A tomb which dates to Southern Song dynasty was excavated in Mumaling site.

Keywords: Yuanling County；Shijiahe Culture；Early Shang Dynasty；Southern Song Dynasty

湖南华容车轱山遗址第三次考古发掘简报

湖南省文物考古研究所

［摘　要］　2016～2017年，湖南省文物考古研究所对车轱山遗址进行了第三次发掘，取得了令人瞩目的收获。发掘了属于堆子岭文化、屈家岭文化及石家河文化三个主要时期的遗存，其中年代最晚的遗存可以判定为后石家河文化时期。发掘出土的遗迹有墓葬、灰坑、窑、灶、房址及红烧土遗迹共228处，其中以整体烧结的红烧土窑的发现至为重要。Y2是目前为止所发现的年代最早的龙窑雏形，对于研究古代窑业发展史具有重要意义。

［关键词］　车轱山遗址；堆子岭文化；后石家河文化；龙窑

华容县位于湖南省东北边陲，隶属岳阳市。北与湖北省石首市和监利县接壤，长江绕其北，洞庭拥其南。车轱山遗址位于华容县三封寺镇五湖村五组，1969年调查时发现。地理坐标为北纬29°　30′　36.72″　，东经112°　42′　42.09″　（图一）。

车轱山为一高出四周4～5米的台地，海拔34.1米。原有面积约3万平方米，20世纪60年代末，华容县修华洪（华容河至洪山头镇）运河时从遗址南面经过，修河堤时将遗址南部挖毁约三分之一，现遗址东西通长180、南北通宽130米，现存面积约2万平方米。遗址呈平台状，四周有缓坡，北面缓坡尚保存完整，南坡因修大堤时挖毁不存，东、西两侧也有扰乱（图版七）。

1982年及1983年冬，由湖南省博物馆主持在车轱山遗址东南部进行了考古发掘，发掘面积共500平方米，其中第一次发掘100平方米，第二次发掘400平方米。根据当时的认识，有属于新石器时代的大溪文化、屈家岭文化和石家河文化三个时期的文化堆积，两次发掘共清理了三个时期的墓葬381座，出土了大量珍贵文物，对长江中游史前文化研究有着重要意义，因而受到考古界的高度关注。鉴于车轱山遗址的重要性，湖南省文物考古研究所于2016年冬至2017年春对车轱山遗址进行了第三次发掘。这次发掘最初布5米×5米探方8个，面积200平方米，后经扩方，实际发掘面积为231平方米。8个探方位于总基点西南侧，纵向两排，每排4个探方（图二、图三）。现将本次发掘的主要收获简介如下。

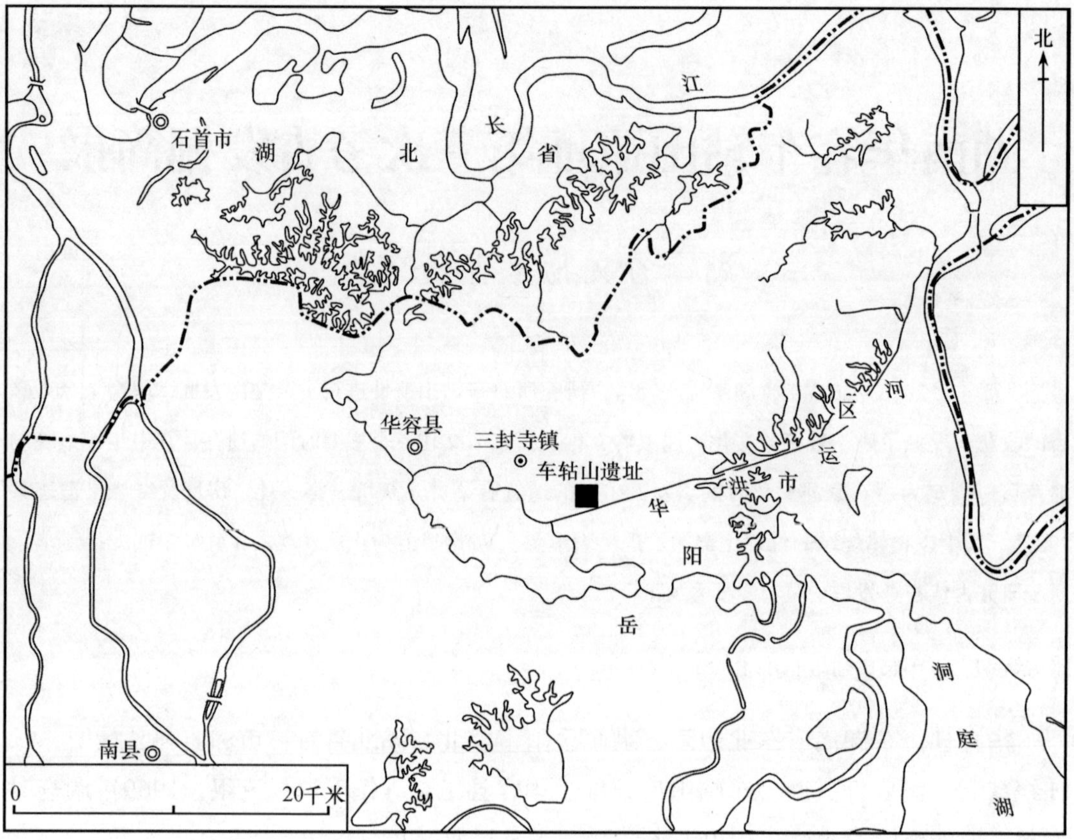

图一 车轱山遗址位置示意图

一、地层堆积

各探方地层堆积情况大致相当，西面4个探方的地层较东面4个探方普遍要薄，由西向东呈坡状堆积。以TS01W04西壁为例对地层堆积情况进行介绍（图四）。

第1层：耕土层。浅灰色土，土质松软，水平分布。厚约0.08米。内含植物根茎、现代瓷片及较多石家河文化时期陶片及红烧土等。

第2层：晚期扰乱层。灰色土，土质松软，西薄东厚呈坡状堆积。距地表深约0.08米，厚0.1～0.18米。内含较多石家河文化时期陶片、红烧土及明清时期青花瓷片等。

第2层以下为新石器时代文化层。

第3A层：褐色土较紧密，西薄东厚呈坡状堆积。距地表深0.16～0.24米，厚0.13～0.24米。陶片较多，有部分红烧土颗粒。有M35开口于第2层下，打破第3A、3B层。

第3B层：灰褐色土较紧密，大致呈水平分布。距地表深0.38～0.43米，厚0.2～0.3

图二 车轱山遗址地貌及历次发掘探方分布图

米。陶片不多，所含红烧土颗粒较第3层多，有零散红烧土块。

第3层在TS01W04、TS02W04、TS04W04这3个探方及西部扩方中可以分为第3A、3B两小层。瓮棺墓主要开口于该层，该层红烧土遗迹也较多。出土陶器主要有鼎、圈足盘、豆、大口缸、高领罐、筒形罐、釜、鬶、盉、平底盘、柱形器、器盖、纺轮、陶塑动物等，石器有斧、锛、箭镞、锥形器等。陶器质地多泥质灰陶、灰白陶、夹砂红褐陶，有部分黑光陶，纹饰主要为绳纹、篮纹、方格纹（图五）。

第4层：灰褐色土，颜色较第4层略浅，大致呈水平分布。距地表深0.62～0.72米，厚0.22～0.28米。陶片较多，含红烧土颗粒较多。有H75开口于第3A层下，打破第4、5两层。

第5层：浅褐色土，松软。距地表深0.86～0.1米，厚0.16～0.32米。陶片较散碎，红烧土颗粒较少。

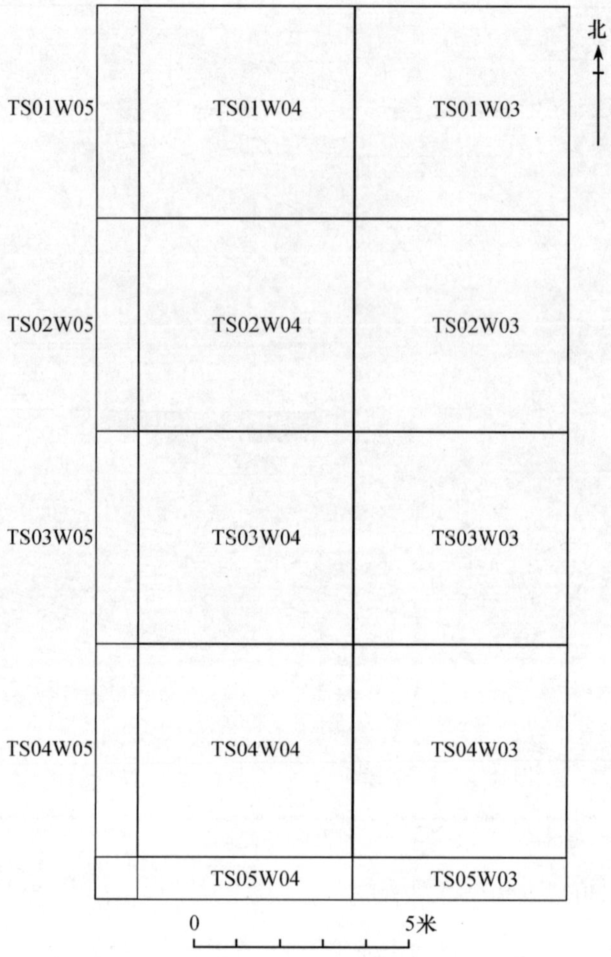

图三　车轱山遗址第三次发掘探方分布图

第4、5两层与第3层总体特征大致相同，但存在明显的年代早晚关系。瓮棺墓已较少，仍有较多红烧土遗迹。黑光陶在这两层中极少见，基本不见陶盉，陶鬶的演变最为明显，第3层所出鬶颈短而粗，至第5层所出鬶颈细而长（图六、图七）。

第6层：浅灰色土。距地表深1.12～1.2米，厚0.2～0.25米。陶片较少，有红烧土颗粒。有H113开口于第5层下，打破第6、7两层。该层与第3～5层这3层有着明显差异，应属文化性质的差异。各类遗迹在本层均锐减，基本不见瓮棺墓。陶器有豆、碗、壶、鼎、釜、瓮、罐、盘、纺轮、杯等，双腹器、簋、小口壶等器形最具时代特征，不见鬶和陶塑动物。石器有斧、锛、凿等，少见箭镞。陶系有泥质灰陶、灰黑陶、夹砂褐陶等。多素面陶，纹饰主要为绳纹，无方格纹和篮纹，有少量刻划纹，瓦棱纹和弦纹具有特色（图八）。

第7层：深褐色土较板结。距地表深1.37～1.44米，厚0.32～0.37米。含少量陶片及

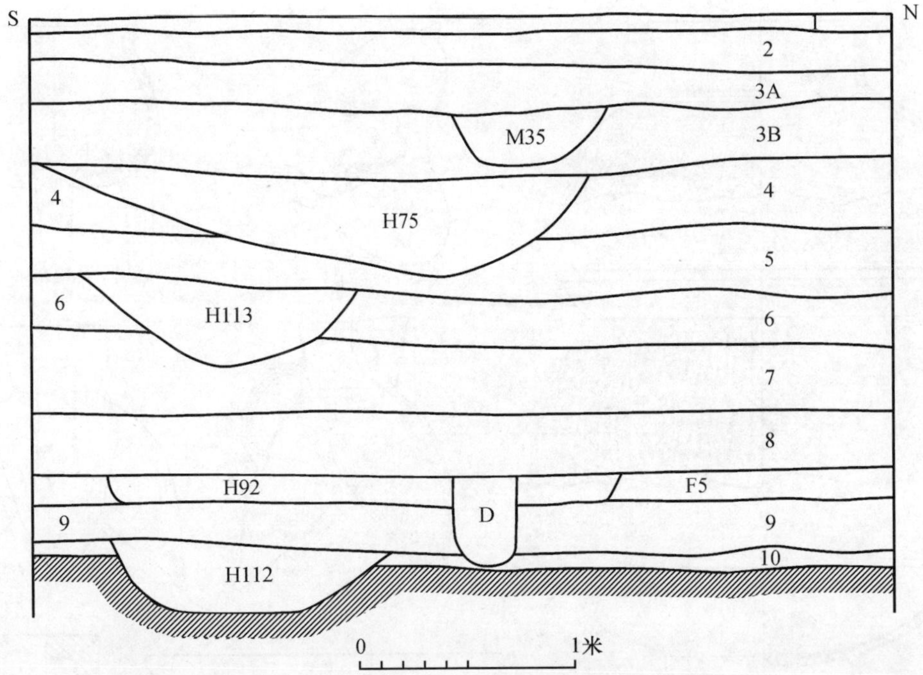

图四　TS01W04西壁剖面图

红烧土颗粒。

第8层：灰褐色土。距地表深约1.76米，厚0.3～0.36米。陶片较多，有较密集的红烧土颗粒和红烧土块。有F5开口于第8层下，叠压于第9层上。

第9层：浅褐色土，松软。距地表深约2.24米，厚0.2～0.28米。陶片不多，红烧土颗粒和红烧土块较多。有H92开口于F5下，打破第9层。

第10层：灰褐色沙性土，夹杂黑褐色斑。距地表深2.42～2.5米，厚0.07～0.13米。陶片极少。有H112开口于第9层下，打破第10层。

在第7～10层中陶片和遗迹均很少，陶器器形主要有鼎、碗、盘、豆、罐、釜等，其中第10层中所出足根部有锯齿状刻纹的扁足鼎的时代特色和文化特色最为鲜明。陶器质地多为夹炭褐陶，外多施红衣，内施黑衣，有少量白陶和彩绘陶。纹饰主要为绳纹，有少量刻划纹。石器有斧、锛等，其中斧厚大浑圆（图九、图一〇）。

二、遗迹及出土遗物

截至目前，共发现各类遗迹228处，其中墓葬38座、灰坑112座、窑10座、灶4座、房址6座、红烧土遗迹58处。现选数例介绍如下。

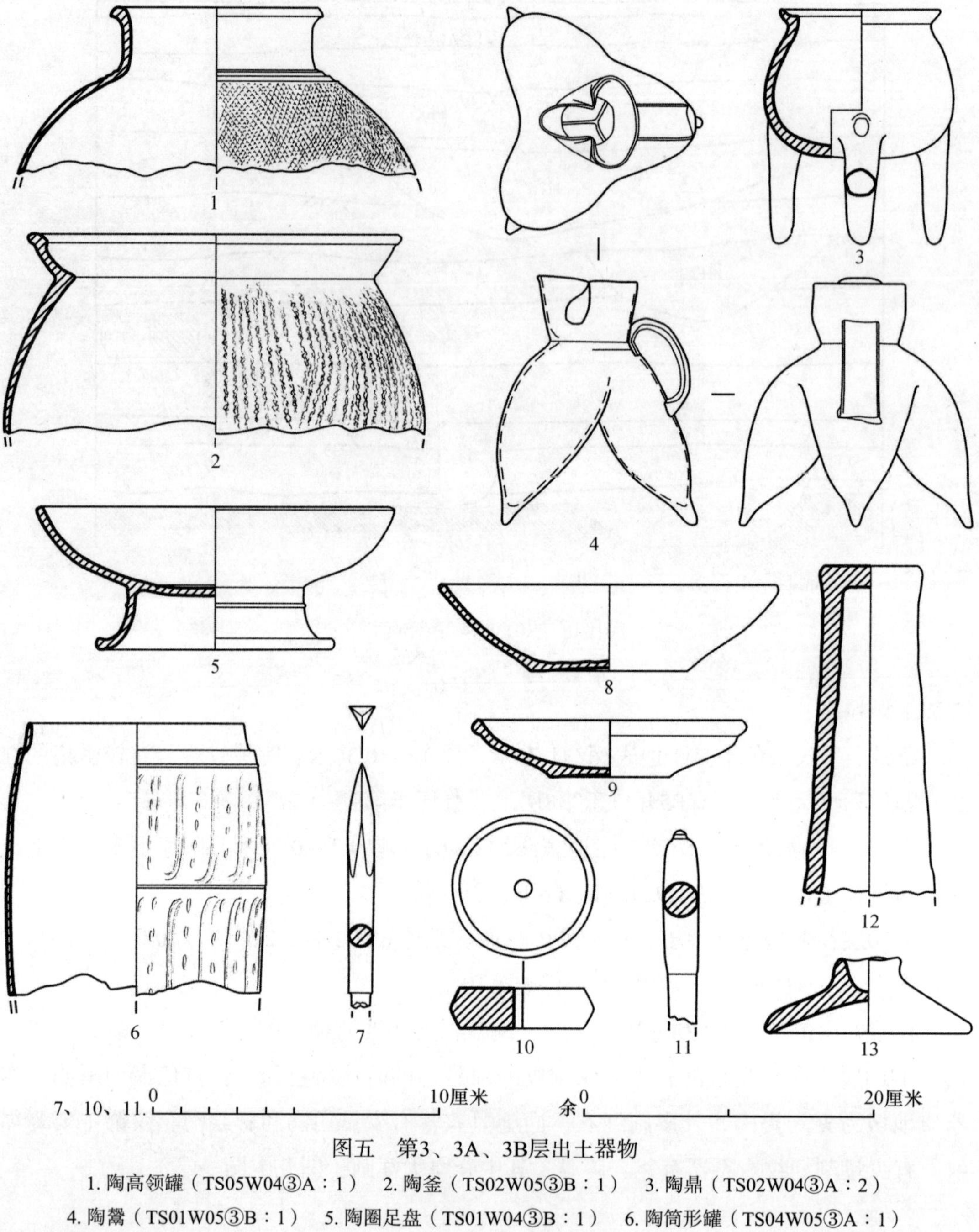

图五 第3、3A、3B层出土器物

1. 陶高领罐（TS05W04③A：1） 2. 陶釜（TS02W05③B：1） 3. 陶鼎（TS02W04③A：2）
4. 陶鬶（TS01W05③B：1） 5. 陶圈足盘（TS01W04③B：1） 6. 陶筒形罐（TS04W05③A：1）
7. 石箭镞（TS03W03③：5） 8、9. 陶平底盘（TS02W03③：6、TS03W03③：9） 10. 陶纺轮（TS01W04③A：4）
11. 石锥形器（TS01W04③A：3） 12. 陶柱形器（TS04W04③B：2） 13. 陶器盖（TS04W05③B：2）

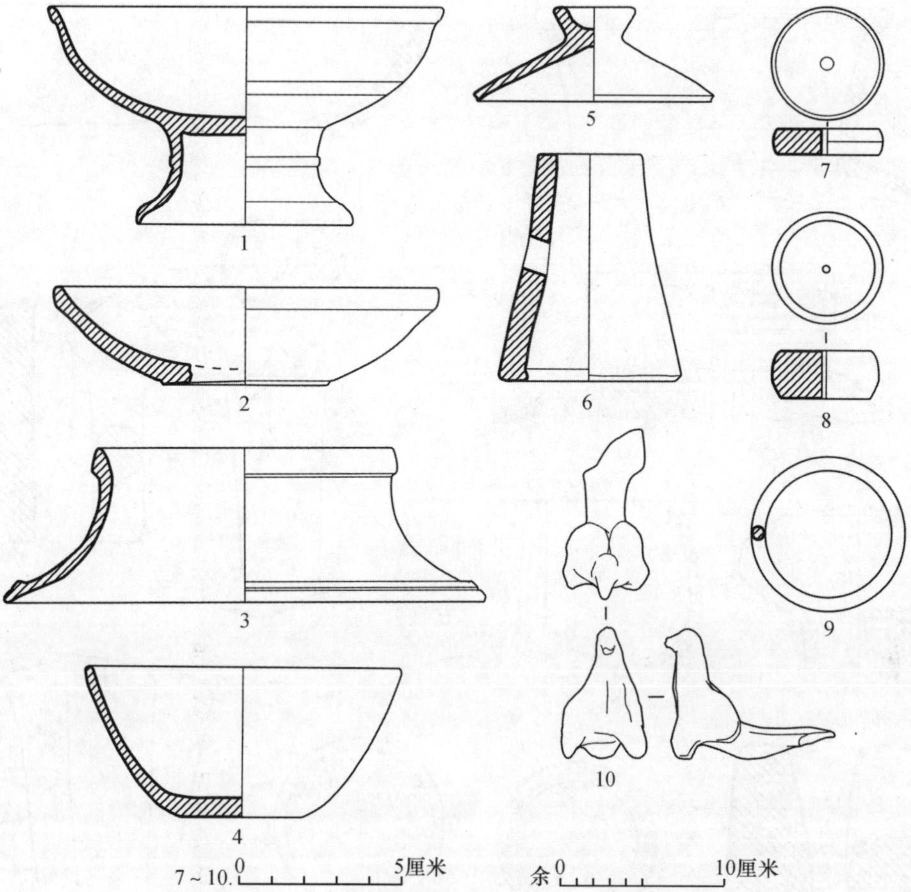

图六 第4层出土陶器

1. 豆（TS01W03④：4） 2. 盘（TS04W03④：3） 3. 圈座（TS03W04④：12）
4. 钵（TS02W03④：1） 5. 器盖（TS03W04④：14） 6. 支座（TS03W03④：9）
7、8. 纺轮（TS02W03④：8、TS05W04④：2） 9. 环（TS02W03④：4）
10. 鸟（TS03W03④：1）

1. 墓葬

以瓮棺墓为多，也有部分土坑墓。瓮棺的形态主要为釜，还有少量大口圜底缸和矮领小平底缸，或有盖，或无盖，瓮棺盖均非与瓮棺为一体的专用盖，而是随意以1件盆、盘类器倒扣作为器盖。土坑墓随葬器物均不多，最多只有7件。

M1 瓮棺墓。位于TS02W04内，开口于第2层下，打破第3层。以陶釜为葬具，陶釜上以1件柄部已残的陶豆倒扣为盖（图一一，1）。

M6 瓮棺墓。主要位于TS02W03西南部，部分延伸于TS02W04东隔梁内。开口于第2层下，打破第3层。以陶釜为葬具，陶釜上倒扣1件陶圈足盘。该墓还有4件随葬品，为陶豆、圜底小罐、高领小罐和环各1件（图一二；图版一三，5）。

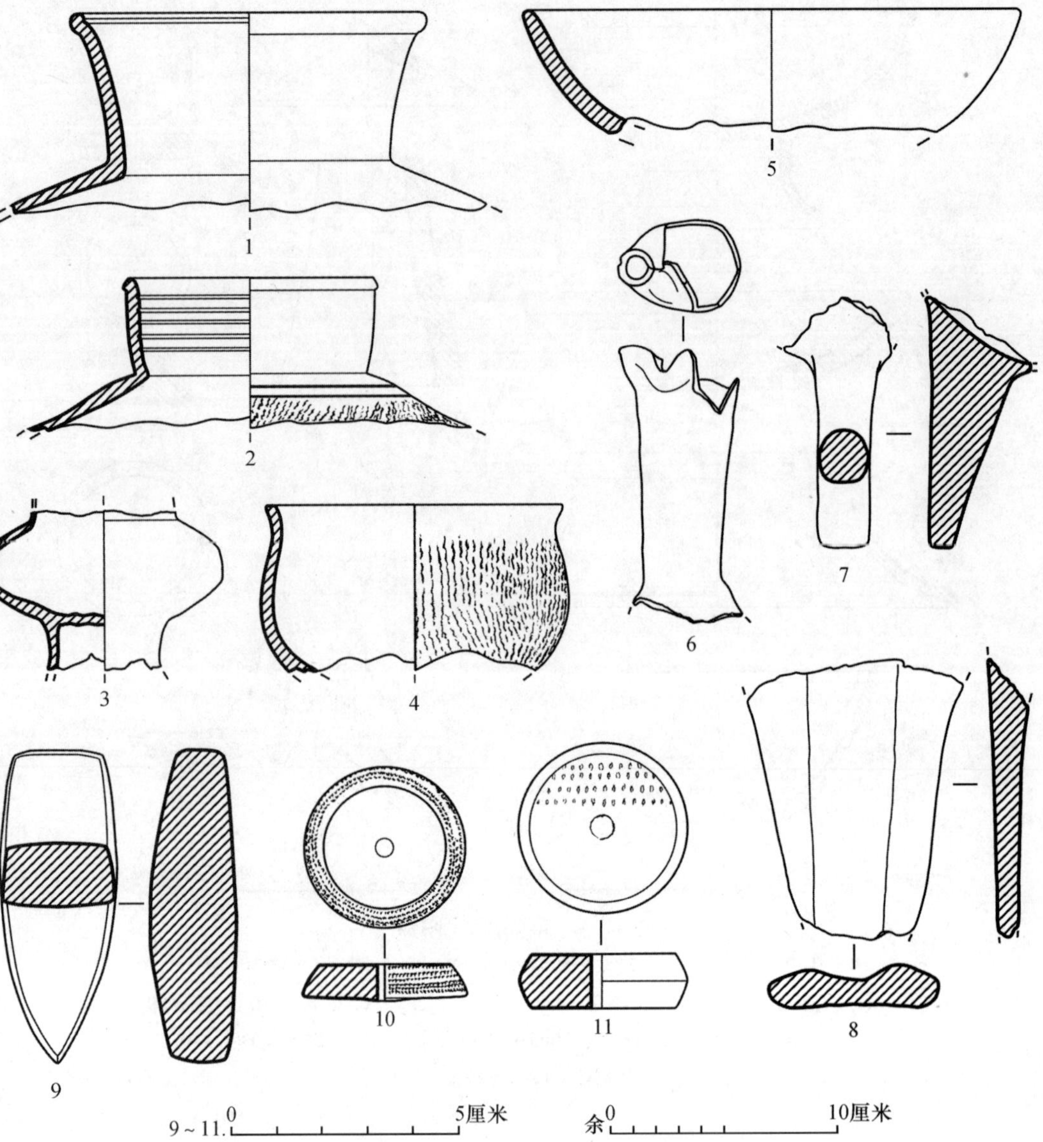

图七 第5层出土器物

1、2. 陶罐（TS02W03⑤：11、TS04W04⑤：2） 3. 陶壶（TS02W04⑤：5）
4. 陶钵（TS04W03⑤：4） 5. 陶豆（TS04W03⑤：5） 6. 陶鬶（TS04W03⑤：3）
7、8. 陶鼎足（TS02W03⑤：6、TS02W04⑤：1） 9. 石凿（TS01W04⑤：7）
10、11. 陶纺轮（TS04W03⑤：1、TS02W05⑤：3）

M10 瓮棺墓。位于TS01W03东南角，开口于第2层下，打破第3～5层。以陶大口缸为葬具。陶大口缸为粗泥夹砂厚胎红陶，器体高大。缸底有一孔，以便“灵魂出窍”。口径64、高90厘米（图一一，4；图版一〇，1）。

M17 瓮棺墓。位于TS02W04内，开口于第3层下，打破第4层。以陶矮领小平底

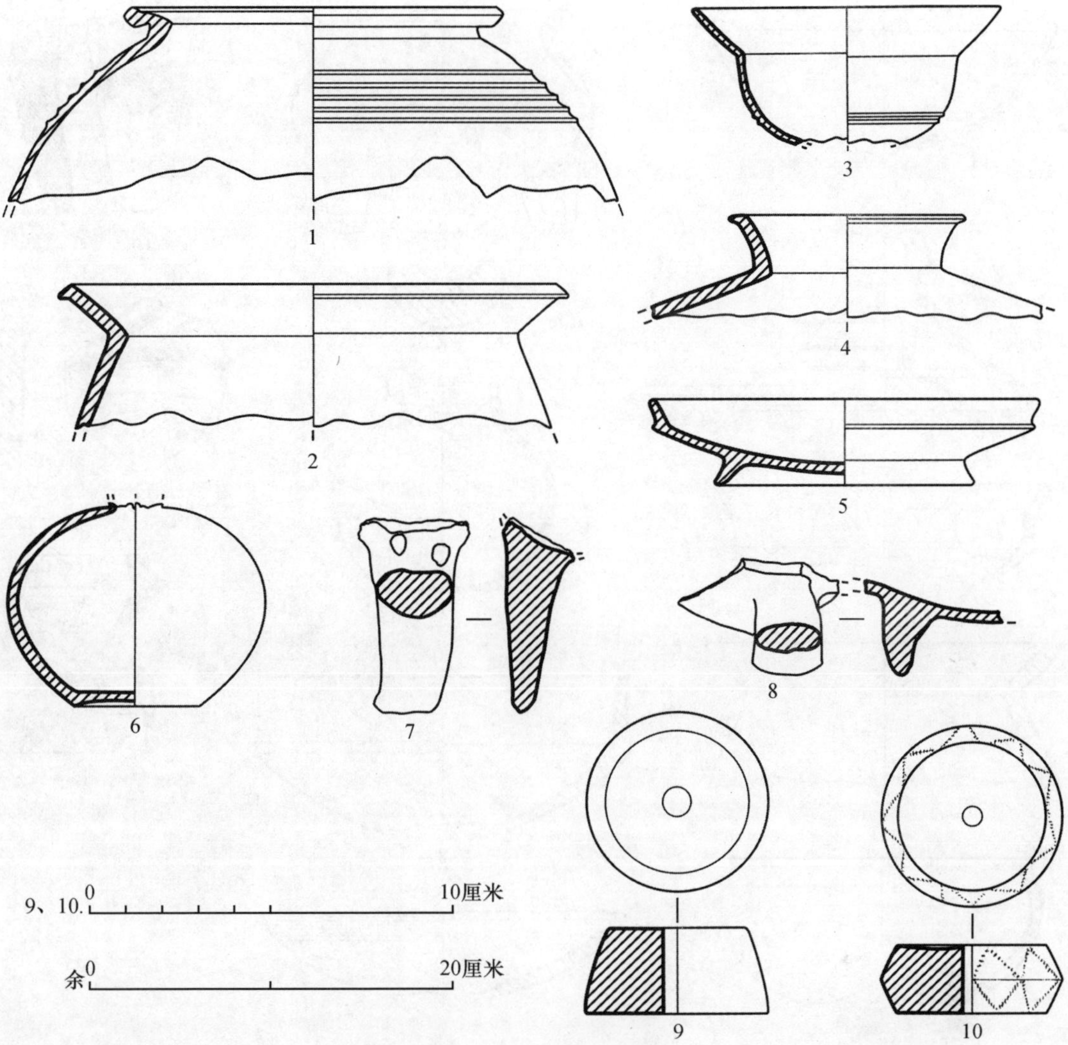

图八　第6层出土陶器

1. 瓮（TS04W05⑥：1）　2、4. 罐（TS03W03⑥：9、TS03W03⑥：8）　3. 豆（TS03W03⑥：5）
5. 盘（TS02W03⑥：7）　6. 壶（TS02W03⑥：2）　7、8. 鼎足（TS03W03⑥：6、TS03W03⑥：10）
9、10. 纺轮（TS03W03⑥：1、TS01W03⑥：1）

缸为葬具，瓮棺内还有1件打碎后放入的陶器底，许多瓮棺墓都有这种现象，应为某一种葬俗的体现（图一一，2、3）。

M23　瓮棺墓。位于TS03W04内，开口于第4层下，打破第5层。以陶釜为葬具，瓮棺内还有1件打碎后放入的陶釜（无口部），这是与M17相同的做法（图一三，1、2）。

M28　瓮棺墓。位于TS02W03内，开口于第2层下，打破第3、4层。以陶釜为葬具，陶釜上扣1件带流的陶盆。陶盆厚重，盖在陶釜上面使之有不能承受之重。另随葬有陶纺轮1件（图一三，4、5；图版一〇，4）。

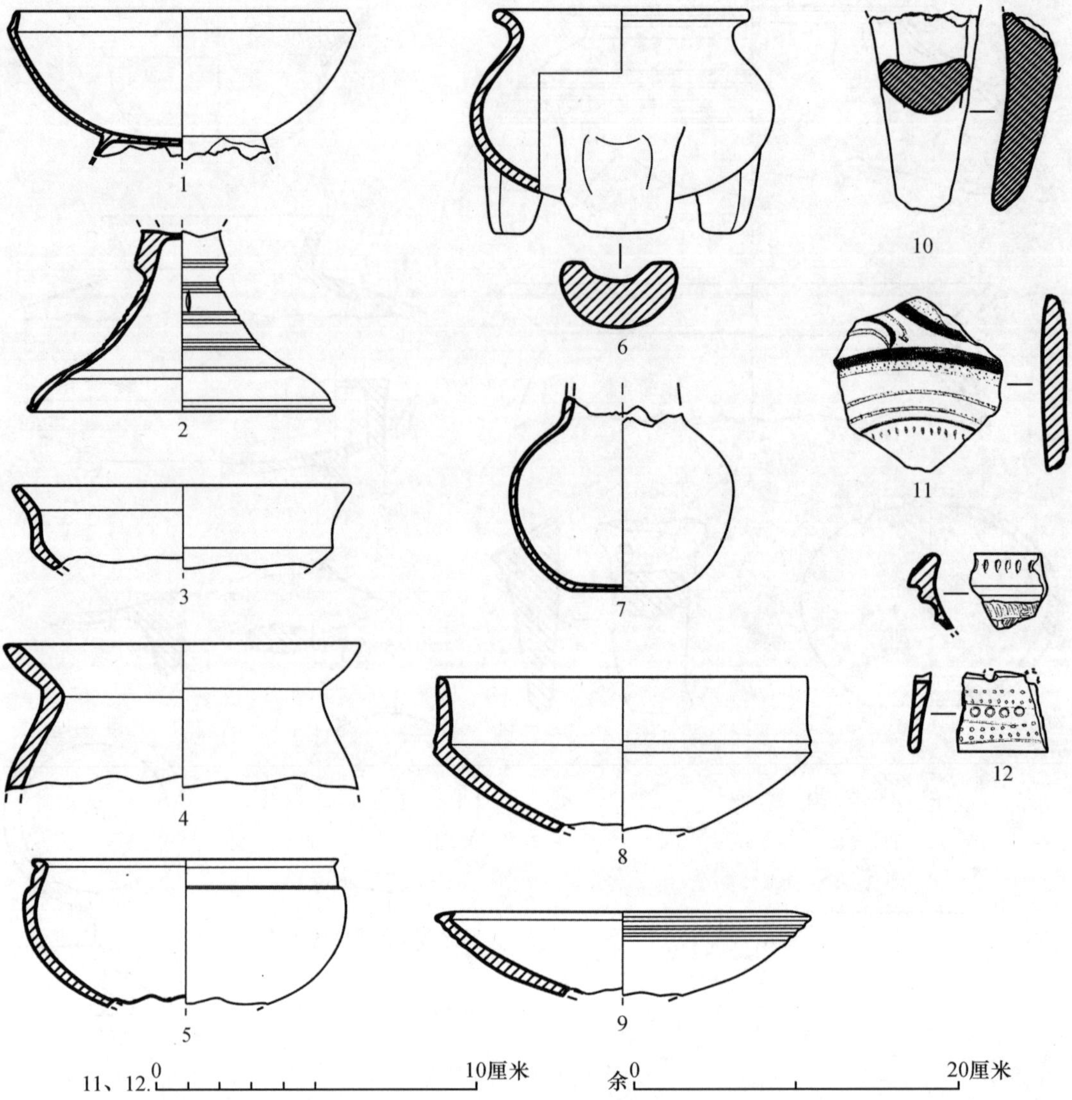

图九　第7、8层出土陶器

1. 碗（TS01W05⑦：1）　2. 豆圈足（TS02W03⑦：1）　3、5. 钵（TS03W03⑦：1、TS02W04⑧：1）　4. 鼎釜类器（TS03W03⑧：2）　6. 鼎（TS04W03⑧：1）　7. 罐（TS03W04⑦：1）　8、9. 豆（TS01W04⑧：3、TS01W03⑧：1）　10. 鼎足（TS04W03⑦：3）　11. 彩陶片（TS01W04⑦：3）　12. 白陶片（TS03W03⑧：1）

M35　瓮棺墓。位于TS01W05东隔梁边，开口于第2层下，打破第3层。以陶釜为葬具，陶釜上扣1件黑陶深腹盆（图一三，3）。

M38　瓮棺墓。位于TS02W03内，开口于第3层下，打破第4层。以陶矮领小平底缸为葬具，口部扣1件陶器盖，陶器盖很小，刚好不能掉入缸内，因而也非原配（图一四，1）。

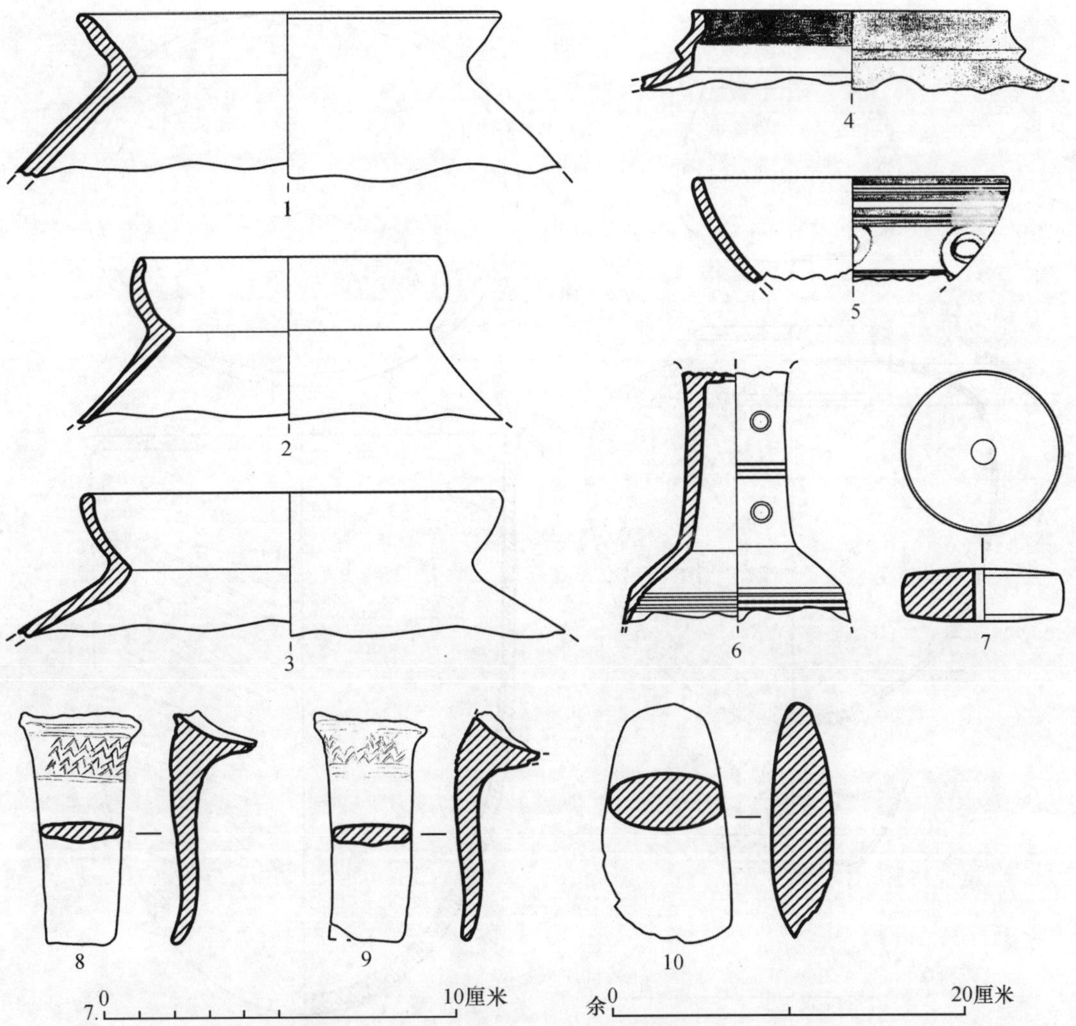

图一〇　第9、10层出土器物

1～3. 陶鼎釜类器（TS01W03⑨：5、TS01W03⑨：4、TS01W04⑨：4）　4. 陶罐（TS01W03⑨：3）　5. 陶钵（TS01W03⑨：2）　6. 陶豆（TS01W04⑨：3）　7. 陶纺轮（TS01W03⑨：1）　8、9. 陶鼎足（TS01W03⑩：1、TS01W03⑩：2）　10. 石斧（TS03W03⑩：1）

M12　土坑墓。位于TS02W03西南部，开口于第2层下，打破第3、4层。墓坑不甚规则，范围较小，亦应为二次葬。墓坑长1.36、宽0.96、深0.58米。灰褐色土较纯净，不见葬具及人骨架。墓中随葬陶器5件，为盉、罐、觚形杯、钟形器、高脚杯各1件。除高脚杯口部已残外，余均可修复完整。盉为泥质红陶，余均为光亮的黑陶（图一五；图版一〇，2；图版一二，1；图版一三，1、2）。

M13　土坑墓。位于TS02W03北部，开口于第2层下，打破第3层。墓坑不甚明确。有随葬品5件，陶器有带鋬鼎1件，大、小圈足盘各1件；石器有圆锥形器2件（图

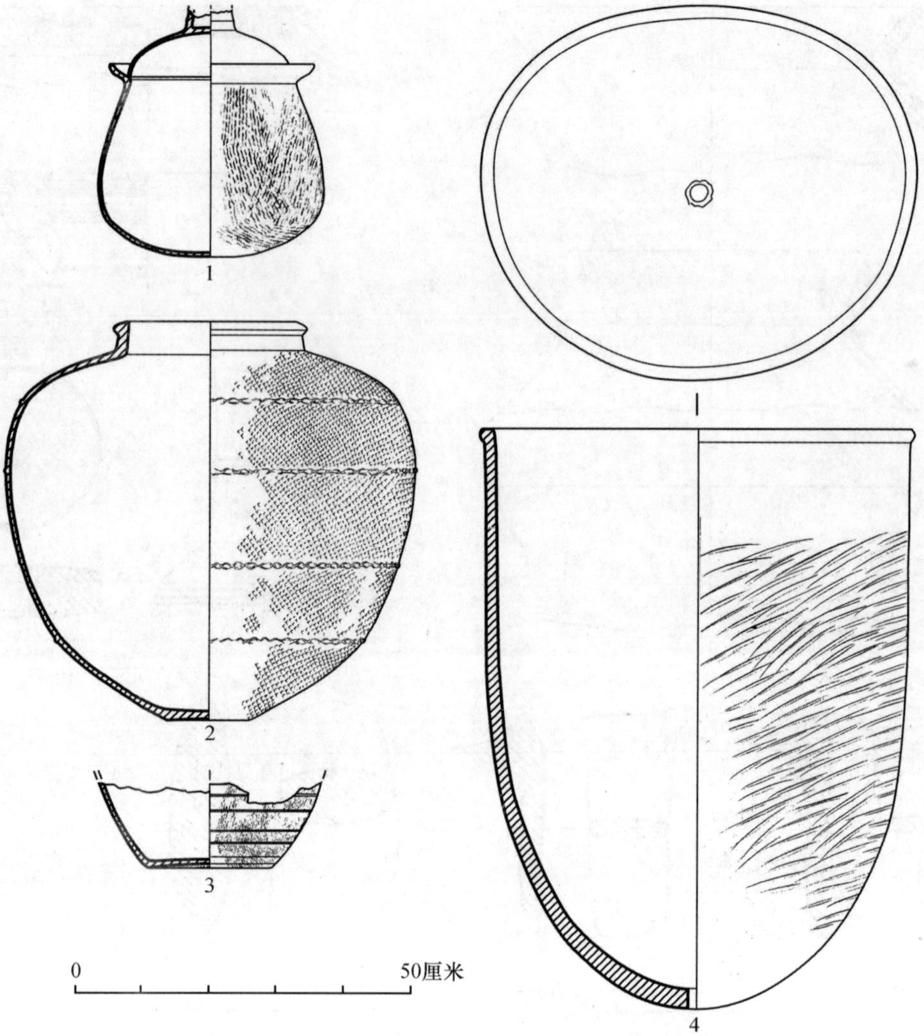

图一一　M1、M10、M17出土陶器

1. 瓮棺（釜M1：1、豆M1：2）　2. 瓮棺（矮领小平底缸M17：1）
3. 器底（M17：2）　4. 瓮棺（大口缸M10：1）

一四，2～6；图版一二，2）。

M16　土坑墓。位于TS01W03西南角，开口于第2层下，打破第3层。墓坑呈长方形。修复陶器7件，有矮领平底罐、高领圈足罐、鬶、小壶各1件；圈足盘3件，其中2件圈足残（图一六；图版一〇，3；图版一二，3）。

2. 灰坑

从早到晚都有，但早期灰坑出土器物较少，陶片零碎，不具代表意义。在晚期灰坑中出土有一些较完整的器物和陶片，这些器物和陶片时代特征突出。

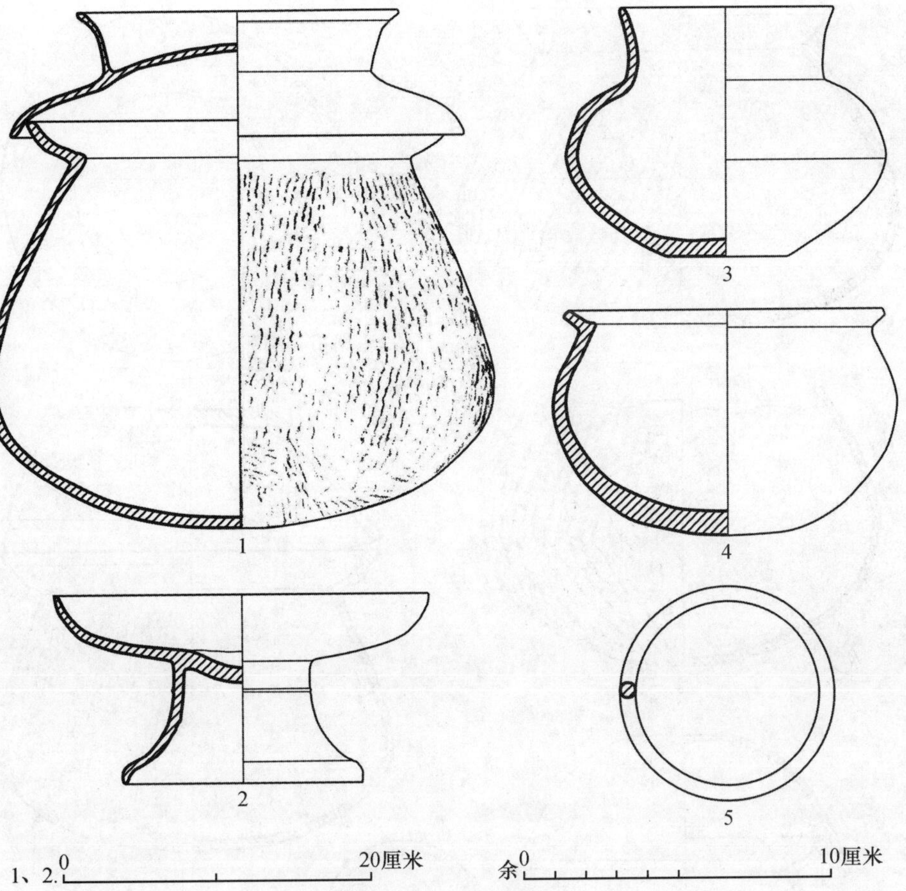

图一二 M6出土陶器

1. 瓮棺（釜M6：1、圈足盘M6：3） 2. 豆（M6：4） 3. 高领小罐（M6：2）
4. 圜底小罐（M6：5） 5. 环（M6：6）

H24 位于TS04W04北隔梁边，部分进入北隔梁。开口于第4层下，打破第5层。平面略呈长圆弧形，探方内长1.7、宽1.5、深0.15～0.2米。灰黑色土含较多炭末、少量红烧土颗粒和红烧土块，坑内有较多陶片（图一七）。

H34 位于TS03W04东隔梁边，开口于第5层下，打破第6层。坑呈长条形，坑内有较多陶片。修复陶器有草帽形器盖、甑、釜，以及罐及圈足盘等残片，有夹砂红陶、褐陶和黑皮陶，纹饰有粗绳纹、粗篮纹等（图一八；图版一三，3）。

H57 位于TS02W04东隔梁北端，主要在关键柱内，开口于第3层下，打破F1及第4层。坑大致呈椭圆形。修复陶器3件，其中鬶、豆、钟形器各1件，分别为泥质的红、灰及黑光陶，素面（图一九；图版一三，4）。

H82 位于TS04W05东隔梁边，开口于第3层下，打破第4层。坑大致呈长方形。坑内有大量的陶片堆积，堆积共分3层，第1、2层陶片很多，堆积满坑，第3层略少。

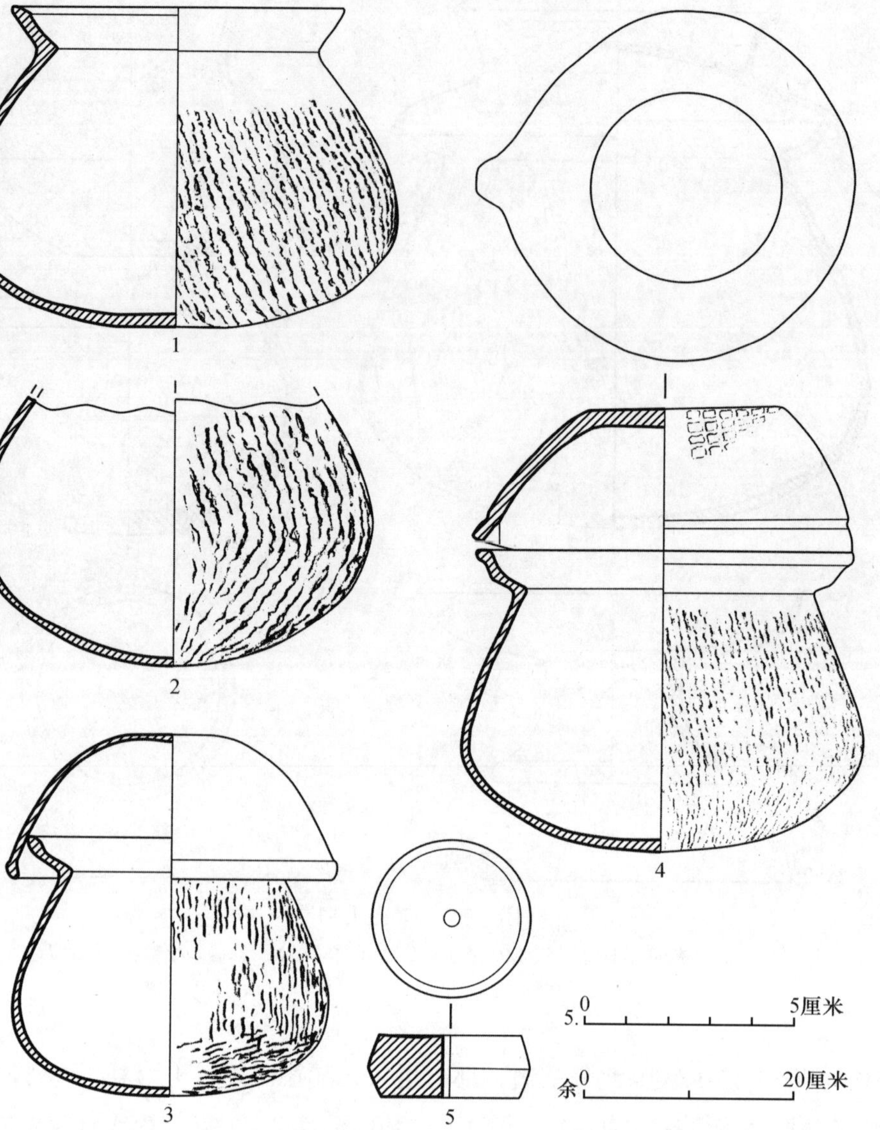

图一三 M23、M28、M35出土陶器

1. 瓮棺（釜M23：1） 2. 釜（M23：2） 3. 瓮棺（釜M35：1、黑陶深腹盆M35：2）
4. 瓮棺（釜M28：1、匜形盆M28：2） 5. 纺轮（M28：3）

修复陶器10余件，器形有缸、罐、豆、圈足盘、平底盘、鼎、小壶、碗、圈座、狗等。豆、盘类数量最多，均为灰白陶（图二〇、图二一；图版一二，4）。

3. 窑

有陶窑和红烧土窑两类，其中陶窑为本次发掘最为重要的收获。陶窑的窑床有两种形态：长形和圆形，均由窑床和火膛构成。与以往发现的显著区别在于其结构异常

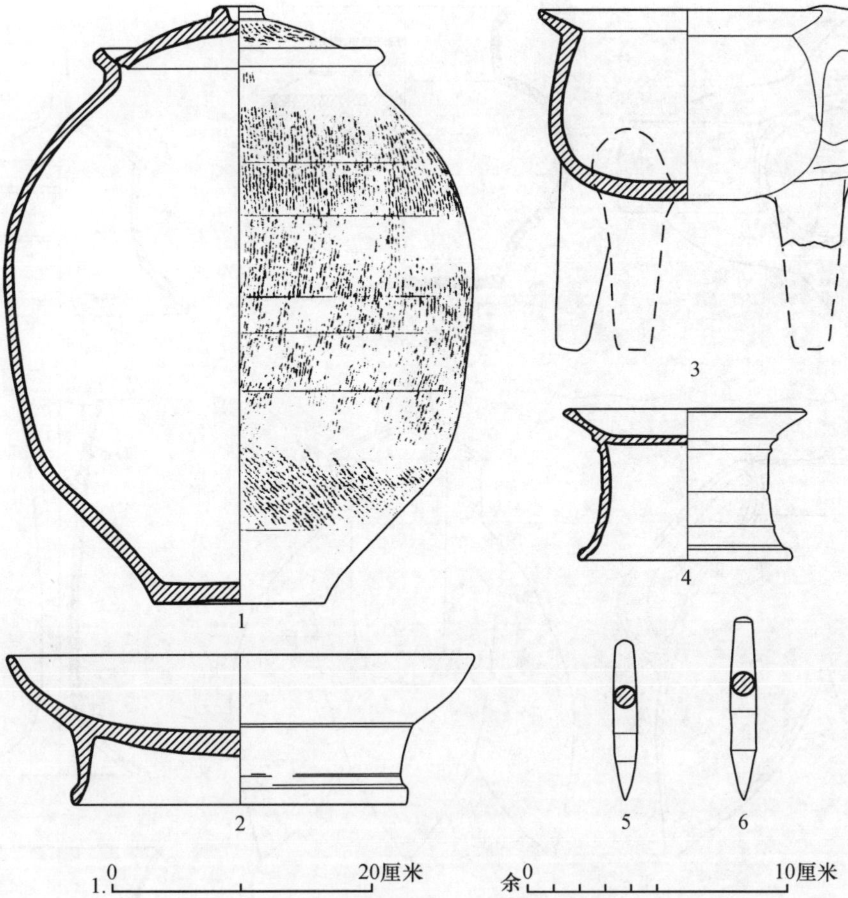

图一四　M13、M38出土器物

1. 陶瓮棺（矮领小平底缸M38：1、器盖M38：2）　2、4. 陶圈足盘（M13：2、M13：5）

3. 陶带鋬鼎（M13：1）　5、6. 石圆锥形器（M13：4、M13：3）

明确，均由红烧土烧成完整的形态。

Y2　位于TS02W04东南角和TS03W04东北角之间，开口于第3层下，打破第4、5层。Y2由火膛和窑床组成，火膛向前分出两个窑床。火膛呈圆弧形，边缘有烧结的红烧土直壁。火膛内有较多红烧土块，与窑床交界处有堆积的黑炭，火膛左侧有大、小两个附属灰坑，小灰坑内有大量的炭末和烧骨，大灰坑内填满大口缸陶片。两个窑床为用红烧土烧制的完整器具，长盆形。前窄后宽，前高后低，前浅后深。两侧有沿壁，中间下凹，状如后代龙窑之缩微形态。左侧窑床较长，前部两侧各有一个小洞；右侧窑床略短，前部中间有一个三角形洞。Y2通长3.1、窑体通宽1.4、前后通深约0.7米，左侧窑床长1.76、宽0.6米，右侧窑床长1.5、宽0.6米（图二二；图版八）。

Y3　位于TS02W04西部，开口于第2层下，打破第3、4层。由烧结的红烧土构

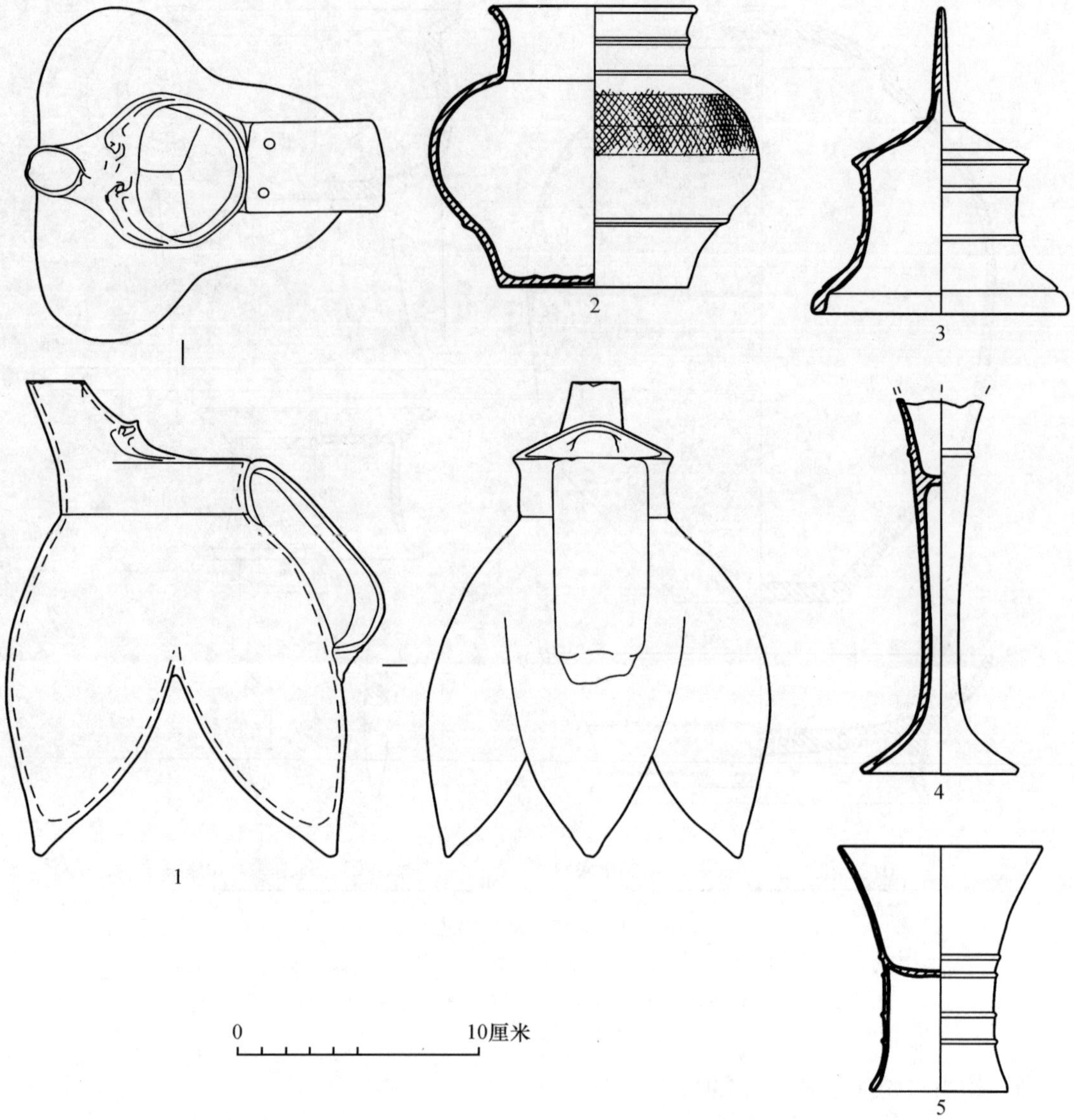

图一五　M12出土陶器

1. 盉（M12：4）　2. 罐（M12：2）　3. 钟形器（M12：3）
4. 高脚杯（M12：5）　5. 觚形杯（M12：1）

成。中部有一红烧土壁烟道，两侧窑体倒塌且被扰乱，形态不明。长1.38、宽1.29、深0.67米（图版一一，4）。

4. 灶

有用大口缸陶片垒砌的灶和烧制的红烧土壁灶两种。

Z1　位于TS03W03西南部，部分进入西壁。开口于第2层下，打破第3、4层。平面

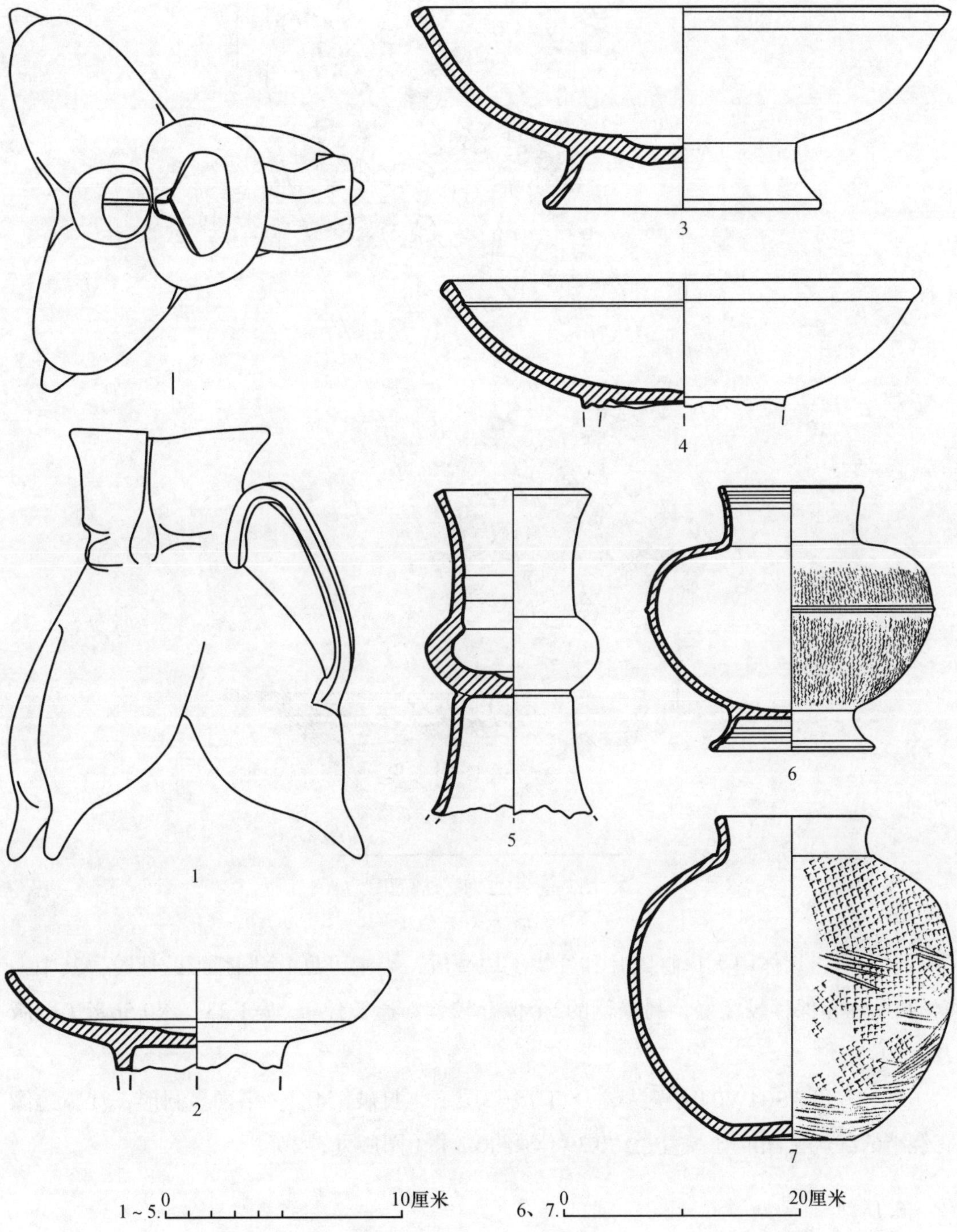

图一六　M16出土陶器

1. 鬶（M16：2）　2～4. 圈足盘（M16：5、M16：1、M16：6）　5. 小壶（M16：3）　6. 高领圈足罐（M16：4）　7. 矮领平底罐（M16：7）

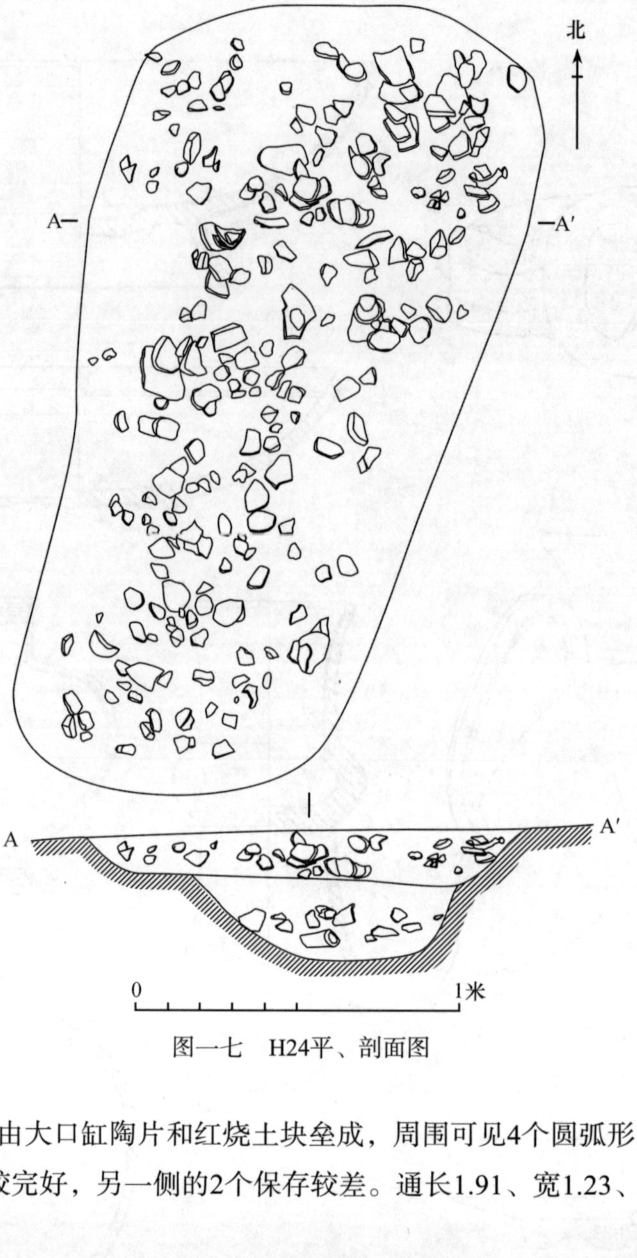

图一七 H24平、剖面图

呈不规则形，灶体由大口缸陶片和红烧土块垒成，周围可见4个圆弧形的灶膛。其中一面的2个灶膛保存较完好，另一侧的2个保存较差。通长1.91、宽1.23、深0.56米（图版九，1）。

Z2 位于TS04W04南壁边，开口于第3层下，打破第4层。平面呈圆形，灶膛边缘有烧结的红烧土圈。灶膛直径约0.39、深约0.2米（图版九，2）。

5. 房址

有的房基面铺红烧土，有的未铺红烧土，仅见柱洞。

F1 位于TS01W04和TS02W04内，开口于第4层下，打破第5层。红烧土块铺作房基面，TS01W04南部红烧土面上有8个小柱洞，东西向2排，每排4个。分布范围南北长

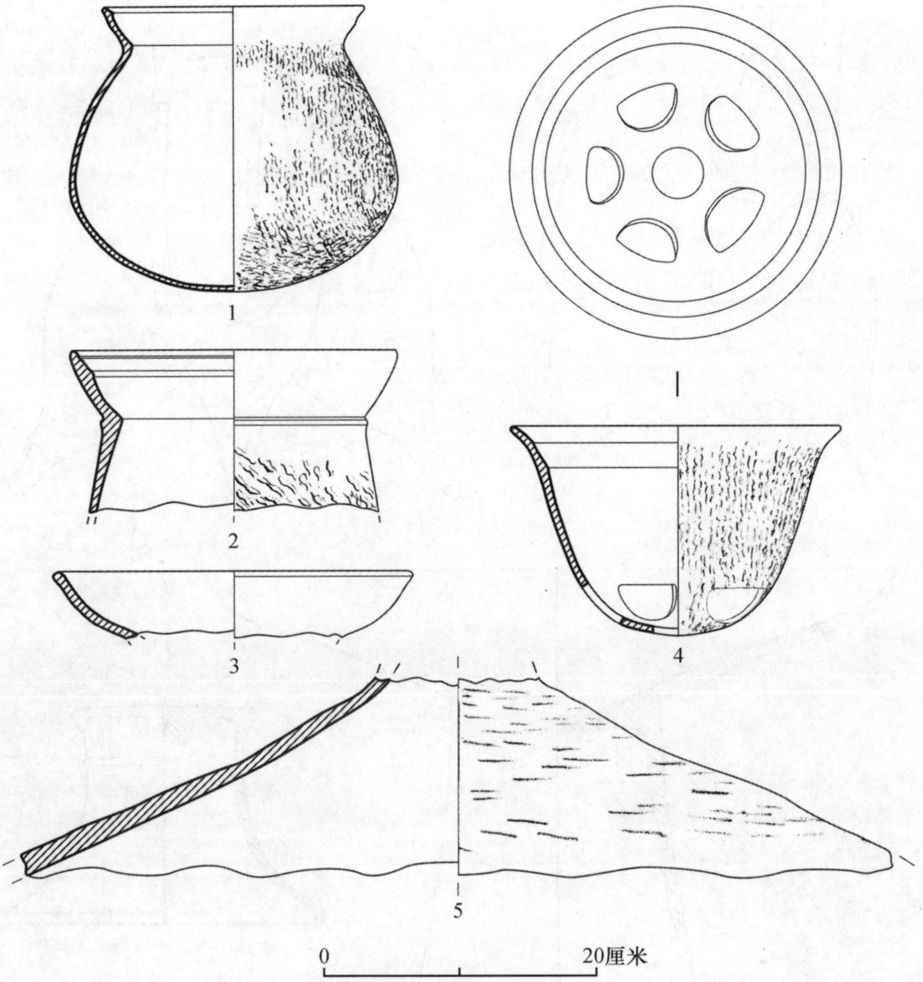

图一八　H34出土陶器

1、2. 釜（H34：1、H34：5）　3. 圈足盘（H34：7）　4. 甑（H34：2）
5. 草帽形器盖（H34：3）

6、东西宽1.9、深0.25米（图版一一，1）。

6. 红烧土遗迹

数量较多，形状多样，有圆形、弧形、长条形及不规则形。为红烧土堆积面或红烧土烧结层，有较明确的分布范围。红烧土堆积或疏或密，或厚或薄，或大或小，或宽或窄，不一而足。其用途不明，姑以“红烧土遗迹”称之。

S3、S4　这两处红烧土遗迹东西并列，S3在东侧，S4在西侧，跨TS02W03北隔梁分布于TS01W03和TS02W03内，均呈南北走向的不规则形。开口于第3层下，打破第4、5层。由烧结的红烧土堆积形成。S3在TS01W03内较宽，呈“S”形，在TS02W03

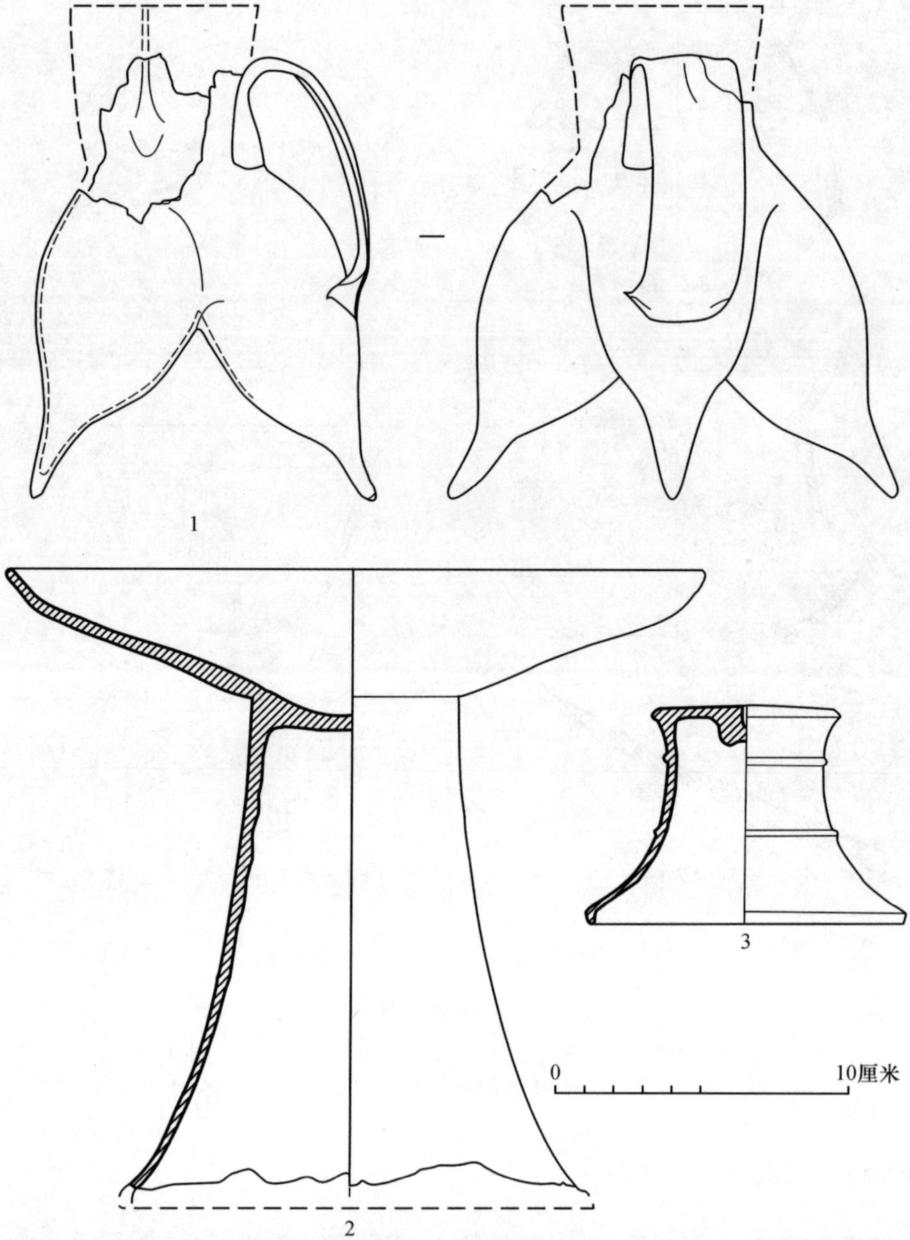

图一九 H57出土陶器

1. 鬶（H57：3） 2. 豆（H57：2） 3. 钟形器（H57：1）

内则呈长条形分布。分布通长4.26、宽0.27～1.08、堆积厚度为0.15～0.2米（图版一一，2左）。S4较短，部分红烧土烧成青灰色，非常坚硬。在TS01W03西南角有一处半圆形红烧土壁。长约2、宽0.95、厚约0.15米（图版一一，2右）。

S26 位于TS01W04北部，开口于第4层下，打破第5层。呈圆盘状。红烧土堆积烧

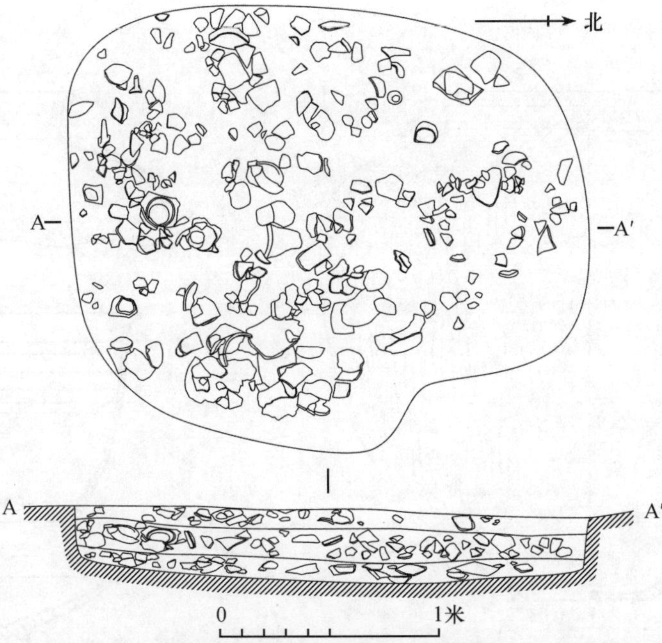

图二〇 H82剖面及第2层平面图

结如蜂巢。其形状规整，边缘分明，显然为有意识的构筑。直径约1.35、厚约0.25（图版一一，3）。

三、结　语

由于地层扰乱，各层中都或多或少地混有早期遗物，较为明显的如第5层中就存在屈家岭文化乃至大溪文化因素，第6层中也存在大溪文化因素，综合分析各层的主流文化因素及各层中所出墓葬、灰坑等遗迹所反映的时代面貌，从而推断其大致时代早晚关系。

第3～5层时代特征一致，根据各种因素分析，应属石家河文化时期的遗存，但第3层反映出较典型石家河文化略晚的特征。最具代表意义的如M12所出一组器物，其中陶盉在湖南省石家河文化遗址中尚属首次发现，这在一般石家河文化遗址中不多见。另有罐、觚形杯、钟形器及高脚杯，均为黑光陶，其形态也均不是典型石家河文化所拥有，应与中原二里头文化年代接近或略早，即属本地区所称后石家河文化时期。第6层出土遗物具有屈家岭文化的基本特征。第7～10层具有大溪文化遗存的一般特征，但与典型的大溪文化相比也存在差异，尤其是第10层中所见足根部有锯齿状刻纹的扁足鼎与属于堆子岭文化的湘阴青山遗址同类遗存特征一致。该类遗存在相邻的澧水流域

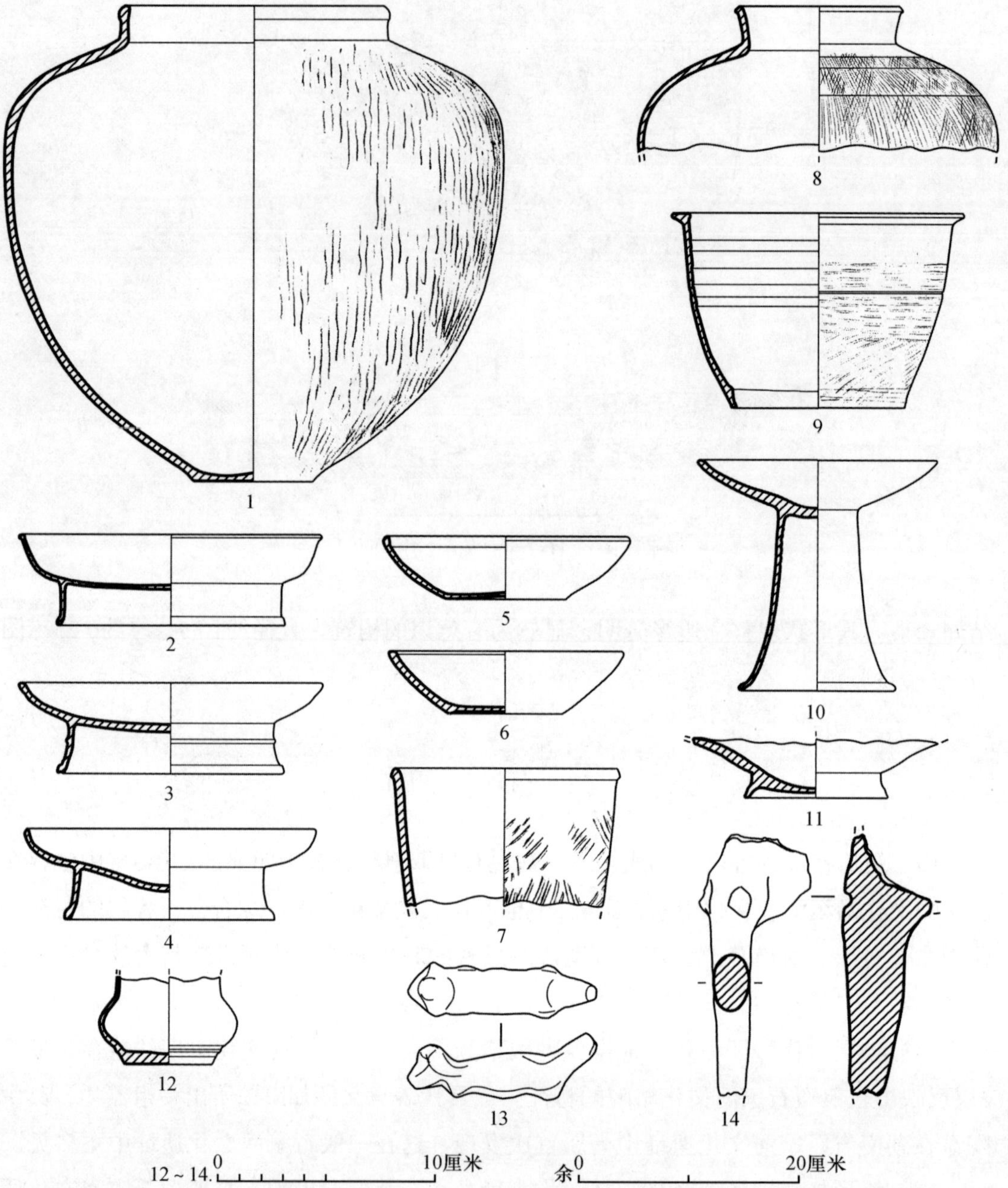

图二一　H82出土陶器

1. 矮领罐（H82：1）　2～4. 圈足盘（H82：10、H82：11、H82：20）　5、6. 平底盘（H82：5、H82：4）　7. 缸（H82：3）　8. 高领罐（H82：15）　9. 圈座（H82：2）　10. 豆（H82：8）　11. 碗（H82：14）　12. 小壶（H82：7）　13. 狗（H82：6）　14. 鼎足（H82：18）

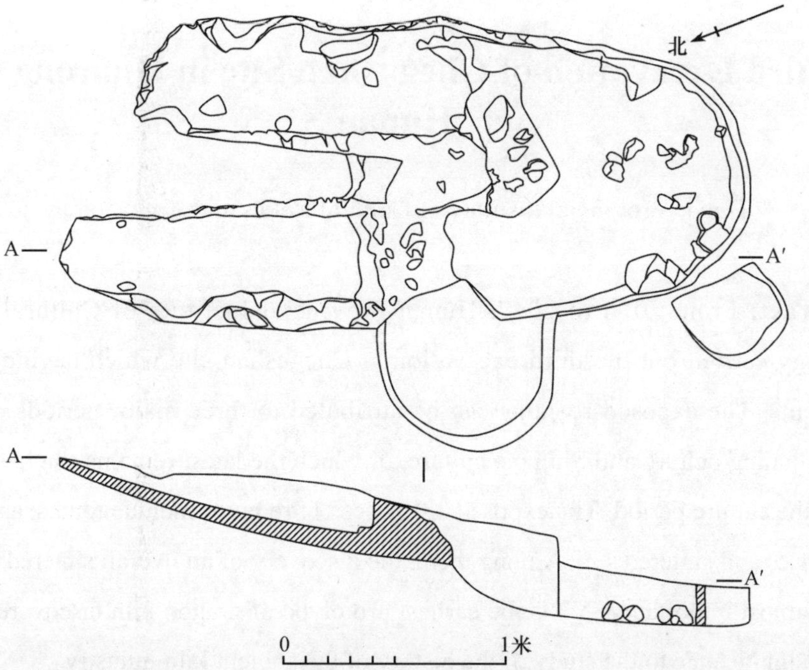

图二二　Y2平、剖面图

同期遗址中尚未发现，可能表明湘东北地区与湘中地区的联系更为紧密，诸多问题尚待进一步深入研究。

本次发掘的成果以陶窑最为重要，两种结构的陶窑在以往发掘的新石器时代遗址中尚未见报道，则其有可能是首次发现，故其意义至为重要。其中Y2并排两个窑床，状如长盆，前高后低，后与火膛连接。这种形态的窑颇与后代龙窑的形态接近，或为龙窑之滥觞。

附记：由于车轱山遗址资料整理工作尚在进行中，现有认识都只是初步认识，所有认识都应以最终成果为准。本次发掘领队为郭伟民，执行领队为谭远辉，工作人员有贾英杰、谭何易、胡重、刘美玉、罗仁林、邓雯心。

执笔：谭远辉

The Third Excavation of Chegushan Site in Huarong County, Hunan

Hunan Provincial Institute of Cultural Relics and Archaeology

Abstract: From 2016 to 2017, Hunan Provincial Institute of Cultural Relics and Archaeology carried out the third excavation at Chegushan site which having remarkable achievements. The exposed remains can be attributed to three major periods of Duiziling culture, Qujialing culture and Shijiahe culture, of which the latest remains can be identified as Post-Shijiahe culture period. The exposed 288 pieces of remains include tombs, ash pits, kilns, stoves, houses and sintered soil. Among them, the discovery of an overall sintered earthenware kiln is of utmost importance. Y2 is the earliest prototype of dragon kiln discovered so far and is of great significance to the study of the history of the ancient kiln industry.

Keywords: Chegushan Site; Duiziling Culture; Post-Shijiahe Culture; Dragon Kiln

湖南岳阳老鸦洲遗址考古发掘报告

湖南省文物考古研究所
岳阳市文物管理处

［摘　要］　老鸦洲遗址位于岳阳县新墙镇新墙河南台地，2008年3～4月湖南省文物考古研究所与岳阳市文物部门对遗址进行了抢救性发掘，发掘面积约120平方米，发现一批遗迹和遗物。经出土器物类型学分析和比对，发现遗址年代为自费家河文化二、三期延续至炭河里文化时期，从而将岳阳费家河文化、宁乡炭河里文化有序地衔接起来。

［关键词］　岳阳；老鸦洲遗址；费家河文化；高砂脊遗址；炭河里遗址

老鸦洲位于岳阳县新墙镇燎原村，北距岳阳市区约26千米，西距岳阳县城约9千米。遗址位于新墙镇西北约3千米，分布于新墙河南岸临近河边的台地上（图一）。湖南省文物考古研究所曾于1994年对该遗址进行过试掘，共开探方10个，发掘面积235平方米。

2008年3～4月，湖南省文物考古研究所与岳阳市文物管理处、岳阳县文物管理所对老鸦洲遗址进行了调查和发掘。首先在河堤内外的台地上打探铲，以了解遗迹分布情况，结果发现河堤内的台地上有较多灰坑，文化层较厚，内含陶片丰富，而堤外的遗址文化层较薄、陶片少，故确定遗址的中心区域在堤内。但堤外因当地村民取土、建砂场等原因对遗址破坏较大，亟待发掘，故选择在堤外布方。本次发掘点中心坐标为北纬29°8′18.7″、东经113°11′58.9″，共布5米×5米探方8个、探沟1条，实际发掘面积约120平方米（图二）。下面对本次发掘情况进行介绍。

一、地层堆积

老鸦洲遗址地层关系比较简单，基本为表土层或扰乱层下即进入商周文化层或出露遗迹现象。现以T8西壁为例对地层关系进行介绍（图三）。

第1A层：表土层。浅灰色土，土质较松软，颗粒较细小。分布于整个探方。厚

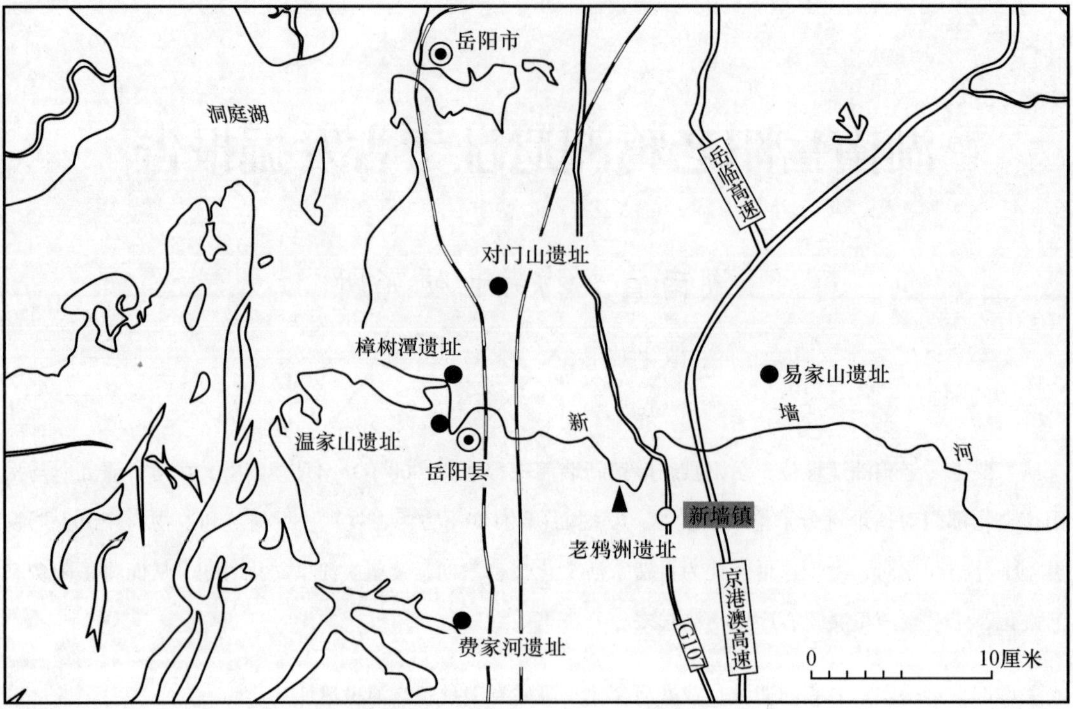

图一　老鸦洲遗址位置示意图

0.1～0.3米。包含有少量的青花瓷片。

第1B层：扰乱层。浅红色土，土质较松软，颗粒较细。主要分布在探方的西北部。厚0～0.35米。包含有少量的红烧土颗粒及瓷片、陶片，呈倾斜堆积。

第1A、1B层下有1个较大灰坑，编号H5。H5主要分布在T8的西部，自西向东延伸，呈喇叭形，为倾斜坡状堆积，西高东低。

H5共分为3层。H5第1层为黄红色土，颗粒较细，较板结。厚0～0.5米。包含大量的烧土颗粒和少量的陶片。陶片以灰陶为主，纹饰以绳纹居多，主要分布在探方的南壁，并向东延伸。H5第2层为黄黑相间的土层，可细分为第2A、2B、2C三层。第2A层为黄色土层。土质较板结，颗粒较细小。厚0.1～0.3米。包含少量陶片和少量红烧土颗粒。陶片以红陶为主。第2B层为灰色土层。土质松软，颗粒细小。厚0.05～0.3米。包含红陶、灰陶，其中红陶居多，可辨器形有豆、鼎、釜等。第2C层为黄土层。土质较硬，颗粒较细。厚0.1～0.2米。含陶片较少，似生土搬运堆积而形成。H5第2层为倾斜堆积，主要分布在探方的西南，并向东延伸。H5第3层为浅褐色土。厚0.2～0.3米。包含大量的灰陶、红陶及少量炭末灰。陶器以大口缸、鼎、盆、釜为主。H5第3层是包含陶片最多、保存最好的层位，其中的大型器物鼎、缸、釜等都较为完整。H5第3层底部出土陶片较少，大多散碎。H5第3层下为生土层，黄色，土质较软。

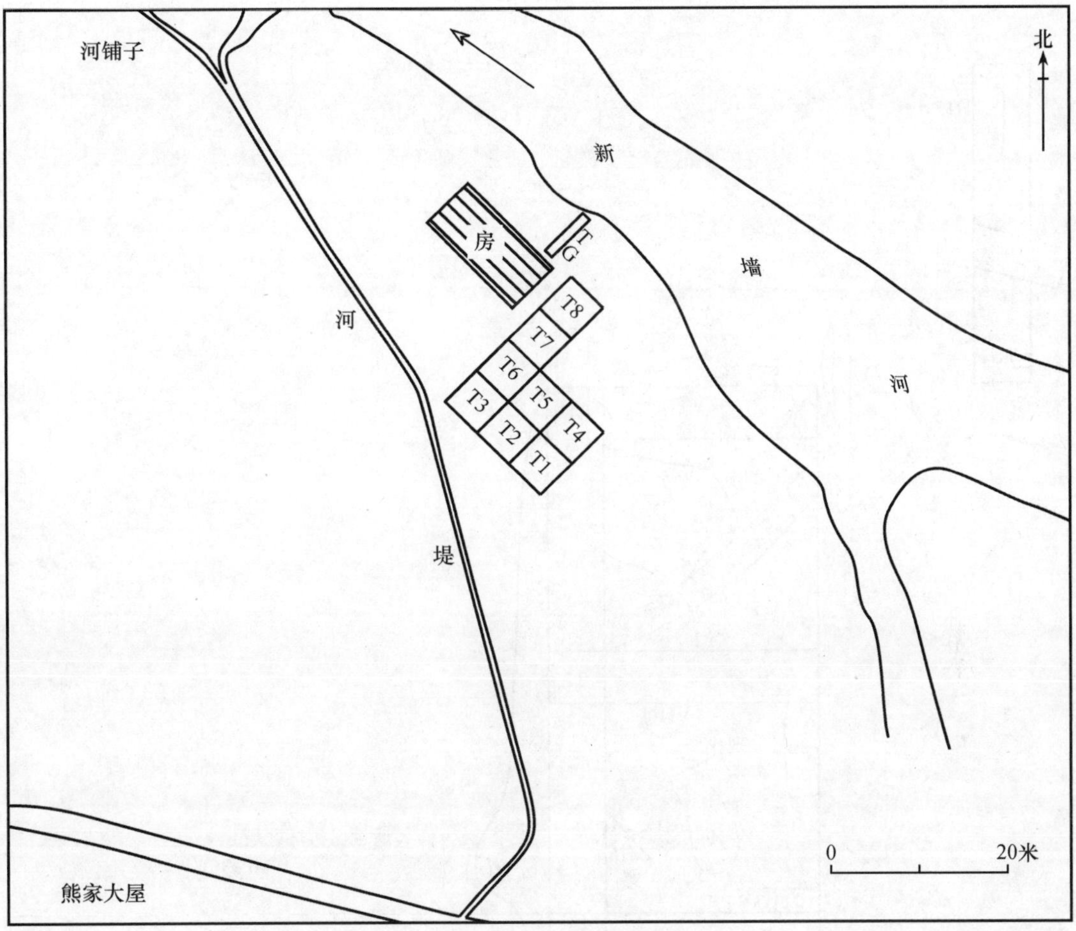

图二 2008年遗址发掘探方分布图

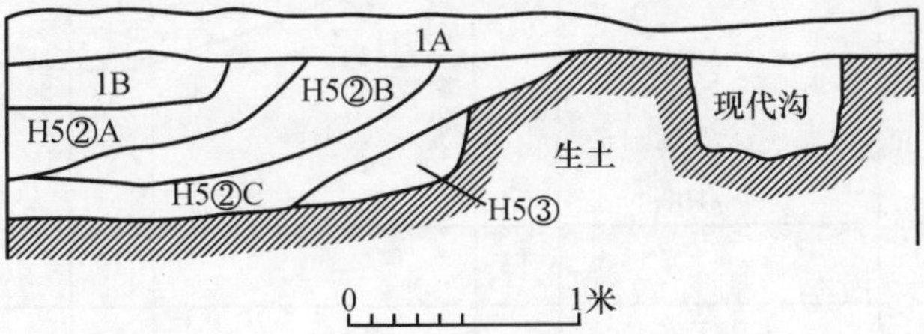

图三 T8西壁剖面图

二、出 土 遗 迹

本次发掘所见的遗迹主要为灰坑，还有陶窑、灰沟和唐代墓葬分布（图四）。

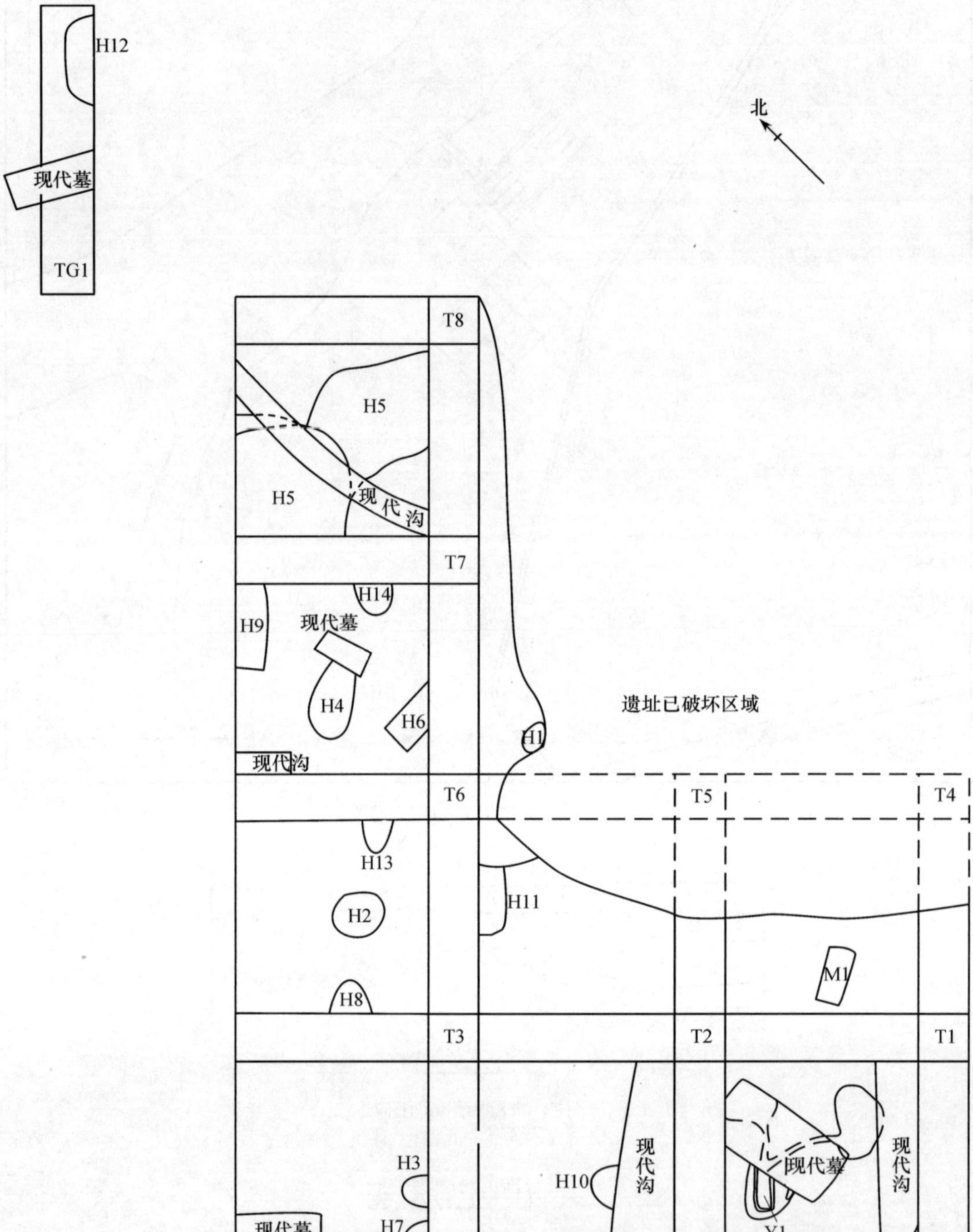
H12
现代墓
TG1
北
T8
H5
H5
现代沟
T7
H14
H9
现代墓
H4
H6
H1
现代沟
遗址已破坏区域
T6
T5
T4
H13
H11
H2
M1
H8
T3
T2
T1
现代沟
现代墓
现代沟
H3
H10
Y1
现代墓
H7
0
5米

图四　探方遗迹总平面图

（一）灰坑

共14个，分别为H1～H14，现选择其中较典型者予以介绍。

H1　位于T5北、T7东的残面上，其上口被毁坏一部分，开口于第1A层下，打破生土。坑口为圆形，上壁较直，圜底。口径0.7、底径0.3、深0.4米。填土为灰褐色黏土，土质较软，内含黄、红陶片（图五）。

H2　位于T6中部，开口于第1A层下，打破黄灰色软土层。平面呈近圆形，深斜直壁，平底。口径约0.9、底径0.65、深0.3米。填土为深黑色土，内含黄、灰陶片（图六）。

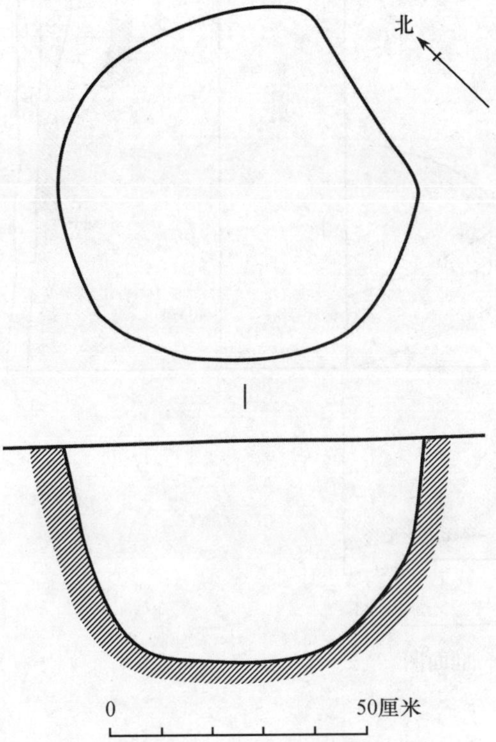

图五　H1平、剖面图

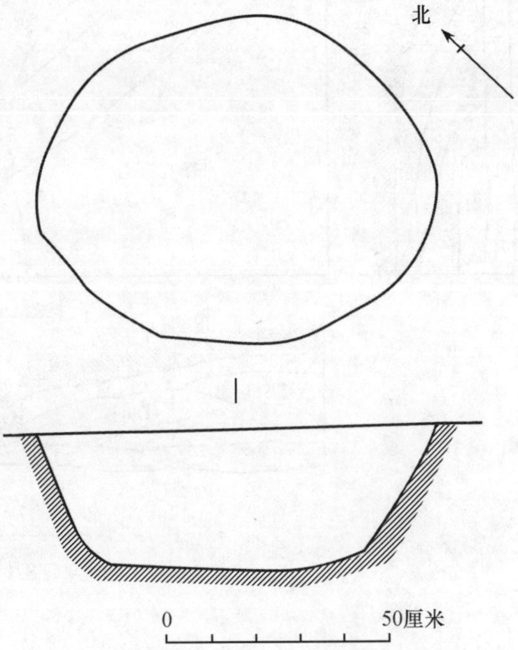

图六　H2平、剖面图

H5　大部位于T8，开口于第1A、1B层下，打破生土。H5为喇叭形，其在T8西南部为坑状，平面大致呈圆角方形，斜直壁，大平底。坑口长2.25～2.5、坑底长2.1、深0.5～0.7米。其在T8东部为条状，斜直壁，平底。坑口长约2.5、宽2、底宽1.75、深0.55米（图七）。

H11　位于T5西壁，伸入T6东隔梁，开口于第1A层下，打破黄灰色软土层。坑口呈长圆形，底较平。长约1.7、深0.82米。出土较多陶片，以红陶居多，可辨器形有鬲

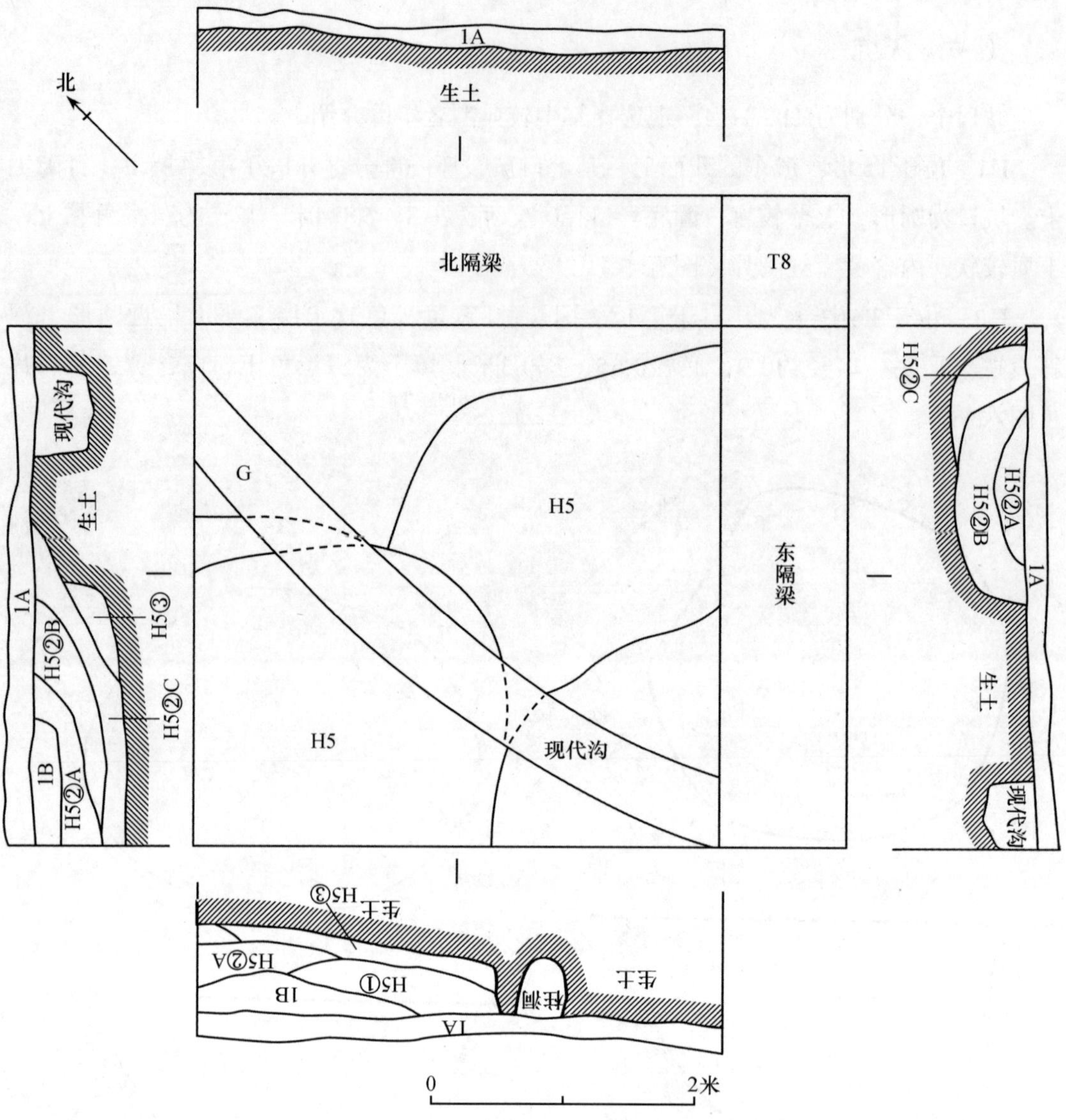

图七　T8及H5平、剖面图

口沿、鬲足、豆等（图八）。

H12　位于TG1东壁，伸入东隔梁内，开口于第1A层下，打破黄灰色软土层。平面呈近长方形，斜壁，平底。长约1.75、宽度不详、深0.8米。坑内填土为灰黑色黏土，夹杂较多陶片、炭屑，其中陶片以夹砂红陶为主，偶见硬陶（图九）。

（二）陶窑

1座，Y1。

Y1　位于T1中部，被晚期墓葬打破。窑室平面呈南高北低，残长1.1、宽0.95米。

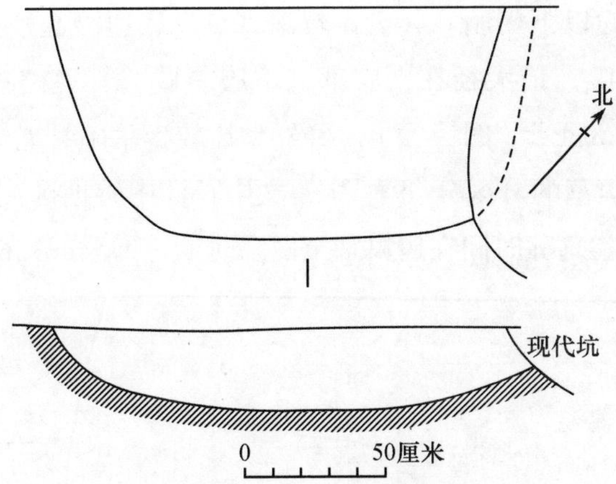

图八　H11平、剖面图

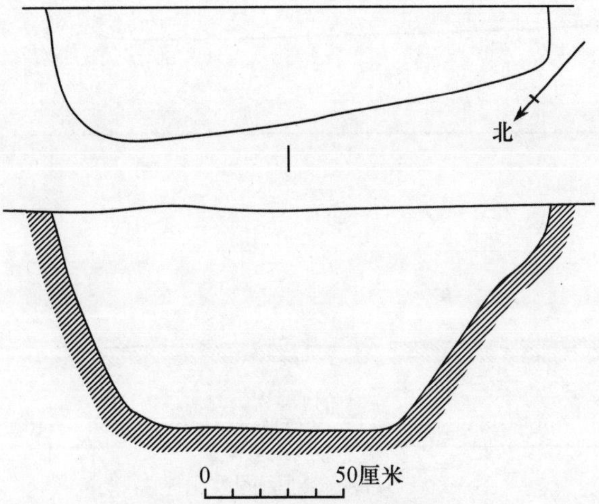

图九　H12平、剖面图

窑室内存有1个火膛，残长0.9、宽0.4米，其四壁为较小烧土块。窑室北部有两条黑色灰烬带，内含散碎红陶片。在T1、T2、T4、T5内第1层下均有较厚的黑色灰烬夹杂陶片层存在，呈东厚西薄倾斜分布。该陶窑未发掘，但平面出露的结构类似于费家河遗址“8”字形竖穴窑（见《考古》1985年第1期）。

（三）唐代墓葬

1座，M1。

M1　位于T4中部并靠近南壁，开口于表土第1层下，打破商周遗址黑色灰烬夹杂陶片文化层。墓葬为土坑竖穴墓，平面呈斜长方形，长约1.15、宽0.45～0.6、深0.35米，方向242°。墓室南壁居中处出瓷盘口壶1件。标本M1：1，胎为灰白色，火候较高，面施青灰釉，上腹以下露胎。大盘口较深，盘口底边沿起棱，长颈略内弧，肩有四竖系但已残，高圆腹，最大径在上腹部，下腹斜收，平底略内凹。口径20、腹径22.6、底径14.6、高32.8厘米（图一〇）。经器型比较，岳阳县老鸦洲M1所出瓷盘口壶形态与《中国南方隋唐墓的分区分期》[1]一文中长江中游地区A型Ⅴ式瓷盘口壶（武昌M40：1）相同，该类墓葬时间在唐肃宗至敬宗时期，即公元756～826年。

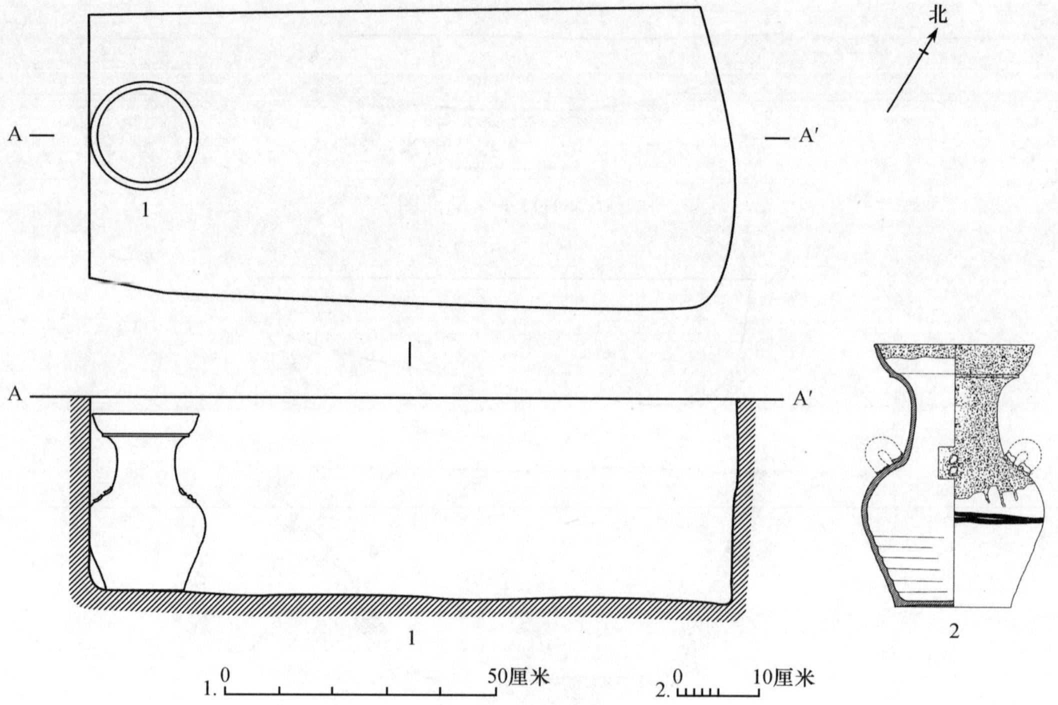

图一〇　M1平、剖面图及出土器物

1. M1平、剖面图（1. 瓷盘口壶）　2. 瓷盘口壶（M1：1）

三、出土遗物

老鸦洲遗址出土遗物以陶器为主，主要出土于灰坑内，尤以H5最为集中。地层内出土陶片较少，能修复的亦少。陶器可分为泥质陶、夹砂陶和硬陶三大类，其中泥质陶约占11.47%，夹砂陶约占81.86%，硬陶约占6.65%（表一）。泥质陶以黑皮陶、灰陶、黄陶为主，红陶较少；夹砂陶以黄陶、灰陶、红陶、褐陶为主，灰白陶较少；硬陶火候较高，胎质较硬，多为灰胎。陶器装饰以绳纹、方格纹及素面为主，另有少量弦纹、篮纹、瓦棱纹、戳印纹、波折纹等（表二）。陶器制作多为轮制，总体较规整，但釜、鼎类部分器物略显粗糙。陶器器类以釜、鼎、罐、鬲最多，其次为器盖、盘、豆、簋、盆、甗形器等，大口缸、罍甚少。

表一 2008年老鸦洲遗址出土陶器陶系统计表

单位＼陶系	泥质陶				夹砂陶					硬陶		合计
	红陶	灰陶	黄陶	黑皮陶	红陶	灰陶	黄陶	褐陶	灰白陶	灰胎	灰白胎	
T1②	0.17	1.50	0.70	4.77	15.04	24.60	27.43	14.51	2.47	7.96	1.15	100.30
T2②	1.27	1.06	2.13	2.34	19.40	15.13	25.37	16.84	3.62	12.79		99.95
H5①	1.57	12.63	2.10	1.05	16.84	18.94	8.94	21.05	14.73	2.10		99.95
H5②	1.84	4.40	3.40	1.13	13.21	16.90	15.34	28.97	7.95	6.81		99.95
H5③	1.83	6.87	3.66	3.05	12.51	29.61	13.89	25.19	0.91	2.29	0.15	99.96
平均百分比	1.34	5.29	2.40	2.47	15.40	21.04	18.19	21.31	5.94	6.39	0.26	100
分项合计	11.48				81.87					6.65		

注：表中数据均为百分数。

表二 2008年老鸦洲遗址出土陶器纹饰统计表

单位＼装饰	绳纹	方格纹	篮纹	弦纹	刻划纹	戳印纹	附加堆纹	乳丁纹	方弦组合	波折纹	瓦棱纹	素面
T1②	30.11	22.07	1.62	3.93		2.65				2.30	6.50	30.79
T2②	29.36	10.91	3.96	6.15		4.36	0.39			2.97	3.37	38.49
H5①	20.96	23.11	8.06	10.21		0.53	1.07				1.61	34.40
H5②	18.23	34.37	11.65	5.97	0.14	1.94	0.89	0.14	0.29	0.89	1.49	23.91
H5③	38.52	23.11	3.77	6.55	0.16	2.13	0.16		0.16	1.14	2.29	21.96
平均百分比	27.44	22.71	5.81	6.56	0.06	2.32	0.50	0.03	0.09	1.46	3.05	29.91

注：表中数据均为百分数。

（一）陶器

器类有鬲（图版一七，5）、鼎（图版一六，3）、罐、釜、盆、簋、器座、器盖、拍、盘、豆、纺轮、壶形器、甗形器、大口缸等，共计47件。

鬲　4件。依口沿不同分二型。

A型　2件。侈沿。依腹部不同分二式。

Ⅰ式　1件。鼓腹。标本H5③：6，夹砂黄陶。圆唇，束颈，弧腹略外鼓。颈下饰竖绳纹。口径23.8、残高11.3厘米（图一一，1；图版一七，1）。

Ⅱ式　1件。直腹。标本H5①：4，夹砂灰黑陶。敞口，方唇，弧颈，方腹内收，底近平，锥足。颈、肩饰弦纹，肩下饰斜方格纹。口径25、高29.3厘米（图一一，2；

图版一七，2）。

B型　2件。平折沿。依颈部不同分二式。

Ⅰ式　1件。直颈。标本H5③：9，夹砂灰陶。束颈，颈较长，有肩，直腹略外鼓。颈部饰密集弦纹，器身饰斜方格纹。口径27.6、残高14.6厘米（图一一，3；图版一七，3）。

Ⅱ式　1件。弧颈。标本H5②：17，夹砂灰陶。颈部略内收，直腹略外鼓。器身饰方格纹。口径28.8、残高9厘米（图一一，4；图版一七，4）。

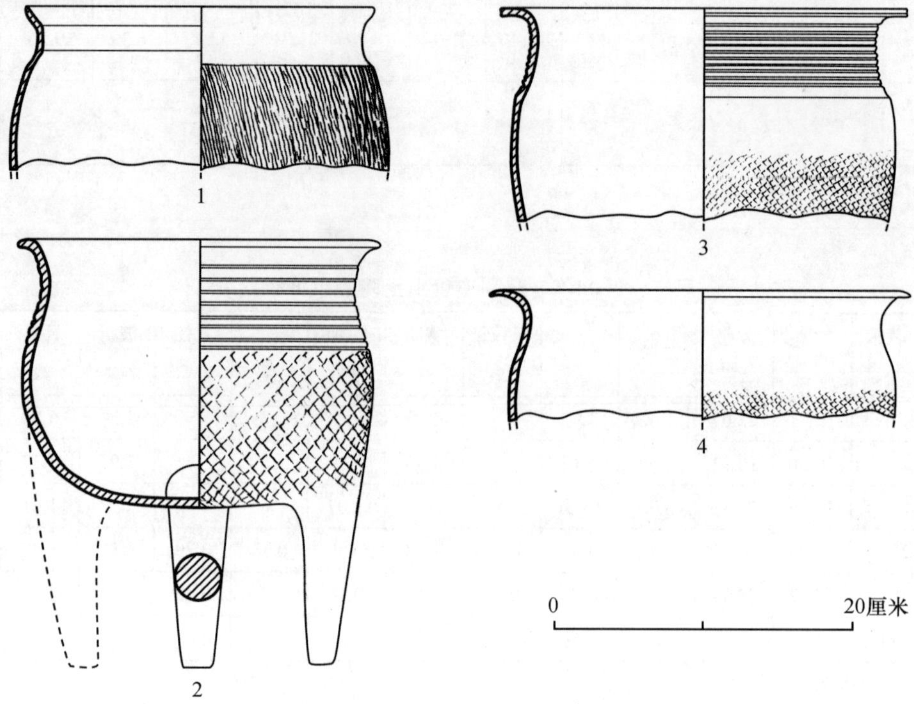

图一一　出土陶鬲

1. A型Ⅰ式（H5③：6）　2. A型Ⅱ式（H5①：4）　3. B型Ⅰ式（H5③：9）
4. B型Ⅱ式（H5②：17）

鼎　6件。依口沿不同分四型。

A型　2件。宽折沿。依腹部不同分二式。

Ⅰ式　1件。深腹外鼓。标本H5③：2，夹砂黄陶。方唇，腹部外鼓，圜底。器身遍布斜方格纹。口径26.4、腹径24.5、残高21厘米（图一二，1；图版一五，1）。

Ⅱ式　1件。深腹外弧。标本H5②：5，夹砂灰黑陶。方唇，腹部外弧，最大径在下腹，圜底，锥足外张。器身饰斜方格纹（图版一五，2）。

B型　2件。窄折沿。依腹部不同分二式。

Ⅰ式　1件。浅腹。标本H5②：4，夹砂黄陶。口部残，扁腹较浅，最大径在下腹，圜底，锥形足。器身饰竖绳纹。口径14.6、残高16厘米（图一二，2；图版一五，3）。

Ⅱ式　1件。深腹。标本H5①：1，夹砂灰黑陶。扁腹较深，圜底，锥形足。器身饰斜方格纹。口径17.3、腹径17.9、残高12.8厘米（图一二，3；图版一五，4）。

C型　1件。平折沿。标本H5③：1，夹砂红陶。器体较大。圆唇，直腹，底近平，锥足内收。器身遍布斜方格纹，上腹均匀分布三"S"形附加堆纹，下腹饰一周宽条形附加堆纹。口径51.5、高48厘米（图一二，4；图版一六，1）。

D型　1件。仰折沿。标本H5②：25，夹砂灰陶。仰折沿，束颈，鼓腹。双耳自沿下伸出，沿上残。颈、肩交界处有一周弦纹。口径19.8、残高8厘米（图一二，5；图版一六，2）。

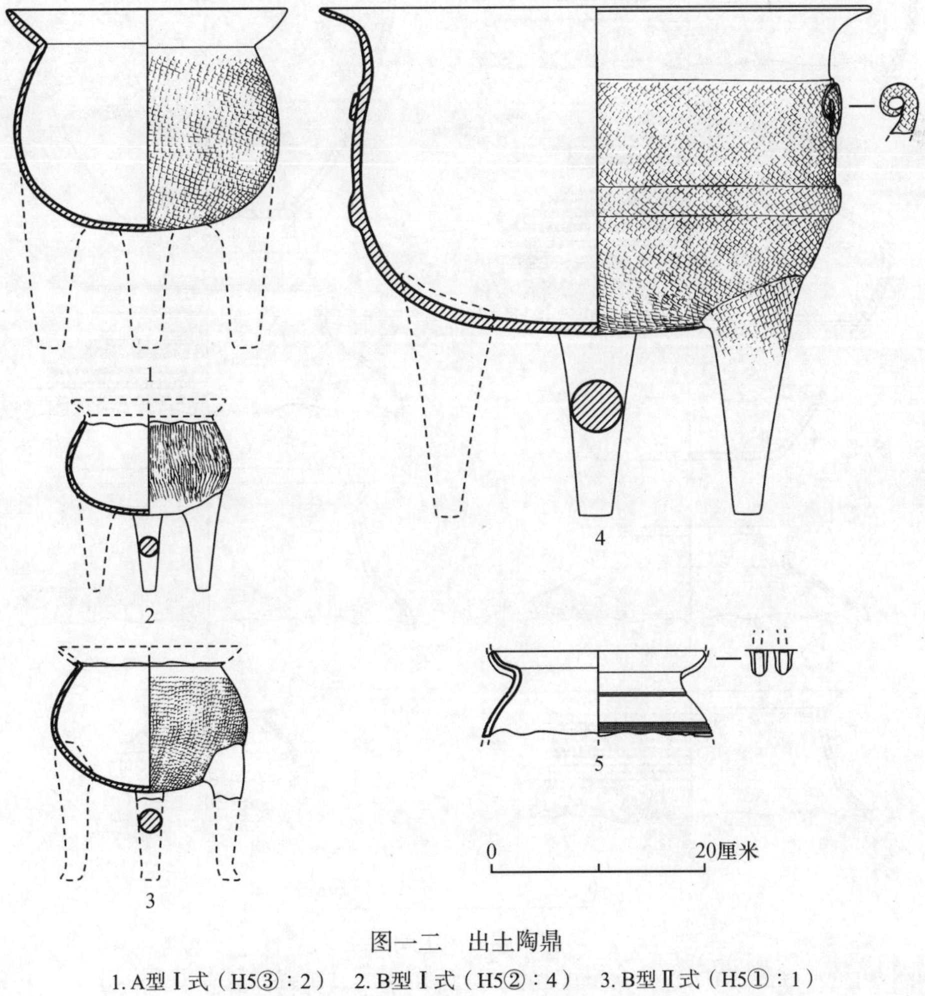

图一二　出土陶鼎

1. A型Ⅰ式（H5③：2）　2. B型Ⅰ式（H5②：4）　3. B型Ⅱ式（H5①：1）　4. C型（H5③：1）　5. D型（H5②：25）

罐　9件。平底，多为泥质灰陶。依口沿不同分五型。

A型　2件。仰折沿。依颈部不同分二式。

Ⅰ式　1件。弧颈。标本T7②：1，仰折沿，弧颈，斜肩，斜腹内收。肩饰数周弦纹，肩下饰斜方格纹。口径22.2、残高16.6厘米（图一三，1；图版一八，1）。

Ⅱ式　1件。直颈。标本H5②：2，仰折沿，短直颈，斜肩，斜腹内收。颈、肩饰数周弦纹，肩下饰斜方格纹。口径22.2、底径13.6、高28厘米（图一三，6；图版一八，2）。

B型　3件。平折沿。标本H5②：12，短直颈，斜肩，斜腹内收。颈、肩饰数周弦

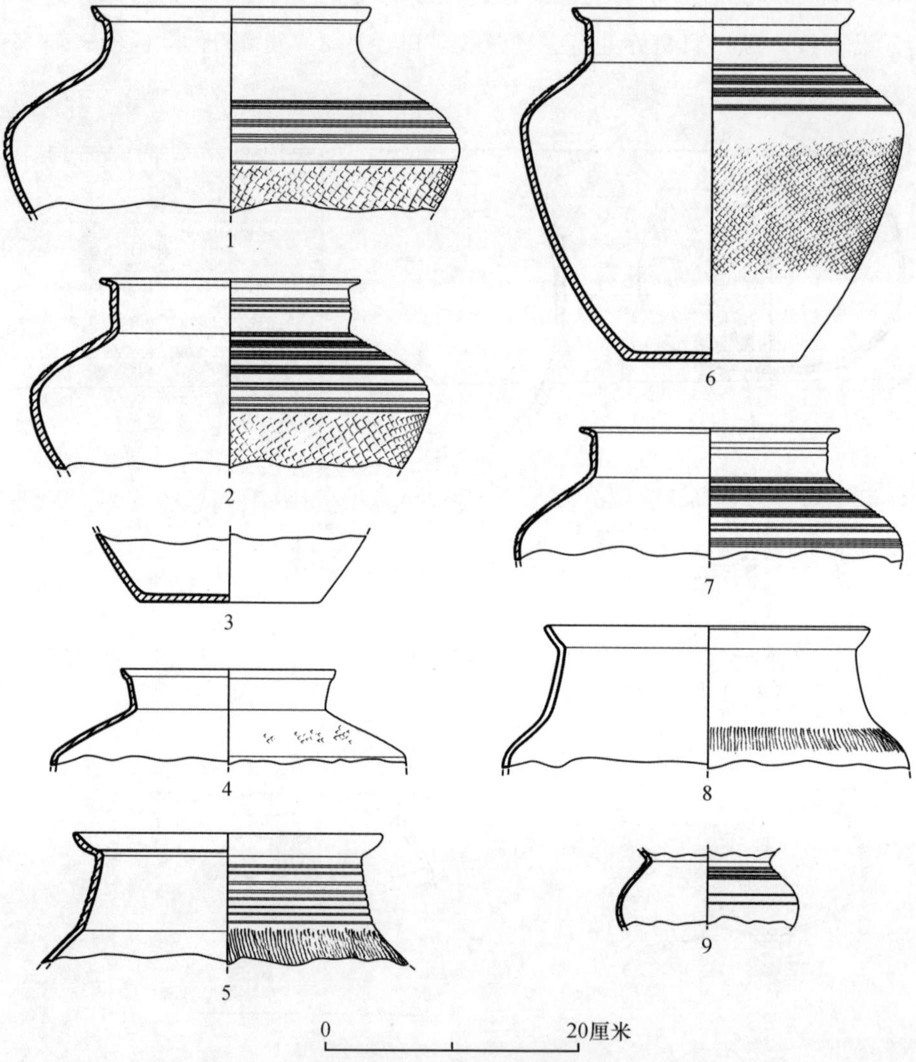

图一三　出土陶罐

1. A型Ⅰ式（T7②：1）　2、3、7. B型（H5②：12、H5②：32、H5②：23）　4. C型（H5①：2）　5、8. D型（H11：2、H8：1）　6. A型Ⅱ式（H5②：2）　9. E型（H5③：8）

纹，肩下饰斜方格纹。口径20.8、肩宽31.5、残高15.2厘米（图一三，2；图版一八，3）。标本H5②：23，口径20.3、残高10.5厘米（图一三，7）。标本H5②：32，仅余器底。斜腹，平底，腹以上残。底径14.6、残高5.5厘米（图一三，3）。

C型 1件。斜沿。标本H5①：2，斜沿，直颈内收，斜平肩。肩饰少量斜方格纹。口径17、残高7.7厘米（图一三，4；图版一八，4）。

D型 2件。侈沿。标本H8：1，折沿外侈，长颈外斜，斜肩。肩下饰绳纹。口径24.9、残高10.4厘米（图一三，8）。标本H11：2，口沿略外侈，长颈外斜，肩部略上移。颈部饰数周弦纹，肩下饰绳纹。口径25.6、残高11.4厘米（图一三，5；图版一八，5）。

E型 1件。折沿。标本H5③：8，夹砂灰陶。口部残，折沿，圆肩，肩下内收。颈、肩饰数周弦纹。肩宽14.2、残高6厘米（图一三，9；图版一八，6）。

釜 5件。依口沿不同分四型。

A型 1件。宽折沿。标本H11：1，夹砂灰陶。仰折沿，垂腹外斜。肩下饰绳纹。口径26、残高18.3厘米（图一四，1；图版一九，1）。

B型 2件。窄折沿。依腹部不同分二式。

Ⅰ式 1件。弧腹。标本H5②：18，夹砂黄陶。方唇，弧肩，弧腹。器身密布方格纹。口径18、残高8.8厘米（图一四，2；图版一九，2）。

Ⅱ式 1件。直腹。标本H5①：3，夹砂灰陶。折沿，圆肩，直腹。器身饰方格纹。口径16.6、残高9.3厘米（图一四，3）。

C型 1件。侈沿。标本H12：1，夹砂灰黑陶，火候较高。器体瘦长。侈沿，尖唇，束颈，下垂腹，圜底，最大径在下腹。颈下饰竖绳纹，下腹及底饰交错绳纹。口径13.8、高15厘米（图一六，1；图版一九，3）。

D型 1件。仰折沿。标本H5②：1，泥质黄陶。斜折沿，尖唇，束颈，腹略外鼓。沿面有两个对称突起，沿内对应两个三角形耳。颈下饰竖绳纹。口径15.2、残高8厘米（图一四，4；图版一九，4）。

盆 1件。平折沿。标本H5③：3，泥质灰陶。平折沿，直腹，下腹缓收，大平底。中腹饰一周泥条附加堆纹，下腹凹弦纹下饰斜方格纹。口径34.2、残高15厘米（图一四，5；图版一四，6）。

簋 3件。依口沿不同分二型。

A型 1件。侈沿。标本H5①：5，夹砂灰陶。敞口，方唇，弧颈，直腹内收。颈下饰数周弦纹，其下为方格纹。口径24.5、残高9.3厘米（图一四，6；图版二一，2）。

B型 2件。平折沿。依颈部不同分二式。

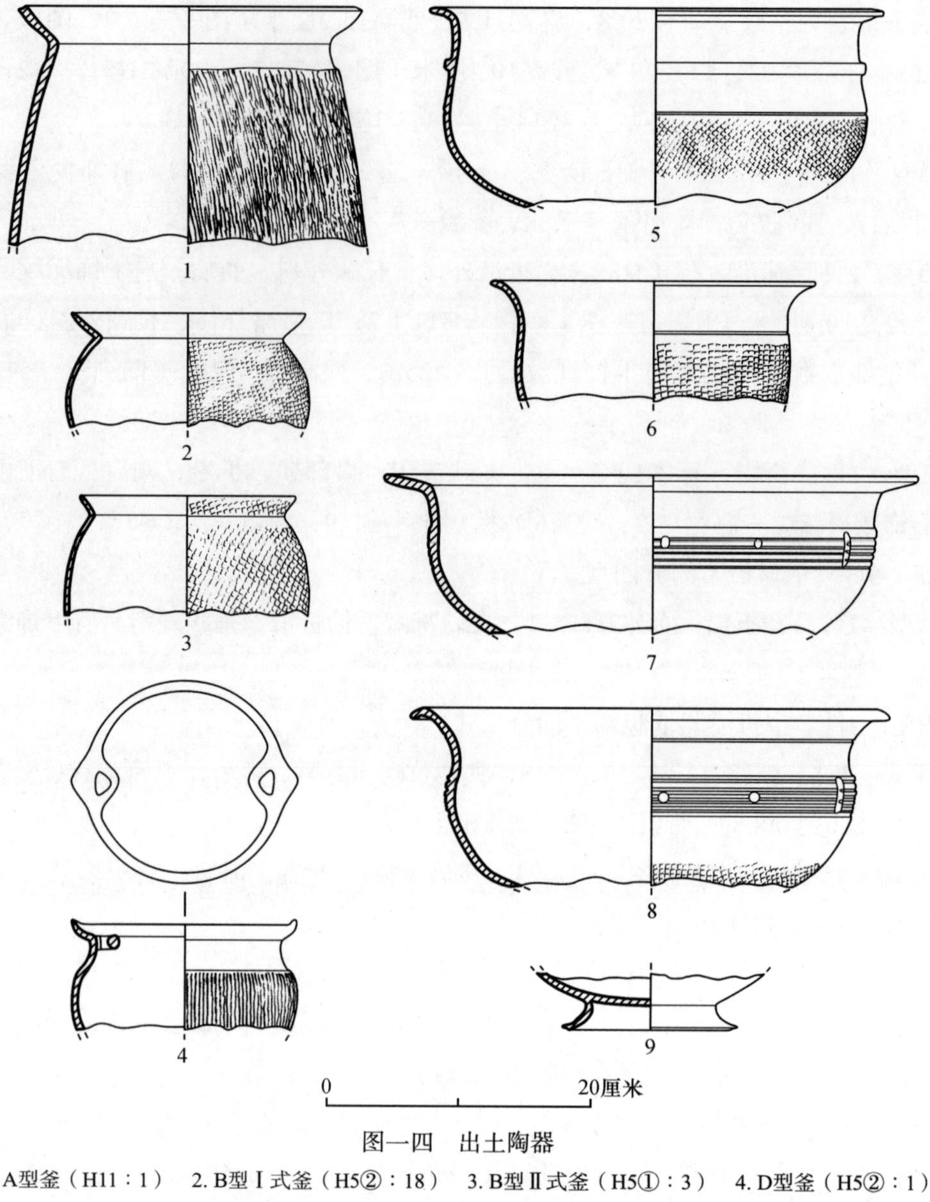

图一四　出土陶器

1. A型釜（H11：1）　2. B型Ⅰ式釜（H5②：18）　3. B型Ⅱ式釜（H5①：3）　4. D型釜（H5②：1）
5. 盆（H5③：3）　6. A型簋（H5①：5）　7. B型Ⅰ式簋（H5③：4）　8. B型Ⅱ式簋（H5②：7）
9. 器座（H12：2）

Ⅰ式　1件。直颈。标本H5③：4，泥质黄陶。宽平沿，弧腹缓收，底残。腹饰多道弦纹，中腹均匀分布乳丁间竖扉棱装饰。口径40.2、残高12.2厘米（图一四，7；图版二一，3）。

Ⅱ式　1件。弧颈。标本H5②：7，泥质灰陶，施黑衣。敞口，束颈，颈、腹转折明显，弧腹缓收，底残。沿下饰两周弦纹，腹部饰细密弦纹，其上均匀分布乳丁间竖扉棱装饰。口径36.2、残高13.6厘米（图一四，8；图版二一，4）。

器座　1件。盆簋类底座。标本H12：2，夹砂灰陶。浅腹，矮圈足。素面。底足径13.2、残高4.3厘米（图一四，9）。

器盖　7件。依捉手不同分四型。

A型　2件。捉手斜沿。标本H5③：12，泥质黄陶。盖面略隆，盖内较浅。盖径14.9、高5.4厘米（图一五，1；图版二三，1）。标本H5②：21，泥质黄陶。仅存捉手。残高2.4厘米（图一五，2）。

B型　2件。捉手平折沿，短直柄。标本H5③：13，泥质黄陶。捉手残，盖面隆起较高。盖面饰两道凹弦纹。盖径16.8、残高5.3厘米（图一五，3；图版二三，2）。标本H5②：22，泥质红陶。仅存捉手，直柄较粗。残高3.6厘米（图一五，4）。

C型　2件。捉手直沿。标本H5③：14，泥质灰陶。圆柄较小，盖面隆起。盖面饰凹弦纹。盖径14.2、高6.2厘米（图一五，5）。标本H5②：20，泥质红陶。圆柄较大，盖面较平。素面。盖径12、高4.4厘米（图一五，6）。

D型　1件。捉手斜折沿。标本H5②：3，泥质黄陶。圆形捉手，柄较高、下部外斜，柄内中空，柄面均匀镂出若干长条状孔。盖面略隆起，顶近平。柄、盖交界处饰一周弦纹。盖径14.1、高7.3厘米（图一五，7；图版二三，3）。

拍　1件。标本T6②：2，夹砂黄陶。粗柄，下端外张，拍面凸出。高6.2厘米（图一五，8；图版二二，6）。

豆柄　1件。标本H12：6，泥质黄陶。粗柄，束腰，中空，豆盘残。柄上饰两道凹弦纹。残高13厘米（图一五，9；图版二二，5）。

盘　2件。依腹部不同分二式。

Ⅰ式　1件。浅腹。标本H5③：7，夹砂红陶。敞口，浅腹，圜底。沿下饰弦纹。口径20.6、残高5厘米（图一六，3；图版一四，1）。

Ⅱ式　1件。深腹。标本H5①：6，夹砂红陶。敞口，深腹，圜底。腹下饰方格纹。口径14.8、残高5.5厘米（图一六，4；图版一四，2）。

纺轮　2件。标本H5③：22，夹砂黑陶。火候较高，圆形，中心有一孔。直径2.5、高1.4厘米（图一六，5）。标本T6②：1，泥质灰陶，火候较高。圆形，中心有一孔。侧面戳印“〈〈〈”形花纹。直径3.8、高1.3厘米（图一六，6）。

壶形器　1件。标本H5①：9，夹砂黄陶。残高4.7厘米（图一六，2；图版一四，5）。

甗形器　3件。依上腹不同分二式。

Ⅰ式　2件。上腹弧壁。标本H2：1，夹砂黄陶，火候较高。大敞口，弧颈，束

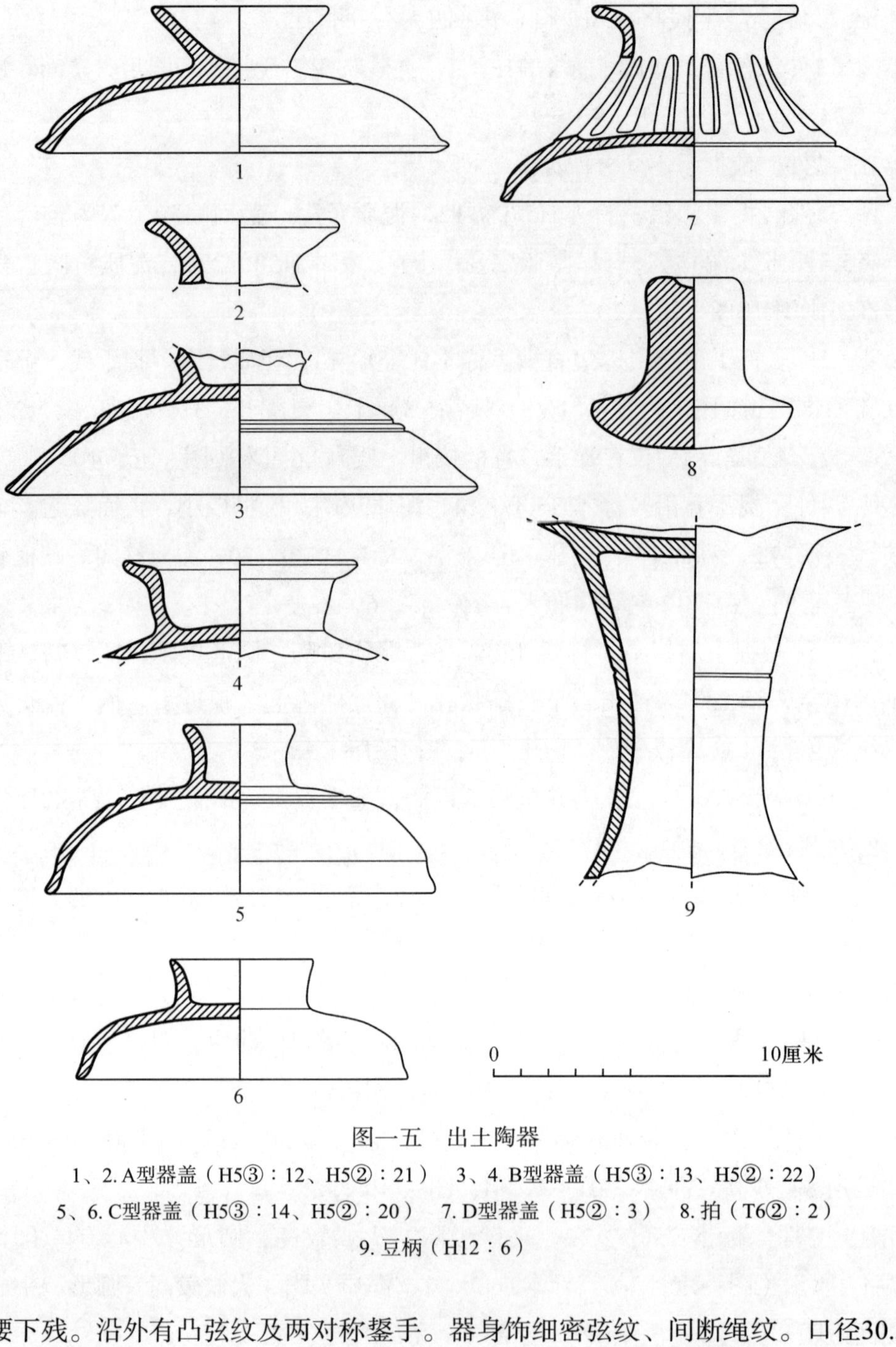

图一五 出土陶器

1、2. A型器盖（H5③：12、H5②：21） 3、4. B型器盖（H5③：13、H5②：22）
5、6. C型器盖（H5③：14、H5②：20） 7. D型器盖（H5②：3） 8. 拍（T6②：2）
9. 豆柄（H12：6）

腰，腰下残。沿外有凸弦纹及两对称錾手。器身饰细密弦纹、间断绳纹。口径30.5、残高18.6厘米（图一七，1；图版一四，3）。标本H2：3，夹砂黑陶，仅存口部。敞口，弧颈。纹饰同上。

Ⅱ式 1件。上腹直壁。标本H1：1，夹砂红陶。口部残，下腹扁圆，最大径在下腹部。壁饰细密弦纹、间断绳纹，上腹饰绳纹，下腹饰斜方格纹。腹径26.2、残高25.6

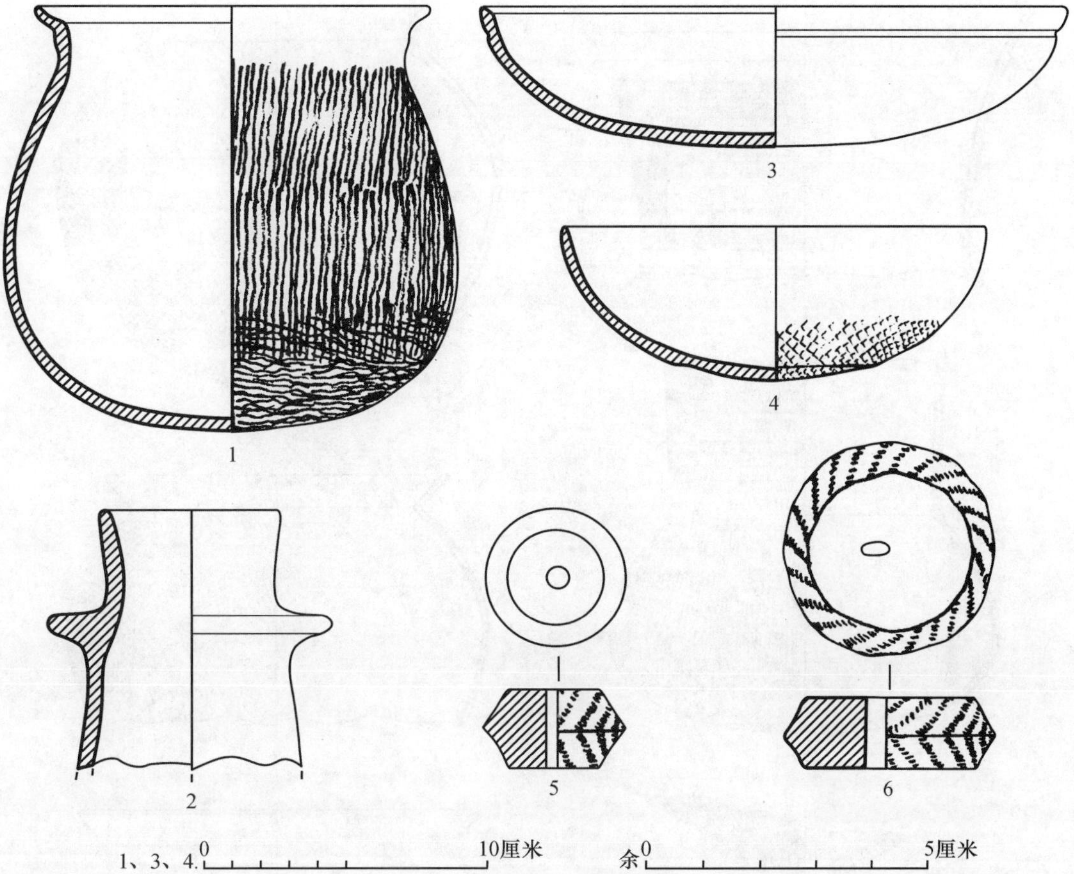

图一六　出土陶器

1. C型釜（H12：1）　2. 壶形器（H5①：9）　3. Ⅰ式盘（H5③：7）　4. Ⅱ式盘（H5①：6）　5、6. 纺轮（H5③：22、T6②：1）

厘米（图一七，2；图版一四，4）。

大口缸　1件。仅存底部。标本T7②：2，夹砂黄陶。器壁较厚，圆饼形底。器腹饰绳纹。底径5、残高8厘米（图一七，3）。

（二）硬陶器

器类有罐、釜、罍、缸、盂等，共计15件。

罐　4件。口径小于腹径，依口沿不同分三型。

A型　1件。口沿略内凹。标本H5②：15，夹砂灰陶，火候较高。弧肩，折腹，肩、腹转折明显，圜底。器身遍布斜方格纹。口径20、腹径29.8、高25.8厘米（图一七，4；图版二二，1）。

B型　2件。斜折沿。依肩部不同分二式。

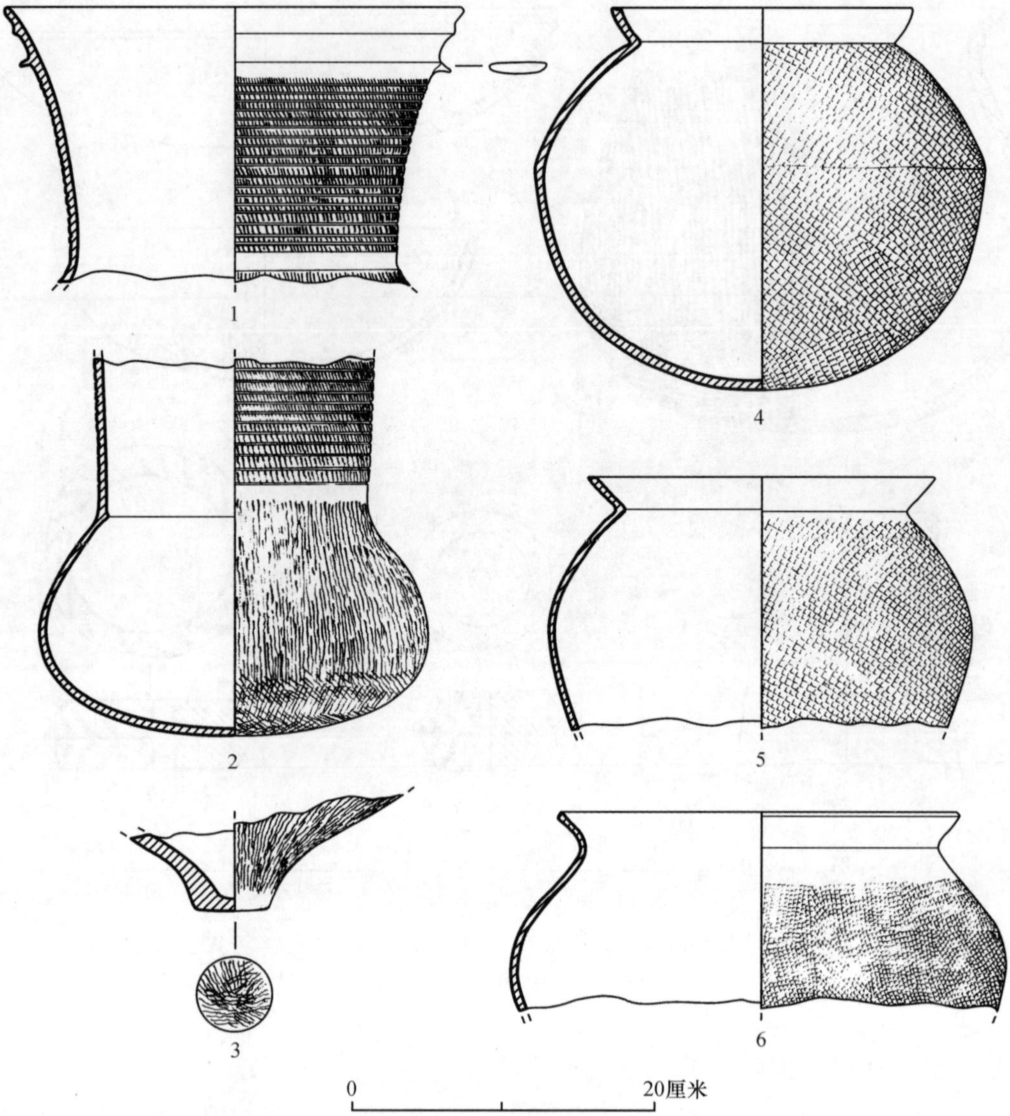

图一七　出土陶器

1. Ⅰ式甗形器（H2：1）　2. Ⅱ式甗形器（H1：1）　3. 大口缸（T7②：2）　4. A型硬陶罐（H5②：15）
5. B型Ⅰ式硬陶罐（H5②：16）　6. B型Ⅱ式硬陶罐（H5①：7）

Ⅰ式　1件。弧肩。标本H5②：16，夹砂灰陶，火候较高。弧肩，折腹。口径22.9、残高17.3厘米（图一七，5；图版二二，2）。

Ⅱ式　1件。斜肩。标本H5①：7，夹砂黄陶，火候较高。斜肩，折腹。器身饰方格纹。口径26.2、残高13.5厘米（图一七，6；图版二二，3）。

C型　1件。平折沿。标本H5②：8，夹砂黑衣陶。小平沿，短直颈，凸肩，弧腹，小平底。颈、肩饰斜绳纹，肩又饰数道弦纹，腹饰竖绳纹，下腹及底饰方格纹。

口径23、腹径33.2、底径10.6、高25厘米（图一九，3；图版二二，4）。

釜 8件。依口沿不同分三型。

A型 5件。宽折沿。依腹部不同分三式。

Ⅰ式 2件。鼓腹。标本H5③：11，夹砂灰黑陶。方唇，弧肩，鼓腹。器身饰斜方格纹。口径26、残高15.8厘米（图一八，4；图版二〇，1）。标本H5②：19，夹砂红陶。圆肩，鼓腹。器身饰方格纹。口径26、残高12.4厘米（图一八，5；图版二〇，2）。

Ⅱ式 2件。弧腹。标本H5②：6，夹砂灰黑陶。方唇，弧肩，弧腹急收，圜底，最大径在下腹处。沿外及器身密布小方格纹。口径36.2、腹径43.5、残高25.6厘米（图一八，3；图版二〇，3）。标本H5②：10，夹砂灰黑陶。方唇，弧肩。器身密布方格纹。口径26.8、残高11.6厘米（图一八，6）。

Ⅲ式 1件。斜腹。标本H5②：11，夹砂灰黑陶。宽沿，方唇，颈下外斜。器身饰方格纹。口径24.8、残高11.6厘米（图一八，7；图版二〇，4）。

B型 2件。窄折沿。依腹部不同分二式。

Ⅰ式 1件。鼓腹。标本H5③：10，夹砂灰黑陶。方唇，弧肩，鼓腹。器身密布方格纹。口径25、残高10.5厘米（图一八，1；图版二〇，5）。

Ⅱ式 1件。弧腹。标本H5①：8，夹砂黄陶。方唇，斜肩，弧腹。器身饰方格纹。口径28.5、残高17.8厘米（图一八，2；图版二〇，6）。

C型 1件。仰折沿。标本H5②：14，夹砂灰陶。大敞口，宽仰折沿，垂腹，圜底。肩、腹饰数道弦纹，器身饰错乱绳纹。口径31.6、腹径27.5、高25厘米（图一九，1；图版二一，1）。

罍 1件。标本H5③：19，夹砂红陶。残，仅存肩部。扁鼓腹。肩上有数周凸棱，肩下饰弦纹夹斜方格纹（图一九，2）。

缸 1件。标本H5②：9，夹砂黄陶，胎壁较厚。敞口，斜平沿，束颈，直腹略外斜。颈下饰斜方格纹。口径41.6、残高12.6厘米（图一九，4；图版一六，4）。

盂 1件。标本H5②：13，夹砂红陶，火候高。敞口，斜折沿，直腹略外斜，下腹转折明显，圜底。器身遍布方格纹。口径24.8、高12.8厘米（图一九，5；图版一六，5）。

（三）石器

器类有刀、范等，共计3件。

刀 1件。标本H5②：33，青灰色。近长方形，片状，为砾石剥片形成，其长端一

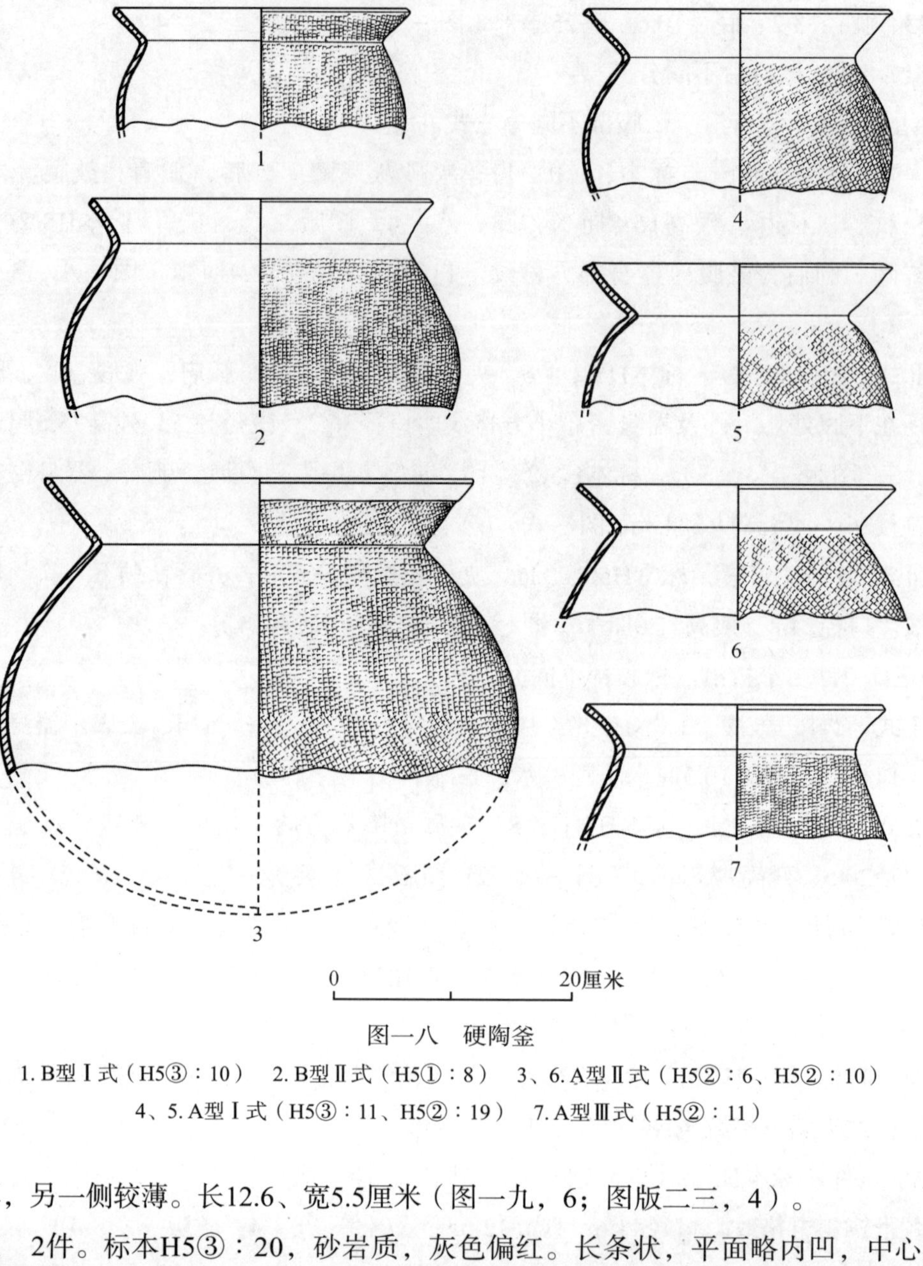

图一八　硬陶釜

1. B型Ⅰ式（H5③：10）　2. B型Ⅱ式（H5①：8）　3、6. A型Ⅱ式（H5②：6、H5②：10）
4、5. A型Ⅰ式（H5③：11、H5②：19）　7. A型Ⅲ式（H5②：11）

侧较厚，另一侧较薄。长12.6、宽5.5厘米（图一九，6；图版二三，4）。

范　2件。标本H5③：20，砂岩质，灰色偏红。长条状，平面略内凹，中心处最低，呈现出刮刀的两侧刃、脊部、刀锋的形态，尾部有缺口，可浇铸。长19.8、宽5.3厘米（图一九，7；图版二三，5）。标本H5③：21，砂岩质，灰色偏红。长条状，与标本H5③：20似为合范。平面略外凸，两侧面在中心处交会凸起，尾部有缺口，可浇铸。长19.8、宽5.3厘米（图一九，8；图版二三，6）。

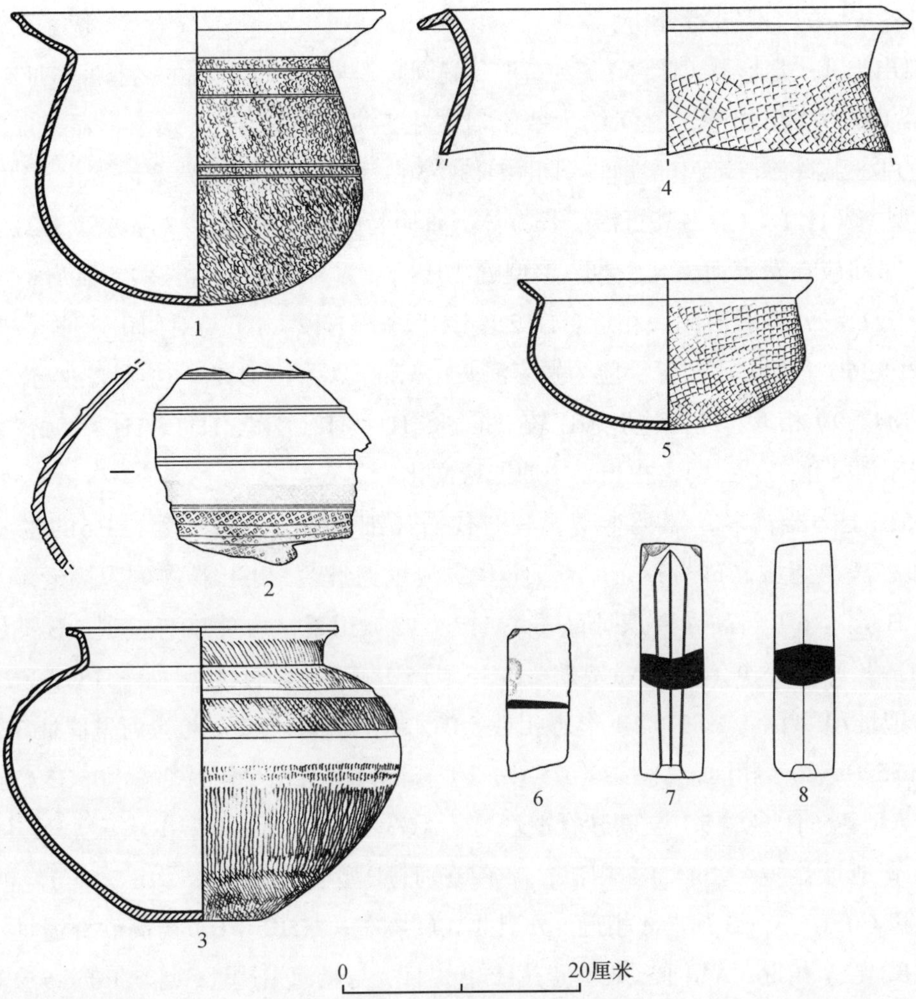

图一九　出土器物

1. C型硬陶釜（H5②：14）　2. 硬陶罍（H5③：19）　3. C型硬陶罐（H5②：8）　4. 硬陶缸（H5②：9）　5. 硬陶盂（H5②：13）　6. 石刀（H5②：33）　7、8. 石范（H5③：20、H5③：21）

四、结　　语

（一）年代推断

老鸦洲遗址本次发掘的陶器器类以釜、罐类为大宗，其次为鼎、鬲、豆、簋、盆、器盖、甗形器等。纹饰以绳纹、方格纹、弦纹为主，出现少量乳丁纹、扉棱与弦纹组合的装饰方式，反映出一种浓郁的地方文化特色。另从遗物的出土单位观察，主要器物来自于H1、H2、H5、H8、H11、H12。

下面参照湖南已发掘的商周考古资料和湘江流域商周时期考古学文化的分期[2]，

逐一对各灰坑的年代进行分析。

H1出土Ⅱ式甗形器（H1：1）为直壁、扁圆腹，与1994年发掘的老鸦洲遗址二期[3]甗形器（H2：2）相近，时间约为费家河文化三期。H2出土Ⅰ式甗形器（H2：1）为大敞口、弧腹，与老鸦洲遗址一期（H13：50）相同，时间为费家河文化二期。H11出土A型釜（H11：1），其折沿、长方体、垂腹特征与温家山[4]折沿釜（K21：11）相似，时间应在费家河文化三期。D型罐（H8：1）为侈沿、斜长颈、弧肩，可比较的只有H11：2，两者时间应相近。H12出土C型釜（H12：1）与对门山遗址[5]矮领釜（H2②：36）相似，腹较深，应为费家河文化三期。豆柄（H12：6）形态亦与对门山C型豆（M4：9）相近。经器物形态比较来推断，H1、H2、H8、H11、H12的时代大致在岳阳费家河文化二、三期，相当于中原殷墟文化二、三期。

H5出土陶器较多，器类丰富，其时代需详细分析。总体来看，H5的主要器类和装饰手法与望城高砂脊遗址[6]、宁乡炭河里遗址[7]出土器物更为接近。A型Ⅰ式鬲（H5③：6）与高砂脊遗址鬲（AM12：12）相近，肩部略有差别。B型Ⅱ式鼎（H5①：1）与高砂脊遗址Aa型鼎（AH5：15）基本相同，D型鼎（H5②：25）与高砂脊遗址Ab型鼎（AG3：2）形态相近。B型罐（H5②：12）与炭河里遗址B型Ⅱ式罐（05G5④：20）相同，C型罐（H5①：2）与炭河里遗址A型Ⅰ式罐（05G5⑥：30）相近。A型簋（H5①：5）与高砂脊遗址簋（AG3：5）相近，B型Ⅰ式簋（H5③：4）与高砂脊遗址簋（AM6：4）相似，略有差别，B型Ⅱ式簋（H5②：7）与炭河里遗址B型簋（05G5⑤：3）非常相近。A型Ⅱ式硬陶釜（H5②：6）与高砂脊遗址A型釜（AM19：12）相近，A型Ⅲ式硬陶釜（H5②：11）与炭河里遗址C型釜（05G5⑥：83）相似。

通过比较可以看出，H5第3层器物总体与高砂脊、炭河里遗址出土者相近，但有差别，而H5第1、2层器物则与高砂脊、炭河里遗址出土者基本相同或相似。这也说明了H5第3层在时间上与高砂脊、炭河里遗址略有差距，而H5第1、2层则与其大致接近。根据目前的研究资料，高砂脊、炭河里遗址的年代约为商末至西周早中期[8]，故推断H5形成时间大致接近，或略偏早。

（二）H5的性质

经过发掘品的修复整理，我们发现H5内所出陶器大体完整，多可拼合。如此多的器物密集地置于一个较大灰坑内，使得我们对H5的形成产生了疑问。而在附近T1内发现有一座陶窑（Y1），其第2层所出陶片的陶质、纹饰均与H5接近，两者之间应有某种联系。故推测，H5可能为Y1烧窑取土所形成，其后成为废弃坑，窑内部分器物遗弃于坑内。

（三）发掘意义

本次发掘的意义主要在于H5出土有地层关系明确的器物，H5第3层器物上承岳阳费家河文化，第1、2层器物又可与望城高砂脊、宁乡炭河里遗址出土者相比对，从而将费家河文化和炭河里文化的时间序列衔接起来，使得湘江下游商周文化的年代和分期更加完整。

附记：本次发掘人员有湖南省文物考古研究所张兴国、刘贤文、严华平、袁伟，岳阳市文物管理处罗仁林等，器物绘图为唐赛波、胡重。工地发掘过程中，袁家荣研究员、周能副研究员前往工地指导工作，岳麓书院向桃初教授亦对本文内容提出了宝贵意见，在此一并致谢！

执笔：袁 伟

注 释

［1］ 权奎山：《中国南方隋唐墓的分区分期》,《考古学报》1992年第2期。

［2］ 向桃初：《湘江流域商周青铜文化研究》，线装书局，2008年。

［3］ 向桃初：《湘江流域商周青铜文化研究》，线装书局，2008年。

［4］ 岳阳市文物管理处：《湖南岳阳温家山商时期坑状遗迹发掘简报》，《江汉考古》2005年第1期。

［5］ 岳阳市文物工作队：《岳阳县对门山商代遗址发掘报告》，《湖南考古辑刊》（第6集），《求索》杂志社，1994年。

［6］ 湖南省文物考古研究所、长沙市博物馆、长沙市文物考古研究所等：《湖南望城县高砂脊商周遗址的发掘》，《考古》2001年第4期。

［7］ 湖南省文物考古研究所、长沙市文物考古研究所、宁乡县文物局：《湖南宁乡炭河里西周城址与墓葬发掘简报》，《文物》2006年第6期。

［8］ 向桃初：《湘江流域商周青铜文化研究》，线装书局，2008年。

The Excavation of Laoyazhou Site in Yueyang County, Hunan

Hunan Provincial Institute of Cultural Relics and Archaeology
Yueyang Municipal Administration of Cultural Relics

Abstract: Laoyazhou site is located at the terrace of the south bank of Xinqiang River in Xinqiang Town, Yueyang County. From March to April of 2008, Hunan Provincial Institute of Cultural Relics and Archaeology and Yueyang Municipal Administration of Cultural Relics carried out the rescue excavation on the site. The exposed area is about 120 ㎡, and lots of remains and cultural relics are found. Based on the typological analysis and comparison of the unearthed artifacts, the age of the site is from the second and third period of Feijiahe culture to the period of Tanheli culture, thus orderly linking Feijiahe culture in Yueyang and Tanheli culture in Ningxiang respectively.

Keywords: Yueyang; Laoyazhou Site; Feijiahe Culture; Gaoshaji Site; Tanheli Site

湖南衡阳龙祖山战国、汉墓考古发掘简报

衡阳县文物局

［摘　要］　2013年6月，衡阳县县级文物保护单位龙祖山墓群，遭生产建设破坏。省、市文物主管部门立即委托衡阳县文物局进行抢救性发掘。经清理发现残墓7座，其中保存相对完整的GLM5为战国土坑竖穴墓，GLM1、GLM2为东汉砖室墓。该3座墓的形制结构和随葬品组配，为研究衡阳市及其周边区域战国、东汉墓的葬制和葬俗提供了新的实物依据。

［关键词］　战国；东汉；土坑墓；砖室墓；衡阳县

2013年6月28日，衡阳县三湖镇鼓峰村县级文物保护单位龙祖山墓群东南部，因生产建设取土造成多座古墓惨遭破坏和暴露。衡阳县文物局立即报告省、市文物主管部门，衡阳县文物局被委托对生产建设取土所暴露的古墓葬采取抢救性发掘措施，兹将发掘情况简报如下。

一、龙祖山墓群地理位置及沿革

鼓峰岭龙祖山墓群（缩写GL），位于衡阳县中部偏北，坐落于三湖镇鼓峰村，南距县城36千米，东邻渣江镇。东北远望南岳山余脉，西北依邻九峰山余脉，西南面对蒸水河、三湖町及东汉钟武县故城城址，往西30千米远眺金兰镇城坪冲西汉承阳县故城城址。鼓峰岭海拔42米，植被为针叶林、阔叶林、灌木林混生，山体西南、西北、东北为湘南网纹黄土丘陵，古墓群均埋藏于此。县道X049由西南向东北横穿该墓群（图一）。

1985年全国第二次文物普查发现鼓峰岭龙祖山墓群，1989年衡阳县人民政府公布其为县级文物保护单位。20世纪90年代修建渣洪公路和鼓峰岭中学时，在此出土了一批战国和汉代青铜器。2013年6月鼓峰岭龙祖山墓群东南部，因生产建设取土，造成南北长68、东西宽45米的墓区暴露7座古墓。

这批古墓经清理，形制有土坑竖穴墓和砖室墓两种，交错分布。其中GLM1～

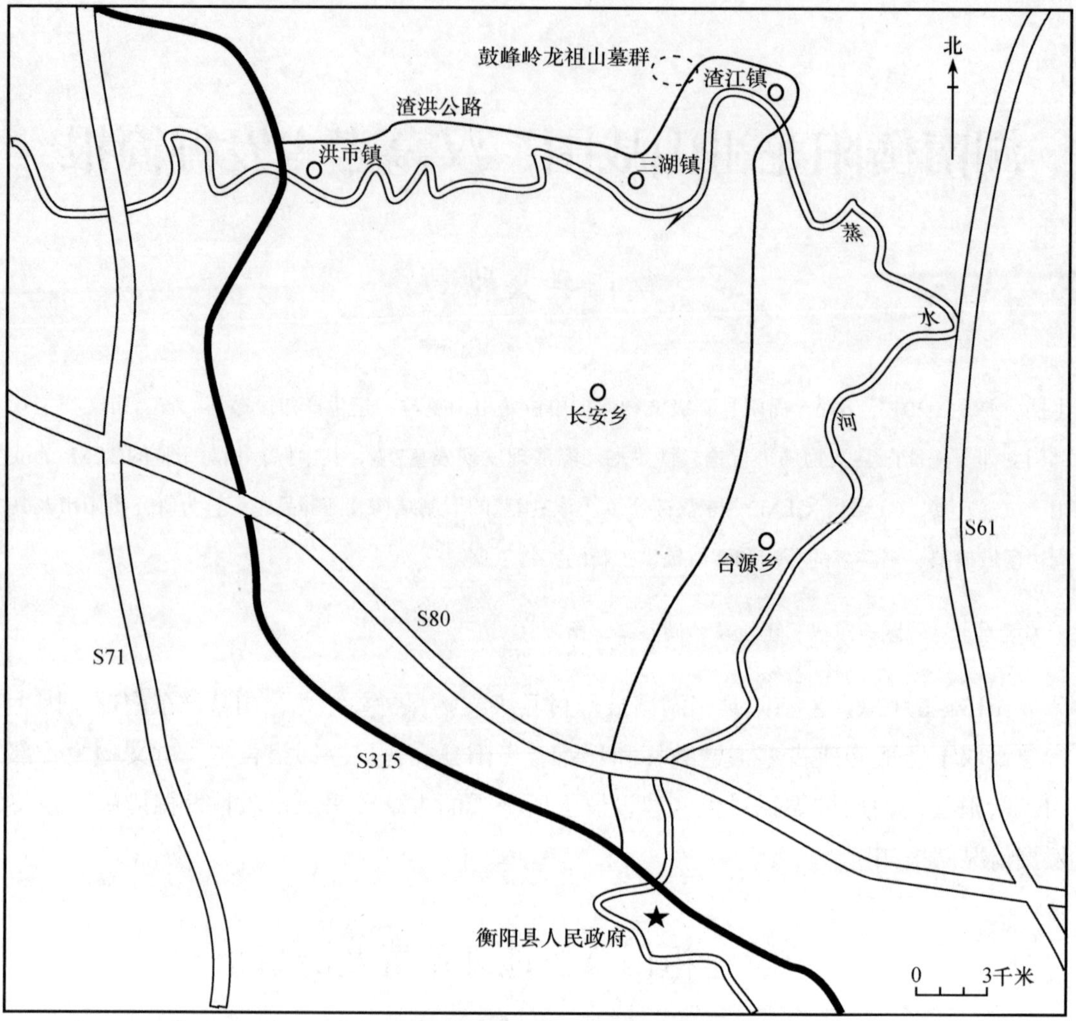

图一　鼓峰岭龙祖山墓群位置示意图

GLM3为砖室墓（图版二八，1），方向为坐西朝东，砖墓与砖墓之间东西相距8、南北相距15米，排列有序。GLM4～GLM7为土坑竖穴墓，墓向由南至北，排列较砖室墓密集，纵横间距7～9米，分布略呈“品”字排列。该批墓葬中，GLM5、GLM1、GLM2相对保存完整。下面将此三墓做一介绍（图二）。

二、GLM5

（一）位置及形制

GLM5位于鼓峰岭龙祖山墓群东南部，南距GLM7约6、西北距GLM2约13、北距

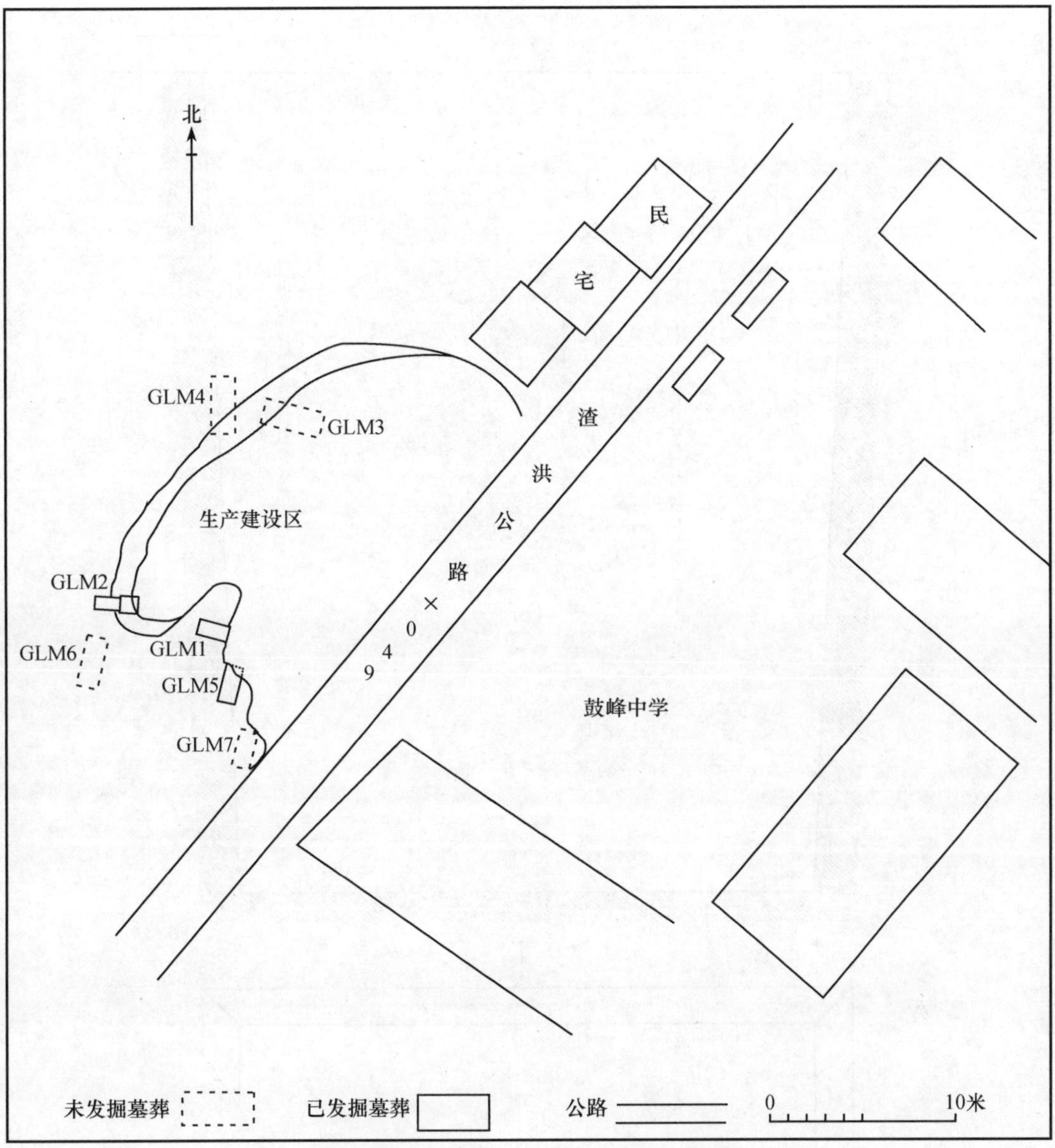

图二　龙祖山古墓群发掘墓葬分布图

GLM1约5米。该墓经清理为土坑竖穴墓，单室，无墓道，墓向3°。墓上封土堆无存，墓口及墓北部边沿因生产建设扰乱形制不明。墓穴向下打破网纹黄土层至紫色页岩层止。墓穴上大下小，呈长方体倒梯形。墓口残长4、宽3.1、墓底长3.2、宽1.8米。从口至底残深5.1米。墓穴壁加工斜直、平整，壁上无脚凹和土龛，穴四角修造规整，穴底夯筑水平。穴内填土以原坑网纹黄土回填，纯净且较松散。墓东北部回填土中发现略呈圆形的盗洞1个（图三；图版二四，2），洞上部口径约2、底径约1米，洞内填土灰黄色、松软，土中夹杂少量破碎方格纹泥质软陶残片、弦纹夹砂灰陶残片。墓内棺椁

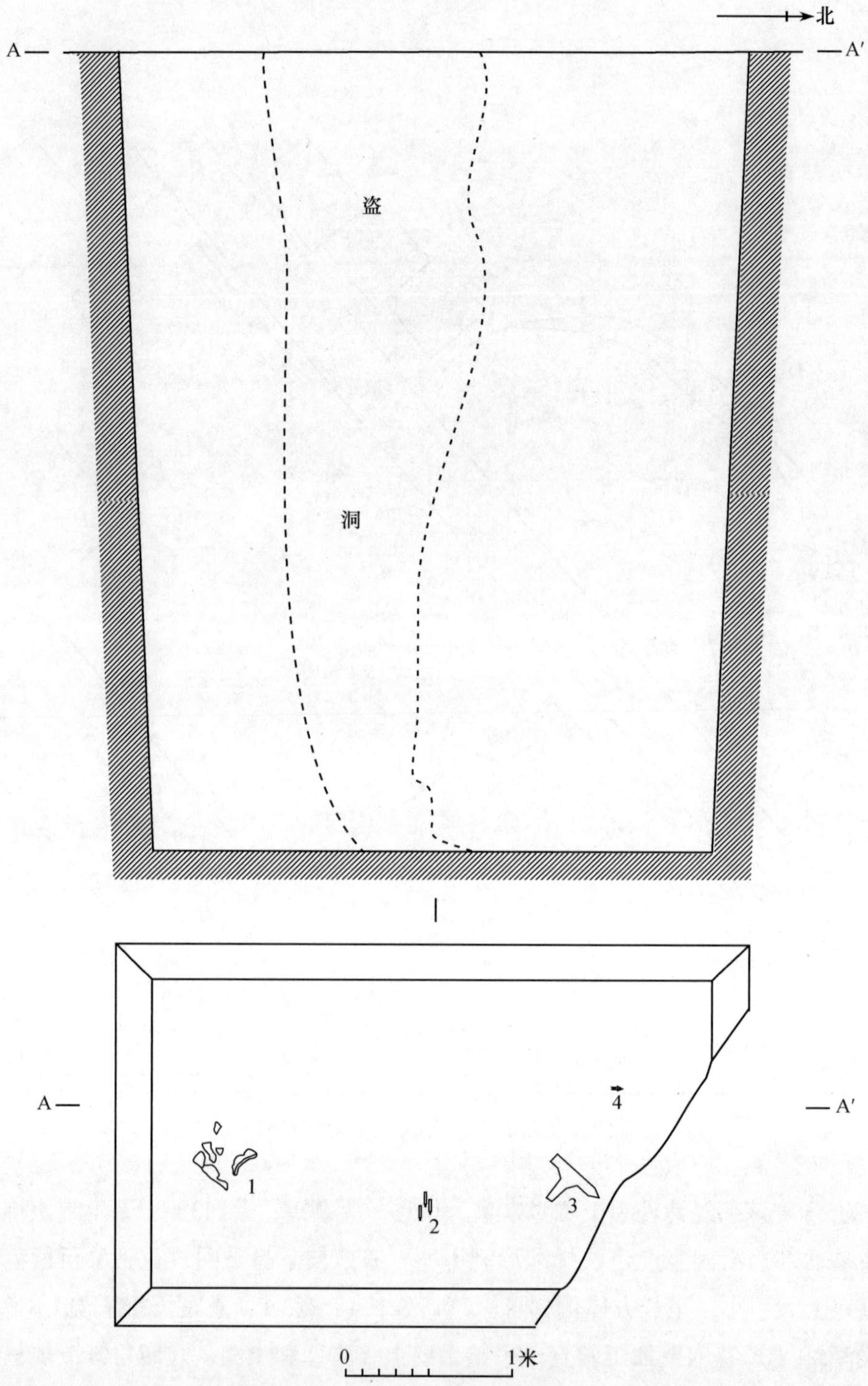

图三　GLM5平、剖面图

1. 方格纹陶片　2. 圆杆形弋射青铜箭镞　3. 青铜戈　4. 三棱形青铜箭镞

尸骨无存，墓底未见头龛和枕木坑，紧贴墓底中部可见薄薄一层黑褐色腐朽土，土中零星可见朱砂红斑点，在该层腐朽土的北部出土了圆杆形弋射青铜箭镞3件、青铜戈1件、三棱形青铜箭镞1件，南部出土破碎方格纹软陶片和黑褐色夹砂陶残片数块（图三、图四）。

（二）出土青铜器

共5件。

戈 1件。标本GLM5：3，长援上扬，援中起脊棱，前锋尖锐，后端出一小孔。中胡出三长方形穿，上下有阑。内呈长方形，前端出条形孔一个。通长19.8、通宽12厘米（图四，1；图版二八，5）。

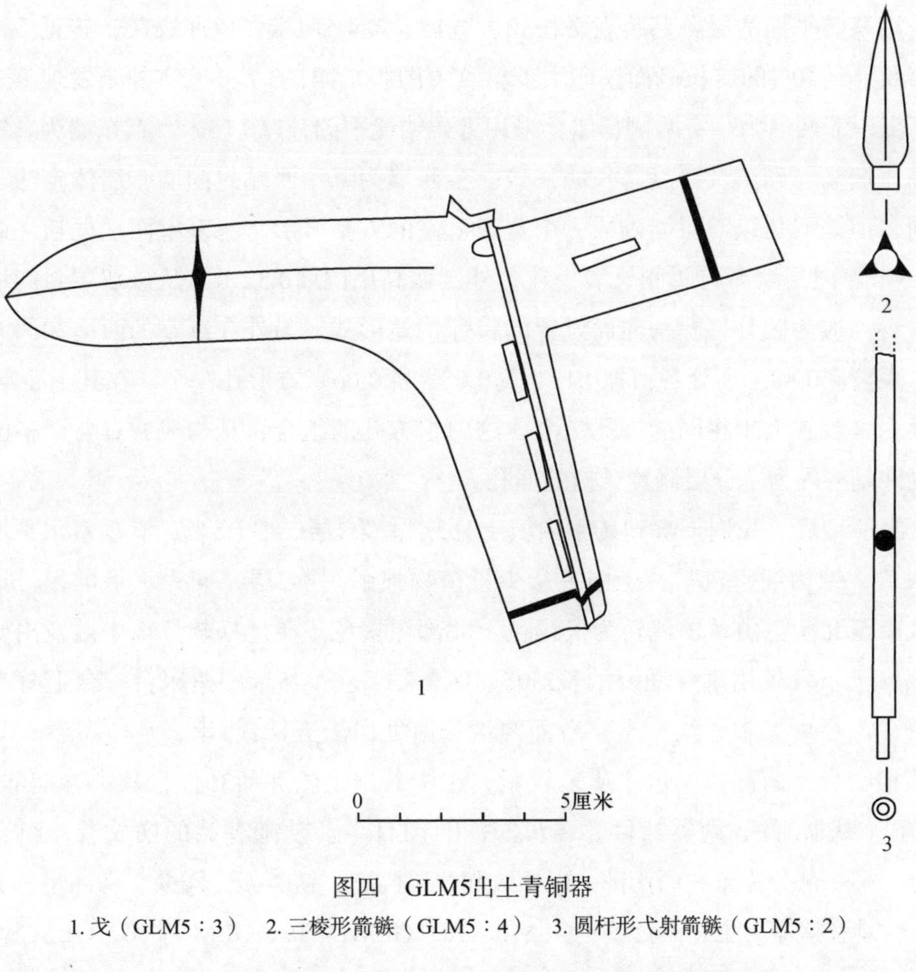

图四 GLM5出土青铜器

1. 戈（GLM5：3） 2. 三棱形箭镞（GLM5：4） 3. 圆杆形弋射箭镞（GLM5：2）

圆杆形弋射箭镞 3件。标本GLM5：2，长条形圆杆，断面实心，尾端有约1厘米长杆、直径略小。直径0.5、通长10厘米（图四，3；图版二八，4）。

三棱形箭镞　1件。标本GLM5：4，尖状头，锥体身，三棱形刃，后铤短促圆柱状。长4.5、宽1.2厘米（图四，2；图版二八，6）。

三、GLM1

（一）位置及形制

GLM1位于鼓峰岭龙祖山墓群东南部，2013年6月鼓峰村生产建设取土范围西南部。南距GLM5约5、西距GLM2约7米。该墓无封土堆，经清理，为单室砖墓，墓向103°。砖室建于土穴内，土穴长4、宽2.1米，从地表至穴底深3.6米。砖室四墙紧贴土壁，墙脚未见基槽，室内空间为长立方体，长3.6、宽1.7、通高1.8米，室上无顶，室底采用墓砖平铺两层。墓砖规格长30、宽15、厚4.5厘米，色泽青灰，砖正反两面印有麻布纹，约40%的砖长侧面模印大菱格纹（图版二四，3）。墓室外未发现墓道和甬道，墓南、北两墙为墓室两侧长墙，采用青砖错缝平砌，厚0.15米。墓东墙为墓室东端封门墙，墙高、砌法及厚度与长墙一致。墓西墙为墓室西端封门墙，墙体砌法与两长墙相同，但该墙是以双层墙砌成一个宽于墓室的方括号形，将墓室西端框括。此双层墙厚0.3米。内层墙高与两侧长墙一致，外层墙高出内墙0.32米。从该双层封门墙的特殊砌法看，应为区分墓葬头向而设置的特殊构筑形式。另外在墓室的西南和西北两内角上，距墓底0.88米高处各留宽0.12、高0.08、深0.06米方形孔一个。在其上距墓底1.2米高处，又设置大小相同的方孔一个。这两组方孔的组合，从构成看具有严格的规律性，也许是墓内为了分层搁置梁枋的插孔。

这次清理后，我们了解到砖室内填土分2层。第1层，厚1.5米，满墓室水平堆积，土色灰黄，结构细密较紧，土中夹杂少量植物根系。第2层，同为水平堆积，只是该层土从南至北土色由黄褐色转为黑褐色。北部黑褐色土质地松软，土中散发出腐败腥气。该层土下发现用墓砖铺设的长2.05、宽0.7、高0.045米的棺床台。台上分布一层腐木痕，零星可见朱砂红斑点。台面西端偏南处出土五铢钱1串，从位置看，与葬入者腰部相吻合。南部黄褐色土质地较紧，土中共出土随葬品30件，其中青铜器2件、铜钱2串、铁器3件、陶器22件、云母2片（计1件）。从随葬品的摆放看，组合可分三部分。第一部分为墓底西南部，以摆放陶尊、陶釜、铁釜架、陶鼎、陶高足杯、陶罐等日常餐具和盛器为主（器物编号GLM1：18、GLM1：19、GLM1：20、GLM1：21、GLM1：22、GLM1：23、GLM1：24、GLM1：25、GLM1：26、GLM1：27、GLM1：28、GLM1：29）（图版二五，1）。第二部分为墓底中南部近棺床部位，以摆放陶甑、陶盆、陶方壶、陶盘口壶、青铜鐎斗、青铜鐎壶、环柄铁刀、铜钱等日常生活用品、炊具、酒器等为主（器物编号GLM1：10、GLM1：11、GLM1：12、GLM1：13、GLM1：14、GLM1：15、GLM1：16、GLM1：17）。第三部分为墓底东南部，以摆放陶罐等盛储器为主（器物编号GLM1：1、GLM1：2、GLM1：3、GLM1：4、GLM1：5、GLM1：6、GLM1：7、GLM1：8、GLM1：9）。这三组随葬品的组合，清晰地反映了当时随葬制度的配置方式。另外，在墓的西北部、棺床西端正前方，有一宽约1、长1.34米的空旷范围，仅摆放环柄铁刀1把（GLM1：26），陶香熏炉1件（GLM1：25），这种安排很显然是一组简陋的祭祀组配（图版二四，4）。归纳上述墓葬信息可知，该单室墓在狭小的空间内通过合理的空间布置，完成了类似棺椁葬制的处置，表现出一种经济实用的葬制（图五、图六）。

（二）出土器物

共30件，有陶器、青铜器、铁器、杂器等。

陶侈口罐　4件，修复3件。根据口沿、肩部形态可分二型。

A型　1件。侈口，方唇，斜直领，圆肩。标本GLM1：1，泥质夹砂印纹硬陶，胎黄褐色。腹弧下收，平底中部内凹。肩、腹拍印麻布方格纹。内口径9.6、外口径12.3、底径12、通宽22.5、通高23.4厘米（图六，1）。

B型　2件。侈口，方唇，折领，弧肩。标本GLM1：9，泥质夹砂印纹硬陶，胎黄褐色。腹弧下收，平底。肩、腹拍印麻布方格纹，肩部饰凹弦纹一周。内口径10.2、外口径13.2、底径13.8、通宽27.5、通高28.5厘米（图六，2）。

陶小口罐　4件，其中残3件。标本GLM1：2，泥质夹砂印纹硬陶，胎黄褐色。小口，平唇，直领微内敛，丰肩，弧腹下收，小平底。肩饰弦纹三周，腹由上至下饰凹弦纹三道。肩、腹通拍印麻布方格纹。口外径8、底径10.5、通宽21、通高29.5厘米（图六，3；图九，2；图版二五，2）。

陶盖钵　1件。标本GLM1：7，泥质夹砂印纹硬陶，盖、钵胎黄褐色。口内敛，方唇上承盖。钵腹弧鼓下溜，平底。盖面圆弧，盖口外侈，方唇，与钵口相合。盖面拍印麻布方格纹，纹饰间刻划数字两个。钵腹周身拍印麻布方格纹。盖口径15、钵口径15、底径12、盖高3.5、通宽16.8、通高13.5厘米（图六，4；图九，7；图版二五，7）。

陶井　1件。标本GLM1：11，泥质夹砂印纹硬陶，胎黄褐色。广口，平沿，直腹下弧收，大平底。上腹饰四道弦纹，下腹拍印麻布方格纹。口径15.3、底径11.4、通宽15.3、通高12厘米（图六，11；图版二六，7）。

陶方壶　1件。标本GLM1：13，泥质夹砂印纹硬陶，胎黄褐色，器表通体青釉脱

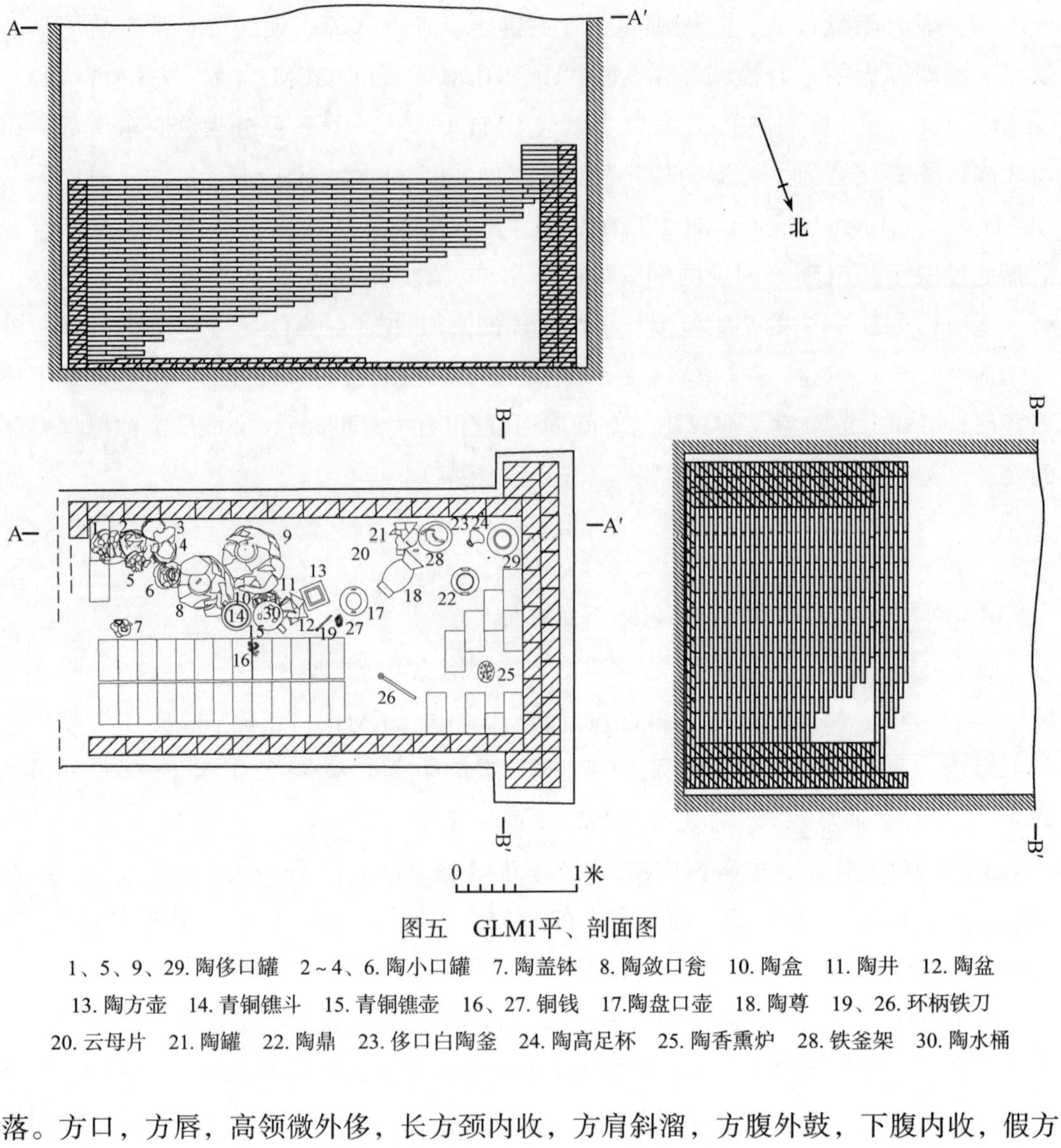

图五　GLM1平、剖面图

1、5、9、29. 陶侈口罐　2～4、6. 陶小口罐　7. 陶盖钵　8. 陶敛口瓮　10. 陶盒　11. 陶井　12. 陶盆　13. 陶方壶　14. 青铜鐎斗　15. 青铜鐎壶　16、27. 铜钱　17.陶盘口壶　18. 陶尊　19、26. 环柄铁刀　20. 云母片　21. 陶罐　22. 陶鼎　23. 侈口白陶釜　24. 陶高足杯　25. 陶香熏炉　28. 铁釜架　30. 陶水桶

落。方口，方唇，高领微外侈，长方颈内收，方肩斜溜，方腹外鼓，下腹内收，假方足外撇，平底。领下、足部各饰凹弦纹，肩部置桥形系一对。口径9.2、底径12、通宽19.2、通高30厘米（图六，7）。

陶盘口壶　1件。标本GLM1：17，泥质夹砂硬陶，胎青灰色，器身上部通施黄褐青釉。盘口微外侈，圆唇，束颈，弧壁，溜肩，鼓腹，假圈足外撇，平底。颈上部饰凸棱弦纹一圈，肩塑桥形系一对，腹饰凹弦纹四道，下腹拍印麻布方格纹，假圈足外壁饰凹弦纹两道。口径12、底径12、通宽18、通高27厘米（图六，8；图版二五，3）。

陶尊　1件。标本GLM1：18，泥质夹砂硬陶，胎黄褐色，器上部通施黄褐青釉。喇叭状敞口，尖唇，束颈微弧，溜肩，鼓腹，假圈足外撇，广平底微内凹。敞口外壁饰凹线弦纹两周，束颈上部饰凸棱弦纹三圈，肩部刮印水波纹三道，塑桥形系一对，下腹通体拍印麻布方格纹，假圈足外壁饰内凹弦纹三周。口径15.6、底径15、通宽22.2、通高31.5厘米（图六，9；图九，5；图版二五，4）。

侈口白陶釜　1件。标本GLM1：23，残损，灰白色泥质夹砂软陶。敛口，宽沿外侈，圆腹，圜底。宽沿4、口外径约30厘米，高不明（图版二七，4）。

陶高足杯　1件。标本GLM1：24，质地较硬，胎黄褐色。杯口外敞，尖唇，杯内浅弧，杯柄呈圆锥状，足如倒立喇叭形。杯外腹饰四周弦纹。口径12、底径9.8、通宽12、通高12厘米（图六，5；图版二五，8）。

陶水桶　1件。标本GLM1：30，泥质陶，胎黄褐色。口外侈，圆唇，束颈，溜肩，鼓腹，圜状底。肩、腹饰麻布方格纹。口径4.6、通宽4.6、通高5厘米（图六，6；图版二六，8左）。

陶香熏炉　1件。标本GLM1：25，泥质夹砂硬陶，胎黄褐色。博山盖，豆形炉，子母口相合。盖，口微外侈，方唇。盖上镂空三排小烟孔，盖顶饰昂首小鸟一只。炉身似盏、半球状，口微内敛，方唇。盏下托柱上小下大中空，下柱直连托盘底座中心。盏外壁饰弦纹四道。盘口唇外侈，大平底。盖内口径9.8、炉内口径9、底径12、通宽14、通高18.5厘米（图六，10；图版二六，6）。

青铜镳斗　1件。标本GLM1：14，广口，折沿，圆唇外厚边，直弧腹下收，圜底近平。腹上部一侧安装长方形銎把手一柄，下腹出蹄形足三个。口外径21.6、銎把长8.5、宽2.4、高2.1、足高5.1、通宽21.6、通高12.3厘米（图六，12；图版二八，2）。

青铜镳壶　1件。标本GLM1：15，桥形纽，弧面盖，盖口折沿微外撇。壶口直领，圆唇，圆肩，鼓腹，圜底，三蹄形足。肩部一侧安装盖、口铰链，腹中部焊接凸棱一圈，上腹部铸造鸟嘴形流一个，同步转45°，安装长方形銎把手一柄。口径8.5、銎把长8、鸟形嘴流长4.8、壶身宽16.2、通高14厘米（图六，13；图版二八，3）。

铜钱　2串。标本GLM1：16（串）、标本GLM1：27（串），汉代五铢钱，正面肉厚、有轮无郭，“五”字两股相交弯曲，上下平直，“铢”字的“金”字头似三角形，“米”字上下弧折。反面肉厚、有轮有郭。币直径2.5、穿径1厘米（图九，9；图版二八，7）。

铁支架　1件。标本GLM1：28，圆环扁铁支圈，扁铁支脚三个，脚上部与支圈相接，连接处出一圈云支勾，脚下部微外撇。圈、脚断面呈扁方形。该铁支架因锈损严重，器形、尺寸不明（图版二八，9）。

环柄铁刀　2件。标本GLM1：19，环形柄，环断面呈椭圆形，刀身狭长平直，单刃口，平脊，断面呈扁三角形。长18.2、宽1.5、环首直径3厘米（图六，15）。标本GLM1：26，环形柄，环断面呈椭圆形，刀身狭长平直，单刃口，平脊，断面呈扁三角

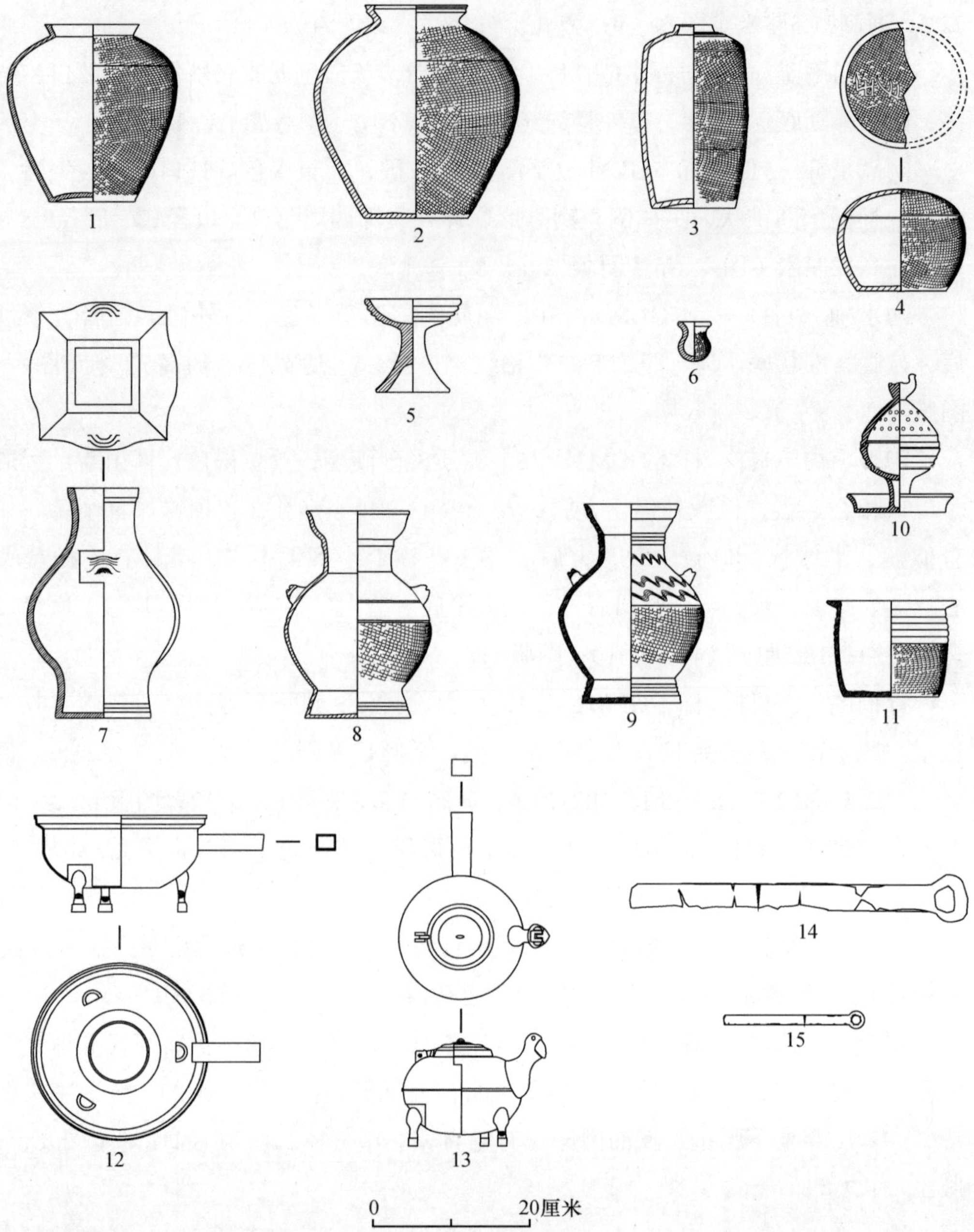

图六　GLM1出土器物

1. A型陶侈口罐（GLM1：1）　2. B型陶侈口罐（GLM1：9）　3. 陶小口罐（GLM1：2）
4. 陶盖钵（GLM1：7）　5. 陶高足杯（GLM1：24）　6. 陶水桶（GLM1：30）　7. 陶方壶（GLM1：13）
8. 陶盘口壶（GLM1：17）　9. 陶尊（GLM1：18）　10. 陶香熏炉（GLM1：25）　11. 陶井（GLM1：11）
12. 青铜鐎斗（GLM1：14）　13. 青铜鐎壶（GLM1：15）　14、15. 环柄铁刀（GLM1：26、GLM1：19）

形。环首直径6、长45、宽3厘米（图六，14；图版二八，10）。

云母片　2片。标本GLM1：20，云母质地，较软易碎，银白色，质量轻。长方形片状。每片大致长6、宽3、厚0.05厘米（图版二七，3）。

未修复残件　5件。分别为陶敛口瓮（GLM1：8）、陶盒（GLM1：10）、陶盆（GLM1：12）（图九，3）、陶罐（GLM1：21）、陶鼎（GLM1：22）。

四、GLM2

（一）位置及形制

GLM2位于龙祖山古墓群东南部，2013年6月鼓峰村生产建设取土范围南部。南距GLM6约5、东距GLM1约7、东北距GLM3约13米。墓上封土堆无存。墓葬由墓坑和砖室组成，墓向95°。墓坑开口于表土层下，打破网纹黄土层，土坑呈长立方体，长5.3、宽2.42、坑口至坑底深3.34米。坑壁加工光滑垂直，坑底水平。砖室建于坑内，由前堂和后室组成，平面结构呈“凸”字形，通长5.1、通宽2.32米。前堂宽于墓室，平面呈正方形，堂内长1.9、宽1.92米，建造采用长30、宽20、厚6.5厘米长侧面模印菱格纹砖和部分素面砖错缝平砌，模印菱格纹均朝堂内。堂南北两墙为两侧边墙，该墙距底高1.24米处采用楔形砖起券建造券顶。堂东部为前门，门洞高2.04米，门洞内采用墓砖砌墙封门，该封门墙两端内角为了加固墙体使之不易内斜，另采用墓砖增砌砖墩，高1.24米，与起券高度一致。堂地面采用墓砖横向错缝平铺，地面总体低于墓室约0.05米。堂西部无墙，敞露，与墓室相通。堂券顶高于墓室券顶，并向墓室券顶覆盖0.3米。堂内填土分2层，第1层为水渗土，厚约0.9米，遍布整个堂室，水平堆积，土色灰黄，结构细密较紧，土中夹杂少量树根；第2层同为水渗土，厚约0.4米，遍布整个堂室，水平堆积，土色黄褐，结构细密较紧，该层土中部至封门墙一线摆放随葬品17件。墓室平面呈长方形，室内未见分间，内长2.8、宽1.52、高1.8米。墙体采用长30、宽20、厚6.5厘米长侧面模印菱格纹砖错缝平砌，砖纹均朝墓内。墓室南北两墙为长墙，该墙距墓底1.14米高处，采用一种长30、宽20、薄边3.5、厚边6.5厘米的楔形砖起券建造券顶，券顶内高1.8米。墓室西端为后门，采用墓砖封闭。墓室东门无墙，与前堂相通。墓室中西部券顶上发现一不规则盗洞（图版二四，1），直径约1米，从该洞口涌入大量结构散乱的网纹黄土填满墓室中西部，厚约0.5米，土中夹杂大量破碎楔形砖块和植物根系。该扰乱土下为一层水渗土，厚0.8米，遍布整个墓室，土色灰黄，结构细密较紧，土中夹杂少量树根。盗洞附近土中夹有少量的楔形砖碎块。这层水渗土下为另一层黄褐色黏土，质地细密较紧，厚约0.4米，呈水平堆积，土中夹杂部分破碎青砖块和少量树根，该层土西部封门墙一线出土随葬品8件。该墓棺椁、尸骨无存，随葬品分布也较为混乱。如墓室西部封门墙一线，出土的陶器盖均未见器身，摆放无规律，亦仰亦俯。墓堂中东部出土的陶鼎、陶侈口罐、陶盆、陶灯、陶水盂、陶粮仓、陶灶、陶井、陶水桶、铜钱、环柄铁刀、铁斧等摆放得东倒西歪，显得非常零乱，器物组合中不见青铜器。此种种迹象表明，该墓曾被盗扰。另外，该墓葬的墓堂宽于墓室，这在衡阳市及其周边区域砖室墓葬中尚属首次发现，是一款新的砖室结构（图七、图八）。

（二）出土器物

共27件，有陶器、铜器、铁器、杂器等（图九）。

陶水盂　1件。标本GLM2：1，泥质夹砂硬陶，胎青灰色。侈口，尖唇，矮领，束颈，溜肩，腹折下收，广平底。肩饰弦纹三道。口径11.4、底径9、通宽14.4、通高6.6厘米（图八，3；图版二五，5）。

陶灶　2件。标本GLM2：2，夹砂硬陶，胎黄褐色。外形似圆包状，上部灶口圆形，肩圆鼓，下腹弧收，侧面火塘口呈方形，底广平。肩、腹饰麻布绳纹和方格纹。灶口直径9厘米，火塘口高3.3、宽4.5厘米，通宽14、通高8.4厘米。标本GLM2：8，夹砂硬陶，胎黄褐色。外形似馒头状，一端圆弧，另一端方平。方平立面出火塘口，口呈方形。灶顶出灶口，圆形。灶肩圆鼓，下腹略弧收，灶底广平。灶口外饰弦纹一周，肩、腹饰方格纹。灶口直径11厘米，火塘口高3.3、宽4.5厘米，通长18、通宽14、通高7厘米（图八，10、11；图版二六，2）。

陶盆　1件。标本GLM2：6，泥质陶，胎黄褐色。广口，平沿，方唇，颈微束，溜肩，折腹，下腹斜直渐收，大平底。沿面饰弦纹两圈，肩、腹饰凹凸相间弦纹两周，下腹饰粗麻布方格纹。口径24、底径12、通宽24、通高8.6厘米（图八，4；图版二五，6）。

陶粮仓　2件。标本GLM2：7，夹砂陶，质地较硬，胎黄褐色。圆筒状。直口，平沿，中腹微鼓，广平底。仓腹上模印凸纹梯子三步，器外周身饰麻布方格纹。口径16.8、底径16.9厘米，梯长12、宽4.5厘米，通宽22、通高18厘米（图八，6；图版二六，4）。标本GLM2：3，稍残。口径16.8、底径16.9厘米，梯长14.5、宽6厘米，通宽22、通高19.2厘米（图八，7；图九，4；图版二六，3）。

陶器盖　10件。完整者7件，根据器盖面形态分三型。

A型　1件。圆锥形盖面。标本GLM2：10，泥质夹砂硬陶，胎黄褐色。盖顶饰扁

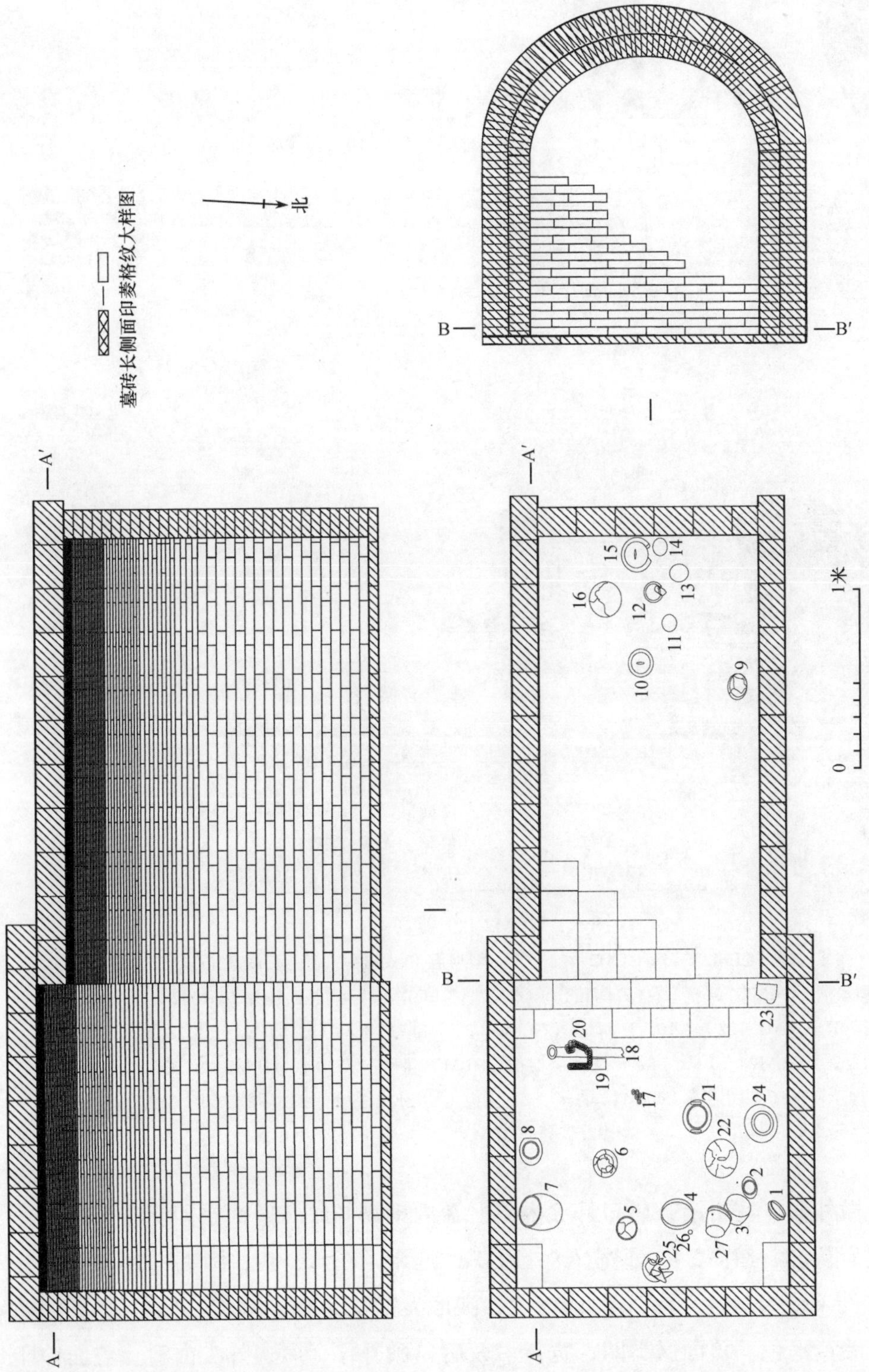

图七 GLM2平、剖面图

1. 陶水盂 2、8. 陶灶 3、7. 陶粮仓 4、5、9～16. 陶器盖 6. 陶盆 17、20. 铜钱 18. 环柄铁刀 19. 黛板 21. 陶鼎 22. 陶灯 23. 铁斧 24、25. 陶侈口罐 26. 陶水桶 27. 陶井

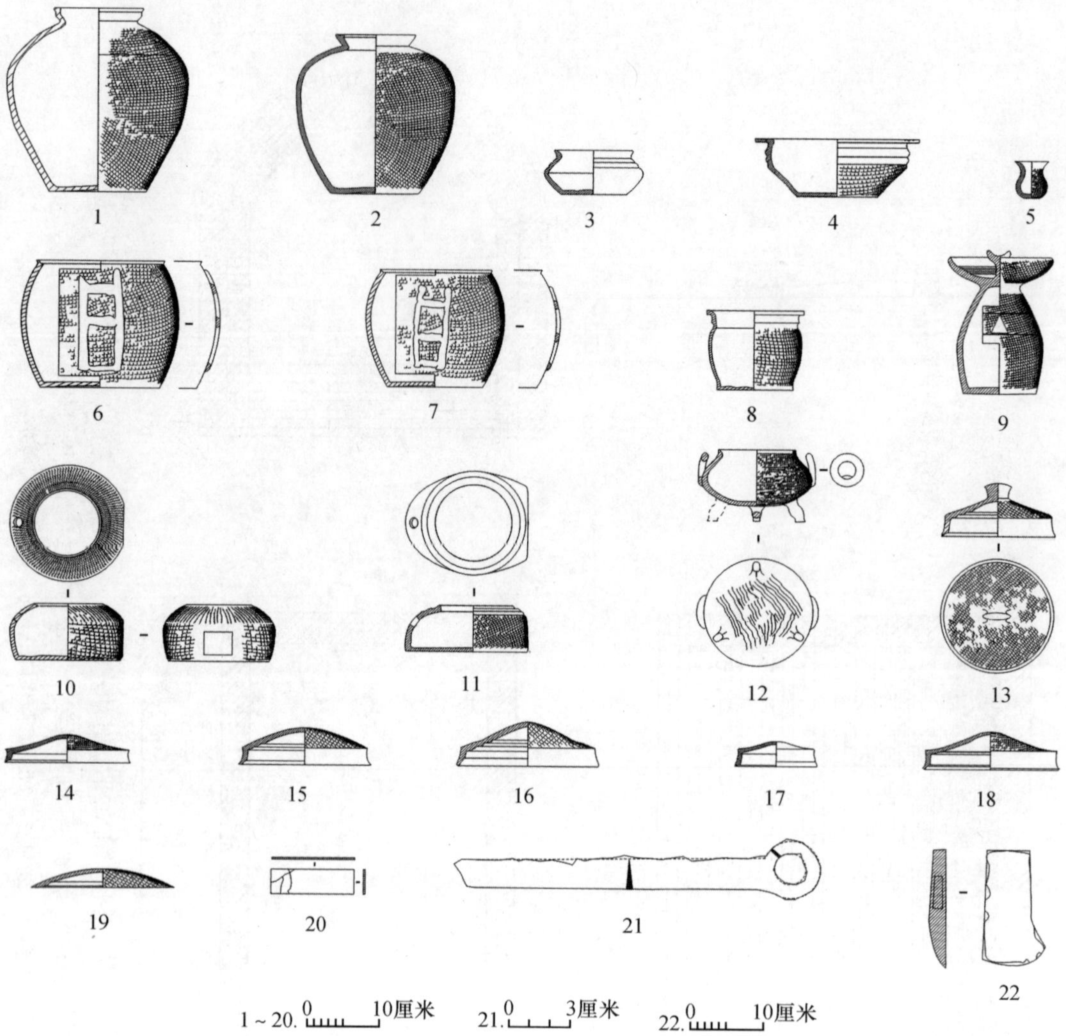

图八　GLM2出土器物

1、2. 陶侈口罐（GLM2：25、GLM2：24） 3. 陶水盂（GLM2：1） 4. 陶盆（GLM2：6） 5. 陶水桶（GLM2：26） 6、7. 陶粮仓（GLM2：7、GLM2：3） 8. 陶井（GLM2：27） 9. 陶灯（GLM2：22） 10、11. 陶灶（GLM2：2、GLM2：8） 12. 陶鼎（GLM2：21） 13. A型陶器盖（GLM2：10） 14～18. B型陶器盖（GLM2：4、GLM2：5、GLM2：9、GLM2：13、GLM2：14） 19. C型陶器盖（GLM2：11） 20. 黛板（GLM2：19） 21. 环柄铁刀（GLM2：18） 22. 铁斧（GLM2：23）

冠手纽，口微外侈，宽折沿，唇口外尖内斜。盖内刻划弦纹，盖面拍印麻布方格纹。口径16.8、折沿高3、纽高2.4、通宽16.8、通高8.2厘米（图八，13；图版二七，1）。

B型　5件（图八，14～18；图九，8）。圆形尖锥状盖面。标本GLM2：13，泥质夹砂硬陶，胎黄褐色。盖面微下凹，宽折沿，唇口微外侈，唇边外尖内斜。盖面拍印粗麻布方格纹。器口通宽20、通高4.5、折沿高3厘米（图八，17；图版二七，2）。

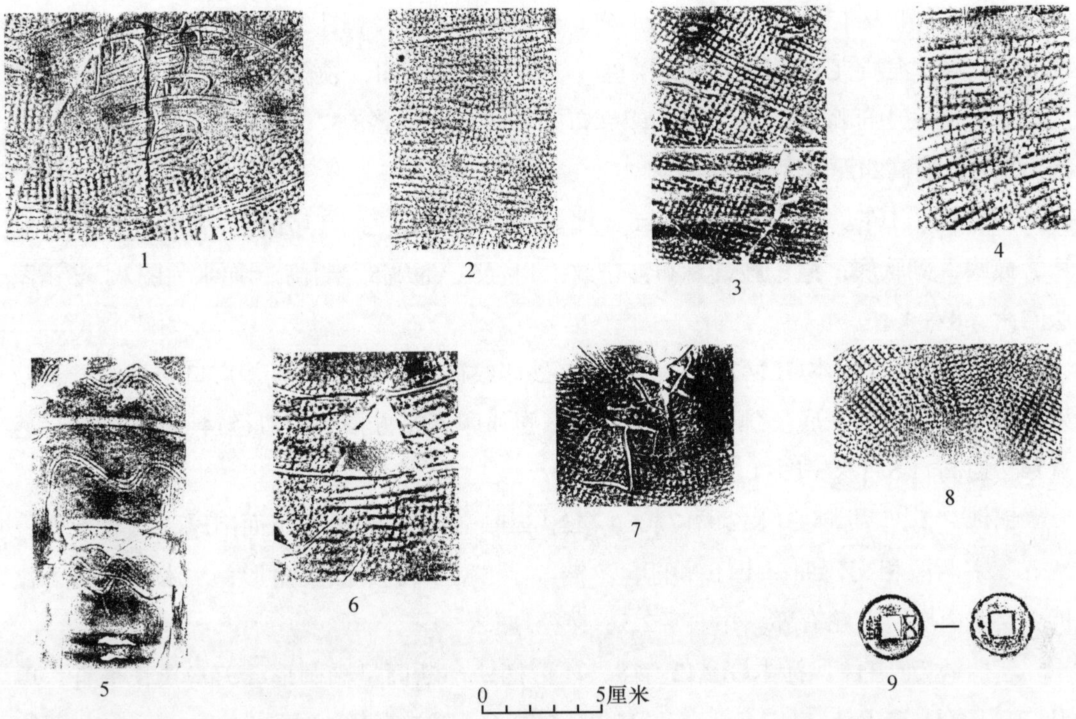

图九　器物纹饰拓片图

1. 陶侈口罐肩部字与纹饰（GLM2：25） 2. 陶小口罐腹部方格纹（GLM1：2） 3. 陶盆腹部方格纹（GLM1：12） 4. 陶粮仓腹部方格纹（GLM2：3） 5. 陶尊肩部水波纹（GLM1：18） 6. 陶灯座腹部方格纹（GLM2：22） 7. 陶盖钵顶部方格纹（GLM1：7） 8. 陶器盖顶部方格纹（GLM2：14） 9. 铜钱正反面（GLM1：16）

C型　4件，其中残缺者3件。圆弧状盖面标本。标本GLM2：11，泥质夹砂陶，胎黄褐色。盖唇外尖内斜。盖面通拍麻布方格纹。口径宽21、通高3厘米（图八，19）。

陶鼎　1件。标本GLM2：21，器上部胎青灰色，下部胎黄褐色。广口，尖唇，直领，肩弧溜，腹圆鼓，圜状底，腹部对称竖接圆环形双耳，底出圆柱状三足，足底外撇。肩、腹饰麻布方格纹，底饰刮印纹。口径12、足高2.4、通宽18、通高10.8厘米（图八，12；图版二六，1）。

陶灯　1件。标本GLM2：22，夹砂硬陶。由盏盘、灯座相接而成。盏盘侈口，尖唇，浅弧腹，盏内底圜状，底中竖圆柱构件，柱上饰简化鸟。灯座呈圆锥形，上口连盏底，中腹略鼓，下腹微收，大平底。腹中部饰弦纹两周，两弦纹间对穿等腰三角形孔一对。盏内壁饰弦纹五周，盏外壁及灯座周身饰麻布方格纹。盏盘口径16.5、座径10.6、座高16.4、通宽16.5、通高21.6厘米（图八，9；图九，6；图版二六，5）。

陶侈口罐　2件。标本GLM2：25，泥质夹砂印纹硬陶，胎黄褐色。侈口，方唇，折领，弧溜肩，腹弧下收，平底。肩、腹拍印麻布方格纹，肩部饰凹弦纹一周。罐内口径10.2、外口径13、底径13.2、通宽26.5、通高28厘米（图八，1；图九，1）。标本GLM2：24，泥质夹砂硬陶，胎黄褐色。侈口，平唇内凹，领微弧，束颈，圆丰肩，弧腹下收，平底中部微凹。肩、腹拍印麻布方格纹。内口径8.5、外口径11.4、底径13.2、通宽23.6、通高24厘米（图八，2）。

陶水桶　1件。标本GLM2：26，泥质陶，胎黄褐色。口外侈，尖唇，束颈，溜肩，鼓腹，圜状底。肩、腹饰麻布方格纹。口径5、通宽5、通高5.4厘米（图八，5；图版二六，8右）。

陶井　1件。标本GLM2：27，泥质夹砂印纹硬陶，胎黄褐色。广口，平沿，颈微束，腹弧下收，大平底。颈饰凸棱纹一周，腹通印麻布方格纹。口径14、底径12.4、通宽14、通高11.5厘米（图八，8）。

铜钱　2串。标本GLM2：17、GLM2：20，汉代五铢钱。正面肉厚、有轮无郭，“五”字两股相交弯曲，上下平直，“铢”字“金”字头似三角形，“米”字上下弧折。反面肉厚、有轮有郭。币直径2.5、穿径1厘米。

环柄铁刀　1件。标本GLM2：18，环形柄，环断面呈椭圆形，刀身狭长平直，单刃口，平脊，断面呈扁三角形。长17.9、宽1.4、环首直径2.8厘米（图八，21；图版二八，11）。

铁斧　1件。标本GLM2：23，长方形，单弧刃口，刃部宽于腰身，腰部扁，侧面穿方孔一个。长16、宽8、厚2.4厘米。方孔因锈蚀尺寸不明（图八，22；图版二八，8）。

黛板　1件。标本GLM2：19，长方形薄片状，加工规整，正面打磨光滑，反面光滑度略差。黑灰色，沉积岩质地。通长12、通宽4、厚0.3厘米（图八，20；图版二七，5）。

五、墓葬年代

本次发掘的GLM1、GLM2、GLM5虽未发现明确的年代纪年，但从各墓的形制和随葬品的形态及其组合规律，即可推断出墓葬的相对年代。

GLM5　土坑竖穴墓。墓坑长3.2、宽1.8米，比例为1：1.8，与湖南中、小型楚墓比例基本相近；与周世荣《湖南古墓与古窑址》中衡公战国墓三期[1]、《江汉考古》2005年第4期《湖南衡阳县赤石天门山西汉墓发掘简报》[2]所述汉墓初期形制十分相似。墓内出土的青铜戈，其长援、方内两外端上扬，形成微小夹角，这一特征与衡公战国墓三期[3]Ⅰ、Ⅲ型青铜戈基本相同；与战国戈形“雄鸡长鸣”之状基本相印。墓内另出土的三棱形青铜箭镞、圆杆形弋射青铜箭镞，两者均表现出战国兵器特征，特别是弋射青铜箭镞，为战国时期广泛使用的圆杆形弋射箭镞。据此，推断该墓年代上限当在战国晚期，下限应为西汉早期。

GLM1 单室砖墓。四壁垂直，墓室长宽比为1∶1.77，其形制类似于汉代小型椁厢，这与《湖南衡东新芙汉墓发掘报告》[4]中所述“拟椁式”如出一辙。墓室中棺床的侧偏摆放，这一葬式与周世荣《湖南古墓与古窑址》[5]中载述的衡阳市及其周边区域西汉晚期墓侧偏摆放棺木形式相同。墓内出土的五铢钱，其“五”字交笔弯曲，“金”字头较大，四点也较长，“朱”字中间直笔两头较细等特征，与《古钱小辞典》[6]所介绍的东汉早期五铢钱相近。从墓内大宗陶器组合来看，墓中未见战国至西汉初期的以鼎、尊、觚、缶、敦为代表的陶礼器组合，也未见东汉时期新出现的以仓、灶、井、畜圈为代表的陶模型明器组合，而仅见以鼎、釜、甑、盆、罐、钫、壶、高足杯为主的日用陶器组合。观其组配与《湖南衡东新芙汉墓发掘报告》[7]《衡阳市西外环“元和三年”东汉墓》[8]《湖南郴州清理一座新莽时期墓葬》[9]中所载述的东汉早期小型砖室墓陶器组合大致相同。此外，GLM1的青铜器和铁器在用量比上，也与陈颢《战国、西汉、东汉青铜器的发展》[10]一文中所述“青铜器到东汉初期，由于瓷器、铁器的较大发展，导致青铜器的使用逐步退居次位”这一学术观点相同。GLM1归纳上述诸多东汉初期元素，推断该墓属东汉早期砖室墓。

GLM2 该墓葬为前堂后室券顶砖室结构，与《湖南省衡阳市凤凰山汉墓发掘简报》[11]《湖南耒阳市东汉墓发掘报告》[12]《湖南省衡阳市兴隆村两座东汉砖室墓》[13]中所述形制结构基本一致。其墓内所出土的27件随葬品，据器物功能和形态可分两组。一组为陶鼎、陶侈口罐、陶盆、陶灯、陶水盂等日用器组合；另一组为陶粮仓、陶灶、陶井、陶水桶等模型明器组合。这样的组配与1978年资兴M31[14]日用陶器壶、罐、釜、盘、灯及陶模型明器仓、灶、井、兽圈、禽寮、犬、马、猪的组合，衡阳茶山坳M26[15]日用陶器罐、坛、釜、钵、碗及陶模型明器仓、灶、井、兽圈、禽寮的组合，三者从整体组配格式看基本一致。但是GLM2模型明器在制作工艺上，与前两者比对，造型较为简洁，如陶粮仓与《湖南耒阳市东汉墓发掘报告》[16]《湖南省衡阳市兴隆村两座东汉砖室墓》[17]中所出土的同类型器比对，工艺明显简洁。而这种简洁，与东汉时期陶模型明器由简至繁的器形变化是一致的，因此，这个“简”最晚将GLM2推到了东汉中期。另外，GLM2金属器中只见铁器、未见青铜器出土，这种现象在衡阳及周边地区东汉中期墓葬中较为常见：1978年资兴发掘的107座东汉墓[18]，出土铁器428件；1988年南岳荆田村发掘8座东汉墓[19]，出土铁器20件；周世荣《湖南古墓与古窑址》[20]列1953年衡公M4东汉墓中出土铁器10件。这些铁器数量表明，东汉中期铁器已取代铜器。再如GLM2中的铁斧，其形一端方正厚重，一端刃口薄宽，这种造型与现代开山斧的形状相差无几。由此可见GLM2的铁器已发展到较为成熟的阶段，从而佐证了该墓应处在东汉中期。总结上述GLM2种种东汉墓葬信息，推断该墓在东汉中期。

这次清理的GLM1、GLM2、GLM5，反映了战国晚期至两汉时期三个不同时段的葬式，随葬品中金属器组合的变化再现了青铜时代的结尾和铁器应用的兴起。特别是这批墓葬所处位置与西汉承阳县故城、东汉钟武县故城毗邻，时代关系也与之相印，由此，这批墓葬是研究上述两县乃至湘南地区汉代发展变化不可多得的实物资料。

附记：本次发掘，衡阳县文物局负责人有李桂芝、刘斌，参加发掘的有秦光政、喻谦、刘海军、董聪、曾峡、汪强，线图、照片由秦光政绘制、拍摄，刘素娟做资料整理工作。

执笔：秦光政

注　释

[1] 周世荣：《湖南古墓与古窑址》，岳麓书社，2004年。

[2] 衡阳市博物馆：《湖南衡阳县赤石天门山西汉墓发掘简报》，《江汉考古》2005年第4期。

[3] 周世荣：《湖南古墓与古窑址》，岳麓书社，2004年。

[4] 衡东县文物局：《湖南衡东新芙汉墓发掘报告》，《湖南考古辑刊》（第8集），岳麓书社，2009年。

[5] 周世荣：《湖南古墓与古窑址》，岳麓书社，2004年。

[6] 朱活：《古钱小辞典》，文物出版社，1995年。

[7] 衡东县文物局：《湖南衡东新芙汉墓发掘报告》，《湖南考古辑刊》（第8集），岳麓书社，2009年。

[8] 衡阳市文物处：《衡阳市西外环“元和三年”东汉墓》，2004年内部资料。

[9] 龙福廷：《湖南郴州清理一座新莽时期墓葬》，《考古》1978年第4期。

[10] 陈颢：《战国、西汉、东汉青铜器的发展》，百度文库，由chen3899881上传于2012年10月2日，https://wenku.baidu.com/view/2924b1dd50e2524de5187e44.html。

[11] 衡阳市文物工作队：《湖南省衡阳市凤凰山汉墓发掘简报》，《考古》1993年第3期。

[12] 衡阳市博物馆：《湖南耒阳市东汉墓发掘报告》，《考古学集刊》（第13集），中国大百科全书出版社，2000年。

[13] 衡阳市文物工作队：《湖南省衡阳市兴隆村两座东汉砖室墓》，《考古》1992年第5期。

[14] 湖南省博物馆：《湖南资兴东汉墓》，《考古学报》1984年第1期。

[15] 衡阳市博物馆：《湖南衡阳茶山坳东汉至南朝墓的发掘》，《考古》1986年第12期。

[16] 衡阳市博物馆：《湖南耒阳市东汉墓发掘报告》，《考古学集刊》（第13集），中国大百科全书出版社，2000年。

[17] 衡阳市文物工作队：《湖南省衡阳市兴隆村两座东汉砖室墓》，《考古》1992年第5期。

[18] 湖南省博物馆：《湖南资兴东汉墓》，《考古学报》1984年第1期。

[19] 衡阳市文物工作队：《湖南衡阳荆田村发现东汉墓》，《考古》1991年第10期。

[20] 周世荣：《湖南古墓与古窑址》，岳麓书社，2004年。

The Excavation of the Tombs of Warring States and Han Dynasty at Longzushan in Hengyang, Hunan

Cultural Relics Bureau of Hengyang County

Abstract: In June of 2013, the Longzushan Tombs, a county-level cultural relics protection unit in Hengyang County, was damaged by production and construction. Cultural Relics Bureau of Hengyang County was immediately entrusted by provincial and municipal cultural relics authorities to take rescue excavation. Seven incomplete tombs were found, of which the relative intact GLM5 is a vertical earth pit tomb of Warring states, and the GLM1 and GLM2 are two brick tombs of Eastern Han dynasty. The shape and structure as well as the funerary objects of the three tombs provide new materials for the study of the funeral systems and customs of Warring states and the Eastern Han dynasty in Hengyang and its surrounding areas.

Keywords: Warring States; Eastern Han Dynasty; Earth Pit Tomb; Brick Tomb; Hengyang County

湖南蓝山赤蓝桥东汉墓考古发掘简报

湖南省文物考古研究所
蓝山县文物管理所

［摘　要］　M1是因蓝山县赤蓝桥村民建房发现并抢救发掘的一座砖室墓，墓葬出土随葬器物较丰富，且有“永元四年”纪年铭文砖。其墓葬结构、形制和出土器物均具有独特的地方风格，为研究五里坪古墓群东汉时期墓葬年代和类型学的分析提供了重要参考资料，对深入认识东汉时期湘南地区的丧葬习俗、文化面貌具有重要价值。

［关键词］　湖南蓝山；赤蓝桥；砖室墓；东汉

2016年9月13日，永州市蓝山县赤蓝桥村民挖宅基地时发现一座砖室墓。9月14日，湖南省文物考古研究所蓝山五里坪考古队与蓝山县文体广电新闻出版局的领导前去现场察看，发现墓室顶部已经遭到破坏，考古队随即采取保护措施并对墓葬进行了抢救性发掘。9月17日清理工作结束，砖室墓基本保存完整，编号为2016YLCM1（以下均简称M1）。现将其发掘清理情况简报如下。

一、位　　置

M1位于蓝山县城区中部偏东北，西面距塔峰镇政府约500米，东北与五里坪古墓群相距约2.5千米，与南平古城相距约1.5千米，东南800米有舜水河（图一）。

五里坪古墓群位于永州市蓝山县城东北，距县城约1.5千米。墓群南面不足1千米处有汉南平城故址，长沙马王堆三号墓出土帛画地图上对此城曾有标注。墓群所在区域为南岭北麓一山间谷地，东、南、西三面被九嶷山山脉及其余脉围绕，北面则为低缓的丘陵地貌，源于南岭的舜水河由西南向东北从谷地间流过。墓葬集中分布于方圆约6平方千米的区域内，其范围大致为南至城腹村，北过五里村，东至舜水河东岸，西至和平圩村，是一处以汉晋时期墓葬为主、规模较大的古墓群。2012～2017年，湖南省文物考古研究所前后两次对该墓群进行过大规模的抢救性发掘，累计发掘清理汉至宋

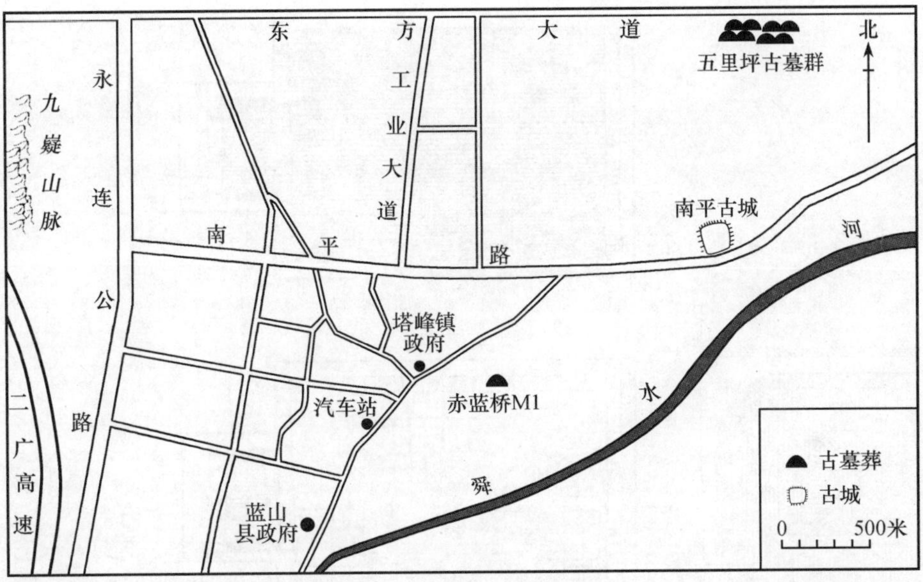

图一 M1位置示意图

元时期墓葬405座，清理古窑址9座。

在M1周边村民菜地也发现有少量封土堆，从所处位置来看，其应是五里坪古墓群的一部分。

二、墓葬形制

M1为单室砖墓，平面基本呈“凸”字形，由墓道、封门、甬道和墓室组成，封土堆应在早年村民建房时被毁。由于墓道延伸至其他村民庭院下无法发掘，故只对甬道和墓室进行了发掘清理，清理范围长4.02、宽1.2～2.5、残深2.02～2.12米，墓道方向142°（图二；图版二九）。

M1营建时直接在生土中按砖室墓“凸”字形状，先挖出近似的土圹，在距土圹壁10～18厘米的内侧用条形砖和楔形砖砌筑墓室、甬道墙壁、顶部及地面，墙壁与土圹之间缝隙用土填实。墙壁基本为单层顺砖错缝平砌而成。

墓道　仅从清理部分来看，墓道较长，应为长方形斜坡式，朝向东南。

封门　甬道与墓道隔封门相连。封门用单层砖错缝平砌而成，上宽下窄略呈倒梯形，封门砖上部长1.14、宽0.14米，高出甬道顶部0.6米。

甬道　甬道平面呈长方形，高于墓室，长0.54、宽0.97、深0.5～1.24米。

甬道两壁用单砖错缝平砌，在0.5米处开始起券，券顶用楔形砖错缝砌成单层拱券

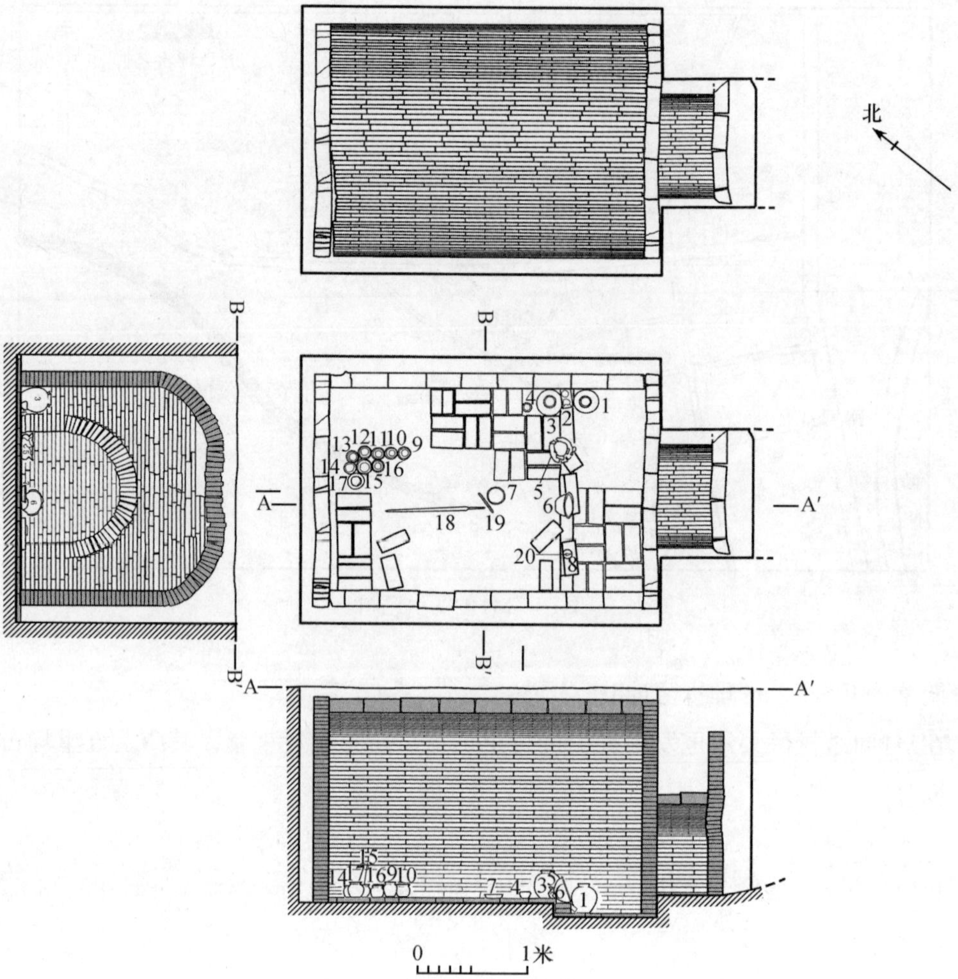

图二　M1平、剖面图

1、3、9～17. 陶罐　2. 陶灶　4. 陶钵　5. 陶釜　6. 陶盆　7. 铜钵　8. 铜镜　18. 铁剑　19、20. 铁器

形，现券顶因挤压已变形。地面用单层砖平铺，为两排整砖横、竖错缝交错排列，略呈席纹。

墓室　平面呈长方形，单室券顶，墓室长3.22、宽2.18、深2.02米。四壁用单砖错缝平砌而成，在1.4米处开始起券，券顶用条形砖和楔形砖成排交错错缝垒砌成单层拱券形，现券顶因挤压而变得扁平，四壁转角连接处为直缝，不见用砖拉结，各壁均为单独垒砌。墓壁与甬道直壁相连的转角处，用墓砖错开拉结。墓室底部用单层砖平铺，为两排整砖横、竖错缝交错排列。墓底南侧底砖上4块条形砖，2块一组分开摆放，间距1.2米，且该范围内不见随葬陶器等，应是放置棺椁所置垫砖。另在近凹槽的2块垫砖间清理出随葬铜镜1面（图二），据此推测墓主头向可能与墓道朝向一致。墓底近甬道处有一长方形凹槽，长0.66、宽1.92、深0.2米。凹槽底部铺设方式与墓室底部铺设方式相同，其内放置有随葬器物。依据形制和出土器物位置来看，可能用于排水或用于放置器物。

三、墓葬填土及建筑材料

（一）填土

封土堆已被毁，填土不明。墓室、甬道上面残存填土为红褐色黏土，质地较硬，夹杂少量黄色小砂粒，不见有夯层。墓室、甬道内部填土为灰褐色黏土，质地细腻且松软，为淤积土，厚0.5～0.7米。由于墓葬埋葬于酸性较强的红壤中，以致墓室内棺椁、人骨均腐朽无存，葬式不明。

（二）建筑材料

砖墓建筑材料基本使用青灰色砖，模制。砖质细密，但易碎，烧制火候不高。墓砖大多残断，仅提取几块完整砖。墓砖有条形砖和楔形砖两种，以条形砖为主。楔形砖主要用于垒砌甬道、墓室顶部。

墓砖尺寸大小不一，条形砖主要有三种规格，尺寸（长×宽×厚）分别为32厘米×12厘米×5.2厘米、34厘米×14厘米×6厘米、34厘米×12厘米×6厘米，楔形砖有两种规格，一种长32、宽12、厚4～6厘米，另一种长33、宽12、厚4～5厘米。墓砖基本上为一侧模印纹饰，基本上由几何线条组成（图三，1～4；图版三一，9～12）。组合纹饰以直线为主，弧线为辅，多呈对称分布（图三，1、2、4；图版三一，9、10），少数纹饰整体呈不对称分布（图三，3；图版三一，11、12）。

另墓砖中发现2块纪年铭文砖，均有一定的破损，字体残缺不全。字迹较模糊，但仍可辨认，模印阳文，反写，字体有汉隶风格。两砖字体大小略有差异，应是用不同砖模所致。其中一砖铭文四字，字体略小，应为“永元四年”（图四，1；图版三一，7），其中“永”“年”两字残损不全。另一砖有两字，字体稍大且基本完整，经辨认应为“永元”（图四，2；图版三一，8）。

四、随葬器物

M1保存完整，共出土随葬器物20件，以陶器为主，还有铜器、铁器。器物主要放置于墓室底部东侧、北侧及中部，即分散在棺椁外围，无明显分布规律。

图三 墓砖纹饰

1、2、4. 对称纹饰 3. 不对称纹饰

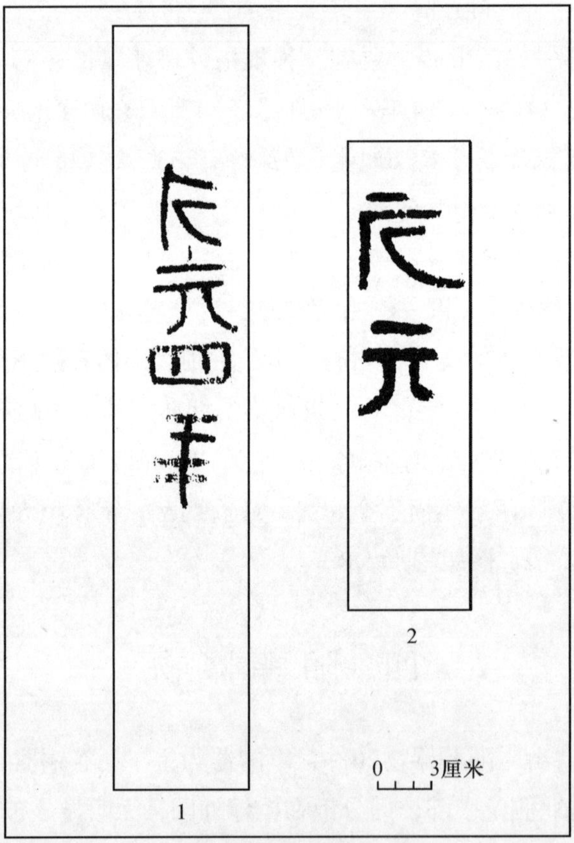

图四 纪年铭文砖

1. 永元四年 2. 永元

（一）陶器

共15件，包括罐、釜、盆、钵、灶。

罐 11件。根据器体大小的不同，可进一步分为甲、乙两小类。

甲类罐器体较大，依据口沿、肩部、腹部和底部的不同，又可以分二型。

A型 1件。侈口，溜肩，圆鼓腹，平底微凹。口内有凹弦纹。标本M1∶1，器体较大，基本完整，仅口沿微残，腹内侧凹凸不平，似有泥条盘筑的捏痕。夹砂红褐陶，质地坚硬。方唇中有凹槽，束颈。口沿内有四圈凹弦纹，腹中上部有拍印的间断粗方格纹。口径12.2、最大腹径24、底径12、高26厘米（图五，1；图版三〇，1）。

B型 1件。盘口微侈，鼓肩，长鼓腹，平底。标本M1∶3，器体较大，完整，腹内侧凹凸不平，似有泥条盘筑的捏痕。夹砂红褐陶，质地坚硬。轮制。方唇微凹，束颈。腹中上部有拍印的间断粗方格纹，腹下部有两条间断凹弦纹。口径12.5、最大腹径20.8、底径12.8、高25.6厘米（图五，2；图版三〇，2）。

乙类罐器体较小。根据口沿、肩部和腹部的不同，又可以分四型。

A型 2件。侈口，方唇中有凹槽，鼓肩，扁鼓腹，最大径位于肩部。口内有凹弦纹。标本M1∶14，基本完整，器形不规整。夹砂灰褐陶，质地坚硬。轮制。唇外侧有一处凸起且外撇，束颈，平底。口沿外侧素面，内侧有六圈凸弦纹，腹中下部有间断的拍印粗方格纹，纹饰较深。口径11、最大径12.4、底径7、高10.2厘米（图五，3；图版三〇，9）。标本M1∶16，完整。夹砂灰褐陶，质地坚硬。轮制。束颈，鼓腹略扁，平底。口沿外壁素面，内壁有五圈凸弦纹，肩、腹均有间断的拍印粗方格纹，纹饰较深，腹下部有一圈细凹弦纹，腹底为素面。口径10.6、最大径13.2、底径9.6、高11.5厘米（图五，4；图版三〇，10）。

B型 2件。方唇中有凹槽，盘口微侈，鼓肩，鼓腹微扁，最大径位于肩部。标本M1∶13，完整，器形不规整，器壁厚薄不均。夹砂灰褐陶，质地坚硬。口沿外素面，腹部有拍印的间断粗方格纹，纹饰较浅。口径11、最大径12.8、底径8.6、高11.5厘米（图五，10；图版三〇，6）。标本M1∶15，完整，腹内壁凹凸不平，似有泥条盘筑的捏痕。夹砂灰褐陶，质地坚硬。轮制。口沿、颈部、腹部均饰有拍印的间断粗方格纹，纹饰深浅不一，腹中部有一条不规则划痕，下腹底有一圈轮制修痕。口径10.8、最大径14.6、底径9、高14.6厘米（图五，7；图版三〇，4）。

C型 3件。侈口，方唇中有凹槽，溜肩，长鼓腹，最大径位于腹中部偏上。标本M1∶9，完整，器形不规整，器壁厚薄不均。夹砂灰褐陶，质地坚硬。通体有间断的拍印粗方格纹，纹饰较浅，腹上部有两圈凹弦纹。口径11.4、最大径12、底径9、

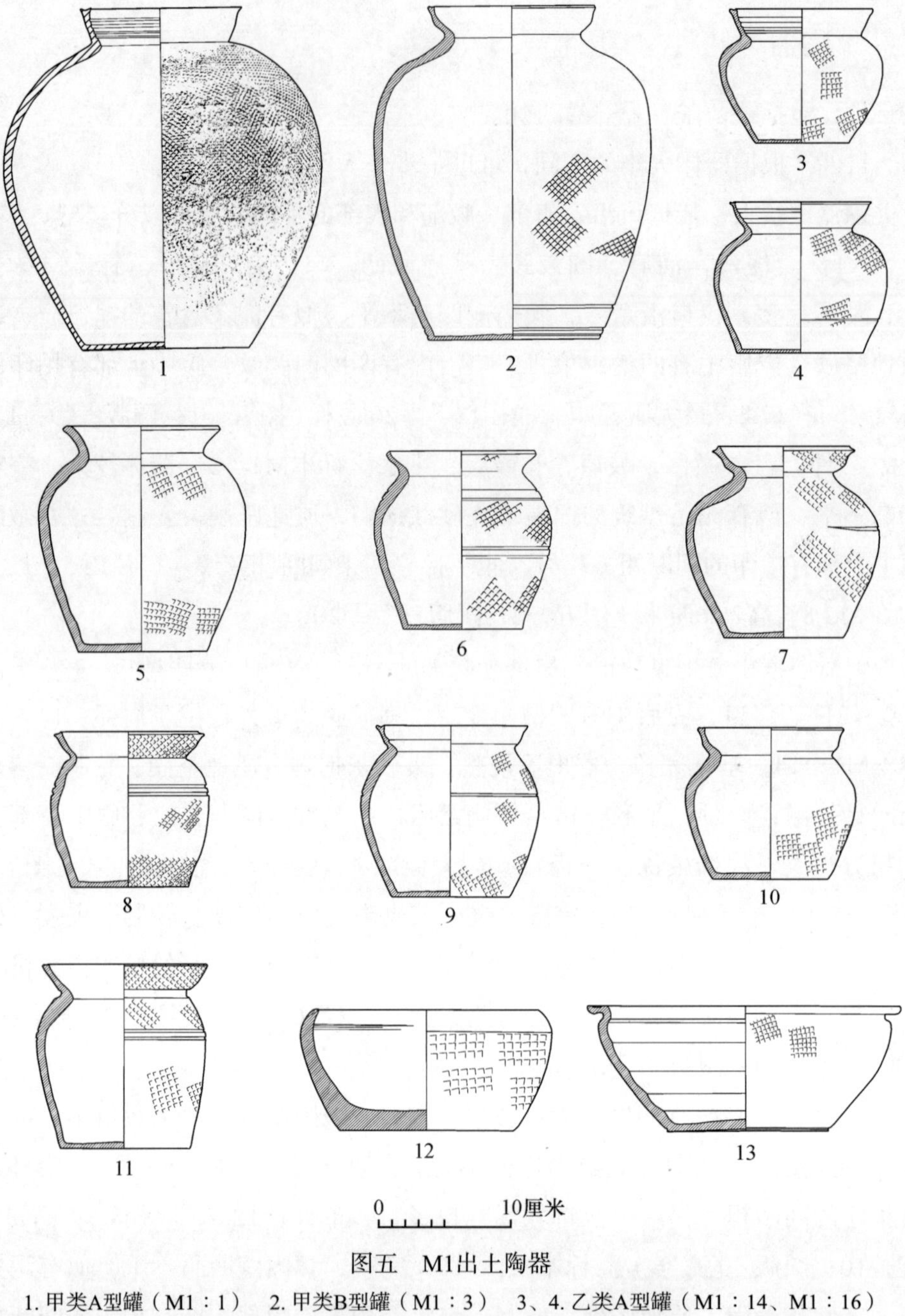

图五 M1出土陶器

1. 甲类A型罐（M1：1） 2. 甲类B型罐（M1：3） 3、4. 乙类A型罐（M1：14、M1：16）
5、6. 乙类D型罐（M1：17、M1：10） 7、10. 乙类B型罐（M1：15、M1：13）
8、9、11. 乙类C型罐（M1：9、M1：11、M1：12） 12. 钵（M1：4） 13. 盆（M1：6）

高11.8厘米（图五，8；图版三一，1）。标本M1：11，完整，器形规整，器壁厚薄不均。夹砂灰褐陶，质地坚硬。腹上部有一圈宽凹弦纹，腹身有拍印的间断细方格纹，纹饰较浅。腹内外壁有黑色斑点。口径11.5、最大腹径13.4、底径9、高13厘米（图五，9；图版三〇，7）。标本M1：12，完整，器形很不规整，器腹内壁凹凸不平。夹砂红褐陶，质地坚硬。腹中部、上部有拍印的间断粗方格纹，纹饰较浅，腹最大径位置有两圈凹弦纹。口径12.6、最大腹径13.4、底径10、高12厘米（图五，11；图版三〇，8）。

D型 2件。侈口，方唇，溜肩，长鼓腹，最大径位于腹上部。标本M1：10，完整，器形较规整，器壁厚薄不均。夹砂灰陶，质地坚硬。肩部和腹中部各有两圈凹弦纹，腹中下部有拍印的间断粗方格纹，纹饰较浅。口径11.4、最大径12、底径9、高11.8厘米（图五，6；图版三〇，5）。标本M1：17，基本完整，口沿微残。泥质白陶，质地较硬。口沿、腹外壁饰有间断拍印粗方格纹，纹饰较浅。口径12、最大腹径15.8、底径10、高17.2厘米（图五，5；图版三〇，3）。

釜 1件。标本M1：5，残。泥质灰白陶，质地疏松，烧制火候很低。侈口，方唇，束颈，鼓腹，圜底近平。口沿、腹外壁饰有拍印的间断粗方格纹，纹饰较浅，腹中部有两圈凹弦纹。口径22、腹径22.6、高16厘米（图六，1）。

盆 1件。标本M1：6，基本完整，口沿微残。泥质灰陶，质地坚硬。轮制。口大底小，圆唇，宽平折沿，沿中部有凹槽，束颈，斜直腹，腹底微内收、有凹痕，平底微凹。腹外壁中上部有间断拍印粗方格纹，纹饰较浅。腹内壁有四圈细凹弦纹和泥条盘筑加工后留下的压痕。凹槽宽0.8厘米，口径23.8、底径12、高9.5厘米（图五，13；图版三一，2）。

钵 1件。标本M1：4，完整。夹砂灰陶，质地坚硬，烧制火候高。轮制。敛口，圆唇，微鼓腹，平底。最大径位于腹上部近口沿处，器身外饰有间断拍印粗方格纹，纹饰较浅。口径17、最大径19、底径13、高9.2厘米（图五，12；图版三一，4）。

灶 1件。标本M1：2，明器，残。夹砂红陶，质地疏松。灶体基本呈长方体。素面。口径12.2、长20、宽10.4、高7.6厘米。灶台上有椭圆形孔，孔上大下小，其中一孔残，孔径6～8.4厘米。灶口呈椭圆形，残，孔径4.8～5厘米。灶膛微鼓，底平，最大径5.5厘米。有小出烟口，倾斜状，内低外高，孔径0.8～1.8厘米（图六，2；图版三一，3）。灶台上未发现其他配套器物。

（二）铜器

共2件。

镜 1件。标本M1：8，为兽面纹镜，薄体，缘厚，中间薄，缘边较薄，中心圆纽厚大结实，中有圆形小孔。镜面微凸，镜背纹饰较复杂。从镜纽到边缘大体分布有三种纹饰。主体纹饰是镜纽周边的四个圆圈纹和四个变形鸟纹。纹饰以镜纽为中心，呈

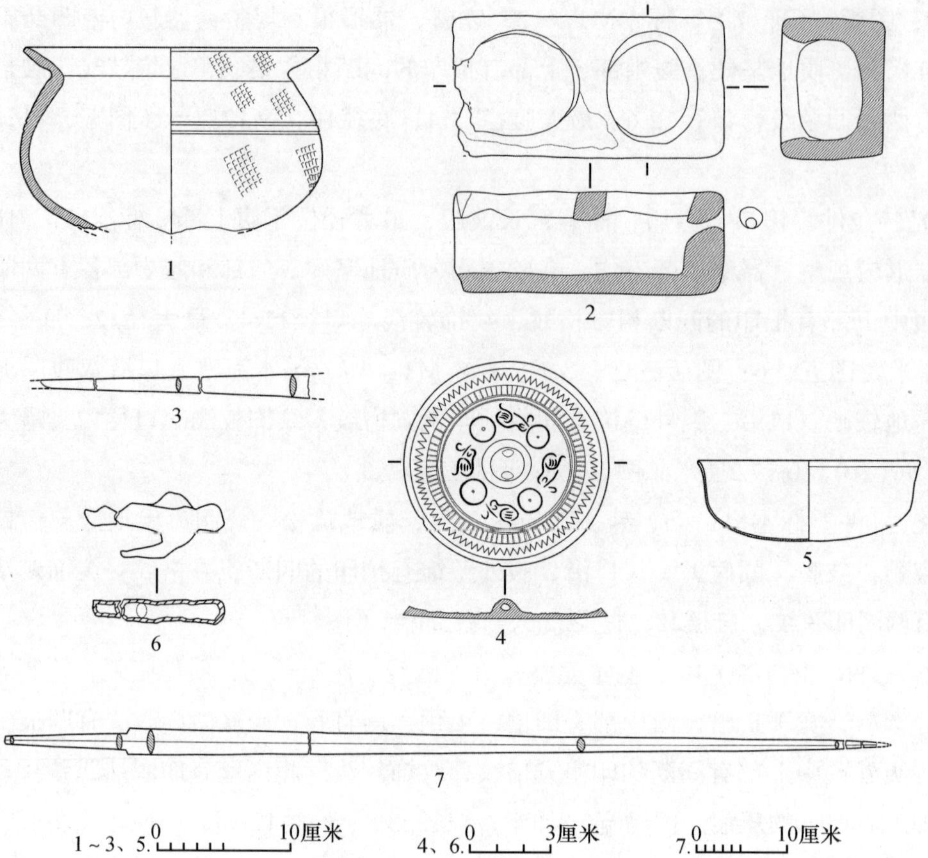

图六 M1出土陶器、铁器、铜器

1. 陶釜（M1：5） 2. 陶灶（M1：2） 3、6. 铁器（M1：19、M1：20） 4. 铜镜（M1：8）
5. 铜钵（M1：7） 7. 铁剑（M1：18）

中心对称分布。主体纹饰之外分别是两圈凸弦纹、一圈栉齿纹及一圈不规则的锯齿状纹。铜镜直径9.7、厚0.15～0.3厘米（图六，4；图版三一，5）。

钵 1件。标本M1：7，出土时基本保存完整，但因器壁薄且腐朽严重，提取时残损严重，难以复原。口微外撇，圆唇略厚，弧腹，圜底。素面。口径16.5、高6、器壁厚0.1厘米（图六，5）。

（三）铁器

共3件。

剑 1件。标本M1：18，残，锈蚀严重。通体较长，剑柄与剑身一体。剑尖、剑身残断，两刃薄，剑脊厚，短柄较小且无格。素面。剑残长95厘米，剑身长81.5、宽1.2～3厘米，剑柄长13.5、宽1.2～2厘米（图六，7；图版三一，6）。

铁器　2件。标本M1：19，锈蚀严重，且残断。条柱状，器形不明，器边较薄、似刃，中间略厚。残长20.2、宽0.7～1.8、厚0.2～1厘米（图六，3）。标本M1：20，锈蚀严重，器形不明。器物中空。残长5、残宽2.3厘米（图六，6）。

五、结　语

（一）陶器特征

M1出土陶器器类较丰富，以陶罐为主，还有釜、灶、盆、钵等。陶器基本为夹砂印纹硬陶，多红褐陶、灰褐陶和灰陶，有少量的红陶和白陶。纹饰多分布在器物腹部，部分位于器物口沿，基本为间断粗方格纹，有少量的凹弦纹。陶器制法应是先用泥条盘筑成形，后轮制修整成器，多不规整。罐、盆、钵烧制火候普遍较高，釜、灶烧制火候低。除陶灶为明器之外，其余均为生活用器。

（二）墓葬形制及年代

M1墓室前有长方形凹槽，特征明显。该类形制的汉墓发现数量不多，而且多见于南方地区。除永州蓝山有发现外，在广西合浦母猪岭[1]，湖南临武杨家山[2]、资兴东汉墓[3]，湖北罗州城陈家大地[4]等地也有发现。

M1未被盗扰，墓室墓壁中的2块铭文砖可确定为墓主生前专门定制，铭文为“永元四年”，为墓葬断代提供了确切的依据。

永元年号在汉代、十六国和南朝时期均有使用过。东汉和帝刘肇使用年号，共17年（89～105年）。十六国时期前凉太宗成王张茂使用年号，共5年（320～324年）。南朝齐东昏侯萧宝卷使用年号，共3年（499～501年）。

而M1墓葬的结构、形制和随葬器物均具有比较明显的汉代特征。综合以上分析，推断M1铭文砖上的“永元四年”为汉和帝时期的年号，即公元92年。据此将M1的下葬年代定为东汉中期。

（三）文化因素简析

M1出土的陶罐、盆、钵、灶及铜器、铁器均具有中原汉文化的特征，不见岭南地域文化因素。这与其所在地理位置有着密切的关系。

南平古城，西汉早期属于长沙国管辖。东汉时期南平古城仍在沿用[5]，隶属桂阳郡。南平古城北面的五里坪古墓群所在地是当时居民的主要埋葬地点。

M1的发现对构建五里坪东汉时期墓葬的年代分期研究提供了确切的年代依据，为研究南平古城聚落遗址提供了重要参考资料，同时对深入认识当时湘南地区的丧葬习俗、文化面貌具有重要价值。

附记：此次发掘领队为高成林，执行领队为陈斌，参加发掘的有范宪军、沈江、陈慧、成章阳、周双喜、易跃进、刘先铣、臧国良。本文墓葬、器物线图由郑蓉绘制，陈斌、吴瑞静完成器物描图，照片由陈斌、范宪军拍摄。

执笔：陈　斌

注　释

[1] 广西文物工作队、合浦县博物馆：《广西合浦县母猪岭东汉墓》，《合浦风门岭汉墓2003～2005年发掘报告》，科学出版社，2006年。

[2] 湖南省文物考古研究所：《湖南临武杨家山墓群发掘简报》，《湖南考古辑刊》（第10集），岳麓书社，2014年。

[3] 湖南省博物馆：《资兴东汉墓》，《考古学报》1984年第1期。

[4] 湖北省文物考古研究所、黄冈市博物馆：《罗州城与汉墓》，科学出版社，2000年。

[5] 湖南省文物考古研究所藏蓝山五里坪古墓群发掘资料。在砖室墓M67中发现了“南平”铭文砖，且该墓也有东汉“永元四年”的纪年铭文。

The Excavation of the Tomb of Eastern Han Dynasty at Chilanqiao in Lanshan County, Hunan

Hunan Provincial Institute of Cultural Relics and Archaeology

Cultural Relics Administration of Lanshan County

Abstract: The tomb M1 was discovered by the villeagers builting a house in Chilanqiao, Lanshan County. It is a brick tomb that was rescued and excavated. Funerary objects of M1 unearthed are rich, and have inscriptions “Yong yuan four years” on brick. The tomb structure, shape and unearthed artifacts have unique local style, providing an important reference for the research in the Wuliping Eastern Han dynasty tombs for age study and typological analysis. At the same time, it has important value for understanding Southern Hunan’s burial customs, cultural characteristics in Eastern Han dynasty.

Keywords: Lanshan County, Hunan; Chilanqiao; Brick Tomb; Eastern Han Dynasty

附表　赤蓝桥M1统计表

墓号	形制	长×宽–深（米）		墓道方向	出土器物	年代	备注
		甬道	墓室（凹槽）				
M1	“凸”字形土圹砖墓	0.54×0.97–（0.5~1.24）	3.22×2.18–2.02（0.66×1.92–0.2）	142°	陶罐11，陶釜1，陶灶1，陶盆1，陶钵1，铜钵1，铜镜1，铁剑1，铁器2	东汉中期	墓道因入村民庭院未能发掘

湖南宁乡狮北汉代墓地M10、M25考古发掘简报

湖南省文物考古研究所

宁乡县文物局

[摘　要]　宁乡狮北墓地位于宁乡县大屯营镇狮北村。2016年4～8月、2017年4～5月，为配合宁乡花大联合集镇项目建设，湖南省文物考古研究所联合宁乡县文物局对该墓地进行了抢救性发掘，共发现西汉中晚期至东汉晚期墓葬47座，其中M10、M25是宁乡狮北汉代墓地中两座保存较为完好的东汉中晚期券顶砖室墓。这两座砖室墓对于研究宁乡乃至长沙地区东汉时期墓葬制度具有较高价值。

[关键词]　宁乡；狮北墓地；东汉中晚期；券顶砖室墓

宁乡狮北墓地位于宁乡县大屯营镇狮北村。该墓地位于湘江支流靳江河上游的一个山间盆地中，距长沙市区约30千米（图一）。2016年4～8月、2017年4～5月，为配合宁乡花大联合集镇项目建设，湖南省文物考古研究所联合宁乡县文物局对该墓地进行了抢救性发掘，共发现西汉中晚期至东汉晚期墓葬47座，出土陶器、铜器、铁器、滑石器等文物550多件（套）。其中M10、M25两座砖室墓保存较为完好，现将这两座墓葬的发掘情况简要汇报如下。

一、M10

（一）墓葬形制

M10位于发掘区中东部，封土保存较为完好，整体呈圆形。西半部被村民建房破坏。封土堆直径19、高2.9米，浅褐色黏土，土质结构较紧密。该墓为前堂横列式双室券顶砖室墓，由墓道、甬道、前室、后室及排水暗沟、沉沙池等组成，方向260°（图二）。

墓道位于甬道以西，斜坡式，坡度14°。坡底长4.65、宽1.42～1.5米。

甬道西接墓道，券顶保存完好，以长方形砖立砌2层，厚0.7米。铺地砖3层，面层

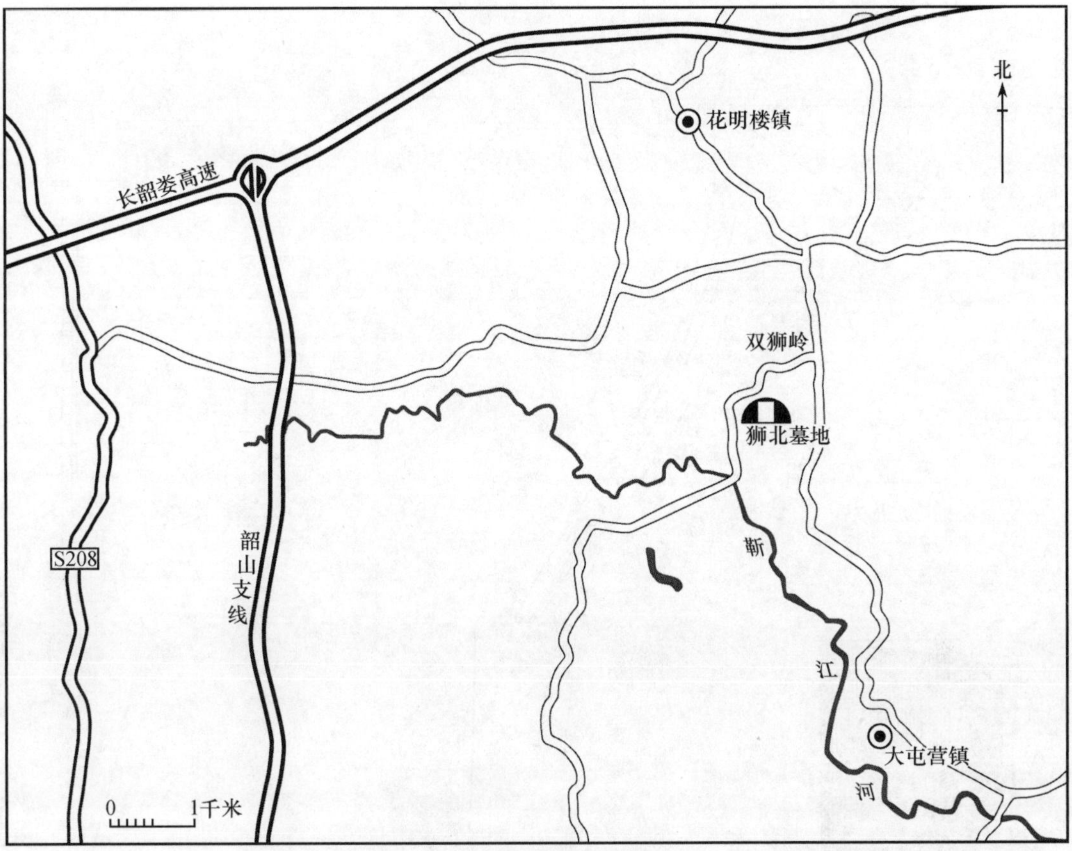

图一 狮北墓地位置示意图

为直行对缝平铺。门口横铺2层砖为门槛，宽0.2米。木质封门，已朽不存，底有两个方孔，上面砌有置栓的方洞，长、宽、高均为0.24米。甬道长2.5、通宽2.8、内宽1.52、高1.58米。

前室位于甬道以东，横列式，平面呈长方形，券顶。墓墙用砖按横列单砖、直行双砖错缝平砌，砖长34、宽17、厚6.5厘米。券顶为楔形双砖立砌，砖长34、宽17、厚4～6.5厘米，砖长34、宽20、厚4～8厘米。铺地砖为横行对缝平砌。前室通长4.8、内长3.84、内宽2.25、残高2.88米。

后室为南北双室，分别起券。部分砖墙及券顶不存。墓墙、券顶的砌法同前室，南室内长2.5、内宽1.02米。北室受损，应与南室同，内宽1.02米。后室高1.34米。两室铺地砖均3层，最上层为直行对缝平铺，双室间有隔墙，厚1.18米。

排水暗沟位于墓室西部墓道下向外延伸。长7.25、宽0.3～0.35米。用长方形青砖2块立砌，上平铺青砖1块，具有渗水功能。砖尺寸同砌墙砖。

沉沙池位于排水沟出口处，呈长方形，填土呈浅灰褐色，内含有硬陶罐口沿及腹

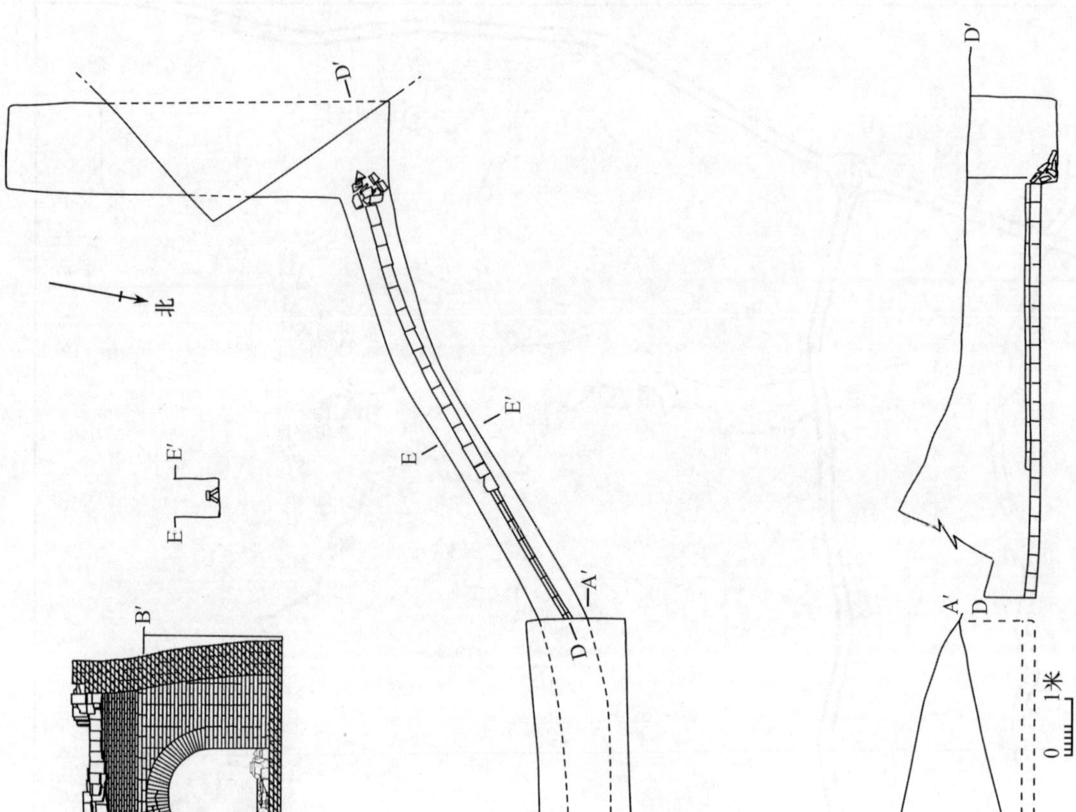

图二 M10平、剖面图

1. 铜五铢 2～4、9、29. 铁剑 5. 铁斧 6、7. 陶纺轮 8、30. 铁刀 10. 陶碓屋 11. 陶猪圈 12. 陶鸡圈 13. 陶灶 14～16、18、25、27. 陶罐 17. 陶仓 19～23、28. 陶鼎 24. 陶盆 26. 陶井

片、砺石和残青砖等。残长1.5、残宽1.85、残深0.82米。

（二）出土器物

共30件。有陶器、铁器和铜五铢（图版三三，1）。其中，陶器共21件，大多数为硬陶器，有仿铜礼器、日用器和模型器三种，仿铜礼器有鼎，日用器有罐、盆、纺轮等，模型器有碓屋、猪圈、鸡圈、仓、灶、井等。

陶鼎　6件。均为硬陶器，形制基本一致。敛口，窄肩承盖，扁鼓腹或鼓腹，圜底。三扁蹄形足直立，两对称方形附耳上各有一方形穿孔，弧形隆盖上有一扁纽。腹、耳和盖表面拍印麻布纹，盖顶饰三周或两周凹弦纹，肩饰数周或一周瓦棱状弦纹或一周凸棱。标本M10：19，扁鼓腹。盖顶饰三周凹弦纹，肩饰数周瓦棱状弦纹。口径11.6、宽20、通高16.8厘米（图三，1）。标本M10：20，扁鼓腹，一方形附耳残，弧形隆盖残。残盖顶饰两周凹弦纹，肩饰数周瓦棱状弦纹。口径11.6、宽18.6、残高16.3厘米（图三，2）。标本M10：21，扁鼓腹。盖顶饰三周凹弦纹，肩饰数周瓦棱状弦纹。口径11.6、宽20.6、通高16.8厘米（图三，3；图版三五，1）。标本M10：22，鼓腹。盖顶饰三周凹弦纹，肩饰一周凸棱。口径9.4、宽17.2、通高18厘米（图三，4）。标本M10：23，鼓腹偏上。盖顶饰三周凹弦纹，肩饰一周凸棱。口径9.6、宽18、通高16厘米（图三，5）。标本M10：28，残，仅剩足部。蹄形足，足根凸起，凸起处两侧有浅圆形凹窝。残高8厘米（图三，6）。

陶罐　6件。均为硬陶器，形制不一。标本M10：14，泥质褐陶。敞口微凹弧，沿内斜，束颈，圆肩，鼓腹偏上，平底内凹。口内有三周瓦棱状凹弦纹。肩、腹拍印麻布纹。口径11.6、腹径15.2、高13.4厘米（图三，10）。标本M10：15，泥质灰陶。敞口微凹弧，沿面内凹，唇外凸，束颈，斜肩，鼓腹偏上，平底内凹。口内有三周瓦棱状弦纹。器表拍印麻布纹。口径16、腹径33、高31.4厘米（图三，13；图版三四，1）。标本M10：16，泥质褐陶。敞口微凹弧，平沿，束颈，斜折肩，鼓腹偏上，平底内凹。口内有两周瓦棱状凹弦纹。肩、腹拍印麻布纹。口径11.2、腹径16、高14厘米（图三，11）。标本M10：18，泥质褐陶。敞口微凹弧，沿面内凹，束颈，圆肩，弧腹中部近直，下部内收，平底内凹。肩、腹拍印麻布纹。口径13、腹径16.2、高13厘米（图三，12）。标本M10：25，泥质黑陶。敞口微凹弧，斜折沿，方唇内斜，束颈，斜肩，鼓腹偏上，平底微凹。肩、腹拍印麻布纹，肩、腹交界处饰一周凹弦纹。口径20.4、腹径38.5、底径13.8、高36.7厘米（图三，9）。标本M10：27，泥质褐陶。敞口，斜折沿，方唇内凹，束颈，鼓腹，凹圜底。腹拍印麻布纹，颈饰一周凹弦纹。口径9.2、腹径10.4、高9.4厘米（图三，7）。

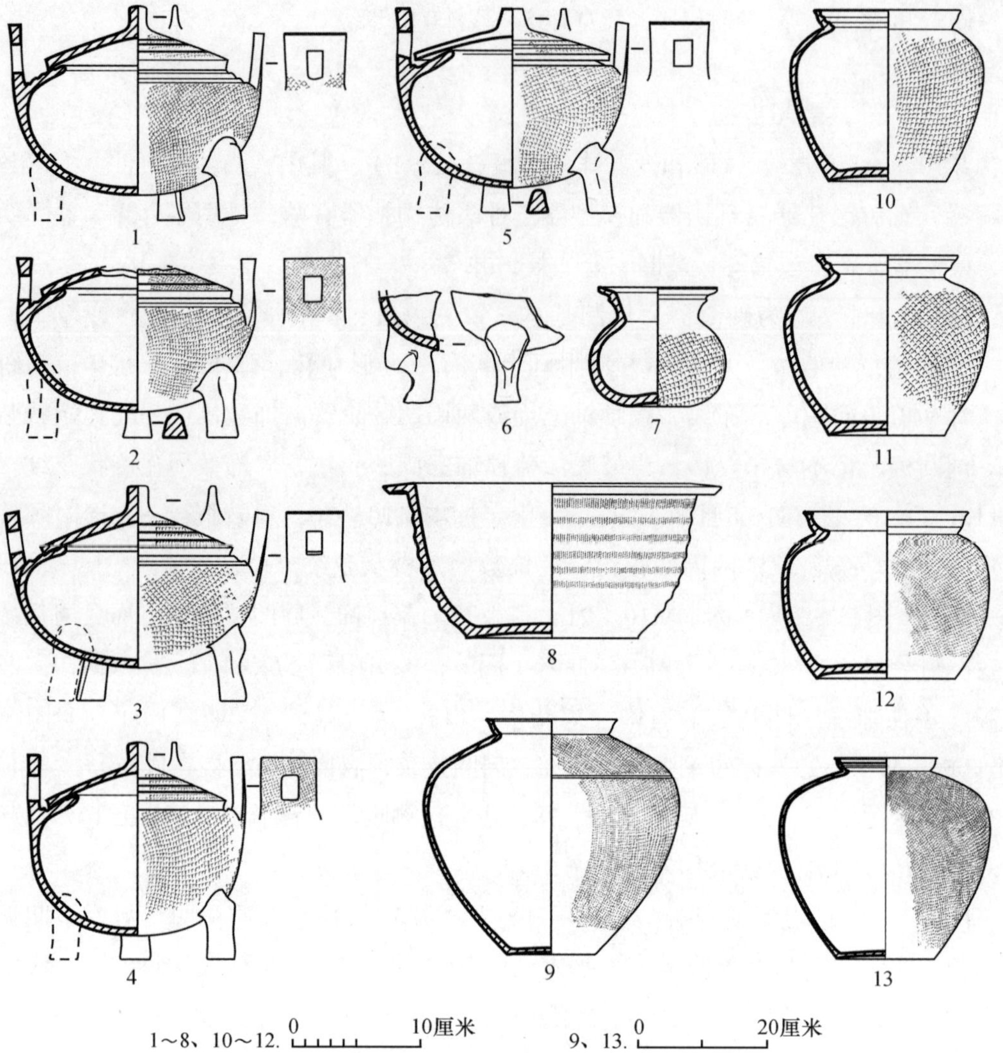

图三　M10出土随葬陶器

1～6. 鼎（M10：19、M10：20、M10：21、M10：22、M10：23、M10：28）
7、9～13. 罐（M10：27、M10：25、M10：14、M10：16、M10：18、M10：15）　8. 盆（M10：24）

陶盆　1件。标本M10：24，泥质灰陶。敞口，折沿，方唇，弧壁，平底内凹。腹饰数周瓦棱状弦纹，上六圈凸起处饰竖直细线纹。口径26.2、底径13.4、高12.2厘米（图三，8；图版三四，5）。

陶碓屋　1件（图版三二，1）。标本M10：10-1，硬陶器。器身整体呈长方形。屋顶为一次烧成，两面倒水，四面出檐，表面拍印麻布纹。房屋本体亦为一次性烧成，墙体略呈弧形，口微敛，平底，一面开方形小门，两侧各开一圆形小窗，小窗周围有三角形刻划纹饰，器表拍印麻布纹。长20.6、宽14.4、高13.6厘米（图四，1）。内有碓具3件。臼，标本M10：10-2，泥质黄陶。整体呈长方形，一面中心位置有一圆形凹坑。长6.6、宽3、厚2.3厘米（图四，4）。碓杆，标本M10：10-3，泥质黄陶。整体呈烟斗形。长9.2、宽2.4、厚5.4厘米（图四，8）。杵，标本M10：10-4，泥质黄陶。整体呈圆柱形，中部收束。长11.2、直径1.7厘米（图四，5）。

陶猪圈　1件（图版三二，3）。标本M10：11-1，硬陶器。器身整体呈圆角长方形。屋顶为一次烧成，两面倒水，四面出檐，表面拍印麻布纹。房屋本体亦为一次性烧成，墙体略呈弧形，口微敛，平底，一面开方形小门，器表拍印麻布纹。长21.8、宽13、高12.8厘米（图四，2）。内有陶猪2只，泥质黄陶。眼部呈“八”字形分布，嘴巴张开，背部略微隆起，四腿粗矮，尾部朝下。标本M10：11-2，长7.1、宽2.8、高3.9厘米（图四，6）。标本M10：11-3，长6.6、宽3、高3.7厘米（图四，7）。

陶鸡圈　1件（图版三二，2）。标本M10：12-1，硬陶器。器身整体呈圆形。屋顶呈圆形，为一次烧成，表面拍印麻布纹，中间有一柿蒂形捉手。房屋本体形似陶罐，口微敛，沿内斜，弧腹，一面开一方形小门，平底。器表拍印麻布纹，上腹饰一周凹弦纹。盖径17.6、口径14.4、腹径16.4、通高16.7厘米（图四，14）。内有陶鸡2只，标本M10：12-2，泥质黄陶。雄鸡，昂首站立，高冠，尾部残。残长7.4、宽4、高5.6厘米（图四，12）。标本M10：12-3，泥质黄陶。蹲姿，尾部朝上。长5.6、宽2.2、高4厘米（图四，11）。

陶仓　1件。标本M10：17，硬陶器。器身整体呈圆形。弓弧形器盖，盖顶有一柿蒂形捉手，表面拍印麻布纹。弇口，沿内斜，圆肩，鼓腹，平底内凹。器表拍印麻布纹，上腹饰五周凹弦纹，弦纹间开一方形小窗，窗四周为四道凸棱，中间以一道竖线分开，窗面拍印麻布纹。口径16.2、腹径23.3、通高26.2厘米（图四，15）。

陶灶　1件（图版三二，5）。标本M10：13-1，硬陶器。器体施釉，大部已脱落。器体大致呈馒头形，一侧边近直，另外三边呈弧形，灶壁略斜，口小底大。一侧开一弧形火门，灶面上开一圆形釜洞及一椭圆形烟囱，釜洞上置一釜。长22.8、宽15.4、高11.4厘米（图四，3）。釜，标本M10：13-2，器表施釉，大部已脱落。弇口，尖唇，圆肩，鼓腹偏上，平底。下腹拍印麻布纹。口径7、腹径9.8、高6.8厘米（图四，3）。

陶井　1件。标本M10：26，硬陶器。口微敛，翻沿，圆唇，筒形弧腹，平底内凹。器身拍印麻布纹，腹中部饰四周凹弦纹，弦纹间饰三周波浪纹，其中第二周为交错波浪纹。口径15.2、腹径14.8、底径12.8、高17.6厘米（图四，13）。

陶纺轮　2件。泥质灰陶。算珠形，横截面呈六边形，最大腹径呈棱折。器身饰有数周凹凸相间弦纹。标本M10：7，孔内有残断铁轴，已锈蚀。外径3.8、孔径0.6、厚2.2、铁轴长7.6厘米（图四，10）。标本M10：6，外径3.8、孔径0.6、厚2.4厘米（图

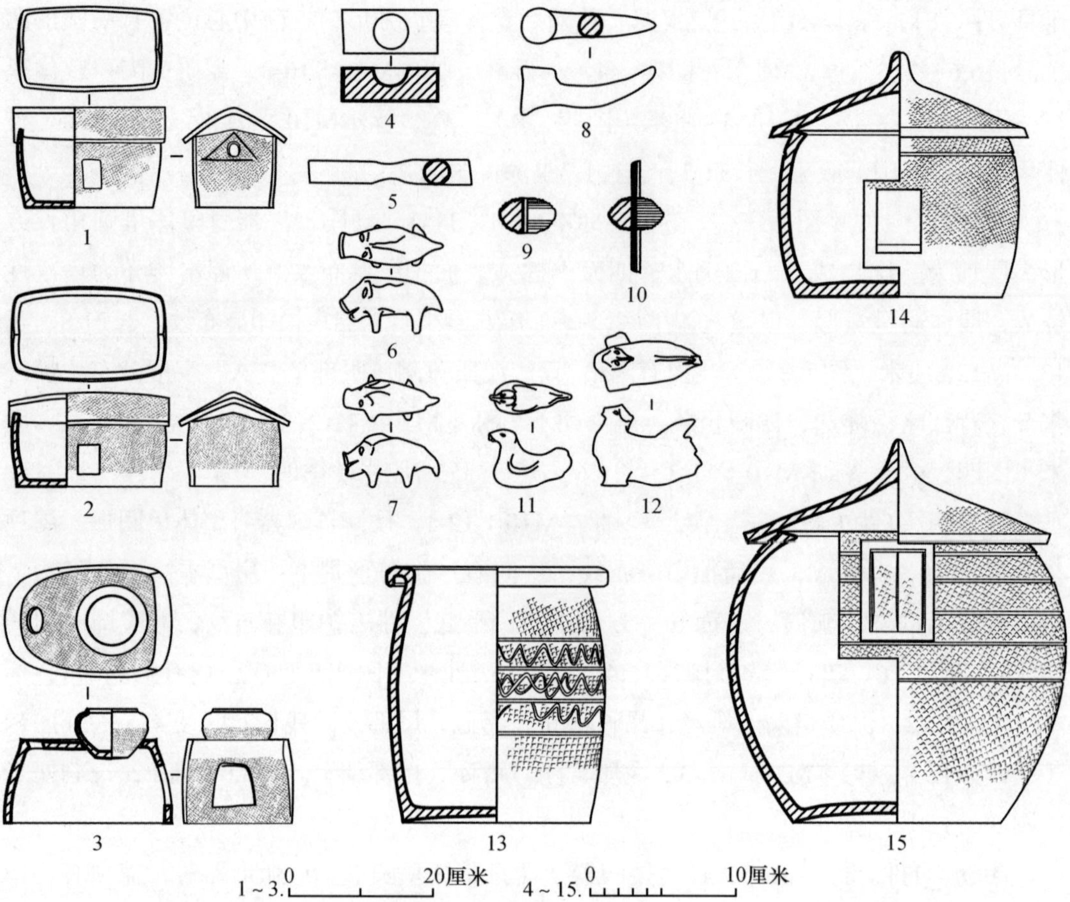

图四 M10出土随葬陶器

1. 碓屋（M10：10-1） 2. 猪圈（M10：11-1） 3. 灶（M10：13） 4. 臼（M10：10-2）
5. 杵（M10：10-4） 6、7. 猪（M10：11-2、M10：11-3） 8. 碓杆（M10：10-3）
9、10. 纺轮（M10：6、M10：7） 11、12. 鸡（M10：12-3、M10：12-2） 13. 井（M10：26）
14. 鸡圈（M10：12-1） 15. 仓（M10：17）

四，9）。

铁器 8件。其中铁剑5件，标本M10：2、M10：3、M10：4、M10：9、M10：29。铁斧1件，标本M10：5。铁刀 2件，标本M10：8、M10：30。铁器均采取现场整体打包，目前正在修复，详细信息待于在整个墓地考古发掘报告中公布。

铜五铢 12枚。标本M10：1-1，“五”字交笔弯曲大，交笔与上下两横连接处呈垂直状，两横不出头。“金”字头呈三角形，四点较长。“朱”字上下圆折，“金”字头与“朱”字头平齐。两面周郭窄，背部穿郭明显。钱径2.5、穿径1厘米。

二、M25

（一）墓葬形制

M25位于发掘区中部，封土呈山包状，保存较为完好。封土堆直径28.5、高3米，褐色黏土，土质结构较紧密。有盗洞，曾被盗掘。因村民建房取砖，故后室券顶破坏严重。该墓形制为前堂横列式单室券顶砖室墓，由墓道、甬道、前室、后室及排水沟等组成，方向260° 。

墓道位于甬道以西，斜坡式，坡度12° 。坡底长6.86、宽1.86～2.1米。墓道底与甬道底平。甬道与墓道连接处两边均砌砖墙，长1.2、高2.2米。

甬道西接墓道，券顶保存完好，以长方形楔形砖叠砌2层。甬道门口前后横砌砖墙2堵，其间隙为0.2米，未填土，里墙高0.42、外墙高0.5米。上为错乱不齐封堵砌砖至顶部。墓壁以长方形青砖按一横两顺的顺序错缝平砌，底铺地砖均为“人”字形。通长2.6、通宽2.4米，内长1.6、内宽1.6米。

前室为横列式，呈长方形，券顶已垮，为楔形砖单砌。通长3.4、通宽2.7、通高3.2米，内长3.4、内宽2.4米。

后室呈长方形，券顶为长方形楔形砖叠砌。通长6.1、通宽3.4、通高2.9米，内长4.5、内宽2、内高2.7米。

排水暗沟由墓道处向外延伸，因该墓计划原地保护，故未对排水暗沟进行清理，外延长度不明。暗沟砌法为两砖侧立成“人”字形（图五）。

（二）出土器物

出土器物19件。有陶器、铁器（图版三三，2）。其中，陶器共18件，大部分为泥质灰陶，少量为硬陶器。有仿铜礼器、日用陶器和模型器三种，仿铜礼器有鼎、钫、扁壶等，日用陶器有罐、釜、盆等，模型器有井、灶、厕、狗等。

陶鼎　5件。均为泥质灰陶，形制基本一致。敛口，窄肩承盖，盖失，鼓腹，圜底，三蹄形足根凸起，两对称方形附耳残，其上各有一方形穿孔。器身拍印麻布纹。标本M25：4，肩、腹部饰三周凹弦纹，弦纹间饰两组波浪纹，足上方饰叶脉纹。口径13、腹径16.9、残高13.4厘米（图六，1；图版三五，2）。标本M25：9，口径12.2、腹径15.9、残高13.3厘米（图六，4）。标本M25：12，肩、腹部饰三周凹弦纹，弦纹间饰两组波浪纹，足上方饰叶脉纹。口径11.2、腹径16.4、残高13.3厘米（图六，2）。标

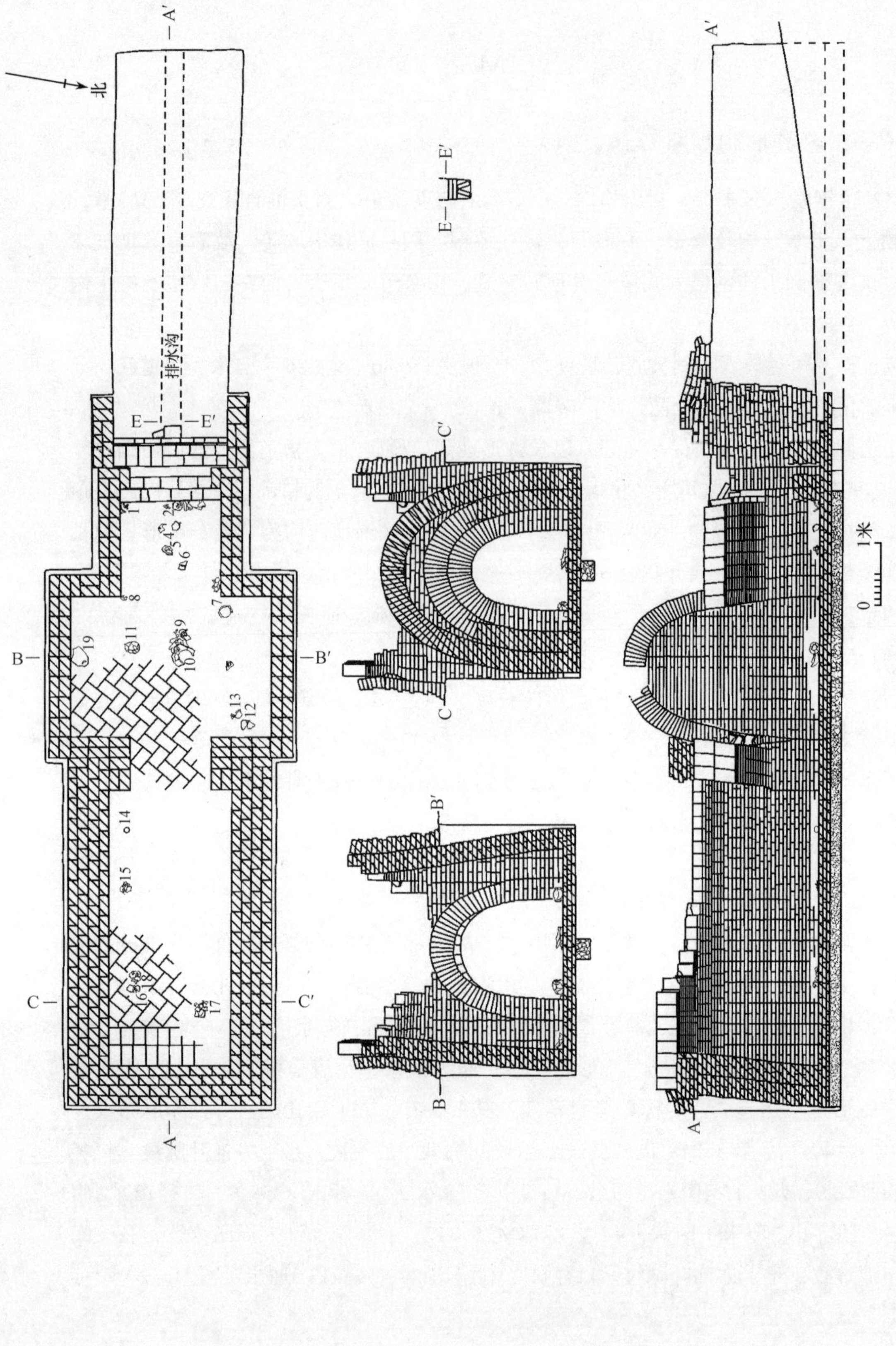

图五　M25平、剖面图

1. 铁撑架　2、3、10、11、13. 陶罐　4、9、12、16、19. 陶鼎　5. 陶盆　6. 陶灶　7. 陶扁壶　8. 陶狗　14. 陶釜　15. 陶井　17. 陶厕　18. 陶钫

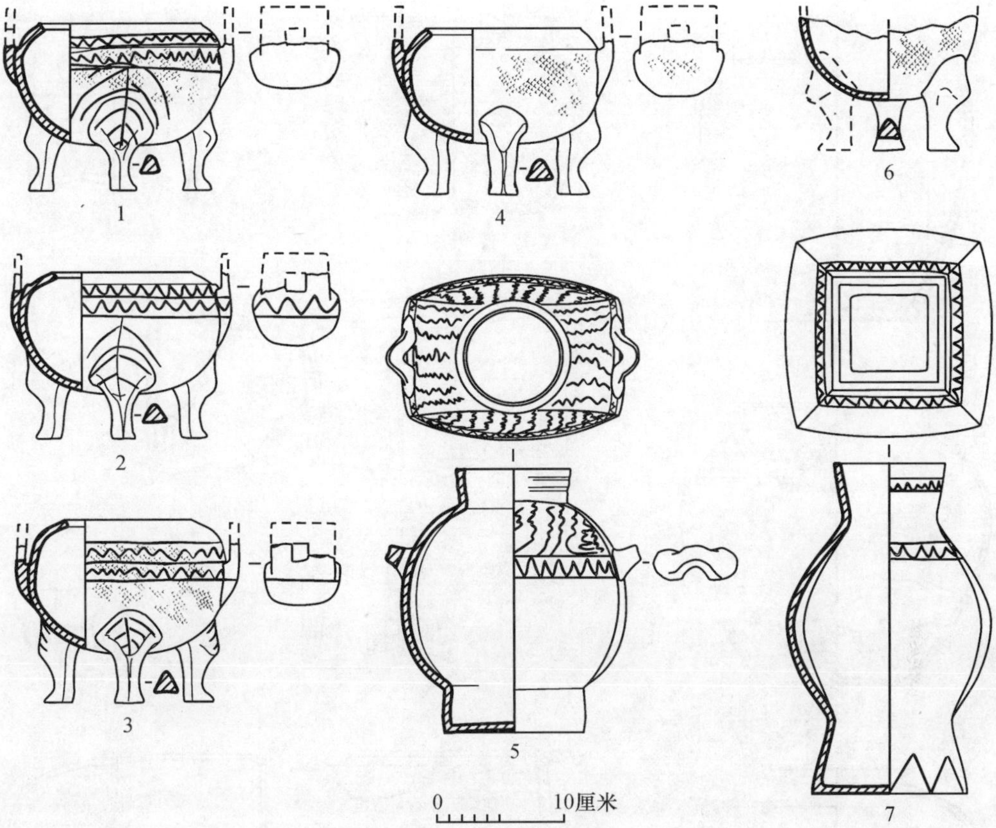

图六　M25出土陶器

1～4、6. 鼎（M25∶4、M25∶12、M25∶19、M25∶9、M25∶16）　5. 扁壶（M25∶7）　7. 钫（M25∶18）

本M25∶19，腹部饰三周凹弦纹，弦纹间饰两组波浪纹，足跟部饰叶脉纹。口径10.3、腹径16、残高14.5厘米（图六，3）。标本M25∶16，腹部以上残，蹄形足，足跟部凸起。残高10.8厘米（图六，6）。

陶罐　5件。均为硬陶器，形制不一。标本M25∶2，敞口微凹弧，折沿，唇外凸，束颈，圆肩，鼓腹，平底内凹。肩、腹部拍印麻布纹，肩部饰一周凹弦纹。口径13.2、腹径16.4、底径11.6、高12.8厘米（图七，4）。标本M25∶3，残。直口微敛，唇面内凹，矮领，圆肩，鼓腹，平底内凹。肩、腹部拍印麻布纹，肩部饰四周凹弦纹。口径24、腹径40.5、底径19、残高24.9厘米（图七，2；图版三四，2）。标本M25∶10，敞口微凹弧，斜折沿，方唇，束颈，圆肩，鼓腹，平底内凹。肩、腹部拍印麻布纹，肩部饰一周凹弦纹。口径19.6、腹径39.6、底径14.8、高37.4厘米（图七，3）。标本M25∶13，口部残，束颈，圆肩，长鼓腹，平底微凹。肩、腹部拍印麻布纹，肩部饰一周凹弦纹。腹径17.8、底径19.2、高19.8厘米（图七，1）。标本M25∶11，残甚，形态不明。

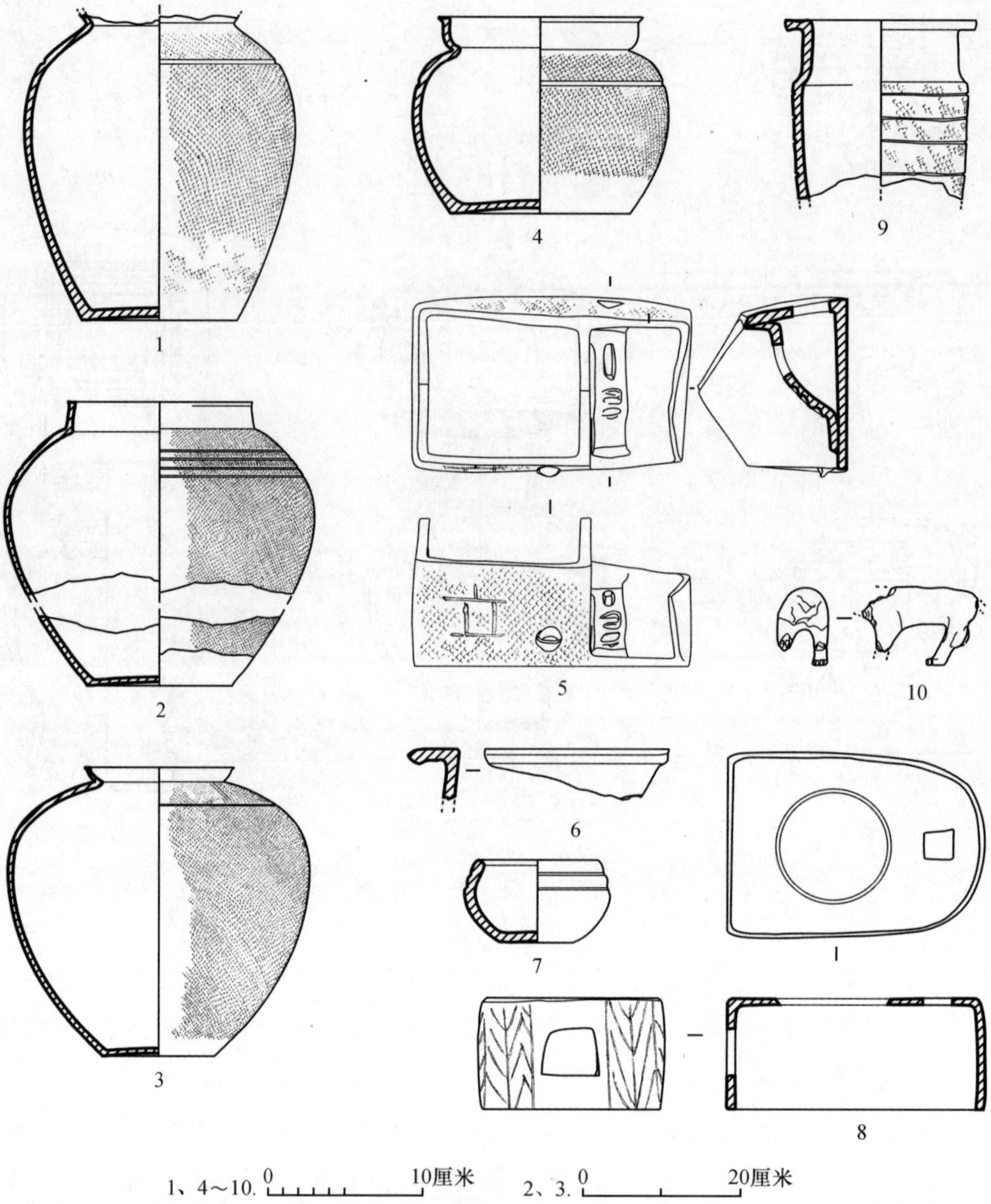

图七　M25出土随葬陶器

1～4. 罐（M25：13、M25：3、M25：10、M25：2）　5. 厕（M25：17）　6. 盆（M25：5）　7. 釜（M25：14）　8. 灶（M25：6）　9. 井（M25：15）　10. 狗（M25：8）

陶钫　1件。标本M25：18，泥质灰陶。敞口，方唇，颈微束，长鼓腹，假圈足。口部饰两周凹弦纹，弦纹间饰一组波浪纹；上腹饰两周凹弦纹，弦纹间饰一组波浪纹；假圈足表面饰一组三角折纹。口径9.1、腹径16.7、底径12.6、高26.5厘米（图六，7；图版三四，3）。

陶扁壶　1件。标本M25：7，泥质灰陶。直口微敛，方唇，圆肩，扁腹，假圈足微凹。上腹有两对称桥形系。口内有数周瓦棱状凹弦纹。上腹饰两周凹弦纹，弦纹间饰以波浪纹，弦纹上部饰不规则细线纹。口径9.1、腹长径17.7、腹短径13.2、高21.1厘米（图六，5；图版三四，4）。

陶釜　1件。标本M25：14，泥质灰陶。弇口，圆角方唇，弧腹，凹底。上腹饰两周凹弦纹。口径8、腹径9.4、底径4.9、高5.5厘米（图七，7）。

陶盆　1件。标本M25：5，泥质灰陶。残。直口微敛，宽平沿微坠，尖唇，平底。残高3.3厘米（图七，6）。

陶井　1件。标本M25：15，泥质灰陶。腹部以下残。直口微敞，宽平沿，圆角方唇，束颈，颈、腹呈棱状转折，筒腹。沿面饰一周凹弦纹，腹部拍印麻布纹并饰四周凹弦纹。口径12.4、残高11.5厘米（图七，9）。

陶灶　1件。标本M25：6，泥质灰陶。平面呈馒头形。一边近直，其他三边呈弧线。灶面上开一圆形釜洞和一方形烟囱，一侧壁有一梯形火门。火门侧灶壁饰四组叶脉纹。长16.8、宽12、通高11.7厘米（图七，8；图版三二，6）。

陶厕　1件。标本M25：17，泥质灰陶。平面呈长方形，中间有一道隔墙将厕分离。侧墙和隔墙顶部为三角形。前侧墙面上开一半圆形投食口和一“立”字形小窗。厕内有一阶梯，阶梯上方有长方形便孔，厕所前侧无墙，后侧墙面上开一三角形小口。屋顶已失。长18、宽11.8、高9.6厘米（图七，5；图版三二，4）。

陶狗　1件。标本M25：8，泥质灰陶。残甚，仅剩身体和一足完好。完好一足直立、后侧凸起，爪部以细线表示分趾。残长7.4、高5厘米（图七，10）。

铁撑架　1件。标本M25：1，铁器均采取现场整体打包，目前正在修复，详细信息待于整个墓地考古发掘报告中公布。

三、结　语

M10、M25是宁乡狮北汉代墓地中两座保存较为完好的东汉时期券顶砖室墓。其中M10为前堂横列式双室券顶砖室墓，该墓形制与资兴东汉墓M314[1]、郴州汉墓M7[2]、张家界东汉墓Ⅴ类墓葬[3]、衡东大浦洋塘山M25[4]类似。M25为前堂横列式单室券顶砖室墓，该墓形制与广州汉墓的第Ⅵ型砖室墓[5]、张家界东汉墓Ⅳ类墓葬[6]、郴州汉墓M11[7]类似。这两类墓葬均从东汉中期一直延续到东汉晚期。因此可以断定M10、M25的相对年代为东汉中晚期。

从出土器物来看，M10所出陶盆近似长沙汉墓东汉晚期M243陶盆[8]（M243：2）。

M25所出陶钫与长沙汉墓西汉后期Ⅱ式陶钫[9]（M203：78）形制近似。M10、M25均出有陶鼎，M10有6件陶鼎，M25有5件陶鼎，特别是M25还有陶鼎、陶壶、陶钫组合，检索湖南地区东汉中晚期砖室墓，发现其他地区从东汉中期开始陶鼎、陶盒、陶壶、陶钫的数量大大减少，到东汉晚期接近绝迹。宁乡狮北墓地邻近西汉长沙国都城所在地临湘，M10、M25的发现代表着这里依然延续着长沙西汉中小型墓葬的随葬传统。

附记：宁乡狮北墓地发掘人员有何赞、向开旺、向树青、刘贤文、向开田、何再光、胡重、杨町、贾英杰等，文中线图由向树青绘制，电脑制图由罗斯奇、徐佳林负责。

执笔：何　赞

注　释

［1］　湖南省博物馆：《湖南资兴东汉墓》，《考古学报》1984年第1期。

［2］　湖南省郴州地区文物工作队：《湖南郴州汉墓清理简报》，《考古》1985年第8期。

［3］　湖南省文物考古研究所、湘西土家族苗族自治州文物工作队、大庸市文物管理所：《湖南大庸东汉砖室墓》，《考古》1994年第12期。

［4］　湖南省文物考古研究所内部资料。

［5］　广州市文物管理委员会、广州市博物馆：《广州汉墓》，文物出版社，1981年。

［6］　湖南省文物考古研究所、湘西土家族苗族自治州文物工作队、大庸市文物管理所：《湖南大庸东汉砖室墓》，《考古》1994年第12期。

［7］　湖南省郴州地区文物工作队：《湖南郴州汉墓清理简报》，《考古》1985年第8期。

［8］　中国科学院考古研究所：《长沙发掘报告》，科学出版社，1957年。

［9］　中国科学院考古研究所：《长沙发掘报告》，科学出版社，1957年。

The Excavation of Han Dynasty Tombs of M10 and M25 at the Shibei Cemetery in Ningxiang, Hunan

Hunan Provincial Institute of Cultural Relics and Archaeology

Cultural Relics Bureau of Ningxiang County

Abstract: The Shibei cemetery is located in Shibei Village, Datunying Town, Ningxiang

County. From April to August of 2016 and from April to May of 2017, in cooperation with the Huada United Township Project in Ningxiang, Hunan Provincial Institute of Cultural Relics and Archaeology and Cultural Relics Bureau of Ningxiang County carried out a rescue excavation on the cemetery. There were 47 tombs through middle and late Western Han dynasty to late Eastern Han dynasty, of which M10 and M25 were the two well-preserved brick vaulting tombs of the middle and late period of Eastern Han dynasty. These two brick tombs are of high value for the study of the Eastern Han dynasty funeral system in Ningxiang and even in Changsha.

Keywords: Ningxiang; Shibei Cemetery; the Middle and Late Period of Eastern Han Dynasty; Brick Vaulting Tomb

湖南株洲石峰区踢金岭东汉砖室墓考古发掘简报

株洲市文物局

［摘　要］　踢金岭东汉砖室墓位于株洲市城区东北部，为中车集团株洲电力机车厂在厂生活区改造道路时发现，墓葬为“凸”字形券顶砖室墓，分墓道、甬道、墓室三个部分，出土陶器、铁器和铜五铢共27件。墓葬形制、随葬品组合及器形与本地历年来考古发掘的东汉晚期墓葬一致。该墓葬的出土对研究湘东地区东汉葬俗及株洲城区历史变迁具有一定的价值。

［关键词］　株洲城区；东汉晚期；砖室墓

中车集团株洲电力机车厂在该厂社区石峰区田心街道办事处群力村31栋东面一个叫踢金岭的小坡地上进行道路改造时，挖土机挖出一座砖室墓葬，经确认为东汉时期的砖室墓。2014年12月5～24日，历经20天抢救清理，出土文物27件。2015年3～6月,我们对这批资料进行了修复、整理和初步研究。现报告如下。

一、地理位置和环境

田心街道办事处地处株洲市城区东北部，隶属石峰区管辖。莲易高等级公路、株洲城市快速环道，以及长株高速公路、上瑞高速公路入城通道均贯通境内。田心原名为“田心塅”，是一块由周边小丘陵包裹的小平原，踢金岭是田心小平原边缘的小山头，山头高出周边约10米。“文革”期间，株洲电力机车厂在山头建有炮台，故又称炮台山。踢金岭这一地名的由来有一个民间传说，传言乾隆皇帝当年游江南时专程来到田心塅，立于山岭高处俯瞰，见田心塅山环水绕，紫气东来，心旷神怡。当他下山时，在山坡上偶然间踢了一脚，竟踢出一块金子，于是龙心大悦，赐名“踢金坡”，故此岭亦被人们称为“踢金岭”。本次发掘的东汉砖室墓就位于踢金岭山头（图一）。

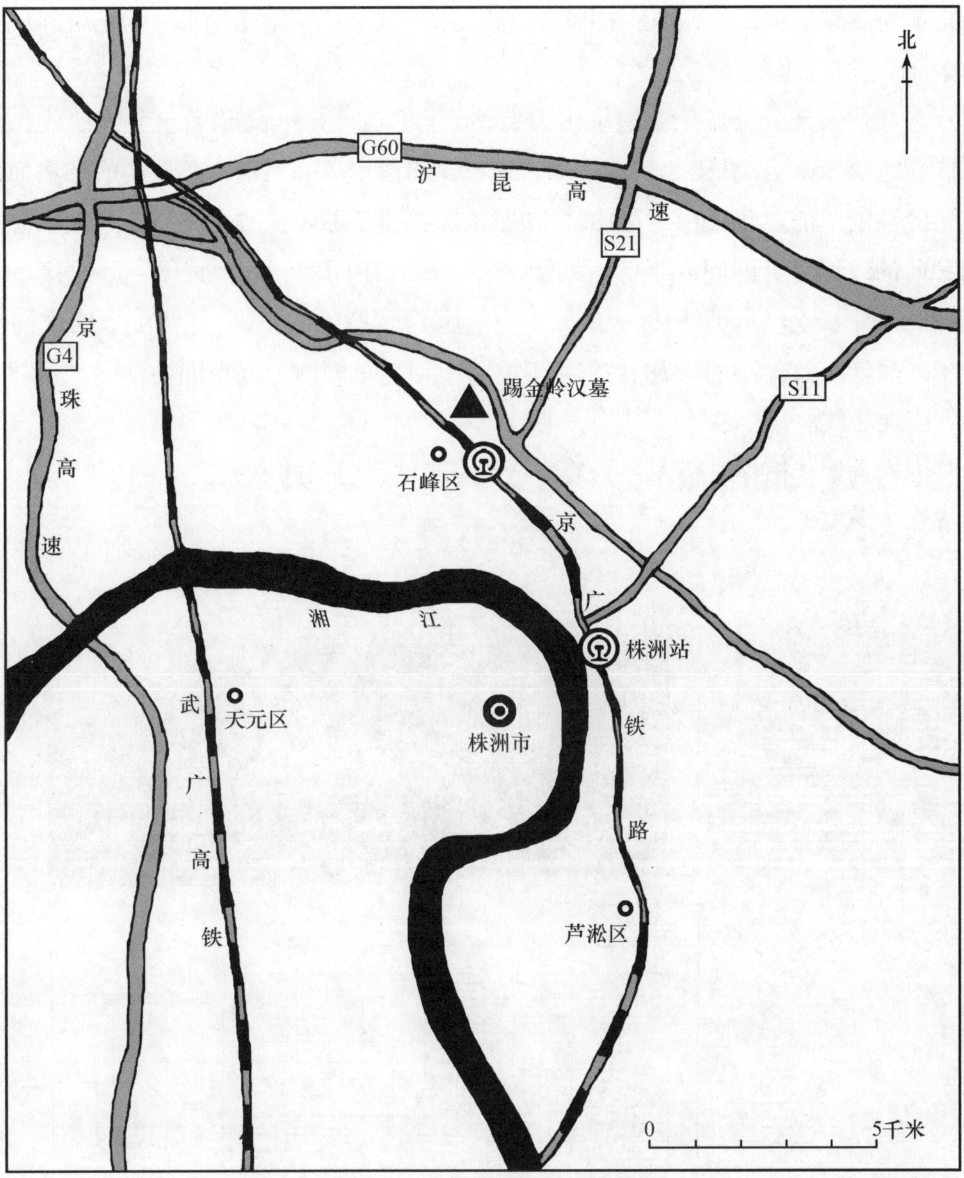

图一　踢金岭汉墓位置示意图

二、墓葬形制和遗迹遗物

这次在中车集团株洲电力机车厂社区的群力村踢金岭抢救性发掘的东汉砖室墓编号为：2014TQM1。该墓上部被扰乱，墓葬平面形制为“凸”字形，分为墓道、甬道和墓室三个部分。墓室为拱形券顶，单室分前后两段，前低后高，墓葬方向10°。墓坑开口全长11.67米。其中，墓室开口长7.6、宽2.88、深3.8米。砖室长7.4、宽2.38、深2.8

米。甬道为砖砌单拱，长1.67、宽1.42、高2.2米。墓道位于甬道南部，为土坑斜坡，上部被破坏，残长2.4米。

墓室券顶大部分坍塌，墓内填土为夹砂黄褐色黏土。长方形墓室分前后段，前段长2.25、宽2.4米，后段长2.5、宽2.6米。后段比前段抬高一匹砖。墓壁砖的砌法为两横两纵错缝平铺。铺地砖长28、宽18、厚9厘米，券顶条形砖长31、宽19.3、厚9.4厘米，这两种砖的纹饰为五圈同心半圆、四圈同心半圆，中间用“+”或“–”连接。墓壁使用的长方形砖分大小两种，大的长39.3、宽14、厚9.4厘米，一侧十个四重同心半圆，中三横连心纹。小的长28、宽14、厚9.4厘米，一侧四个五重同心半圆“+”字或“–”字连心纹。

墓内人骨架、棺椁腐朽无存。随葬品共有27件，包括陶器、铁器（图版三九，6）和铜五铢（图二）。

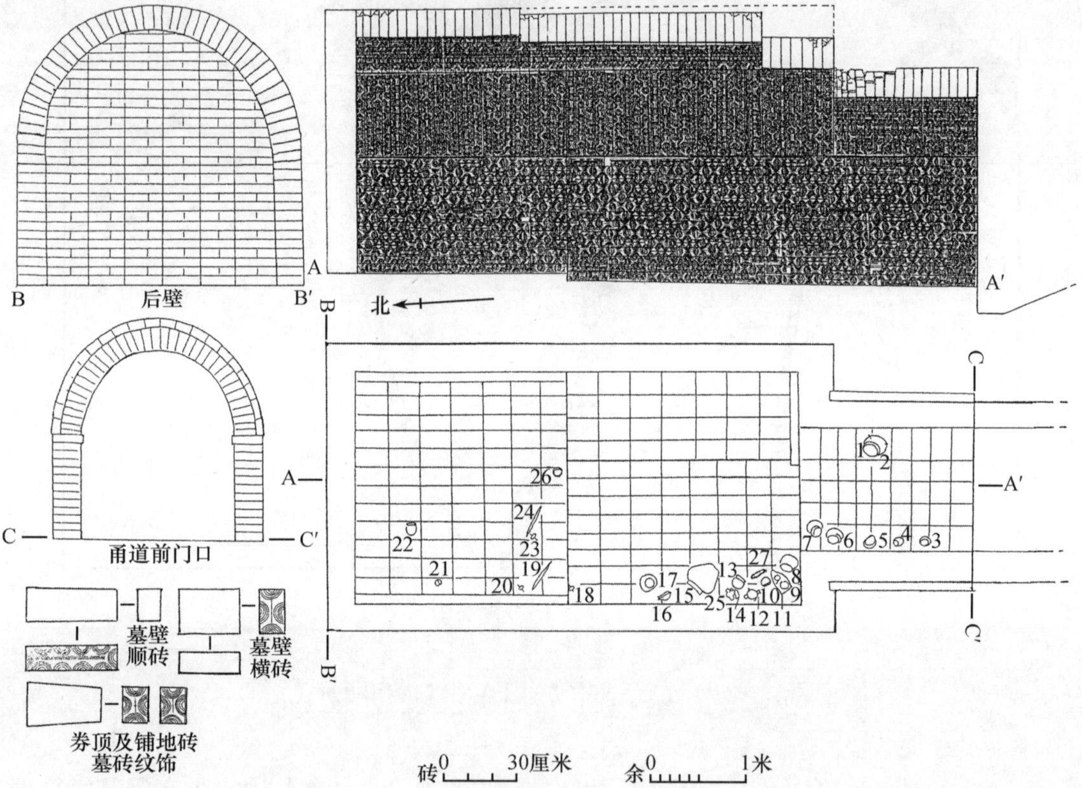

图二 M1平、剖面图

1. 铁釜 2. 铁釜架 3. 陶灯 4～7. 陶广肩罐 8. 陶深腹罐 9. 陶灶 10、11. 陶釜 12. 陶鼎 13. 陶仓 14. 陶甑 15. 陶罍 16. 陶器盖 17. 陶双口坛 18、20、23. 陶纺轮 19、24. 铁稍 21. 磨郭五铢 22. 陶贯耳敛口罐 25. 陶贯耳矮领罐 26. 陶贯耳水盂 27. 铁削陶罍　1件。标本M1：15，夹砂硬陶，灰褐色。轮制，贴印。平沿，尖唇口，内凹外弧束颈，矮领，广肩，弧腹，侧扁方体，小底微凹。肩、腹饰贴印方格纹，肩有一道抹断弦纹。内现轮制弦纹，无拍印纹。口径20.5、腹径35.8、底径15.5、高31.4厘米（图三，1；图版三七，6）。

陶深腹罐　1件。标本M1：8，完整。夹砂硬陶，灰褐色。肩、底有薄青褐釉。轮制，贴印。平沿，尖唇，侈口微凹，束颈，广肩，弧腹，平底。肩、腹贴印方格纹，肩饰一道抹断凹弦纹，内无拍印纹。口径12.4、腹径19.4、底径10.4、高20.6厘米（图三，2；图版三六，6）。

陶广肩罐　3件。标本M1：5，完整。夹砂硬陶，褐色。轮制，贴印。平沿，尖唇，侈口略凹，束颈，广肩，弧腹，底平。肩、腹贴印方格纹。口径15.2、腹径16.8、底径11.4、高14.2厘米（图三，3；图版三六，2）。标本M1：6，沿、腹残，修复。夹砂硬陶，黑褐色。轮制，贴印。平沿，尖唇，广口微凹，束颈，广肩，弧腹下收，平底。肩、腹贴印方格纹。口径12.4、腹径16.8、底径11.4、高11.7厘米（图三，4；图版三六，3）。标本M1：4，沿残，修复。夹砂褐陶。轮制，贴印。平沿，尖唇，侈口微凹，束颈，广肩，弧腹，腹下收，平底。肩、腹饰贴印方格纹。口径10.4、腹径14.8、底径11.6、高9.8厘米（图三，5；图版三六，1）。

陶双口坛　1件。标本M1：17，沿、腹略残，修复。夹砂褐陶。轮制，贴印。圆唇内口，平沿，尖唇外口，束颈，溜肩，弧腹下收，平底。腹贴印方格纹。内外口外现六道瓦棱纹。内沿径10.8、外沿径13.6、腹径21.6、底径12.2、高21.5厘米（图三，6；图版三八，2）。

陶釜　3件。标本M1：7，沿略残，修复。夹砂褐红陶。轮制，贴印。斜沿，尖唇，仰折沿微凹，顺肩，扁球腹，圜底。沿内外饰两道凹弦纹。肩、腹贴印大方格纹，上腹饰一道抹断凹弦纹。口径17.4、腹径17.6、高11.8厘米（图三，7）。标本M1：10，出于灶右口，完整。夹砂黑灰陶。轮制。敛口，斜沿，尖唇，子母口，扁弧腹坦收，小平底。素面。口径5.7、腹径7.6、底径3.8、高4.3厘米（图三，8）。标本M1：11，完整。夹砂黑灰陶。轮制。敛口，斜沿，尖唇，子母口，扁弧腹坦收，小平底。与灶配。素面。口径6、腹径8.2、底径3.5、高3.7厘米（图三，9）。

陶灶　1件。标本M1：9，完整。泥质灰黑陶。三角弧弦船尾形，尾翘。前灶门呈半圆形，面弧，二圆形膛口。上置略大小二釜。灶无底，显系船尾用灶。长24、宽18.6、一端高6、另一端高10厘米。灶顶面有两个火口，直径分别为7.6、6厘米（图三，10；图版三七，2）。

陶仓　1件。标本M1：13，夹砂灰黑陶。轮制。笠形顶盖与沿抹合，筒形仓壁微

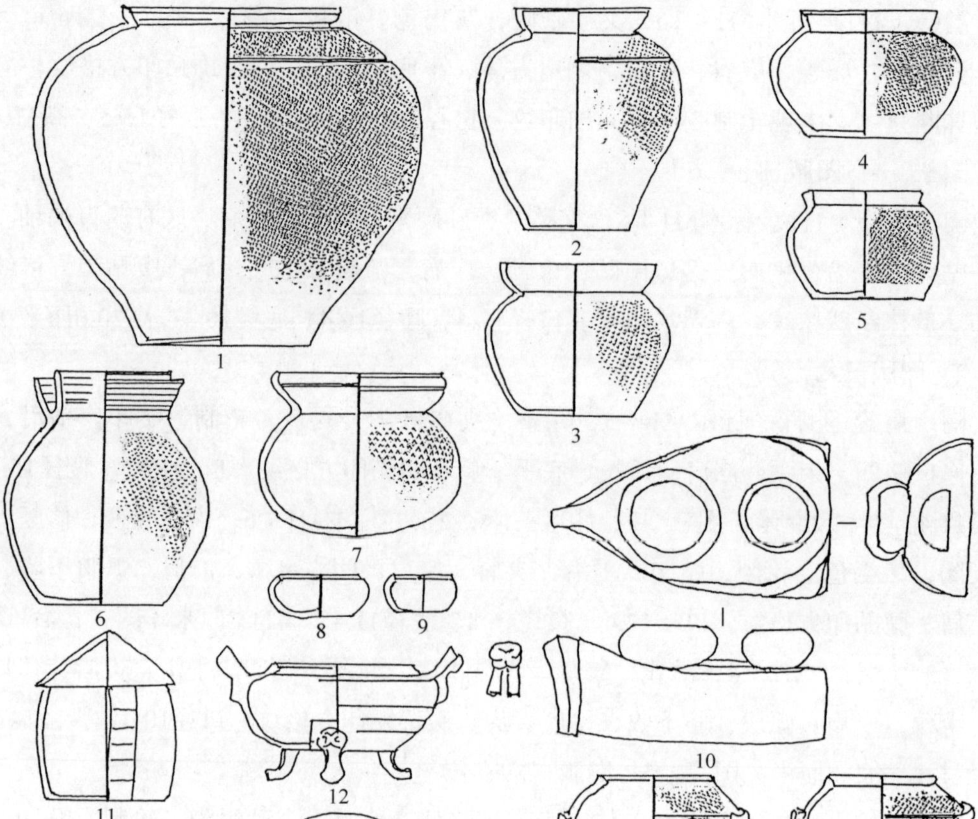

图三 随葬器物

1. 陶罍（M1：15） 2. 陶深腹罐（M1：8） 3～5. 陶广肩罐（M1：5、M1：6、M1：4） 6. 陶双口坛（M1：17） 7～9. 陶釜（M1：7、M1：10、M1：11） 10. 陶灶（M1：9） 11. 陶仓（M1：13） 12. 陶鼎（M1：12） 13. 陶贯耳敛口罐（M1：22） 14. 陶贯耳矮领罐（M1：25） 15. 陶甑（M1：14） 16. 陶器盖（M1：16） 17. 陶贯耳水盂（M1：26） 18. 陶灯（M1：3） 19. 铁釜（M1：1） 20. 铁釜架（M1：2） 21～23. 陶纺轮（M1：18、M1：20、M1：23） 24、25. 铁稍（M1：19、M1：24） 26. 铜五铢（M1：21） 27. 铁削（M1：27）

弧下收，平底微凹。笠高4.8、笠沿径14.4、仓口径14、底至双门通高9.7、腹径14.4厘米。沿下1.2厘米处有窗，长2.3、宽1.6厘米。窗下刻画楼梯五级延至底部。另沿下有直径约1厘米的圆气孔三个，与门对应（图三，11；图版三七，4）。

陶鼎　1件。标本M1：12，残一足，修复。泥质灰黑陶。轮制，手捏。敛口，斜沿，尖唇，斜折肩，弧腹下收，平底微内凹。两附耳外张，耳简化兽面。足简化兽首外撇成蹄足。有西汉仿铜升鼎的遗风。口径12.8、腹径16.5、底径9.2、耳展宽22.4、耳高4.4、足高4.8、裆高2.6、通高12.4厘米（图三，12；图版三七，3）。

陶贯耳敛口罐　1件。标本M1：22，完整。夹砂砖红陶。轮制，拍印。平沿略内斜，敛口，小矮领，溜肩，鼓腹略下收，平底。肩、腹贴印大方格纹，上腹饰一道划弦纹。口径10.4、腹径16、底径12.6、高9厘米（图三，13；图版三六，4）。

陶贯耳矮领罐　1件。标本M1：25，沿、一耳略残，修复。夹砂褐陶。轮制，贴印。平沿略内斜，矮领微侈，仰凹领，溜肩，鼓腹略下收，平底。肩、腹贴印大方格纹，上腹饰一道凹弦纹。口径10.3、腹径15.7、底径10.2、高9.4厘米（图三，14；图版三六，5）。

陶甑　1件。标本M1：14，残，缺片近半。泥质灰陶。轮制。平沿方卷厚0.3厘米，弧腹斜收，平底，下腹近底有4个长方形甑箅孔，箅孔长3、宽3.5厘米。素面。口径17、腹径16、底径10.2、高8厘米（图三，15；图版三七，5）。

陶器盖　1件。标本M1：16，夹砂红褐陶。轮制，贴印。笠形，三岔扁纽。沿略残。笠面贴印大方格纹。沿径15.6、内口径11.2、内口高2、通高7.4厘米。纽高2.3、纽宽3.2厘米（图三，16；图版三八，1）。

陶贯耳水盂　1件。标本M1：26，沿残，修复。夹砂红褐陶。轮制，贴印。侈口，圆唇内凹，喇叭颈，小盘口。口沿下饰两道凹弦纹，颈下部饰一道凸弦纹。束颈，斜肩，垂腹微弧、近底略收，平底。耳展11、口径9.2、颈径6.2、底径8.8、高8.6厘米（图三，17）。

陶灯　1件。标本M1：3，完整。夹砂灰黑陶。轮制，贴印。平沿略内斜，尖唇。仰弧壁，小底，饼形足。口径11.2、足径5.6、足饼径7.2、足饼厚0.8、高7.5厘米（图三，18；图版三七，1）。

铁釜　1件。标本M1：1，黑铁。侈口，沿略内凹，尖唇外斜，折颈，顺肩，弧腹，圜底。口径17.8、颈径14.2、腹径17.2、高14厘米（图三，19；图版三八，6）。

铁釜架　1件。标本M1：2，将扁铁锻制成圈，装三足。足与圈交处，装豆芽形铁托，铁托长7.8厘米。足略外撇，呈扁状，厚0.8厘米。足根蹄形。高22.5、圆径26、圆宽3、足高22.5、足宽3.4厘米（图三，20；图版三九，1）。

陶纺轮　3件。标本M1：18，夹砂黑褐陶。陶纺轮外形为算珠折棱状。铁铤残一端。直径3.6、高3.6厘米。纺轮空中尚存长7厘米铁铤（图三，21；图版三八，3）。标本M1：20，夹砂黑褐陶。陶纺轮外形为算珠折棱状。直径4、高3.2厘米（图三，22；图版三八，4）。标本M1：23，夹砂黑褐陶。陶纺轮外形为算珠折棱状。直径3.9、高2厘米（图三，23；图版三八，5）。

铁稍　2件。标本M1：19，长32.5、宽0～3、柄长9厘米（图三，24；图版三九，2）。标本M1：24，通长35.2、宽0～3.2、柄长9厘米（图三，25；图版三九，4）。

铜五铢　1件。标本M1：21，剪边磨郭，钱文不清。直径2.1、穿径1、厚0.05厘米（图三，26；图版三九，3）。

铁削　1件。标本M1：27，芒残，首断。残长15.2、宽2.8～3、环首宽3.5厘米（图三，27；图版三九，5）。

三、墓葬年代及相关问题推断

该墓器物组合有实用器类、礼器类、兵器或工具类、明器类等几类。实用器类有陶质的罐、坛、罍、釜、甑、灯、纺轮，铁质的釜、釜架；兵器工具类有铁稍、削；礼器类有陶鼎；明器类有陶灶、仓。因为此墓曾被局部扰动，可能有器物被破坏，所以组合可能并不完整。但从明器和剪边磨郭五铢的随葬来看，与本地大量出现的东汉晚期墓葬随葬品的组合一致。墓砖纹饰为重圆纹，为湘东地区东汉晚期墓葬所常用。因此，判断此墓的年代为东汉晚期。

还值得一提的是，此墓用砖均上绿釉，砖的形制规整，纹饰精美，砌工讲究。残存的随葬品也比较丰富。因此，推测墓主应非普通人家。

该墓位于株洲城区，墓葬主体结构比较完整，随葬器物类型也比较丰富，加上墓葬所处的中车集团株洲电力机车厂在该地有建设文体中心及文化一条街计划，因此，本文建议墓葬做原址保护，充分利用考古资源来推动社区文化设施建设和文物旅游，并能生动地开展历史唯物主义教育。

附记：本次考古发掘人员有陈晓华、王峰、雷明，由雷明绘图。

执笔：王　峰

The Excavation of Eastern Han Dynasty Brick Tomb at Tijinling in Shifeng District, Zhuzhou City, Hunan

Zhuzhou Municipal Bureau of Cultural Relics

Abstract: Tijinling Eastern Han dynasty brick tomb is located in the northeast of Zhuzhou City. It was found when the CRRC Zhuzhou Locomotive Factory improving the roads in the living area. The tomb is a vaulting brick tomb, consisting of three parts of tomb passage, corridor and chamber. 27 pieces of artifacts including pottery wares, iron wares and copper coins were unearthed. This tomb's shape and funerary objects conform to the characteristics of the local tombs of late Eastern Han dynasty. The excavation of this tomb is valuable for studying the Eastern Han dynasty funeral customs in eastern Hunan and the historical changes of Zhuzhou City.

Keywords: Zhuzhou City; Late Eastern Han Dynasty; Brick Tomb

湖南郴州宋代墓葬考古发掘报告

郴州市文物管理处
郴州市博物馆

［摘 要］ 郴州地处湖南东南部，市内众多的山包中发现宋代墓葬20座，分砖室墓和土坑墓两类，墓葬均属中小型墓葬，多为单人墓葬，规模相差不大，随葬器物较少，有的仅遗存几枚棺钉。出土遗物共有陶器7件、瓷器3件、金银器9件、铜钱及铁棺钉若干等。依据出土钱币和器物断定其墓葬年代，分为三期。土坑墓随葬器物多为湖南宋墓常见的陶堆塑罐和多角坛组合，而到目前为止，在资兴和桂阳均未发现类似的土坑墓葬。这些宋代墓葬及其出土器物基本上反映出宋代郴州的文化状况，甚至可见五代十国时期的丧葬习俗。

［关键词］ 郴州；宋代墓葬；形制；器物

郴州地处湖南东南部，处在五岭山脉之中、湘粤交界地区，自古以来就有人类在此活动。经过春秋战国至隋唐时期的发展，郴州已经成为这一区域内重要的城市，市内众多的山包中都有各个时期的墓葬被发现。改革开放以来，在郴州城市发展建设过程中，郴州考古工作者抢救性地发掘宋代墓葬20座（图一），但这些墓葬不同程度地受到人为的损毁。宋代墓葬周边都有其他时期的墓葬被发现，狮马洞和燕泉路机械厂宋代墓葬旁边有东汉墓，马家坪宋代墓葬周边还发现战国墓和汉代墓，香花路电厂家属区旁有战国墓，并未出现打破关系。此次报告按照发掘的年代顺序重新编号，便于学者研究，现介绍如下。

一、墓葬形制

墓葬分砖室墓和土坑墓两类。土坑墓中未发现墓道，而砖室墓有封门存在，应有墓道。多数墓葬中有铁棺钉存在，据此看墓葬大多有葬具，有些未发现铁棺钉和棺木，葬式不明。

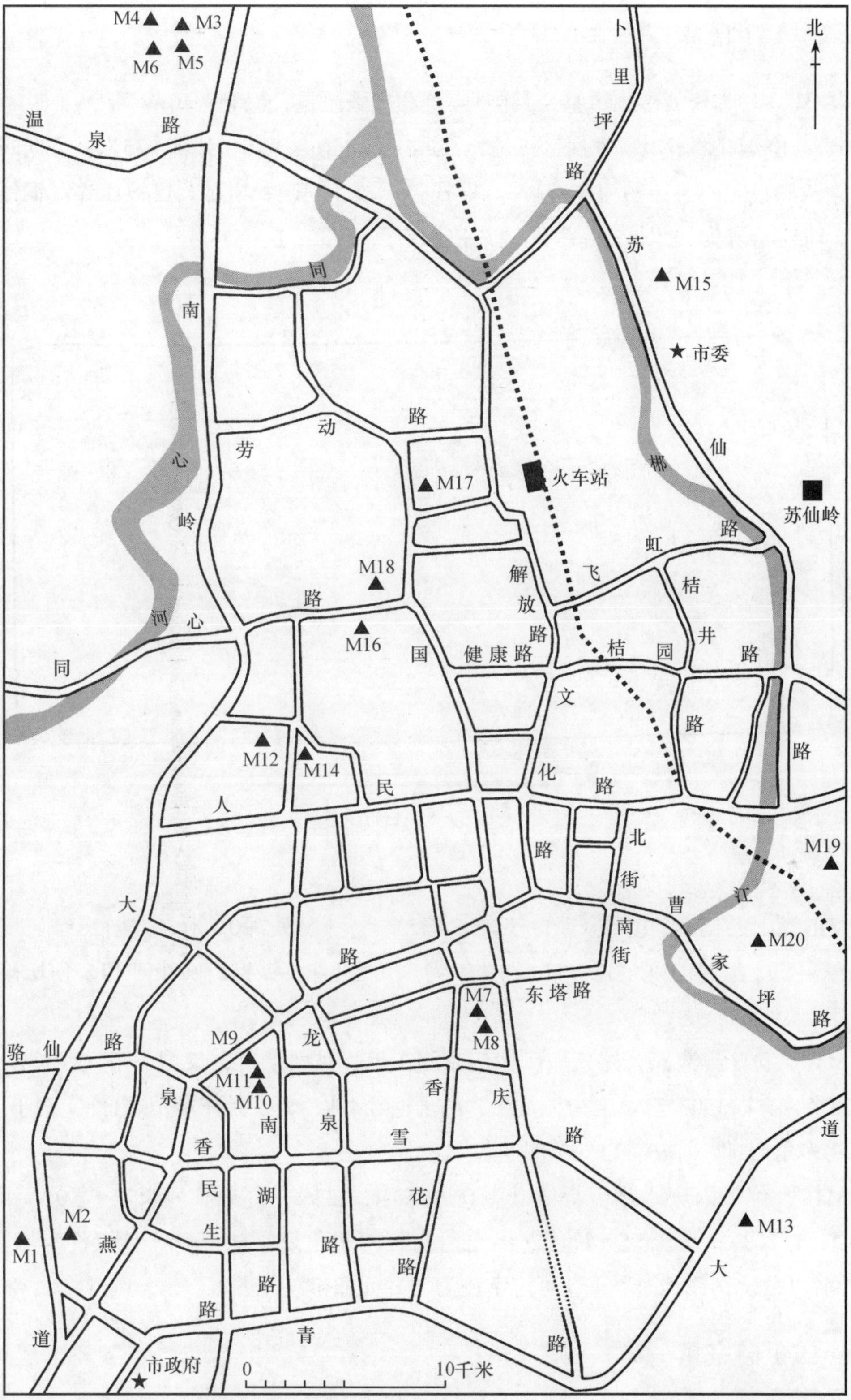
北
M4
M3
M6
M5
温泉路
卜里坪路
苏仙路
M15
市委
火车站
苏仙岭
M17
M18
M16
郴
江
飞虹路
解放路
健康路
桔园路
桔井路
文化路
劳动路
同
南
心
岭
河
心
同
国
人民路
M12
M14
北街
南街
曹家坪路
M19
M20
东塔路
大
M7
M8
M9
M11
M10
骆仙路
泉
香
龙
南
泉
雪
香
庆
路
湖
花
民
生
燕
M1
M2
道
青
大
道
M13
市政府
0
10千米

图一 墓葬分布示意图

（一）土坑墓

共4座。均为长方形土坑墓，其中1座墓葬损毁严重，仅剩一角落。

M7　位于江西岭电厂家属区工地，长2.4、宽1.16～1.18、残深0.35米，方向20°。填土为灰黑色。出土器物为瓷碗1件、铜钱若干枚。瓷碗，饼足，已被压碎。铜钱锈蚀严重，可辨字迹为“元祐通宝”和“景祐元宝”（图二）。

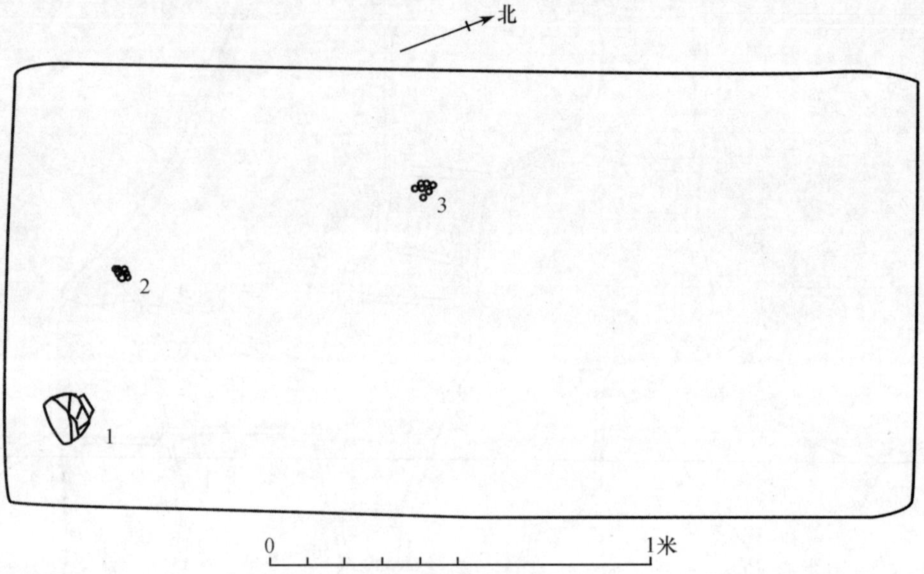

图二　M7平面图

1. 瓷碗　2、3. 铜钱

M8　位于江西岭电厂家属区工地，长2.5、宽1、残深0.7米，方向25°。填土为黑褐色。出土遗物分别是瓷盘口壶1件、陶多角坛1件、铁棺钉12个。陶多角坛被损坏（图三）。

M10　位于燕泉路公路机械厂大门东侧工地，被毁严重，仅剩一角，残长1.1、残宽0.23米，方向350°。填土为细黄泥。出土遗物4件，分别是陶堆塑罐1件、陶小口瓶1件、陶多角坛1件、铁棺钉1件（图四）。

M17　位于国庆北路市新华书店仓库工地，被毁一部分，残长2、宽0.9、深3.1米，方向110°。填土为灰黄色。出土遗物有陶多角坛1件、陶堆塑罐1件、银耳环2件、铜钱1枚。铜钱锈蚀严重，可辨字迹为“开元通宝”（图五）。

（二）砖室墓

共16座。损毁严重，墓顶不明者较多，其中M15和M20为保存相对完整的券顶砖室

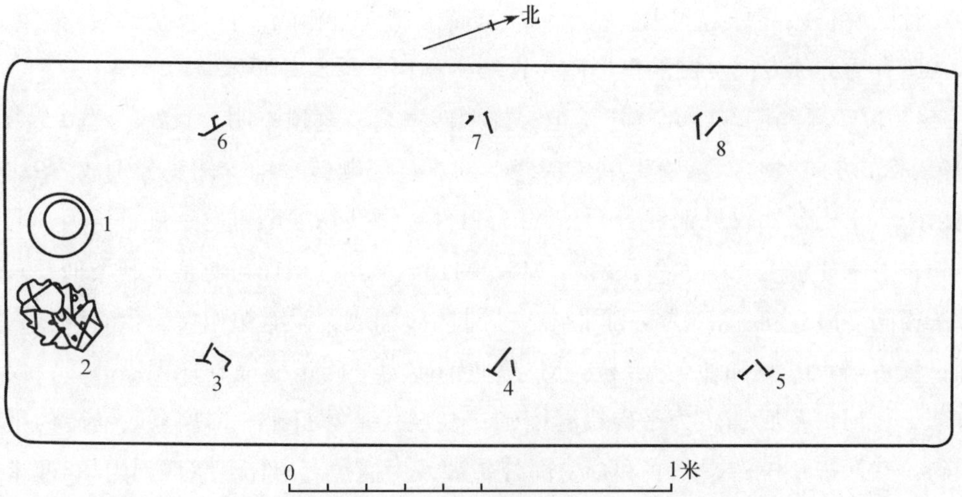

图三 M8平面图

1. 瓷盘口壶 2. 陶多角坛 3～8. 铁棺钉

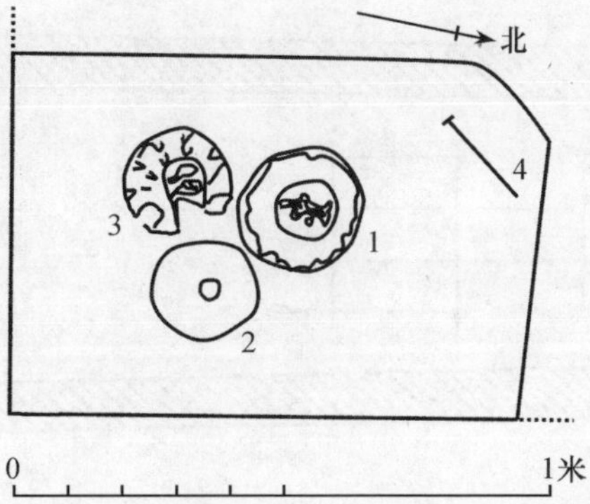

图四 M10平面图

1. 陶堆塑罐 2. 陶小口瓶 3. 陶多角坛 4. 铁棺钉

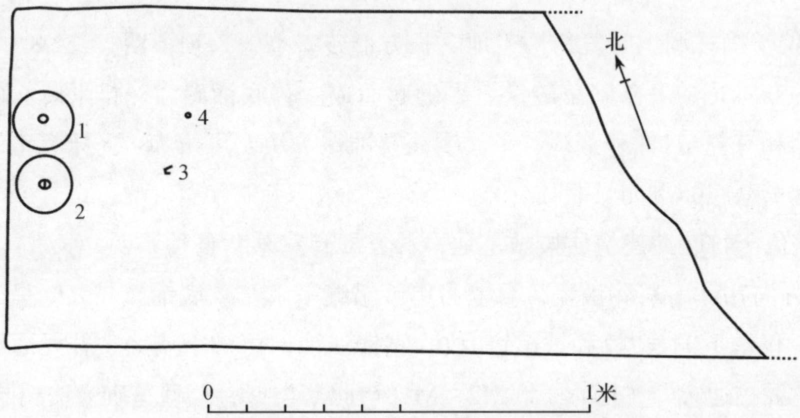

图五 M17平面图

1. 陶多角坛 2. 陶堆塑罐 3. 银耳环 4. 铜钱

墓。尸骨已腐朽，部分墓葬中见铁棺钉。墓砖形制大小相同，青色，长25、宽14、厚3厘米，还有为券顶专门烧制的楔形砖，长25、宽14、厚2～3厘米。

M4　位于狮马洞烟叶复烤厂工地，梯形砖室墓，墓顶不明，长2.4、宽0.5～0.6、残深0.3米，方向31°。墓壁为单砖错缝平砌。墓底顺砖平铺，两头分别放置2块砖，为垫棺砖。出土器物仅见铜钱若干、铁棺钉1件。铜钱锈蚀严重，字迹可辨为“元丰通宝”和“皇宋通宝”（图六）。M3、M5、M13、M14、M16与此墓形制类似，墓壁垒砌方法相同。M5墓底铺砖为一排平砖、一排顺砖铺成，没有垫棺砖，仅有铜钱，已经锈蚀，仅可辨识“政和通宝”1枚。M3墓底铺砖为平砖错缝铺砌，无垫棺砖，仅有铁棺钉若干。M13墓底铺砖为平砖错缝铺砌，被现代墓葬打破。M14墓底铺砖为平砖错缝铺砌，有两排垫棺砖，墓底和墓壁部分砖被人为撬掉。M16墓壁四周内填4厘米白石灰，墓底铺砖为平砖错缝铺砌，无垫棺砖。

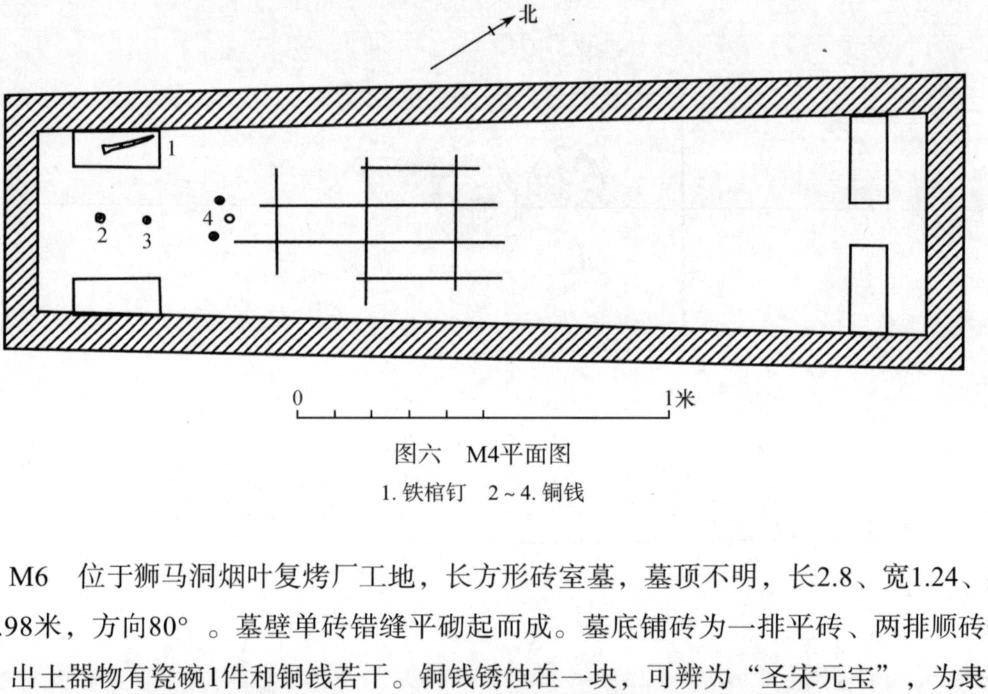

图六　M4平面图
1. 铁棺钉　2～4. 铜钱

M6　位于狮马洞烟叶复烤厂工地，长方形砖室墓，墓顶不明，长2.8、宽1.24、残深0.98米，方向80°。墓壁单砖错缝平砌起而成。墓底铺砖为一排平砖、两排顺砖铺成。出土器物有瓷碗1件和铜钱若干。铜钱锈蚀在一块，可辨为“圣宋元宝”，为隶书体，铜钱在离墓底0.6米处（图七）。

M12　位于竹叶冲建筑质监站工地，长方形砖室墓，墓顶不明，长2.3、宽0.8、残深0.3米，方向70°。墓葬被盗，墓壁为单砖错缝平砌。墓底铺砖与墓壁呈30°角错缝铺砌一层。仅留下铜钱7枚和铁棺钉4枚。铜钱锈蚀，可辨字迹为“开元通宝”“元丰通宝”和“元祐通宝”（图八）。M2、M18与此墓类似，墓壁垒砌方法相同。M2墓底铺砖顺砖一排排铺砌，有垫棺砖，墓葬被毁。M18墓底铺砖为一排平砖、一排顺砖铺

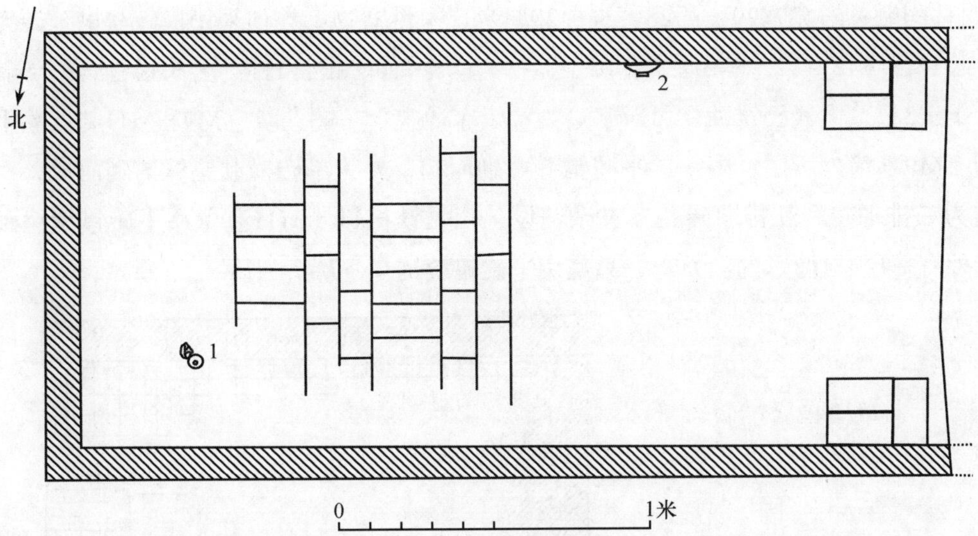

图七 M6平面图

1. 铜钱 2. 瓷碗

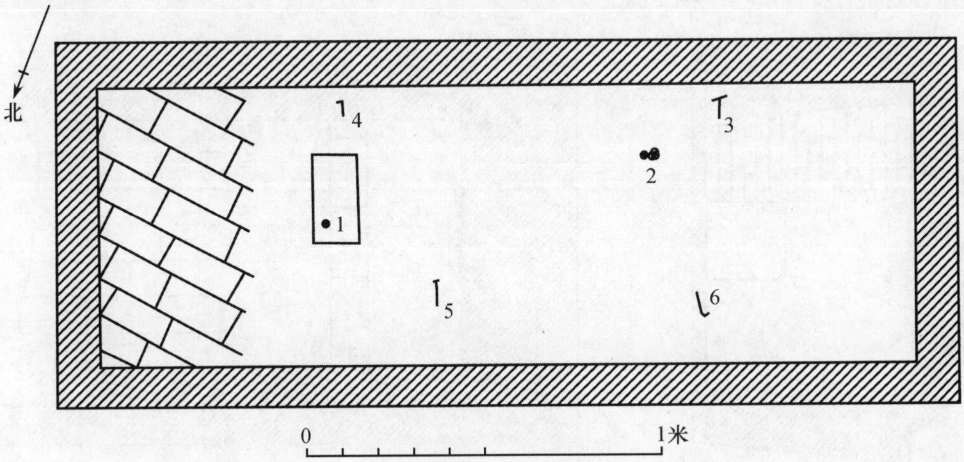

图八 M12平面图

1、2. 铜钱 3～6. 铁棺钉

砌而成，有垫棺砖，墓葬被毁一部分，仅见至道元宝铜钱1枚和铁棺钉若干枚。

M15 位于苏仙岭郴州市中级技工学校工地，墓室前部已经损毁，在乱土中发现1件铜镜。清理时发现少量的人骨架，腐蚀较为严重。墓葬为券顶砖室墓，方向350°，残长1.64～1.96、底宽0.96、深1.06米。墓葬两壁用平砖错缝叠砌，墓底用平砖错缝铺垫一层，头部有一排垫棺砖。墓室后部放置1块长方形砖，长30、宽30、厚3厘米。墓室后壁用单平砖叠砌，呈阶梯形。墓室两壁各砌1龛。左龛宽28、高28、进深20厘米，放置1件陶罐；右龛宽20、高28、进深20厘米，未见器物。券顶采用横砖起拱，砖为楔形，长15、宽15～12、厚5厘米。出土器物有陶罐1件、银簪1件、金头银簪1件、铜镜1件、铜钱3枚，铜钱已锈蚀，可辨字迹为“崇宁通宝”（图九）。M9和M11与此墓平面类似。M9墓壁为两层，内一层平砖错缝叠砌而起，外为单砖横起错缝铺砌而成，墓底铺砖为三排平砖和三排顺砖相互夹杂铺设，仅见铁棺钉。M11墓壁用平砖错缝叠砌，墓壁外有一层厚1厘米的白石灰，墓底用平砖错缝铺垫一层。

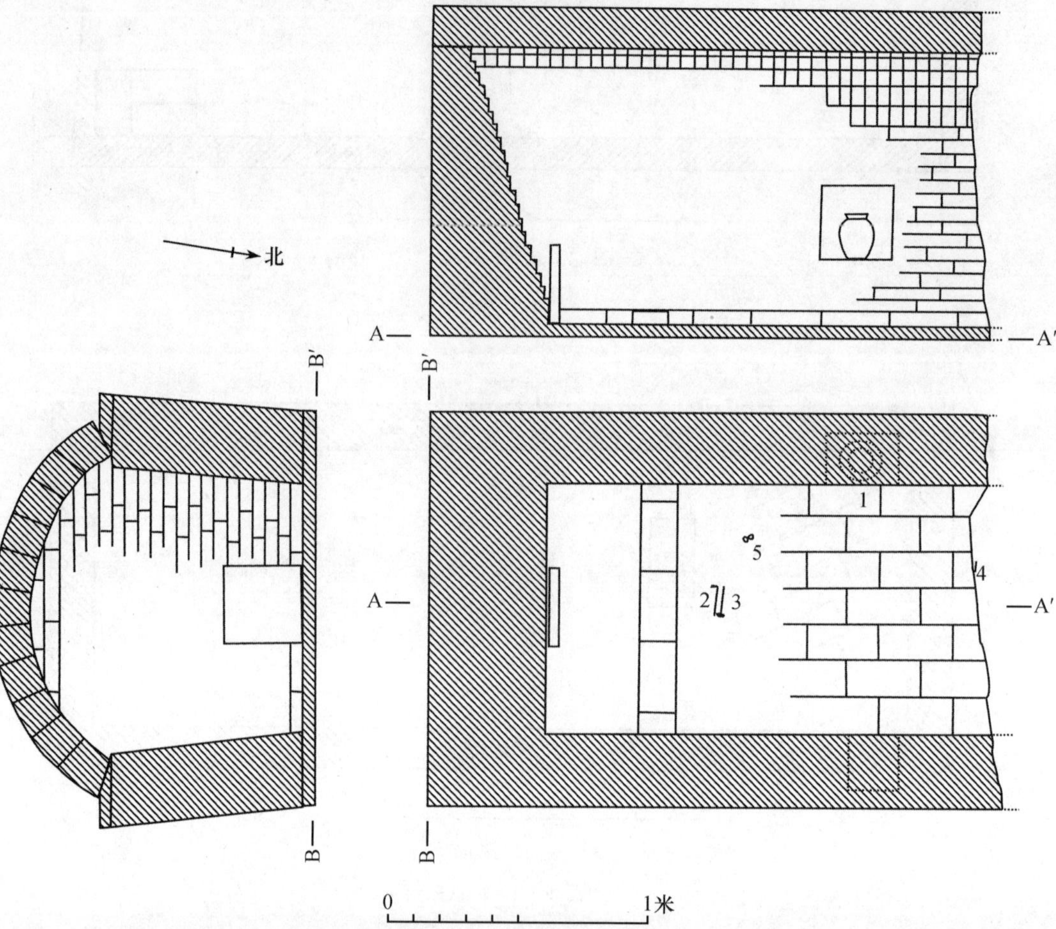

图九　M15平、剖面图

1. 陶罐　2、3. 银簪　4. 铜镜　5. 铜钱

M19　位于石榴湾化学助剂厂工地，梯形砖室墓，双室，墓葬被毁，墓顶不明，方向25°。左室长2.32、宽0.77～0.84米，右室长2.06、宽0.62～0.76米。墓壁用平砖错缝叠砌。墓底平砖错缝平铺一层。两室隔墙，用两平一顺砖平铺而成。在乱土中仅发现数枚铁棺钉和彩绘漆皮痕迹，其中棺钉锈蚀严重（图一〇）。M1与此墓类似，是

双室墓，属于长方形墓葬。墓壁顺砖错缝叠砌。两室隔墙，用两平多横砖平铺错缝而成。墓底铺砖是三排顺砖夹杂两排平砖铺砌而成，仅见铁棺钉1枚。

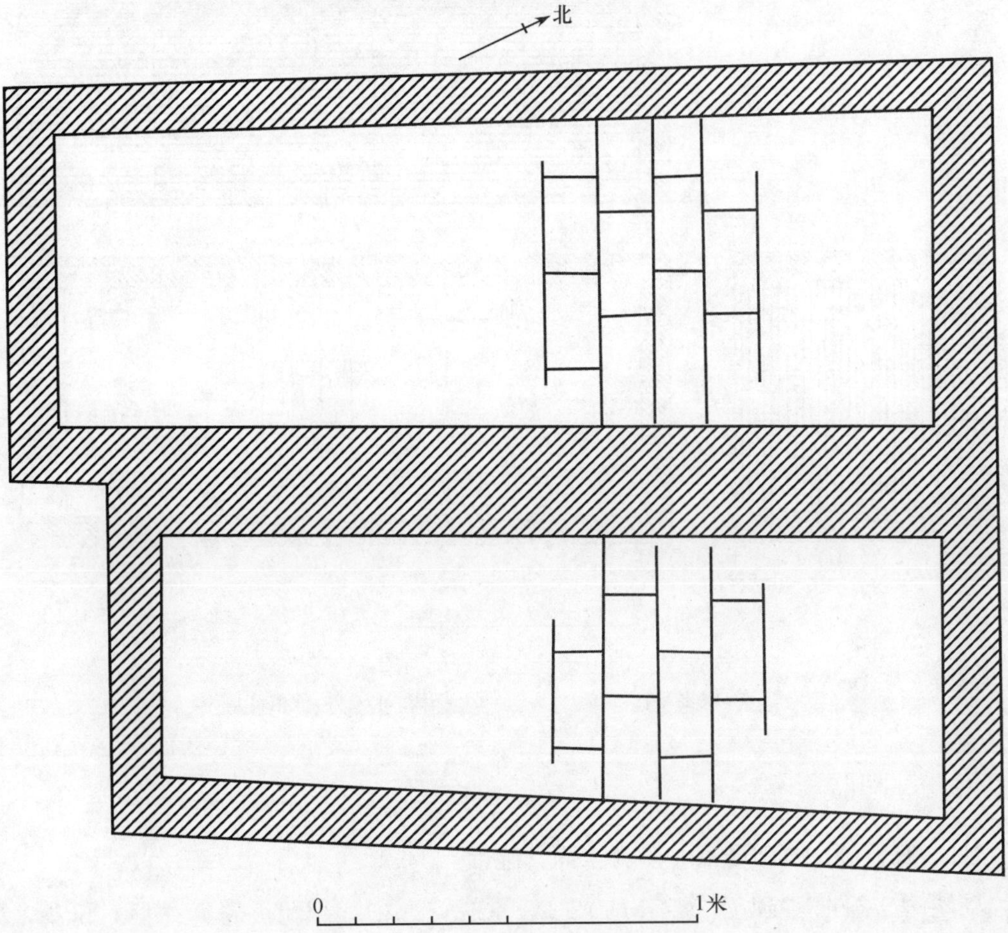

图一〇　M19平面图

M20　位于东塔曹家坪1号安置房工地，墓室前部已经被毁。墓葬为长方形券顶砖室墓，方向143°。墓长2.16、宽0.88、深0.92米。券顶为双层。墓壁为单砖错缝平砌而成。墓底铺砖顺砖错缝平铺。墓底有两排垫棺砖。墓室内棺木外填充白石灰，较硬。棺木已锈蚀，内填满泥土。出土遗物有银簪3件、金耳环2件、铜钱6件、铁棺钉12件。其中，铜钱为崇宁通宝；铁棺钉锈蚀较为严重，分为圆盖钉和直钉两种（图一一）。

二、出土遗物

墓葬中出土遗物较少，由于属于抢救性发掘，大部分器物被毁较为严重，共有陶器7件、瓷器3件、金银器9件，铜钱和铁棺钉若干等。

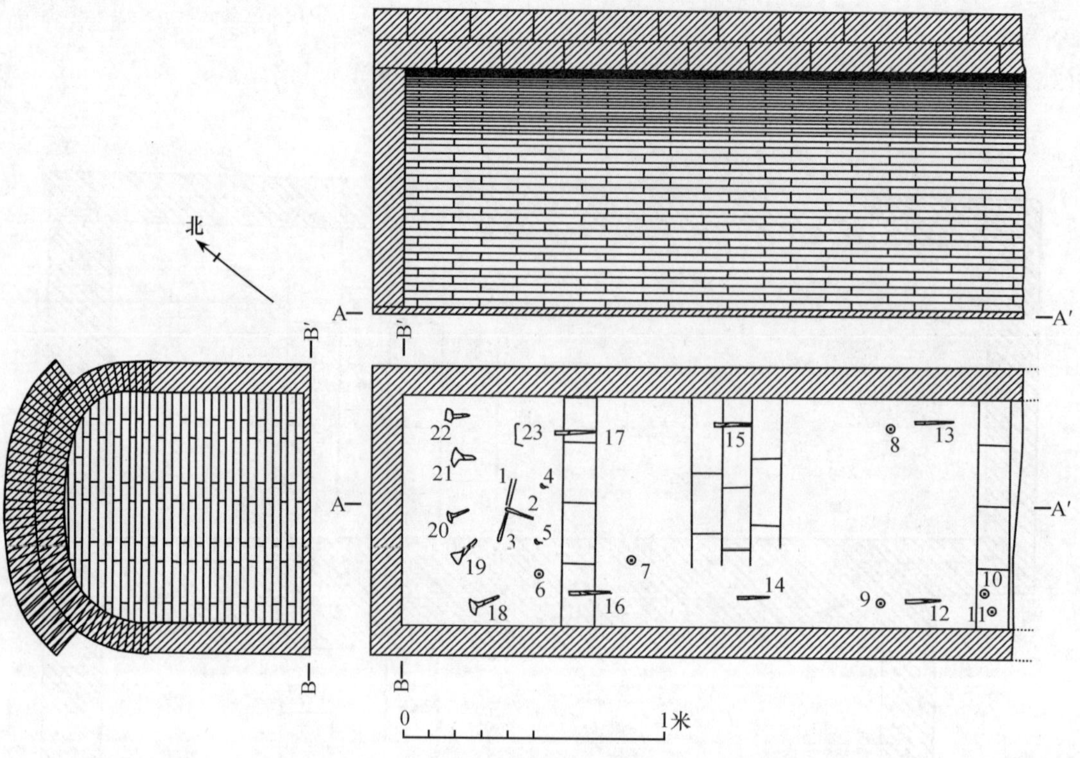

图一一　M20平、剖面图

1～3. 银簪　4、5. 金耳环　6～11. 铜钱　12～23. 铁棺钉

（一）陶器

7件。火候高，类似瓷器，多为素面，施釉。

堆塑罐　3件，类似。标本M10：1，素烧，无釉。狗纽形盖，盘口，束颈，鼓腹，平底。肩部置围栏并饰镂空四瓣花纹，栏沿堆塑人物、瑞兽一周；腹部堆塑双龙戏玄武纹和变形莲花纹两周。口径10.9、底径12、高53.8厘米（图一三；图版四〇，3）。标本M17：1，素烧。覆钵形盖，螺蛳形纽，周围堆塑一周波浪纹。敞口，鼓腹，平底。腹部堆塑五周波浪纹。口径6.4、底径10.4、通高32厘米（图一二，3）。标本M17：2，黄釉。覆钵形盖，纽损毁、不明，敛口，鼓腹，平底。盖堆塑一周莲花纹，腹上下堆塑一周宽边，上边边沿堆塑一周动物纹饰，其面刻划一周竖线纹，下边边缘为波浪纹，腹中饰四道波浪纹。口径6、底径10.4、通高30厘米（图一二，4；图版四〇，4）。

多角坛　2件，其中1件已经被毁严重，仅可辨认器形，带尖角。标本M10：3，鸡纽形盖，鸡身下刻梅花纹，子母口，敞口，圆唇，鼓腹，腹部对称四组尖角，每组5个，共20个，尖角朝上，平底。尖角间带弦纹，每组尖角下均有乳丁纹1个，其下一周

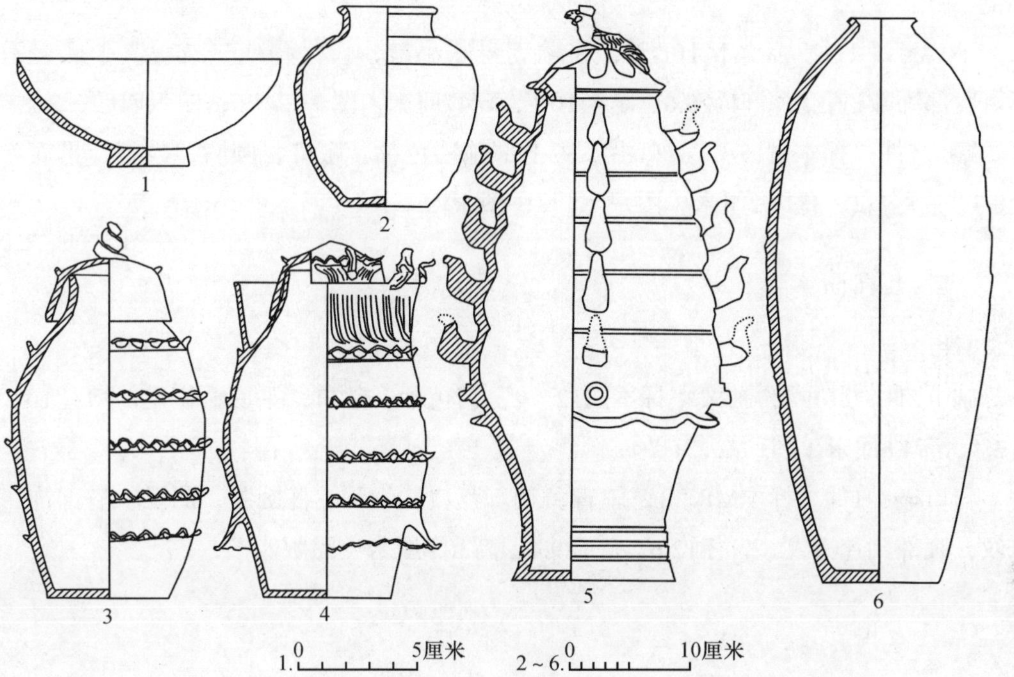

图一二 陶瓷器

1. 瓷碗（M12：2） 2. 陶罐（M15：1） 3、4. 陶堆塑罐（M17：1、M17：2）
5. 陶多角坛（M10：3） 6. 陶小口瓶（M10：2）

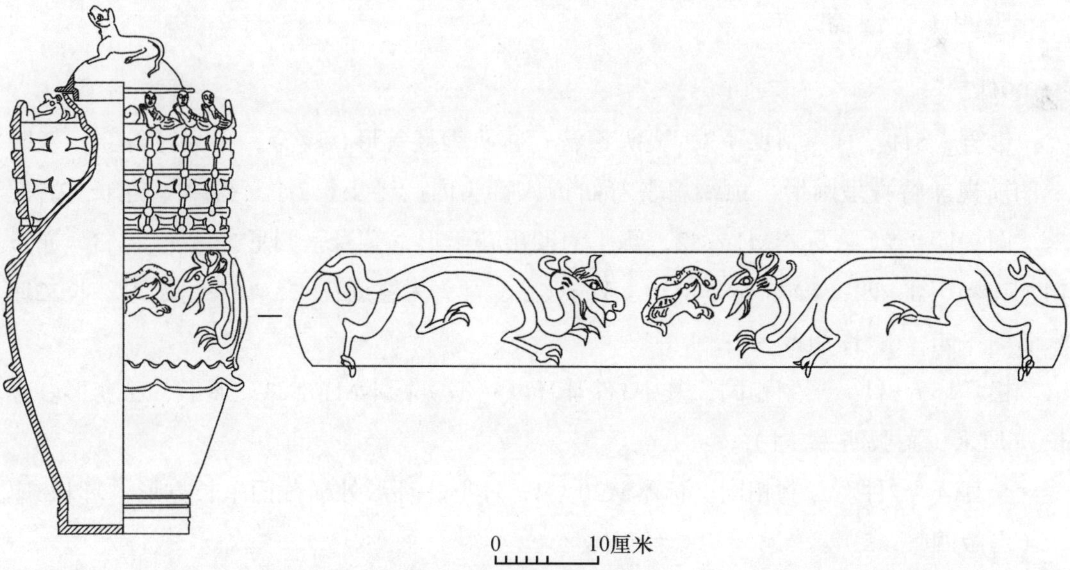

图一三 陶堆塑罐（M10：1）

堆塑荷叶边纹。足上饰三道弦纹。素烧。口径10.4、底径12、通高48.8厘米（图一二，5）。

小口瓶　1件。标本M10：2，酱釉满身。小口，口沿稍残，鼓腹，平底，呈茧形。腹部饰数道弦纹。口径5.6、足径10.1、高47厘米（图一二，6；图版四〇，2）。

罐　1件。标本M15：1，口沿及腹上部施酱色釉。敞口，圆唇，鼓腹，平底。口径8.4、底径7.2、高17.2厘米（图一二，2；图版四一，1）。

（二）瓷器

3件。

碗　2件，其中1件被毁。标本M12：2，酱色釉。敛口，平底，饼足。口径10、底径2.4、高4.6厘米（图一二，1）。

盘口壶　1件。标本M8：1，施青黄釉。盘口，细颈，椭圆腹，圈足。肩部饰一周弦纹，腹部刻莲瓣纹。口径12.6、底径9.4、高30.4厘米（图版四〇，1）。

（三）铜器

镜　1件。标本M15：4，圆形，银锭纽，纽侧各有一尖角长方框，框内有铭文，铭文较模糊，经过辨析为“湖州孙家，□□□□□□”。镜缘有凸弦纹一周，高卷边。青黑色。直径8.2、边厚0.4厘米（图一四，7；图版四一，2）。

（四）金银器

9件。

银簪　5件。标本M15：3，金头银簪。簪头为猴首形，鎏金，猴大耳耸立，双眼下凹前视。簪身呈圆形，顶端扁平弯曲折入簪头内。簪头长2.1、宽1.8、通长12.9厘米（图一四，5）。标本M15：2，簪头为四出花瓣形，簪身呈圆形。簪头径1.3、通长14.1厘米（图一四，4）。标本M20：3，双箍，簪头为錾刻花纹，簪身呈圆形。长12厘米（图一四，6；图版四一，5）。

银耳环　2件。形制相同，其中1件耳环断一截。标本M17：3，弧形，已变形。环长3.6厘米（图版四一，4）。

金耳环　2件。形制相同。标本M20：4，环形，环形处横截面呈长方形。环长3厘米（图版四一，3）。

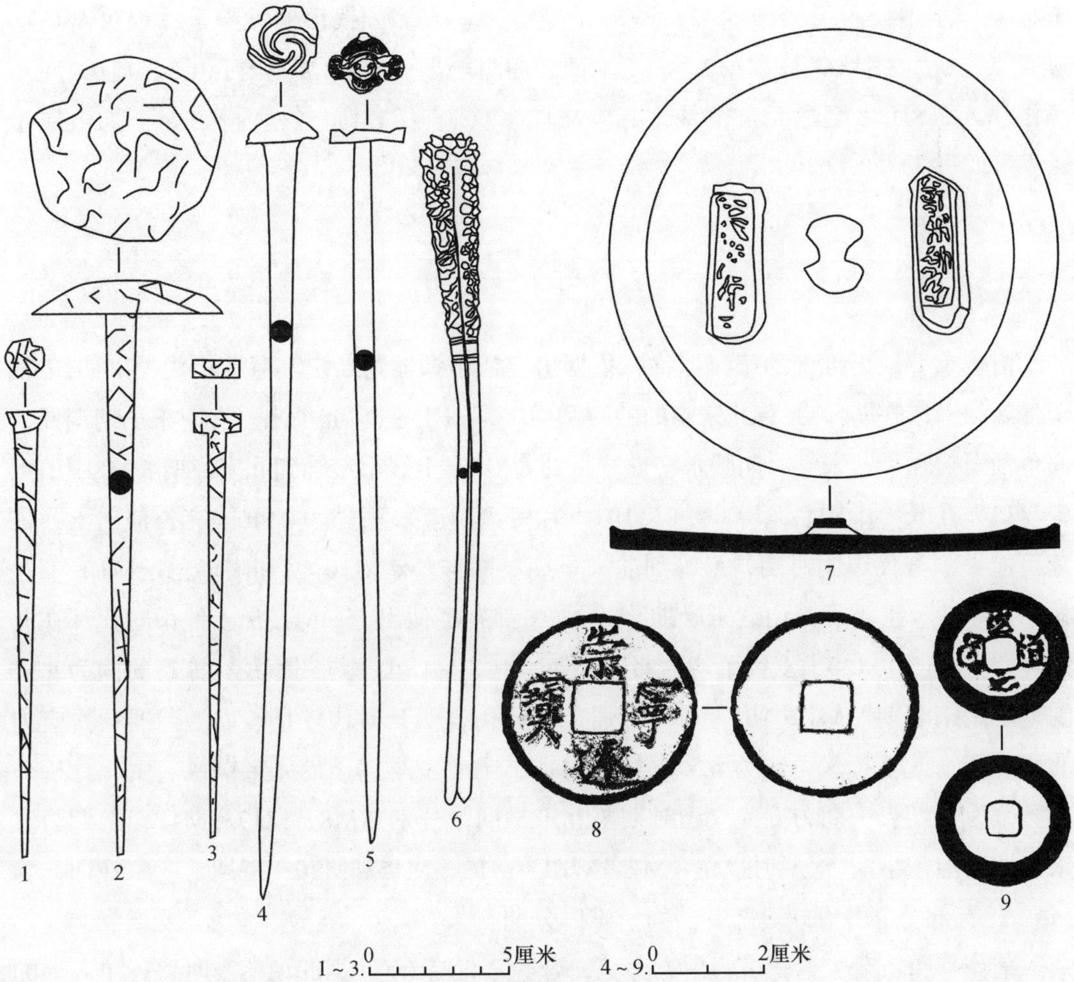

图一四　金属器

1～3. 铁棺钉（M20、M19、M8）　4～6. 银簪（M15：2、M15：3、M20：3）

7. 铜镜（M15：4）　8、9. 铜钱（M20：8、M18：1）

（五）铁棺钉

几乎各个墓葬中都存在棺钉。M19乱砖中棺钉，铁质，锈蚀，伞形，钉帽径7、通长20厘米（图一四，2）。M20中铁钉为平头方柱形，通长15厘米（图一四，1），此类形较多；还有码钉存在，平面呈长方形，两边下折成足，已经锈蚀很严重。M8中铁钉为圆平顶方柱形，圆头直径1.4、柱长16厘米（图一四，3）。

（六）铜钱

铜钱若干，分别是开元通宝、元祐通宝、景祐元宝、元丰通宝、政和通宝、皇宋通宝、至道元宝、崇宁通宝、圣宋元宝铜钱。大部分钱币锈蚀严重，仅可辨认字迹。崇宁通宝铜钱，标本M20∶8，圆形方孔铜钱。直径3.4、内孔0.2、厚0.2厘米（图一四，8）。至道元宝铜钱，标本M18∶1，直径2.4厘米，内孔0.6、厚0.1厘米（图一四，9）。

三、结　语

由于墓葬缺乏准确的纪年器物，依据出土钱币和器物断定其墓葬年代。M4出土钱币最晚到南宋晚期。M5有北宋晚期的政和通宝铜钱出土。M6中出土有南宋早期铜钱，酱色釉瓷碗在汝城宋元时期暖水窑址有见到。M7出土钱币最晚到北宋晚期。M8中出土瓷盘口壶在长沙十国楚墓葬[1]（M191）和资兴旧市宋墓[2]（M40）有类似出土，该墓可能早到五代十国时期，最晚到北宋早期。陶堆塑罐M10∶1和陶多角坛M10∶3在桂阳刘家岭、上雷和旺山北宋晚期墓葬[3]中都有类似出土。M12出土钱币时代都在北宋晚期。M15和M20出土钱币均为北宋晚期，其中M15出土湖州铜镜，流行时间为北宋晚期至南宋早期。M17中出土唐开元通宝铜钱，表明其时代较早，以随葬器物看应为北宋时期，此墓年代可能为北宋早期。M18出土北宋早期至道元宝铜钱。由此分析，墓葬分为三期：一期为五代十国时期至北宋早期，分别是M8、M17和M18；二期为北宋晚期至南宋早期，分别是M5～M7、M10、M12、M15和M20；三期是南宋晚期，为M4。还有部分墓葬因缺乏随葬器物，难以分期。

墓葬都属于窄坑墓，多为单人墓葬，合葬墓仅有2座，据此说明当时盛行单人葬的风俗。由于部分墓葬中未发现随葬品，缺乏准确的断代依据，但墓砖在郴州宋代墓都有使用，基本可以推断这些墓葬的年代为宋代，而梯形砖室墓可能在南宋时期盛行。郴州发现这一时期的墓葬，随葬品很少，多是空墓，应该是郴州五代十国至宋代墓葬特点，特别是砖室墓中随葬更少，并非是墓葬被盗或者是被毁造成的。土坑墓葬随葬器物多为湖南宋墓常见的陶堆塑罐和陶多角坛组合，而到目前为止，在资兴[4]和桂阳[5]均未发现类似的土坑墓葬。因考古工作记录上出的问题，狮马洞、江西岭、机械厂宋墓分布在各自的区域内，墓葬分布情况难以准确地确定其地方，是否分布在左右或前后，不得而知，难以肯定在各自的区域内墓葬之间存在某种内在的联系。

宋代时期，郴州地区设置的两个行政机构是郴州和桂阳监，《宋史·志第四十一》记载：郴州下辖郴、桂阳（今汝城）、宜章、永兴、兴宁（今资兴）、桂东六县。郴州发现20座宋代墓葬，应该是在宋代郴县范围内，下辖其他县也发现该时期的陶多角坛和陶堆塑罐。这些墓葬及出土器物，基本上反映出宋代郴州的文化状况，甚至可见五代十国时期的郴州丧葬习俗。墓葬均属中小型墓葬，形制多样，而规模相差不大，随葬器物较少，有的仅遗存几枚棺钉。从墓葬遗存棺钉的现象看，应具有木棺葬具，M20木棺外填满石灰，由此看五代十国至宋代郴州墓葬重葬具而不重随葬器物。陶多角坛和陶堆塑罐在郴州宋代窑址有发现[6]，应该为本地烧造。郴州与桂阳宋代墓葬比较，不如桂阳刘家岭和上雷宋墓形制规格高，以此推测当时的郴州比桂阳经济发展落后，监（宋代设置桂阳监，以矿业开采、冶炼为主的特别行政机构）所在地刺激了桂阳经济的发展。与郴州宋代墓相比，耒阳宋代墓[7]形制更多样，随葬品相对较多，两地出土陶多角坛和陶堆塑罐类似者少、不同者多，说明当时两地丧葬习俗的差异。

附记：郴州宋代墓葬资料累计的时间有30年，因时间太久和当时记录的问题，造成墓葬本身的信息丢失，本报告在整理中尽可能完整地收集之。参与发掘者中有的已去世或退休，在此感谢这些前辈辛勤付出，同时感谢现在单位同仁给予的帮助和支持。绘图者为秦小军、龙福廷、唐涛、崔志祥、罗胜强，照相者为段坚。

执笔：罗胜强

注　释

［1］周世荣：《湖南古墓与古窑址》，岳麓书社，2004年，第371页。

［2］湖南省博物馆：《湖南资兴隋唐五代宋墓》，《考古》1990年第3期。

［3］A. 湖南省文物考古研究所：《湖南桂阳刘家岭宋代壁画墓发掘简报》，《文物》2012年第2期。

B. 郴州市文物管理处、桂阳县文物管理所：《湖南桂阳上雷宋墓清理简报》，《湖南考古辑刊》（第10集），岳麓书社，2014年。

C. 郴州市文物管理处、桂阳县文物管理所：《湖南桂阳旺山宋代墓葬》，《湖南考古辑刊》（第11集），科学出版社，2015年。

［4］湖南省博物馆：《湖南资兴隋唐五代宋墓》，《考古》1990年第3期。

［5］A. 湖南省文物考古研究所：《湖南桂阳刘家岭宋代壁画墓发掘简报》，《文物》2012年第2期。

B. 郴州市文物管理处、桂阳县文物管理所：《湖南桂阳上雷宋墓清理简报》，《湖南考古辑刊》（第10集），岳麓书社，2014年。

C. 郴州市文物管理处、桂阳县文物管理所：《湖南桂阳旺山宋代墓葬》，《湖南考古辑刊》（第11集），科学出版社，2015年。

［6］郴州地区文物工作队：《湖南郴州宋代窑址发掘》，《考古》1992年第9期。

［7］ 衡阳市文物工作队：《湖南耒阳城关六朝唐宋墓》，《考古学报》1996年第2期。

The Excavation of the Song Dynasty Tombs in Chenzhou City, Hunan

Chenzhou Municipal Management Office of Cultural Relics

Chenzhou Municipal Museum

Abstract: Chenzhou City is located in the southeast of Hunan Province. Twenty tombs of Song dynasty including two types of brick tombs and earth pit tombs were discovered in the city. These tombs which mostly are single burials are of small and medium size. There are few unearthed artifacts, and some only have a few nails. The discovered artifacts include 7 pottery wares, 3 pieces of porcelain, 9 gold and silver wares, copper coins and several iron nails, and so on. According to the unearthed coins and other artifacts, the age of the tombs was presumably divided into three periods. Most of the funerary objects in the earth pit tombs are the combination of stacking pots and multi-angle jars which commonly found in the Song dynasty tombs in Hunan. So far, no similar earth pit tomb has been found in Zixing City or Guiyang County. These tombs and the unearthed artifacts basically reflect the cultural condition of Chenzhou in Song dynasty, and even the funeral customs of Five dynasties and Ten kingdoms.

Keywords: Chenzhou; Song Dynasty Tombs; Shape and Structure; Artifacts

附表　郴州宋代墓葬统计表

墓号	原墓号	地点	发掘时间	墓向	墓室（长×宽−深）（米）	墓葬形制	出土器物（件）	备注
M1	84郴七M2	七里洞地区制药厂工地	1984年8月	354°	2.7×2.2−0.5（残）	双室砖室墓	铁棺钉1	
M2	84郴七M4	七里洞206地质队基建工地	1984年8月	308°	2×0.54−0.09（残）	长方形砖室墓		墓葬后部已毁
M3	91郴狮M1	狮马洞地区烟叶复烤厂工地	1991年3月	20°	2.4×（0.54～0.65）−0.44（残）	梯形砖室墓	铁棺钉若干	

续表

墓号	原墓号	地点	发掘时间	墓向	墓室（长×宽-深）（米）	墓葬形制	出土器物（件）	备注
M4	91郴狮M3	狮马洞地区烟叶复烤厂工地	1991年3月	31°	2.4×（0.5~0.6）-0.3（残）	梯形砖室墓	铁棺钉1、铜钱若干	
M5	91郴狮M4	狮马洞地区烟叶复烤厂工地	1991年3月	35°	1.98×（0.64~0.72）-0.28（残）	梯形砖室墓	铜钱若干	
M6	91郴狮M6	狮马洞地区烟叶复烤厂工地	1991年3月	80°	2.8×1.24-0.98（残）	长方形砖室墓	瓷碗1、铜钱若干	
M7	92郴江电M3	香花路江西岭电厂家属区工地	1992年10月	20°	2.4×（1.16~1.18）-0.35（残）	土坑墓	瓷碗1、铜钱若干	
M8	92郴江电M4	香花路江西岭电厂家属区工地	1992年11月	25°	2.5×1-0.7（残）	土坑墓	瓷盘口壶1、陶多角坛1、铁棺钉若干	
M9	92郴燕M4	燕泉路公路机械厂大门东侧工地	1992年1月	200°	1.76（残）×0.78-0.9（残）	长方形砖室墓		墓葬后部已毁
M10	92郴燕M6	燕泉路公路机械厂大门东侧工地	1992年3月	350°	1.1（残）×0.23（残）-?	土坑墓	陶堆塑罐1、陶多角坛1、陶小口瓶1、铁棺钉1	墓葬仅剩一角
M11	92郴燕M7	燕泉路公路机械厂大门东侧工地	1992年4月	245°	1.65（残）×1.1-0.74（残）	长方形砖室墓		墓葬前部已毁
M12	93郴竹监M3	竹叶冲建筑质监站工地	1993年6月	70°	2.3×0.8-0.3（残）	长方形砖室墓	铜钱若干、铁棺钉4	墓葬被盗
M13	93郴磨环M3	磨心塘环城南路工地	1993年12月	298°	1.85（残）×（0.6~0.8）-0.3（残）	梯形砖室墓	铜钱若干	墓葬后部被毁
M14	96郴竹计M1	竹叶冲北湖区计生委工地	1996年8月	290°	2.96×（1.2~1.3）-1.2（残）	梯形砖室墓		墓壁和墓底砖多被撬

续表

墓号	原墓号	地点	发掘时间	墓向	墓室（长×宽-深）（米）	墓葬形制	出土器物（件）	备注
M15	96郴苏技M1	苏仙岭郴州市中级技校工地	1996年9月	350°	（1.64～1.96）（残）×0.96-1.06	券顶砖室墓	陶罐1、银簪1、金头银簪1、铜镜1、铜钱3	墓室前部被毁
M16	96郴北水M1	北湖公园市水泥厂住宅楼工地	1996年11月	15°	2.6×（0.7～0.84）-0.5（残）	梯形砖室墓		墓顶和墓壁部分被毁
M17	96郴国新M2	国庆北路市新华书店仓库工地	1996年12月	110°	2（残）×0.9-3.1	土坑墓	陶堆塑罐1、陶多角坛1、银耳环2、铜钱1	墓葬前部被毁
M18	97郴马湘M13	马家坪湘云中心汽车站工地	1997年5月	300°	2（残）×0.74-0.9（残）	长方形砖室墓	铜钱1、铁棺钉若干	墓葬后部被毁
M19	97郴石化M1	石榴湾化学助剂厂工地	1997年4月	25°	左：2.32×（0.77～0.84）-0.1 右：2.06×（0.62～0.76）-0.1	双室梯形砖室墓	铁棺钉若干枚	墓葬被毁，棺钉在乱土中
M20	2014郴东塔M1	东塔曹家坪1号安置房工地	2014年8月	143°	2.16×0.88-0.92	长方形券顶砖室墓	银簪3、金耳环2、铜钱6、铁棺钉12	墓室前部被毁

湖南花垣老卫城遗址及其周边遗存考古调查试掘报告

湘西土家族苗族自治州文物管理局

花垣县文物管理局

［摘　要］　2015年夏，湘西土家族苗族自治州文物管理局对花垣县老卫城遗址及其周边遗存开展了调查试掘工作。初步弄清了老卫城遗址的城墙结构、城门布局及城内功能分区等概况，并在其周边新发现一处城址和一座龙窑址。本次工作拉开了考古学研究湘西地区卫所制度的序幕，为研究我国西南地区古代民族之间的对抗与融合、中央与地方土司之间的相互关系提供了新的契机和材料。

［关键词］　花垣县；老卫城遗址；崇山卫；吉多坪城址；新寨窑址

老卫城遗址是我国西南少数民族地区保存较好的大型明代卫所遗址之一，2011年被湖南省人民政府公布为第九批省级文物保护单位。该遗址位于湖南省湘西土家族苗族自治州花垣县吉卫镇老卫城村一组与三组之间，北距花垣县城约28千米，西距吉卫镇政府约1.2千米，中心地理坐标为北纬28° 19′ 55.48″，东经109° 25′ 45.13″，海拔829米（图一）。

老卫城遗址虽已是省级文物保护单位，但此前未曾开展正式的考古工作，对其认识尚比较模糊。为进一步了解该城址的范围、城墙结构、文化内涵及周边相关遗存等情况，做好下一步的保护工作，经湖南省文物局批准，湘西土家族苗族自治州文物管理局联合花垣县文物管理局于2015年5月22日～7月14日对老卫城及其周边遗存展开了调查和试掘工作。老卫城遗址的工作重点侧重于对该城址城墙的重新确认及对城门的勘探和试掘。在对周边遗存的调查过程中，新发现并确认了一处城址（吉多坪）和一处窑址（新寨）。现将调查试掘收获报告如下。

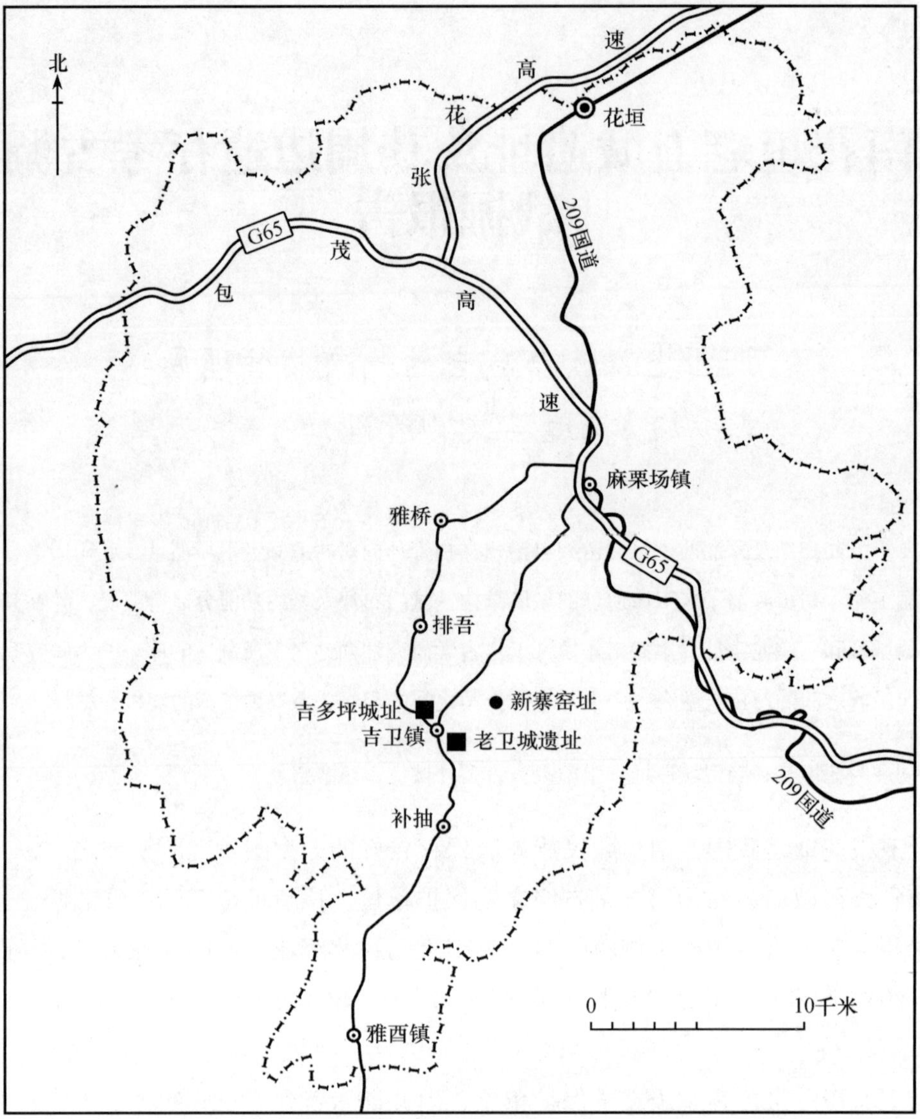

图一　老卫城遗址及其周边遗址位置示意图

一、老卫城遗址

遗址及其周边区域地势较低，以开垦为耕地的低矮山地和丘陵为主。一条小溪绕遗址西南、南侧蜿蜒而流，向东注入遗址东南边的一座人工水库。城内地貌略可分为四道南北走向的岗地，岗地与岗地之间的沟壑，均被开垦为平整的水田和旱地。据初步测量，该城址平面略呈五边形，周长近2.2千米，面积约55万平方米。城墙系土墙，依地势走向修筑，现存墙基宽10～14、顶宽约3米，残高4～10米。北城墙外发现有明显的人工挖造的城壕，壕宽10～14、深3～4米，挖造城壕的土均用以修筑城墙。东、西城墙外，从地表迹象来看，可能也存在城壕，但需开展考古工作来进一步确定。南墙外则未发现有任何明显的线索。据实地踏查和勘探，城内有明显的功能分区，可以确定的有居住区、衙署区和墓葬区。另外，据地名传说，城内还有“演武区”“跑马场”“荷花池”等遗迹。

本次试掘在老卫城城墙及城墙豁口处共布了5条探沟和1个探方，编号T1～T6，发掘面积近160平方米，其中T1布在东城墙的内侧，T6布在西城墙的豁口处，其余均布在城墙上（图二）。通过所布的探沟和探方，基本弄清了老卫城墙体的结构，确认了东门、北门、西门这三处门址，南门区域破坏严重，门址情况不详。此外，还对一些断坎的表面进行了刮面调查，发现这些断坎均为文化层堆积。根据其走向，进一步推测这些断坎实为老卫城城墙基体的断面。这一发现，纠正了对老卫城城墙原有的错误认识，重新确认了老卫城西墙（图版四三，2）和南墙的走向。

（一）城墙结构

T2、T4、T5均解剖了城墙，其中T2位于北墙中段（图版四二，1）偏东位置，规格12米×1米，方向为北偏东16°。T4位于北墙西段，规格2米×7米，方向为正南北向。T5位于西墙北段，接近城墙西北角，规格14米×1.5米，方向为正东西向。3条探沟揭露出的城墙结构基本一致，下面以T2的东壁剖面为例进行说明。

T2东壁剖面可分为两大部分，其中第①～③层为墙体上地层堆积，第1～13层为墙体夯层（图三）。

1. 地层堆积

第①层：表土层，灰褐色，土质疏松。夹杂少量黄土块，包含大量植物根茎。厚0～0.7米。

第②层：灰褐色土，土质疏松。夹杂少量黄土块、黑色土斑，包含少量瓦砾及石块。厚0.1～0.4米。

第③层：黄灰色土，土质细腻致密，较软且纯净。厚0～0.358米。

2. 墙体夯层

第1层：红褐色土，土质较致密。局部夹灰土块。厚0～0.5米。

第2层：灰、黑花土，土质较致密。厚0～0.28米。

第3层：黄褐、黑花土，土质较黏、较致密。厚0～0.22米。

第4层：黑灰花土，土质较致密，夹大量红褐土块。厚0～0.5米。

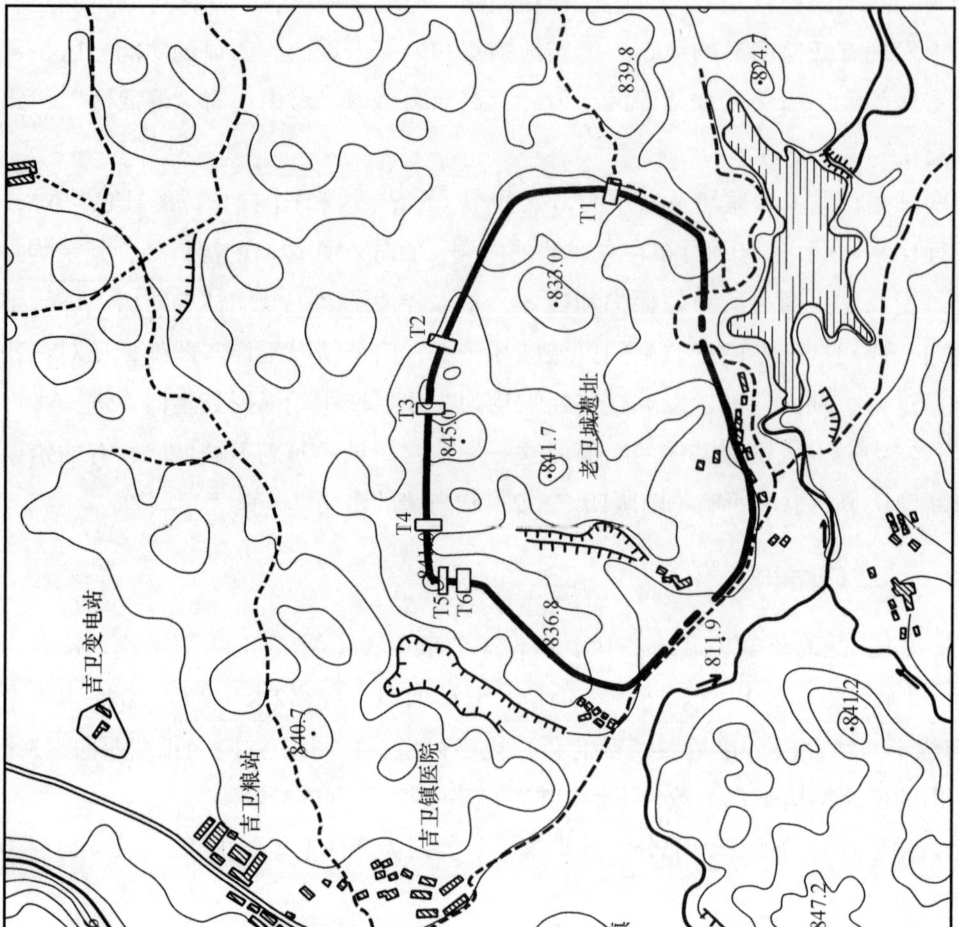

图二　老卫城遗址及吉多坪城址平面示意图

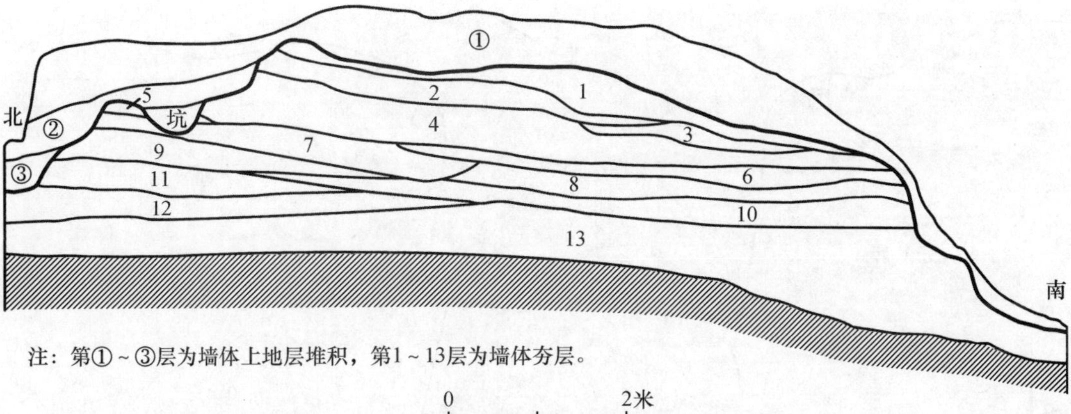

注：第①～③层为墙体上地层堆积，第1～13层为墙体夯层。

0 2米

图三 老卫城遗址T2东壁剖面图

第5层：红褐色土，土质较疏松。厚0～0.13米。

第6层：黄灰色土，土质致密，夹杂极少黑色和红褐色土块。厚0～0.25米。

第7层：黄灰色土，土质致密，夹杂少量红褐色土块。厚0～0.33米。

第8层：黑花土，与第4层类似，夹杂少量红褐土块和黄灰土块。厚0～0.24米。

第9层：黄灰色土，与第7层类似。厚0～0.35米。

第10层：红褐色土，土质较致密。厚0～0.33米。

第11层：浅灰色土，土质较致密。厚0～0.33米。

第12层：黄灰、黑花土，土质较致密。厚0～0.38米。

第13层：浅灰色黏土，土质较致密。厚0.34～1.12米。

从T2的解剖结果来看，城墙系在当时地面直接起建，未构筑基槽，墙体夯层系用黄褐、红褐及黑花土层层垒筑而成，多呈水平状态，其土质均不甚紧密，夯筑痕迹并不明显。宽大于12、顶宽3.6、残高3.3米。另外，在T5的解剖中，城墙的内部发现有成排成组的小柱洞，据分析，其可能起着类似木骨泥墙的作用。

（二）城门

仅西门处清理的面积较大，揭露得较为全面，东门、北门仅布一条探沟，确认为城门后，未进一步开展考古工作。

东门　所布探沟T1，规格12米×1.5米，方向为北偏西72°（图版四二，2）。未布在疑似东门之处，而是布在紧贴东门的城内一侧，探沟内发现了连接东门的砖铺路面。通过钻探得知，东门门道宽约6米，门道内亦有青砖铺面（图四）。

北门　所布探沟T3，规格20米×2米，方向为正南北向，紧贴北门门道与城墙结合

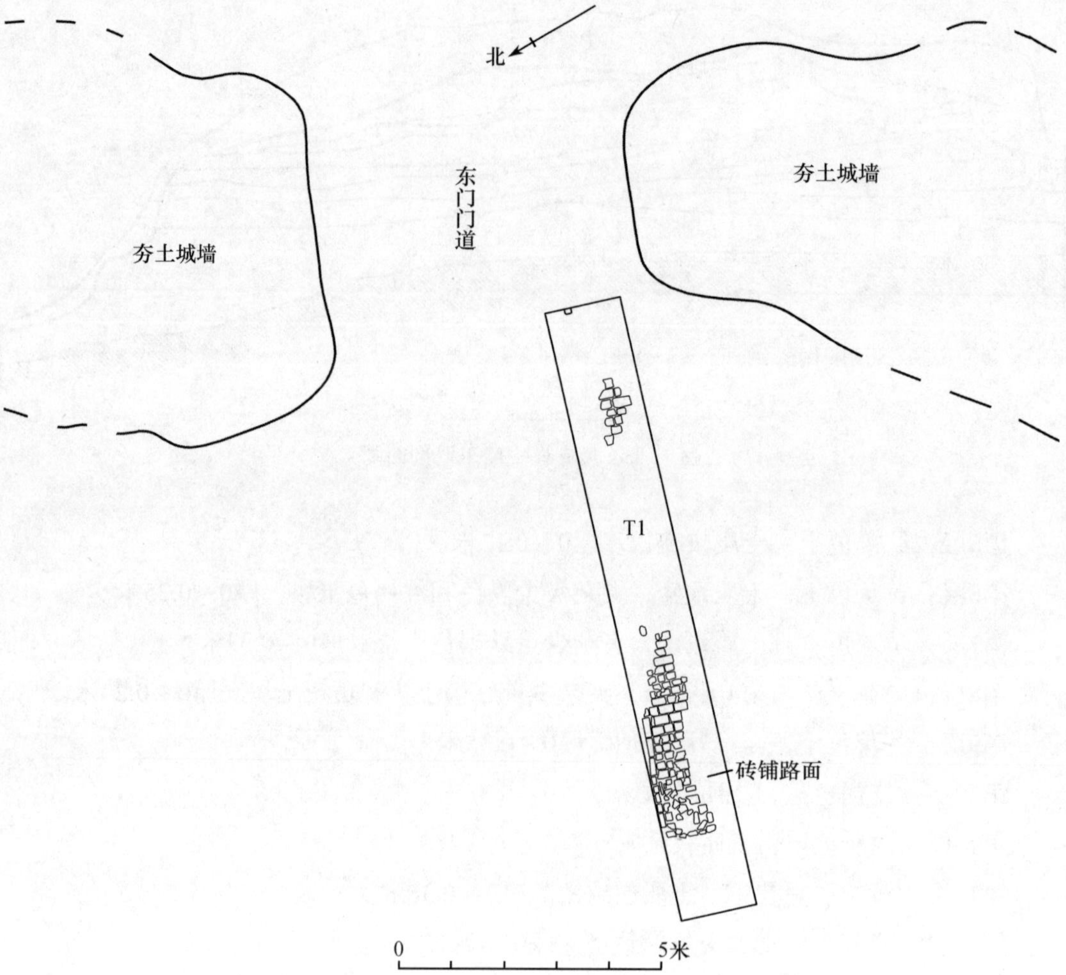

图四　老卫城遗址城墙东门平面图

部。探沟底部发现数块铺地的青砖，因此推测北门门道应是砖铺的路面。探沟西壁正好剖着城墙，从此壁来看，城墙夯层明显，分别用灰土和红褐土水平夯筑而成，在城墙的南侧，还保持着未曾坍塌的竖直墙壁。此处测量，城墙宽约14、残高4.7米。通过钻探得知，北门门道宽约6米，在北门西端城墙的南侧还发现两个较大的柱洞，其作用尚不清楚（图五）。

西门　所布探沟T6，方向为北偏东8°，后扩方成不规则形，规格接近9米×8米，位于西墙北部靠近城址西北角的位置（图版四三，1）。T6在耕土层下即发现门道迹象。门道长6.7、宽5米，门道方向与正东西方向有约20°的夹角，略呈西北—东南走向。门道两边与城墙结合部发现成排的柱洞，其中门道南边仅发现四个柱洞，柱洞深度未进行清理，直径小的0.2米、大的0.4米。北边发现成排柱洞，并在东端形成略呈直

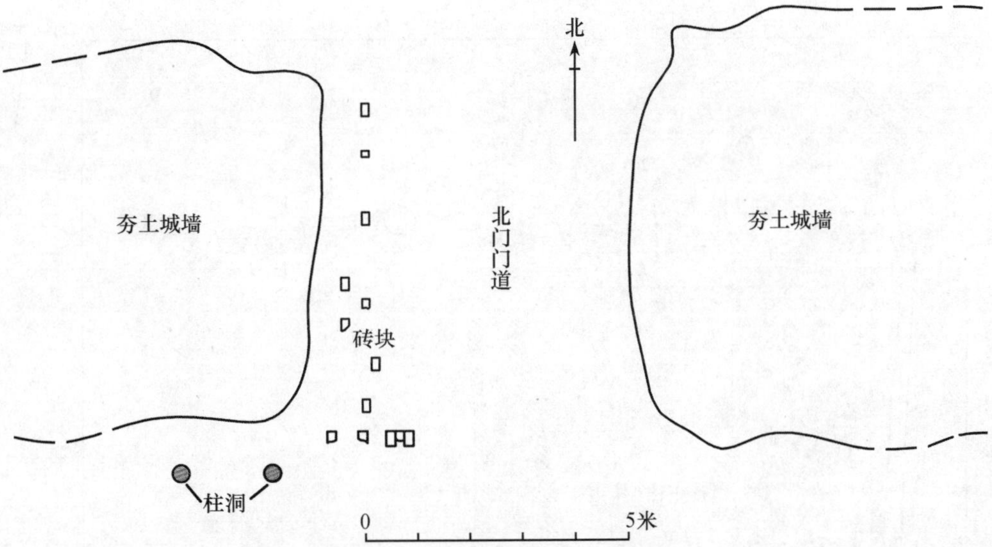

图五 老卫城遗址城墙北门平面图

角的拐角，向北延伸。柱洞小的直径0.1米，主要分布在拐角向北；大的直径0.4、深约0.6米，主要分布在门道的东北边。门道路面为一层薄薄的烧土面，其中在门道中部偏西处，发现一根与门道方向相垂直的镶嵌于地面之下的炭化木柱痕迹。门道西端即通向城外一端发现有瓦砾及小块石头铺的面，类似散水。其外侧有一小沟，可能起着排水沟的作用（图六）。

（三）出土遗物

此次调查试掘以解剖城墙为主，出土遗物较少，有少量的建筑构件及瓷器、铁钉等。其年代多为明代，个别器物可早至两宋时期。此外，调查试掘期间，南门区域正值一农户违规盖房，在其挖基脚的现场采集到了一些器物残片，编号南门采集（NC），也一并介绍如下，其中未注明时代的，皆判定为明代。

1. 板瓦

挑选标本4件，其形制基本相同。凸面素，凹面均印有布纹。

标本T3①：1，泥质黄褐胎，局部呈青灰色，表面覆盖一层黑衣。残长9.9、残宽13.2、厚1.1厘米（图七，1）。标本T1③：4，泥质灰陶。残长11.7、残宽11.2、厚1.4厘米（图七，2）。标本T6②：4，泥质灰陶，局部呈黄褐陶。残长9.2、残宽9、厚1.3厘米（图七，4）。标本T6②：6，泥质灰陶，局部呈黄褐陶。残长10.7、残宽10.7、厚1.3厘米（图七，3）。

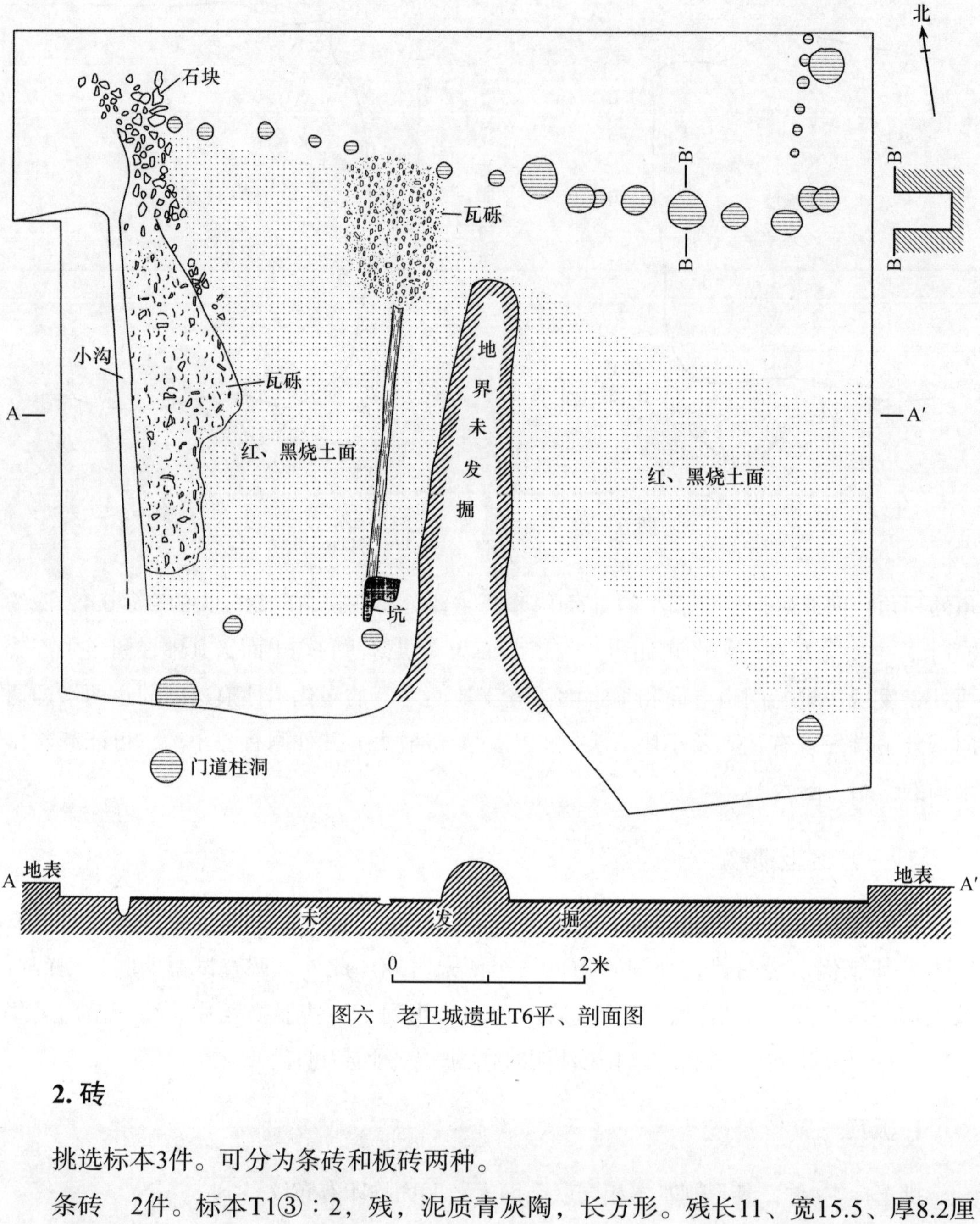

图六　老卫城遗址T6平、剖面图

2. 砖

挑选标本3件。可分为条砖和板砖两种。

条砖　2件。标本T1③：2，残，泥质青灰陶，长方形。残长11、宽15.5、厚8.2厘米（图八，2）。T3①：2，完整，夹细砂灰陶，长方形，砖面不甚平整。长36、宽17.5、厚10厘米（图八，4）。

板砖　1件。标本NC：6，残，泥质黄褐陶。残长11.8、残宽13.2、厚2.5厘米（图八，3）。

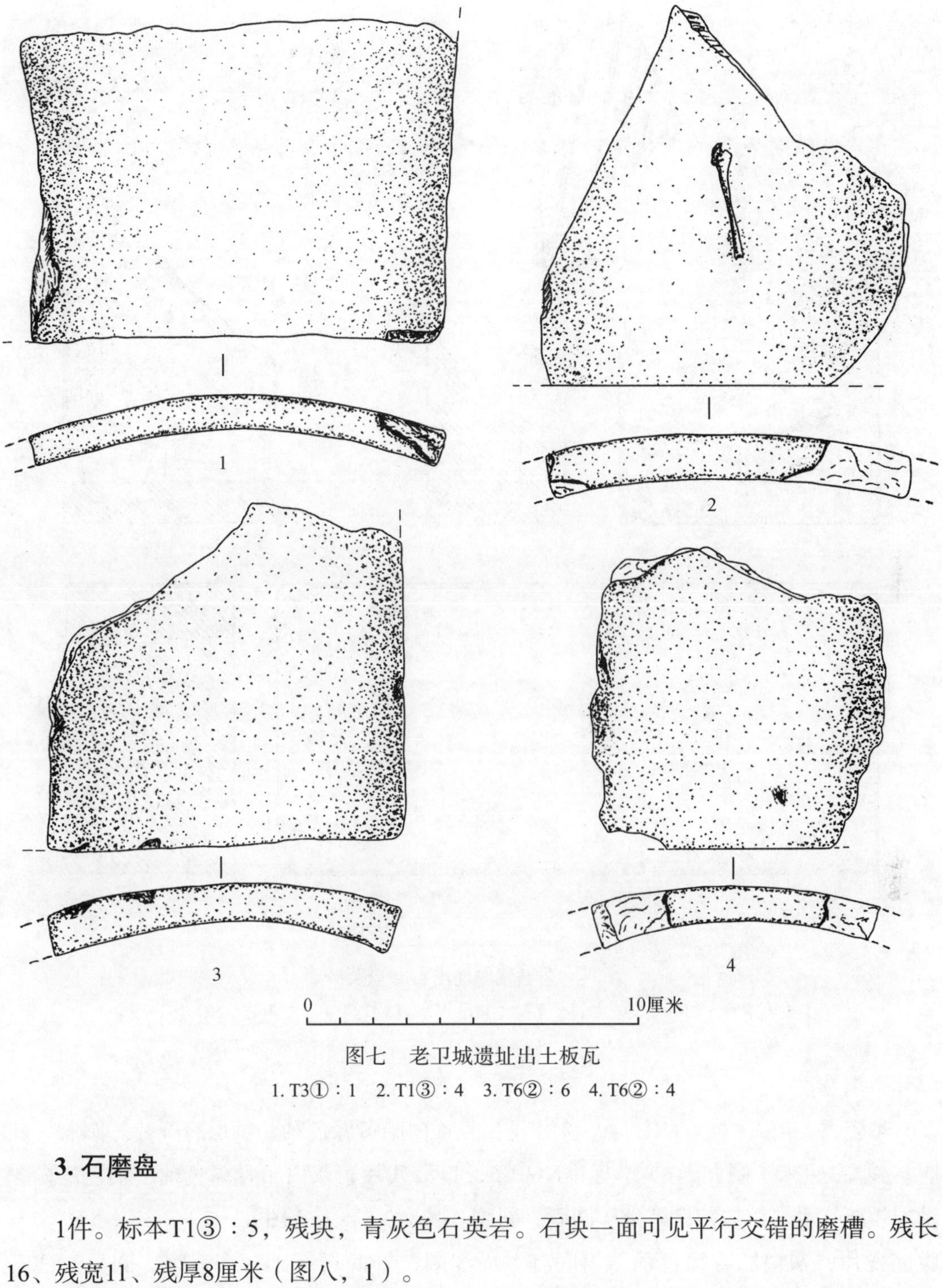

图七 老卫城遗址出土板瓦

1. T3①：1 2. T1③：4 3. T6②：6 4. T6②：4

3. 石磨盘

1件。标本T1③：5，残块，青灰色石英岩。石块一面可见平行交错的磨槽。残长16、残宽11、残厚8厘米（图八，1）。

4. 瓷器

按釉的有无分为釉瓷和无釉瓷两大类，挑选标本皆为宋代瓷器。明代的皆为青花

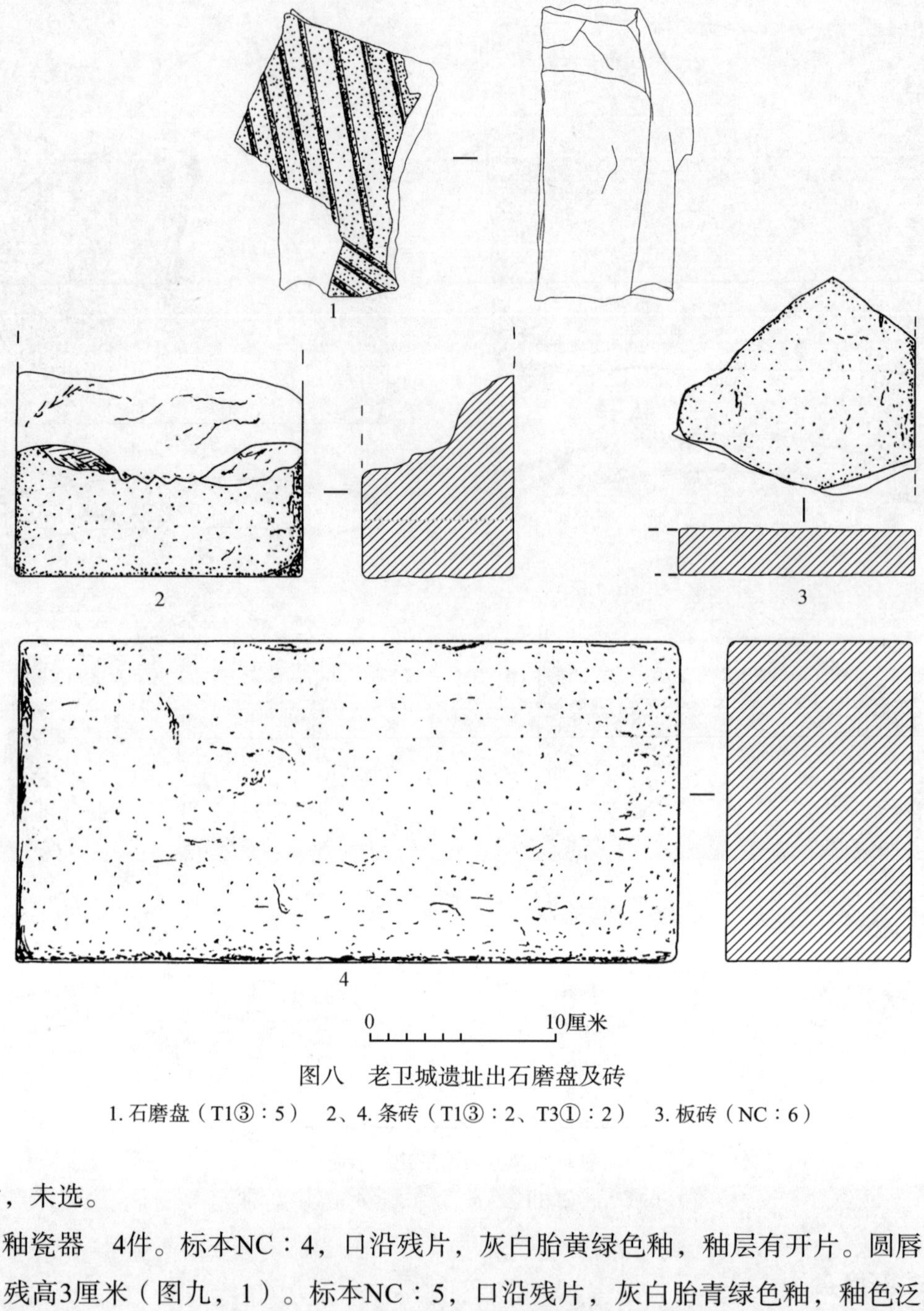

图八　老卫城遗址出石磨盘及砖

1. 石磨盘（T1③：5）　2、4. 条砖（T1③：2、T3①：2）　3. 板砖（NC：6）

碎片，未选。

釉瓷器　4件。标本NC：4，口沿残片，灰白胎黄绿色釉，釉层有开片。圆唇，斜腹。残高3厘米（图九，1）。标本NC：5，口沿残片，灰白胎青绿色釉，釉色泛白，釉层较厚。敞口，口部微外翻，圆唇，斜腹。残高3.5厘米（图九，3）。标本NC：7，腹底残片，灰白胎青绿色釉。内底有一周涩圈，外底局部无釉。弧腹，圈足。残高3.7、足径5.8厘米（图九，5）。标本T6②：1，残存高圈足，白胎青绿釉，遍体施釉。残高4.2、足径3.8厘米（图九，7；图版四四，1）。

无釉瓷器 3件。

瓮 1件。标本NC：2，口肩残片，夹砂棕褐胎，黑皮。敛口，圆唇，矮颈，广斜肩。残高6.5厘米（图九，2）。

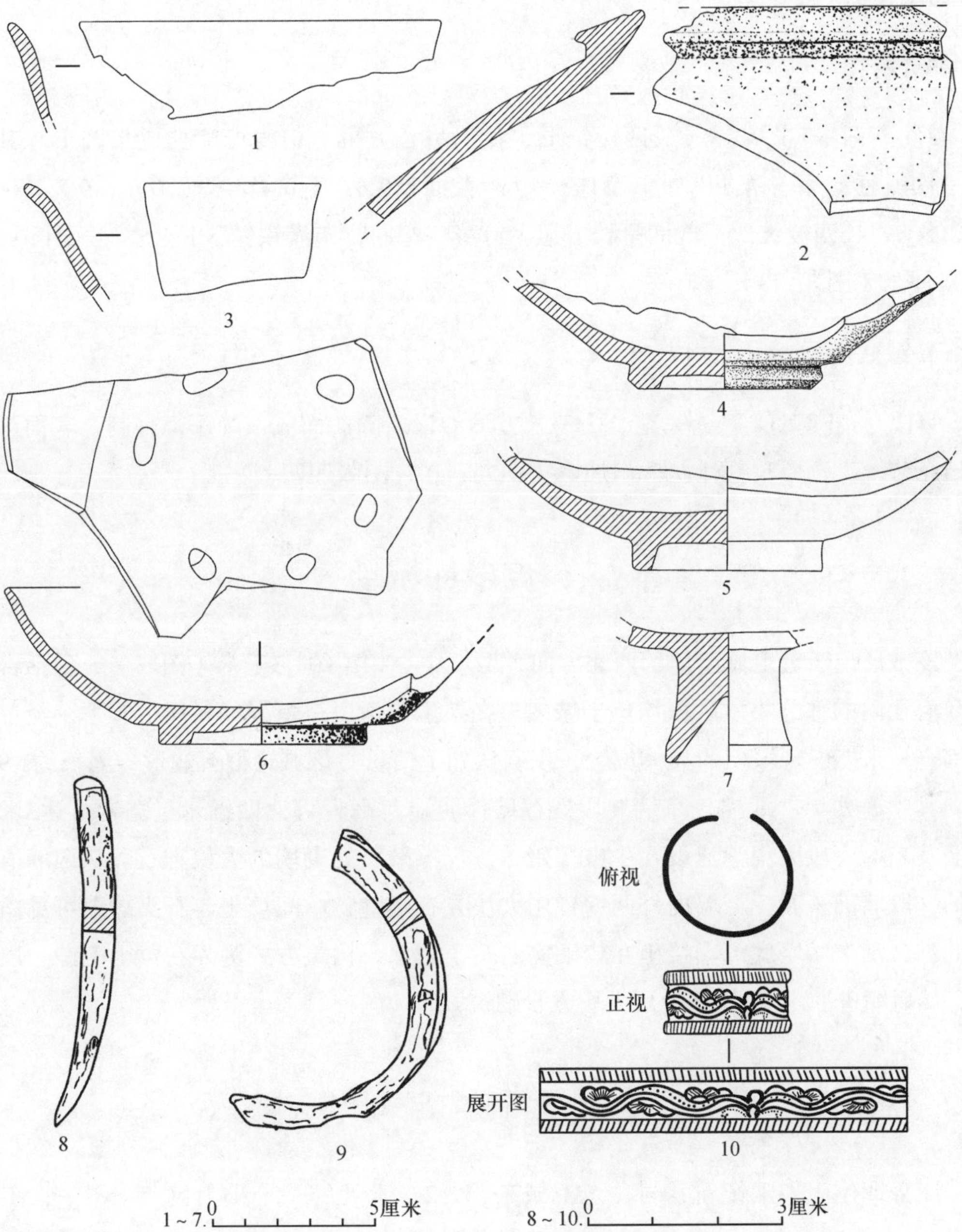

图九 老卫城遗址出土及采集器物

1、3、5、7. 釉瓷器（NC：4、NC：5、NC：7、T6②：1） 2. 无釉瓷瓮（NC：2）
4、6. 无釉瓷碗（T1③：3、T6②：2） 8、9. 铁钉（T6②：5、T6②：3） 10. 银戒指（T2①：1）

碗　2件。标本T1③：3，腹底残片，灰胎。斜腹到底平收，圈足外削。足径6、残高3.3厘米（图九，4）。标本T6②：2，可复原，灰胎，内表面污染有一层黄色泥垢。敞口，圆唇，弧腹到底平收，圈足。内底可见六个支钉。口径16、足径6.4、通高5厘米（图九，6）。

5. 铁钉

2件。标本T6②：3，长四棱锥形，截面呈长方形。钉身已弯曲成半圆形。其上部呈铁黑色，下端锈蚀严重。弯体长4.6、截面长0.6、宽0.4厘米（图九，9）。标本T6②：5，长四棱锥形，截面呈长方形。钉身略弯曲，布满铁锈。长5.5、截面长0.5、宽0.3厘米（图九，8）。

6. 银戒指

1件。标本T2①：1，完整，由一长方形的银条圜曲而成。纯手工打制，表面刻饰缠枝花朵纹。直径2、宽1、厚0.1厘米（图九，10；图版四四，2）。

二、吉多坪城址

该城址位于老卫城遗址的西北方向，两城中心相距约1.3千米（图二），包括吉卫镇政府在内的部分集镇区域均位于城内。在熟悉当地以往情况的村民带领下，经过实地踏查，未能发现城门的具体位置，仅确认如下信息：该城近似五边形，周长约1.9千米。其中，西墙、北墙、东墙北段残存墙体明显，高者可达四五米，宽者可达3米。南墙及东墙南段因集镇建设几乎破坏殆尽，仅零散可见砌墙的大块方石。从西墙清理出的一段墙面来看，城墙内外两壁皆用大块方石砌壁，中间填土，石头缝隙可见白灰状的黏合剂。城墙底部直接坐在较硬实的黄土之上，构筑方式为先在黄土上铺一层石头，然后缩进0.2～0.3米往上用大块方石砌筑城墙（图一〇）。

三、新寨窑址

该窑址位于吉卫镇新寨村，老卫城东北约2千米处的一个小山包上（图一；图版四五，1）。该小山包大部分区域已被开垦为耕地。调查时在局部发现大量瓷片堆积。布两条探沟，方向均为北偏东40°，编号T1、T2。两者规格分别为8米×1米、13米×2米。其中，T1发现大量瓷片堆积，T2发现1座龙窑并编号Y1。

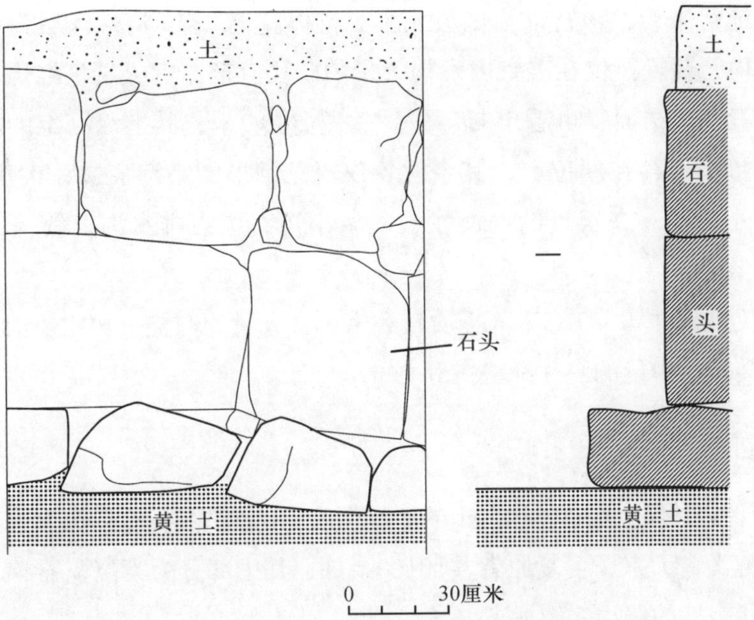

图一〇　吉多坪城墙结构图

（一）地层堆积

T1表土层下即发现大量瓷片堆积，下面以T2为例对地层予以介绍（图一一）。

第1层：灰褐色表土，土质较松软。厚0.18 ~ 0.35米。

第2层：红褐色土，土质较致密，含较多红烧土颗粒、偶见炭粒。厚0 ~ 0.15米。出土有大量的青瓷片、少量的砖块等。Y1叠压于此层下。

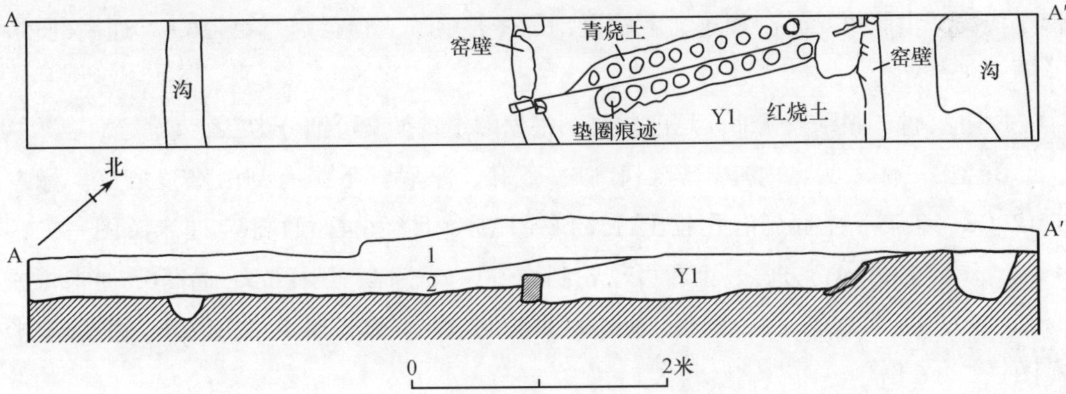

图一一　新寨窑址T2平、剖面图

（二）遗迹

Y1发现于T2的中部偏东，叠压于第2层下。其清理长度仅1米，走向与探沟垂直。

从窑址所处的地势来看，该窑址为低坡龙窑。窑体宽近3米，清理区域为窑室的一部分，窑墙及顶均已残毁，仅在窑室内发现大量的砖块。窑床远火端呈红烧土面，近火端呈阶梯状、青色烧结面，可看出3级，每一级宽约0.2米，其上以一定的间隔摆放垫饼，仅有一个垫饼保存在原位上，其余位置仅可见圆形的小窝痕迹，大小在0.1米左右，与垫饼大小相同。在窑址的西侧发现一条小沟，疑为排水沟，斜壁，圜底，宽0.3、深0.2米（图一一）。

窑内堆积仅1层，厚0～0.35米。土质较致密，含大量的红烧土颗粒及细小的砂粒。出土有大量的砖块、少量的瓷片和垫饼等。

（三）遗物

经初步统计，在本遗址采集和出土的陶瓷器有710余件，器形有碗、盏、盘、壶、罐、钵等，以碗类占大宗，可复原者共计100余件，其中部分为素烧瓷器，未上釉。兹挑选部分具有代表性的器物介绍如下。

瓷碗　32件。按胎色及釉的有无可分为黄胎无釉和灰胎青釉两大类。

第1类　黄胎无釉。8件。根据腹壁弧曲的程度可分为二型。

A型　3件。腹壁较斜直。均已修复。标本T1②：1，敞口，方唇，弧直腹，平底，圈足内斜外削。下腹可见四道刮削修整痕迹。口径13.8、足径6.5、通高6厘米（图一二，1）。标本T1②：2，敞口，方唇，弧直腹，平底，圈足内外皆削。上腹可见轮制痕迹，下腹有刮削修整痕迹。口径14、足径6.5、通高6.1厘米（图一二，2）。标本T1②：6，敞口，圆唇，上腹斜直，下腹弧收，平底，圈足内外皆削。内底中心有一圆形小浅窝，上腹可见轮制痕迹，下腹有刮削修整痕迹。口径14、足径6.6、通高6厘米（图一二，3）。

B型　5件。腹壁较弧曲。均已修复。根据圈足特征又可细分为二亚型。

Ba型　3件。圈足内外皆削。敞口，弧腹，平底。下腹有刮削修整痕迹。标本T1②：3，尖唇。上腹施有化妆土迹。口径13.4、足径6.4、通高6.5厘米（图一二，4）。标本T1②：4，方唇。上腹可见轮制痕迹。口径14、足径6.5、通高6.5厘米（图一二，5）。标本T1②：5，圆唇。上腹可见轮制痕迹。口径14.4、足径6.4、通高6厘米（图一二，6）。

Bb型　2件。圈足内斜外削。敞口，圆唇，弧腹，平底。上腹施有化妆土。标本T1②：7，外壁饰有黑色花草纹，纹饰略抽象，线条粗细简练。口径13.8、足径6.4、通高6厘米（图一二，7）。标本T1②：8，口径14.6、足径6.6、通高5.8厘米（图一二，8）。

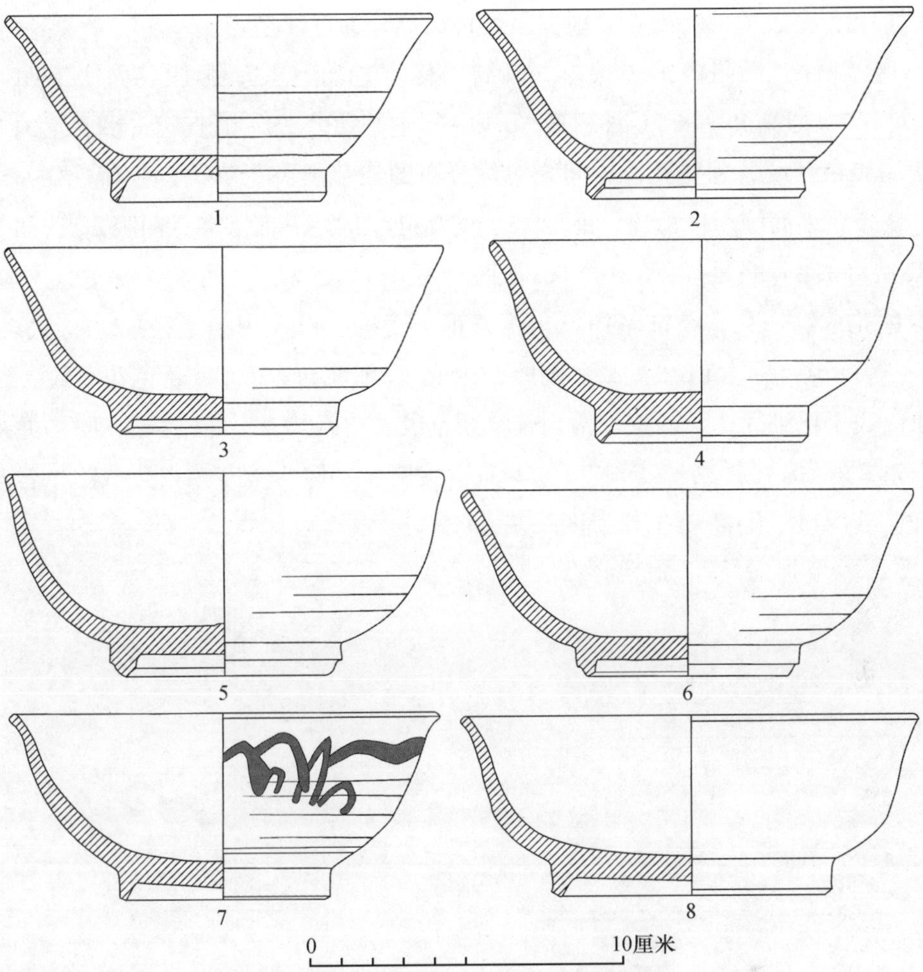

图一二 新寨窑址出土黄胎无釉瓷碗

1～3. A型（T1②：1、T1②：2、T1②：6） 4～6. Ba型（T1②：3、T1②：4、T1②：5）
7、8. Bb型（T1②：7、T1②：8）

第2类 灰胎青釉。26件。均已修复，内、外底均不施釉，釉色以黄绿色为主，少数为青绿色，多泛白或泛灰。根据口部特征可分为三型。

A型 4件。近口部外翻（近似折沿）。标本T1②：9，敞口，方唇，弧腹，内底略下凹，圈足外斜内削。口径17、足径7.8、通高5.8厘米（图一三，1）。标本T1②：10，内、外底胎心呈灰胎，胎面呈黄色。敞口，方唇，弧腹，内底下凹，圈足内斜外直。口径18.5、足径7.6、通高6.8厘米（图一三，2）。标本T1②：18，敞口，方唇，弧直腹，平底，圈足内外皆削。口径17.2、足径7.2、通高5.8厘米（图一三，3）。标本T1②：19，敞口，方唇，弧腹，平底，圈足内外皆削。外腹壁饰有黑色花草纹，纹饰略抽象，线条粗细简练。口径16.6、足径6.6、通高5.8厘米（图一三，4）。

B型　8件。近口部略内弧。根据圈足特征可分为三亚型。

Ba型　4件。圈足内削。敞口，圆唇。标本T1②：13，弧腹，内底下凹。口径14.2、足径7、通高4.9厘米（图一三，6）。标本T1②：28，弧直腹，平底。内、外壁各饰两周黑色弦纹，外壁弦纹中间饰对称分布的四朵黑色花草纹，残存三朵，纹饰略抽象，线条粗细简练。口径14、足径6.2、通高6厘米（图一三，5；图版四五，4）。

Bb型　3件。圈足外削。敞口，弧腹。标本T1②：17，方唇，平底。外腹壁饰有黑绿色花草纹一朵，纹饰略抽象，线条粗细简练。口径13、足径5.2、通高6.4厘米（图一三，8）。标本T1②：22，圆唇，内底下凹。外腹壁饰铁锈色花鸟纹，纹饰生动形象，线条粗细简练，内壁饰两周弦纹及草纹。口径17.2、足径7.8、通高7厘米（图一三，7；图版四五，2）。标本T1②：31，尖唇，平底。残存一点儿草纹，看不清。口径11、足径4.8、通高4.5厘米（图一三，9）。

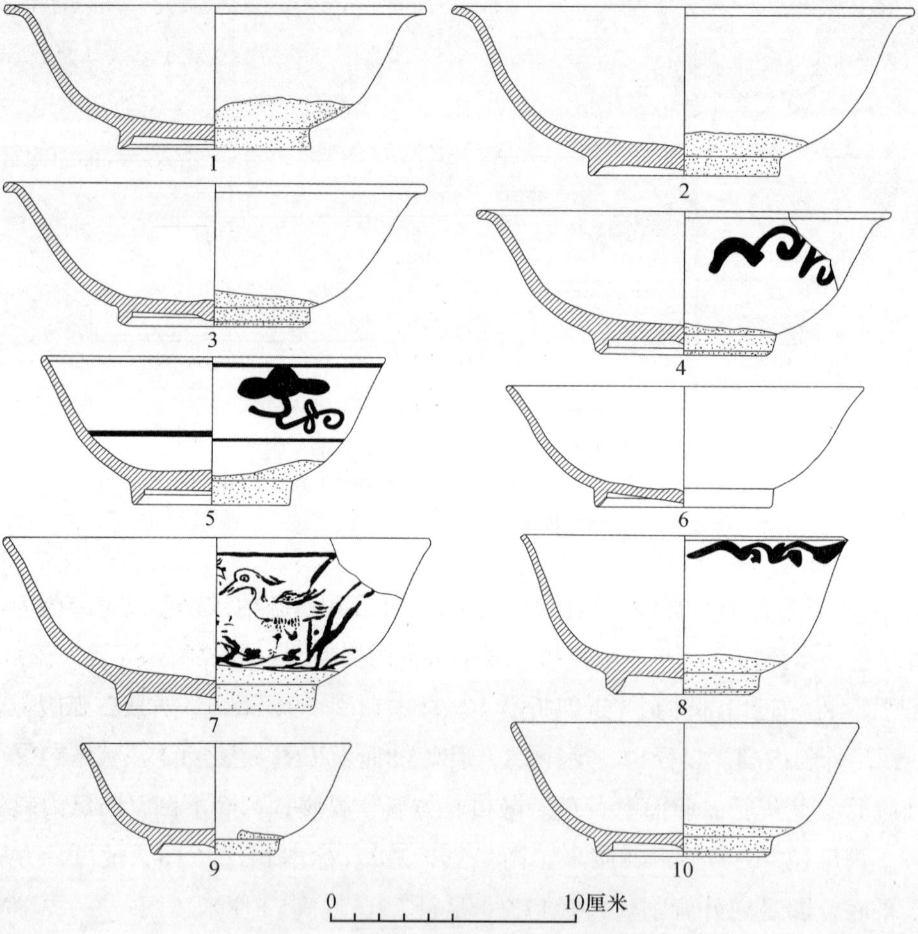

图一三　新寨窑址出土灰胎青釉瓷碗

1～4. A型（T1②：9、T1②：10、T1②：18、T1②：19）　5、6. Ba型（T1②：28、T1②：13）
7～9. Bb型（T1②：22、T1②：17、T1②：31）　10. Bc型（T1②：27）

Bc型 1件。圈足内外皆削。标本T1②：27，敞口，圆唇，弧腹，平底。口径14、足径6.5、通高5.4厘米（图一三，10）。

C型 14件。近口部较斜直。根据圈足特征可分为四亚型。

Ca型 1件。圈足未削。标本T1②：12，敞口，方唇，斜直腹，平底。外腹壁饰黑绿色花草纹两朵，纹饰略抽象，线条粗细简练。口径13.6、足径6.5、通高5.3厘米（图一四，2）。

Cb型 8件。圈足内、外皆削。敞口，圆唇，斜直腹，平底。标本T1②：14，外

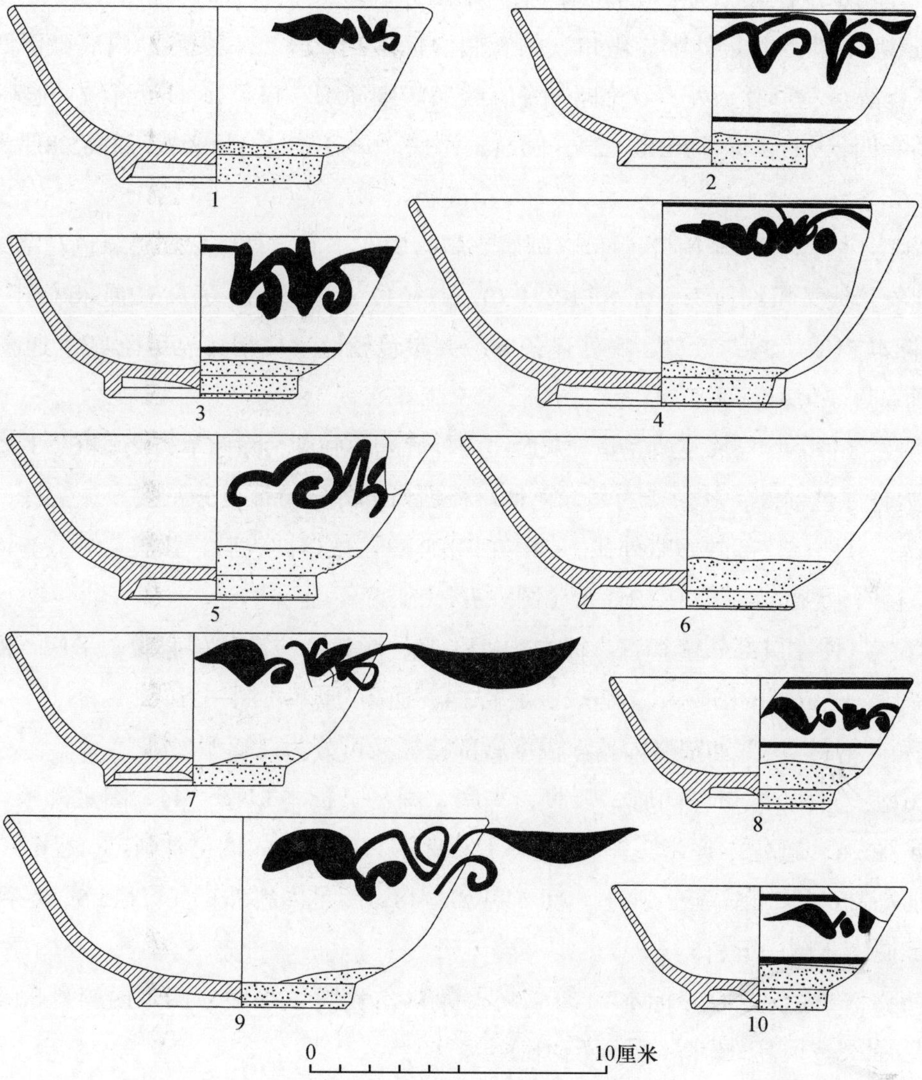

图一四 新寨窑址出土灰胎青釉瓷碗

1、3～5、8. Cb型（T1②：14、T1②：15、T1②：20、T1②：26、T1②：33） 2. Ca型（T1②：12）
6、9. Cc型（T1②：24、T1②：23） 7、10. Cd型（T1②：30、T1②：34）

腹壁饰黑色花草纹，纹饰略抽象，线条粗细简练。口径14.5、足径6.6、通高6厘米（图一四，1）。标本T1②：15，外腹壁饰棕褐色花草纹，近口、底处还各饰一周棕褐色弦纹。口径13.2、足径6.2、通高5.5厘米（图一四，3）。标本T1②：20，唇下饰一周黑色弦纹和一朵花草纹，纹饰略抽象，线条粗细简练。口径17.2、足径8、通高7厘米（图一四，4）。标本T1②：26，外腹壁饰黑绿色花草纹，纹饰略抽象，线条粗细简练，纹饰残。口径14.4、足径6.4、通高5.6厘米（图一四，5；图版四五，3）。标本T1②：33，外腹壁有黑色花草纹，纹饰略抽象，线条粗细简练。近口、底处还各饰一周棕褐色弦纹。口径10、足径4.5、通高4.4厘米（图一四，8）。

Cc型　3件。圈足外削。敞口，斜直腹。标本T1②：23，尖唇，内底微下凹。外腹壁残存黑色花草纹一处，纹饰略抽象，线条粗细简练。口径16.4、足径7、通高6.4厘米（图一四，9）。标本T1②：24，圆唇，平底。口径15.4、足径7、通高5.8厘米（图一四，6）。

Cd型　2件。圈足内削。敞口，圆唇，斜直腹，平底。外腹壁饰黑绿色花草纹，纹饰略抽象，线条粗细简练。标本T1②：30，口径12.8、足径6、通高5.2厘米（图一四，7）。标本T1②：34，近口、底处还各饰一周黑色弦纹。口径10、足径4.7、通高4.2厘米（图一四，10）。

瓷盏　6件。均已修复或完整。灰胎，内外底均不施釉，除标本T1②：46、T1②：47这2件为青绿色釉外，其余皆为黄绿色釉。根据口部外壁特征可分三型。

A型　1件。口部外壁略外弧。标本T1②：43，敞口，尖唇，弧腹，平底，圈足内削。口径7、足径3.4、通高3.2厘米（图一五，1）。

B型　1件。口部外壁斜直。标本T1②：45，敞口，方唇，斜直腹，平底，圈足。外底有制作时留下的圆突。口径6.2、足径2.4、通高3厘米（图一五，2）。

C型　4件。口部外壁略内弧。根据唇部特征又可分为二亚型。

Ca型　3件。敞口，圆唇，弧腹，平底，圈足。标本T1②：44，圈足外削。口径6.8、足径2.6、通高3.4厘米（图一五，3）。标本T1②：47，圈足外削。口径6.6、足径2.6、通高3.5厘米（图一五，4）。标本T1②：48，圈足内斜外直。口径5.5、足径2.4、通高2.8厘米（图一五，5）。

Cb型　1件。方唇。标本T1②：46，敞口，弧腹，平底，圈足内斜外削。口径6.4、足径2.8、通高3厘米（图一五，6）。

瓷盘　2件。均已修复。灰胎，青绿色釉，内外底均不施釉。外壁无纹饰，内壁饰黑色弦纹，弦纹间饰花草纹。标本T1②：41，敞口，圆唇，弧腹，平底，圈足内斜外直。口径13.4、足径6.8、通高3.2厘米（图一六，1；图版四五，5）。标本T1②：42，

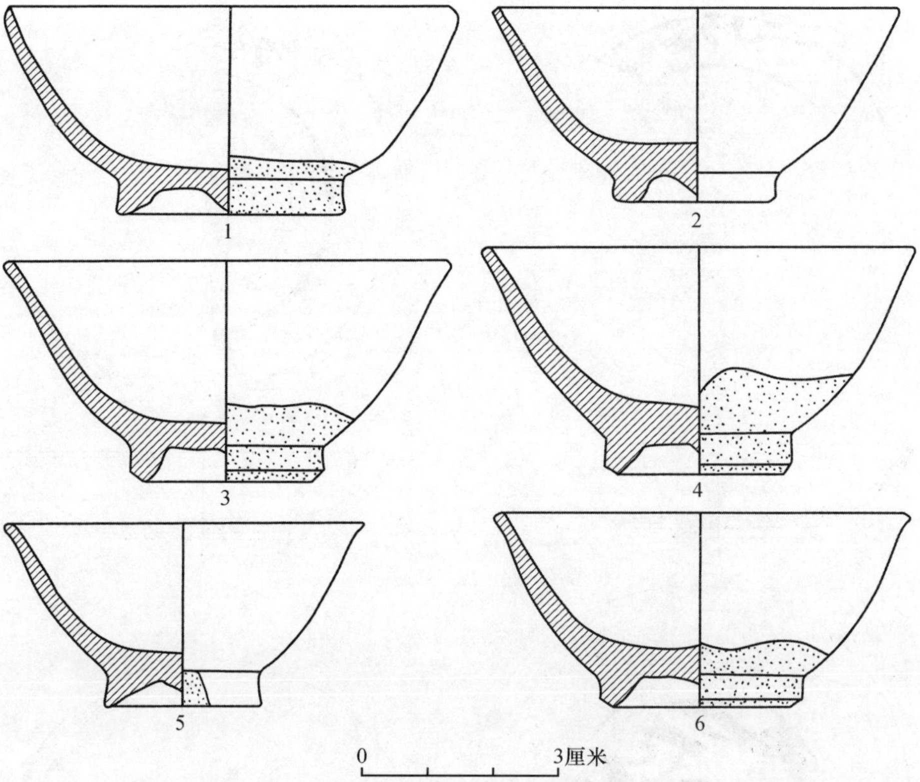

图一五 新寨窑址出土瓷盏

1. A型（T1②：43） 2. B型（T1②：45） 3～5. Ca型（T1②：44、T1②：47、T1②：48）
6. Cb型（T1②：46）

敞口，方唇，弧腹，平底，圈足，圈足内斜外削。口径13.4、足径7、通高3厘米（图一六，2）。

瓷器盖 3件。标本T1②：29，已修复。灰胎，浅黄绿釉，泛白。内壁无釉。圆柱状纽，顶部呈鼓状。盖口方唇内敛，盖沿略下斜，盖表饰有抽象的黑色花草纹，线条粗细简练。沿径14.6、纽高2.4、通高6.2厘米（图一六，3；图版四四，4）。标本T1②：49，残，灰胎，浅黄绿釉，泛白。内壁无釉。盖沿平展，盖口方唇内敛。盖表饰有黑色花草纹，沿表饰有两周弦纹。沿径14、残高3厘米（图一六，4）。标本T1②：60，残，黄胎，盖顶施酱黄釉，余无釉。盖顶、盖沿一体，呈斜坡状。盖口圆唇内敛。沿径15、残高3.5厘米（图一七，3）。

瓷盖纽 2件。浅黄绿釉，泛白。顶端作鼓形的圆柱状盖纽。标本T1②：58，鼓腰圆弧。纽径2、残高3厘米（图一七，4）。标本T1②：59，鼓腰呈折棱形。纽径2、残高2.5厘米（图一七，6）。

瓷罐 2件。残片。灰胎。标本T1②：51，内外壁施浅绿釉，泛白。鼓腹，外壁饰

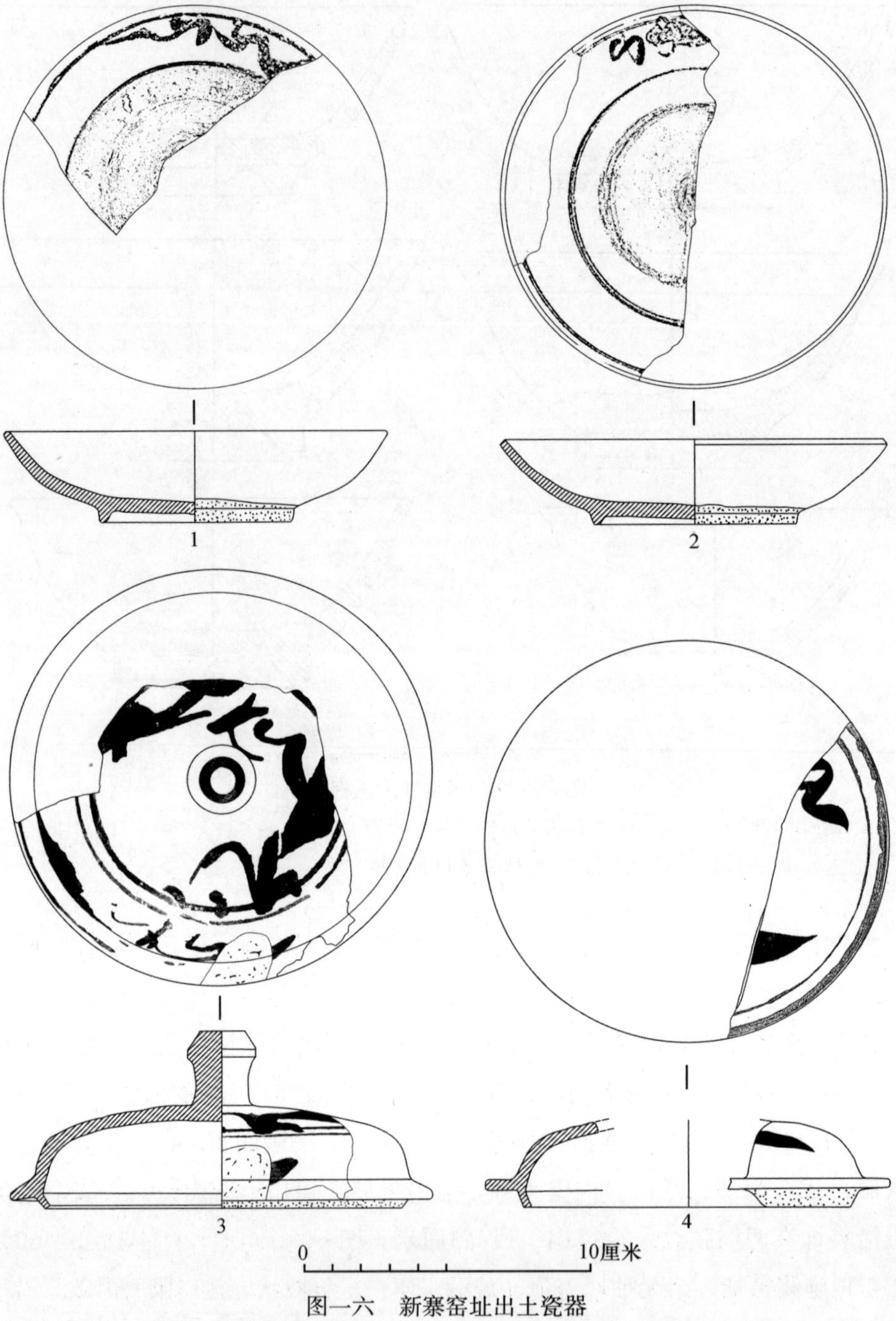

图一六　新寨窑址出土瓷器

1、2. 盘（T1②：41、T1②：42）　3、4. 器盖（T1②：29、T1②：49）

黑绿色花朵纹。残高6.2厘米（图一七，8；图版四四，5）。标本T1②：61，内外壁皆施青绿釉。方唇，斜折沿，束颈，鼓腹。颈部饰黑色条带纹。口径17、最大腹径13.6、残高5.7厘米（图一七，5）。

瓷壶 1件。标本T1②：57，腹身残片，尚可见把手碴口。灰白胎，黄绿色釉，釉面不光滑，呈水滴状分布。饰黑绿色花草纹。残高8.7厘米（图一七，12；图版四四，6）。

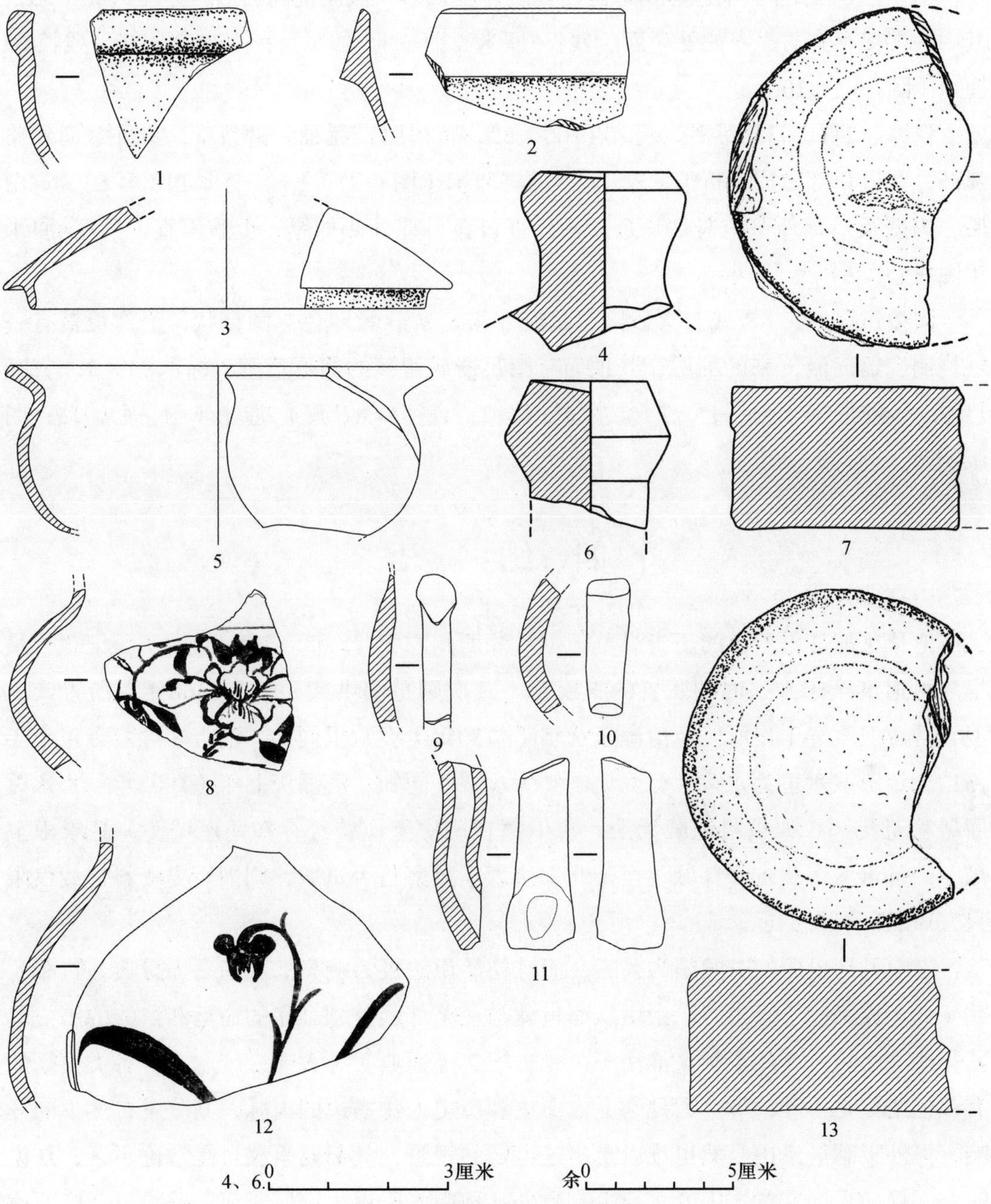

图一七 新寨窑址出土陶瓷器

1、2. 瓷钵（T1②：52、T1②：53） 3. 瓷器盖（T1②：60） 4、6. 瓷盖纽（T1②：58、T1②：59） 5、8. 瓷罐（T1②：61、T1②：51） 7、13. 陶垫饼（Y1：1、Y1：2） 9、10. 瓷壶把手（T1②：55、T1②：56） 11. 瓷壶流（T1②：54） 12. 瓷壶（T1②：57）

瓷壶流　1件。标本T1②：54，黄灰胎，内外壁皆施黄绿釉，略泛白。中空，略呈“S”形弯曲。截面直径1.7、残高6.5厘米（图一七，11）。

瓷壶把手　2件。釉色呈黄绿泛白。整体呈弧形，截面呈椭圆形。标本T1②：55，其中一端保存有与壶身的贴合面。残长5厘米（图一七，9）。标本T1②：56，残长4.7厘米（图一七，10）。

瓷钵　2件。口沿残片。标本T1②：52，黄褐胎，无釉。微敛口，口外壁向外略弧凸，在近口部形成一折痕，窄沿。残高5厘米（图一七，1）。标本T1②：53，黄白胎，内壁及口部外壁施酱釉，余无釉。直口，口部外侧加厚，上腹斜直。残高4厘米（图一七，2）。

陶垫饼　2件。皆残。夹砂陶，呈红、褐、灰、紫四色。圆台状，上部覆盖有一层烧制瓷器时滴下来的釉层，其顶面有圈足器底留下的圆形痕迹。标本Y1：1，直径11.5、厚4.6厘米（图一七，7）。标本Y1：2，直径11.4、厚4.7厘米（图一七，13；图版四四，3）。

四、结　语

论及花垣县吉卫镇的历史沿革，据《湘西州志》[1]和《花垣县志》[2]记载，最早当可追溯至宋神宗时期所置的丰溪寨。其次则是明洪武元年（1368年）所置崇山卫，后撤卫改置千户所。至清雍正八年（1730年）设六里同知，治吉多坪。雍正十年（1732年）改六里为永绥厅，六里同知为永绥厅同知。清嘉庆七年（1802年），永绥厅署移至花园。如史料记载无误，吉卫镇在历史上应曾经存在两座城，一是崇山卫城，二是永绥厅署吉多坪城，至于北宋所置丰溪寨是否筑城，则因历史资料记载仅限只言片语，不敢妄断。

崇山见诸史册的时间颇为久远，而且初始说法极为响亮。《尚书·舜典》首载：“（舜）放讙兜于崇山。”崇山从面世就与三苗部族首领讙兜的命运和苗族的历史紧紧相连。之后，《庄子》《淮南子》《史记》《通典》《大明一统志》等各类史籍的有关记述更是不胜枚举。大凡与上古历史和历史人物搭边的山脉，其分量自然不同凡响，格外吸睛。崇山当然也难以走出这世俗的视野，其归属争议自是常论不衰，众说纷纭。目前见诸文章之中的，至少有数处：湖南张家界永定区、河南登封市、广西凌云县及湘西花垣县。有关花垣县崇山之最早记载见于《明太祖实录》卷121载明洪武十一年“置崇山卫于湖广孟洞之地”。孟洞即为明代花垣一苗地的称呼。《大明一统志》卷65载镇溪所“在卢溪县二百三十里……洪武二十八年建所，经镇崇山、沿场、高岩等处”。地方志对该崇山的记载更为详细。清乾隆《辰州府志》曰：“崇山卫，城（编者按：永绥厅旧城吉多坪）东郊三里许，衙舍街道古迹宛然，即旧夜郎坪地也。明太祖为吴王三年丙午（元至正二十六年），改夜郎坪设崇山卫，寻省卫，置崇山千户所，后乃革。”[3]光绪《湖南通志》载：“崇山，在县（乾州）六十里（《旧志》），蜿蜒高峻，山顶有瀑布，声闻若雷。元置崇山卫于山下，明废。”宣统《永绥厅志》载：“永绥厅治居湖南西北，自雍正八年开始，居吉多坪，距崇山卫城二里。新治谓之新卫城，明崇山卫谓之老卫城。”[4]

本报告无意争辩流放讙兜之崇山的归属，仅仅从文献上梳理一下本次调查试掘对象之吉卫镇老卫城与吉多坪城的历史渊源与背景。目前，学术界对永绥厅治吉多坪在花垣吉卫镇是没有异议的，而且文献资料记载得亦比较清楚。老卫城的名称由来已久，其所在地亦名老卫城村，虽然学术界尚未形成权威的认识——此老卫城就是崇山卫，但从此次调查试掘的两城相对位置，再结合上述文献及地方志的记载来看，我们认为：老卫城遗址对应明崇山卫故城，其西北方不远处的城址对应永绥厅治吉多坪城址是有一定史料依据的。

从本次试掘的结果来看，老卫城城墙的修筑方法基本相同，未见二次筑城迹象；其西门址火烧痕迹明显，废弃堆积之上没有继续沿用的文化层堆积；门址及墙体的出土遗物中亦只见青瓷和灰胎等素烧瓷，不见明清青花瓷。种种迹象显示，老卫城的筑城年代可能为明代初期，且使用时间不长，不久就废弃了，或是战火，或是其他原因。这与文献记载相吻合，同时也为老卫城即崇山卫故城的认识提供了考古学方面的证据支撑。

老卫城考古开启了考古学研究湘西地区卫所制度的序幕，为研究我国西南部地区古代民族间的对抗与融合、中央与地方土司间的相互关系提供了新的契机和材料。

此次对吉多坪城址开展的工作较少，仅仅进行了地面踏查工作，初步弄清了城墙的部分结构、走向及门道的大致位置，为以后进一步开展工作打下了基础。宣统《永绥厅志》载：“（雍正）九年辰州知府李珦、凤凰通判徐嘉惠兴筑土城，十一年同知永泰改建砖城，周围三里三分，长六百零七丈六尺，高一丈二尺，面宽七尺，脚宽一丈三尺，东西南各一门，唯北面有大小二北门……嘉庆七年，改城花园，旧城遂毁。”[5]据此可知该城延续70余年。但此次调查发现城墙残存部分乃为大块方石砌筑，与文献中记载的改建砖城不相吻合，尚需进一步探寻事实的真相。《凝固的文明》一书对吉多坪城有这样的描述：“十一年（1733年），同知永泰强迫苗民在吉多坪修建新卫城石城，城周长3.2里，高4米，面宽2.3米；东西南各一门，唯北面设大小二门；城楼5座，内设卡房6间。石城用青岩错缝叠砌，石灰糯米拌桐油勾缝，十分坚固，十三年（1735年）竣工。”[6]但未注明出处，未能加以考证，仅作参考。

新寨窑址的发现，则填补了湘西地区生产瓷器的空白。该窑址虽只解剖一段，但顺山势而建，应为龙窑无疑。出土器物内外底均无釉，且部分器物尚保持着层层垒叠的装烧状态，更有部分碗底尚与圆台形的垫饼黏结在一起。其釉色基本为青釉系（青绿或黄绿色），泛灰或泛白。所饰纹饰皆为黑色或黑绿色，部分呈铁锈色，据吉林大学陶瓷专家彭善国教授初步鉴定，这些纹饰极有可能是铁彩。由于湘西地方窑口对比材料极少，加之地层缺乏，因此仅能根据这批瓷器的烧制方式及整体风格推测其年代可能早至明代早期，更精确的年代有待进一步的考古研究。

附记：此次发掘工作，由湘西土家族苗族自治州文物管理局负责组织和实施，得到了湖南省文物局、湖南省文物考古研究所的关怀和指导，得到了花垣县人民政府和花垣县文物管理局的大力支持，尤其是花垣县文物管理局的刘伟局长前前后后不辞辛劳地搞好各种协调和后勤保障工作，在此一并致以诚挚的感谢。本次发掘由龙京沙副研究馆员担任领队，先后参加考古发掘的有湘西土家族苗族自治州文物管理局的龙浩然、刘玉成及花垣县文物管理局的徐双刚和孔觅。资料整理由刘玉成完成；器物修复由保靖县文物管理局的刘芹菊、王郁春负责。

执笔：刘玉成　徐双刚　龙京沙

注　释

［1］湘西土家族苗族自治州地方志编纂委员会：《湘西州志》，湖南人民出版社，1999年。

［2］《花垣县志》编纂委员会：《花垣县志》，生活·读书·新知三联书店，1993年。

［3］乾隆《辰州府志》，《中国地方志集成·湖南府县志辑》（59），江苏古籍出版社，2002年。

［4］宣统《永绥厅志》，《中国地方志集成·湖南府县志辑》（73），江苏古籍出版社，2002年。

［5］宣统《永绥厅志》，《中国地方志集成·湖南府县志辑》（73），江苏古籍出版社，2002年。

［6］周明阜、吴晓玲、向元生等：《凝固的文明》，青海人民出版社，2006年。

A Preliminary Report of Archaeological Investigation & Trial-excavation on Laowei City Site and Other Sites Around in Huayuan County, Hunan

Cultural Relics Administration of Xiangxi Tujia & Miao Autonomous Prefecture
Cultural Relics Administration of Huayuan County

Abstract: Cultural Relics Administration of Xiangxi Tujia & Miao Autonomous Prefecture started some archaeological work on Laowei city site and other sites around in the summer of 2015. The archaeologists have gotten some ideas about the wall's structure, the gates' distribution, and the function division of Laowei city site and so on. They also newly discovered a city site and a kiln site. This work means the beginning of study on wei-suo system in Xiangxi area in the view of archaeology. It is a new chance that affords us some new materials about the confrontation and fusion among the ancient ethnics in the southwest of China and the relationship between the central regime and local chieftains in China.

Keywords: Huayuan County; Laowei City Site; Chongshan Guard; Jiduoping City Site; Xinzhai Kiln Site

湖南常宁江洲遗址2015年度（前段）考古工作收获辑要

湖南省文物考古研究所

［摘　要］　常宁江洲遗址是水口山铅锌矿冶遗址2015年度考古工作核心区域外的突破性发现，也是常宁市域内全新意义上的重要新发现。经由2015年1月、6～12月、2016年4～5月三个工作阶段，先后发现商周至宋代冶铸、制陶、筑造等重要遗迹和遗物。本文结合遗址现状、田野考古成果与科技考古检测数据，对江洲遗址2015年9月以前的考古工作收获作了简明扼要的陈述，并就商周青铜冶铸、商周夯土城墙、商周印纹硬陶产业三大类敏感遗存的虚实真伪，进行了基于阶段性数据真实性、埋藏特征与埋藏逻辑关联性的对比分析，同时也对湘江中上游地区包括但不限于上述三大类遗存的商周原住民文化潜在的探索空间，给出了尽可能合乎已知线索方向标的合理性展望。

［关键词］　湖南常宁；江洲遗址；犁头嘴；商周

松柏镇（现名水口山镇）位于湖南省常宁市区东北部，距市区30千米，北依湘江，东临舂陵江，流贯水口山核心矿区的康家溪（下游名“黄沙河”）于镇东入湘，接境衡南、耒阳二县市，省道、铁路、高速公路跨境或旁通，具有突出的水陆交通和矿产资源优势。镇东三江汇流，低丘起伏，平畴连绵，宜农宜林，也是近通矿区、远达南岭与洞庭湖的门户所在。江洲遗址就坐落在镇东这片由三江发育而成、当前地属蔬菜村和青年村的开阔台地之上（图一）。

2015年1月，围绕水口山铅锌矿冶遗址昔日的交通和商贸问题，该项目的课题负责人结合文献和钻探数据分析，做出“以半边街为代表的水口山历史矿业核心区间的深度穿凿及干扰式覆盖现象严重，阵地战式的攻坚短时间内难以直达明、清两代以前采冶成就的探索目标，应及时调整思路，从工商互补着眼，拓展调查勘探空间”的评估的同时，组织实施了以湘江南岸、舂陵江西岸的一、二级台地为重心的实地调查和钻探，随后将钻探重点锁定在康家溪下游即黄沙河与湘江之间的犁头嘴台地并发现了先秦文化遗物。2015年4月底至5月初，全面启动犁头嘴三角地带内的重点勘探和局部

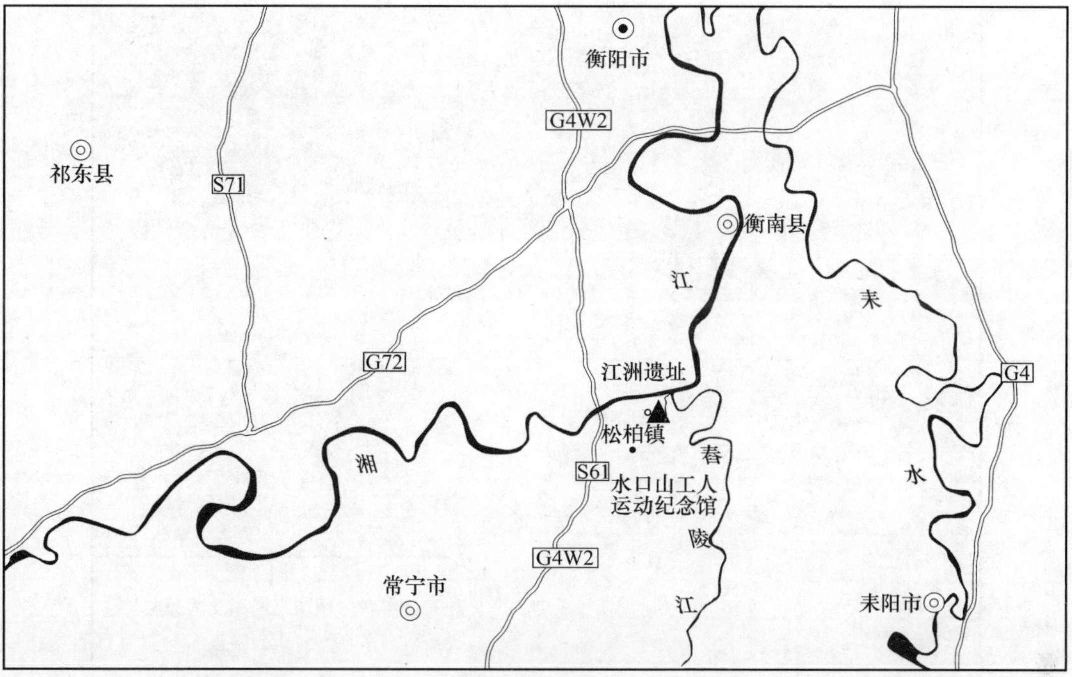

图一　江洲遗址位置示意图

试掘。过程中针对所在台地上用地关系极度复杂、项目内业务人员严重不足、绝大多数早期文化遗存又深藏于现地表3米以下的严峻现实，主要采取循江岸断面选择合适位置、剔除表土和扰乱堆积的文化遗存搜寻策略，并辅以重点勘探和局部试掘手段厘清关键文化堆积的层位、性质和年代关系。正如遗址线索的最初发现直接产生于课题的先决，夏秋两季的一系列考古工作也同样围绕着城墙、窑址、冶炼作坊的有与无、是与否的谨慎验证而严格展开。2015年8月中旬，湘江南岸断坎一号剖视点的夯土构筑物实现了夯筑工艺的细节性解码，从而成为上述一系列课题假设渐趋明晰的重大转折点。因系统性的整理工作尚未完成，这里先仅分享其间指向性相对明确的主要收获（图二）。

一、堆积特征与性态

（一）冶炼型堆积

分布区域由湘江与黄沙河左右夹持，俗名犁头嘴。南北最长80、东西最宽120、斜边长150米，总面积4800平方米。荒地类型，边缘区灌木、芦苇长势良好，居中则仅见以茅草为主的浅根型杂草，此现象与水口山社区半边街矿业废渣堆积区极为相似，颇

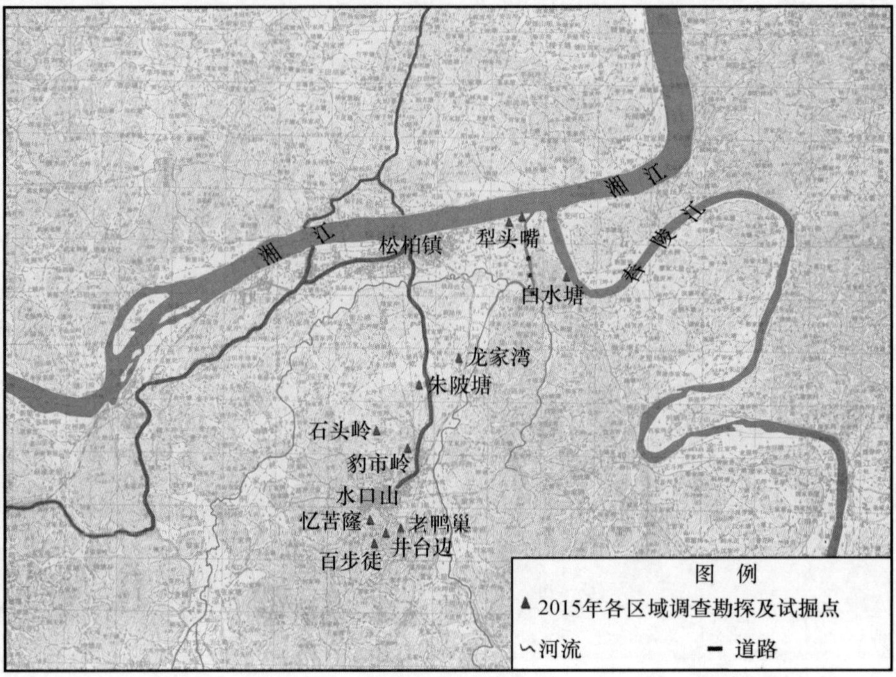

图二 水口山镇区间考古调查示意图

疑其浅表层以下土壤“有毒”。中有水塘，其西有近现代墓3座，东端斜坡下河，为近现代码头。台地临水两面俱为断坎，黄沙河左岸尚存较成片的一级阶地。

设中心坐标基桩于水塘西北的“土堤”豁口边，按逆时针方向设置分区，水塘以北为第二象限，“土堤”以东的其余空间属第一象限。每象限优先布试掘探方各2个，分别位于三角形的钝角和锐角区域。“土堤”以西二象限先以虚拟模式管理，调查勘探工作区间暂不纳入探方编码。

表层腐殖土以下，自上而下分别为近代、宋代、商周3个历史时期的堆积。除近代短时耕作层的板结程度略低外，宋代、商周堆积均普遍呈现出矿砂化的致密和坚硬特征。从遗存典型性观察，第一象限的宋代文化元素优于第三象限东部，而第三象限的商周文化元素又明显优于第一象限西部。

经阶段性清理，T1047、T1067、T3222商周文化堆积内先后发现印纹陶和印纹硬陶器物残片或残件，石钺、刀和箭镞，青铜器残片、残件，冶炼渣，铜矿石等文化遗物。T3222的建筑遗迹框架内有着极为显著的因洗炼矿物而高度硬化及变质变色的特征，分析其昔日功用当为冶炼作坊（图版四六）。

（二）夯筑型堆积

据现存状态，可分为地表可见和地下埋藏两类。前者以犁头嘴西部“土堤”和木头塘至壕塘一线“栗山”为代表，后者沿湘江南岸分布且东、西两端与“土堤”“栗山”相接。木头塘以北及壕塘以南、以西均为连续性的带状洼地，有迹象表明原有护城河一类水域贯通湘江和黄沙河。期间考古工作深度未及扩展到木头塘、壕塘及陈家大屋南部洼地一带，因此江洲台地西部和南部的地下夯土埋藏情况仅可概略展示。

1. 地上地下一体化类型

在犁头嘴三角地带与小洲上开阔台地间，约呈南北向横亘着一道高出当前地表2～4米、残长约80米、顶宽4～8米的“土堤”。解剖结果显示，其内、外坡残存多重构建型梯级，内部堆积中以缓平底锅式大型基槽为基础的交互叠加特征非常清楚，大小杵夯遗痕十分典型，属古城墙性态的巨型夯土构筑物无疑。暂编为1号城墙，英文代码为CW01（city wall-01）。

“土堤”西边，有东、西边缘基本平行、宽约20米的带状洼地，从平面形态分析，可能属于壕沟之类的遗迹。初步解剖的结果显示，此带状洼地底部略呈锅底状，最低处深及洼地现地表以下约3米，与其东侧矗立的CW01夯筑体之间凹凸相对，恰好形成人们习见的那种城墙与壕沟之间的剖视关系。现存堆积自上而下依次为现当代耕土层、宋代至明清浅色细沙沉积层、宋代以前的纯净型深色细沙和粉沙沉积层，下压早一期高密度夯土构筑体。结合TG5、TG7及附近剖视点的堆积情况，可知该洼地应主要产生于沿江印纹硬陶大规模烧造之时。由其南北两端均未穿透早期夯土构筑体的情况分析，该洼地纵有内壕之名，却可肯定绝无护城河之实。权宜列编为1号护城河，英文代码为DM01（deep moat-01）。

2. 地下埋藏型

东接犁头嘴“土堤”，沿湘江南岸一直往西，断续可见两级平台相伴至木头塘旁的“栗山”左近。这段横切面宛若“Z”字，已知总长约650米的边缘化台地外缘，剥离其表层或薄或厚的扰乱堆积后，常见鱼鳞状夯筑特征，其下、中、上三个部分，分别主要由原生红土、含有早期薄胎夹砂陶片的黄土、来自于商周陶窑及相关文化层的黑褐土或深黑土、原生型粉沙、细沙土及具有宋代文化层特征的浅灰黑土构成，是密实或紧固程度上下有差的堆积体。这些通过大剖面或解剖点得以呈现的大型夯筑遗迹，自东向西暂编为CW02-A（TG4范围内）、CW02-B（TG5、TG7范围内）、

CW02-C（Ap01范围内。Ap为英文Anatomic point的缩写编码，下同）、CW02-D（Ap02范围内）、CW02-E（Ap03范围内）、CW02-F（Ap04范围内）。TG7、Ap02的解剖结果显示，湘江南岸所见大型夯土建筑遗迹，其自早至晚的夯筑工艺均分别对应于“土堤”（CW01）局部所见的一至三期，并且更为充分地显示出一期生土夯筑体极为致密、二期因混合了商周陶窑底壁残块和大量印纹硬陶残片而致使夯土密度显著降低、三期夯土普遍为水平式粗夯的筑造工艺差异及相应的质量差异。此外，发现第一期夯土构筑物的基底均直接构建于砂砾平面之上，最低海拔高程仅为54.2米（图三）。

（三）陶业型堆积

阶段性考古工作所获取的陶业堆积线索事实上均基于对夯土建筑对象的搜寻，因此其关键位置和主要范围也与后者大体重叠。不同之处在于，富含印纹硬陶残片的夯土构筑体仅限于犁头嘴至四方园之间长约450米的区间内；四方园以西，夯土内陶片含量急剧下降，到木头塘附近则基本绝迹。这就意味着二期夯土构筑物营建以前的印纹硬陶产业核心区，很可能正是以今之四方园一带为其最西边界。

已知的该类型遗存绝大部分属于典型的废弃后“次生”性质，同时由于就地取土和反复夯筑这一再利用方式的极端特殊性，除位于一期夯土构筑物顶部的几小段烟道外，窑室及各色烧造废弃物无不沦为支离破碎的夯筑素材，其中多数陶片的碎片化程度已达到名副其实的“厘米级”。

值得庆幸的是，挖腐去朽、修残补缺思路下的二期夯筑物构建过程，为所有心存诚意的后来者留下了滨江临水、顺坡上升的窑炉的蛛丝马迹。而且，有赖于硬陶自身的质量，出土于夯筑体内的陶片也在类型、装饰、品质、烧造规模、时代关系等方面仍具有多元多维的信息可靠性（图版四七）。

二、现象与本质

考古现场首先要面对的是各种各样的堆积现象，它们或繁或简，或难或易。对于某些复杂到令常识捉襟见肘、让思维频频搁浅的疑难杂症，是迎难而上尽可能逼真还原，还是刻意无视甚或随性处置，我们的选择，直接影响到其真实信息的存续比重，甚至决定了最终结论的虚实真伪。

类似的挑战，在江洲遗址具有普遍性。一块人工冶铸的纯铜，几小段青铜零件，一件铸器石模；内置硬陶器皿或底壁烧结的“柱洞”；因深度浸染而发黑、高度沙化而坚硬无比的文化层；江河夹持，水饶土厚，而灌木不生、农夫不耕的奇怪台地……

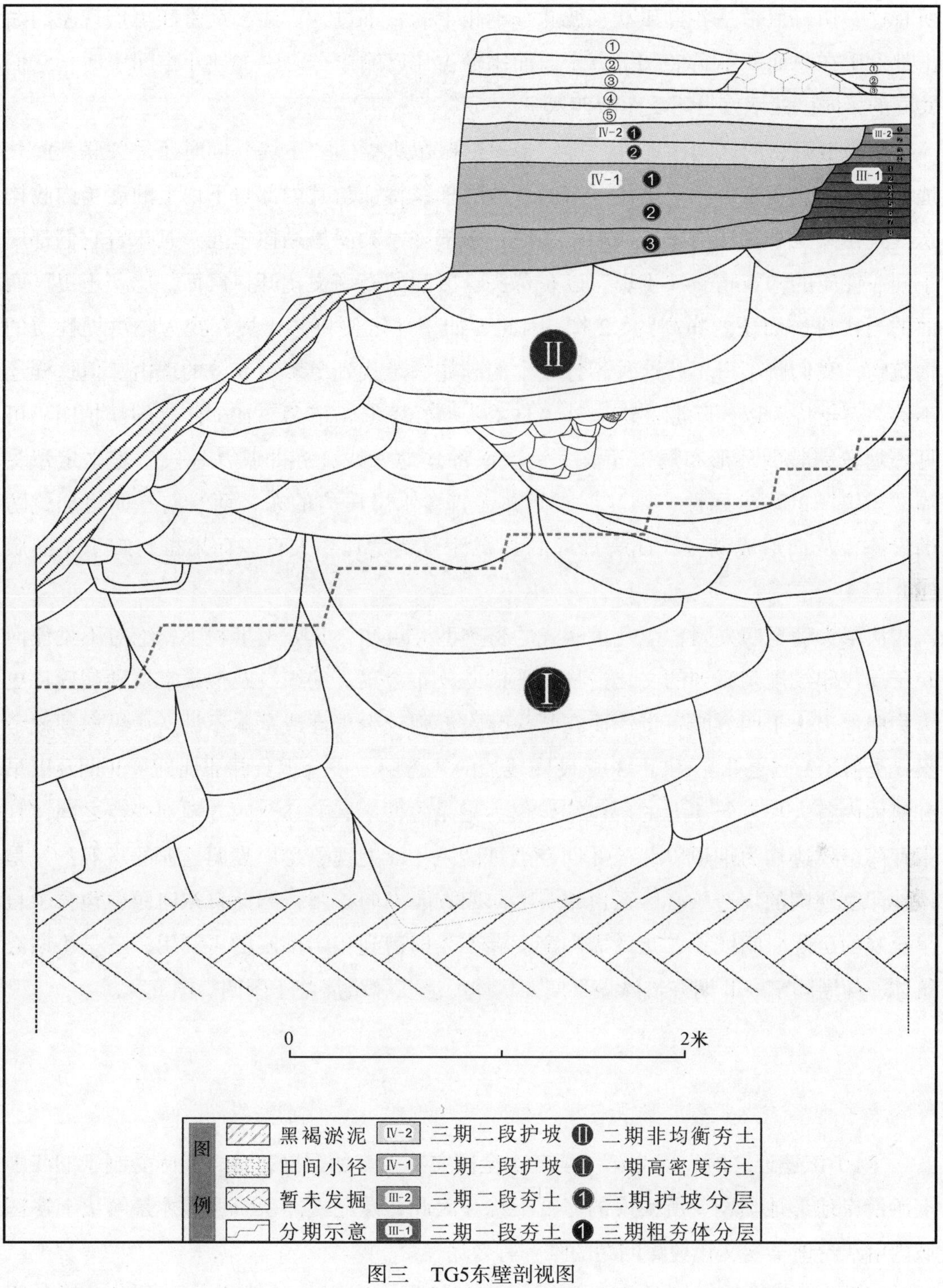

①
②
③
④
⑤
Ⅳ-2
Ⅳ-1
Ⅲ-2
Ⅲ-1
Ⅱ
Ⅰ
0
2米
图例
黑褐淤泥
田间小径
暂未发掘
分期示意
三期二段护坡
三期一段护坡
三期二段夯土
三期一段夯土
二期非均衡夯土
一期高密度夯土
三期护坡分层
三期粗夯体分层

图三　TG5东壁剖视图

所有这一切，似乎是各自孤立、彼此毫不相干的。不过，当诸多反常和焦点现象的撞击都发生在总面积不足5000平方米、而水塘占比已逾十分之一的狭小空间中时，它们共同的指向已然不言自明（图版四八）。

作为最醒目的区间性地标，襟江带河横截犁头嘴的“土堤”同时还是关联其内外地下埋藏的重要纽带。“土堤”东侧外坡的梯级特征与其内部自下而上的逐步内收构造模式，并见于湘江南岸、西端木头塘、南部陈家大屋等勘探单元，意味着它们都属于同一性质的构筑物。“土堤”以东犁头嘴区间的商周文化开口层面，比“土堤”西面的当代耕作面还要净高约1.2米。因此，如果一定要将“土堤”视为防洪堤性质的构筑物，我们就不得不替这种不计成本的画蛇添足找到更多更充分的理由。但这样还不够。“土堤”以西除湘江南岸外，自木头塘经壕塘（俗名。1967年版的航拍图仍可见壕塘较完整的环形布局）至陈家大屋南部洼地一线，亦非临江地段。若坐定犁头嘴“土堤”的防洪属性，则江洲区间并无直接水患压力的东、西、南三面也加筑防洪设施，从而形成湖区式闭合圩垸的必要性，就尤其令人百思而不得其解了（图版四九）。

从犁头嘴至四方园，但凡鱼鳞式的密实型夯筑体，其夯土堆积中就绝对不见任何晚于周代印纹硬陶系列的文化遗物；从横向分布考察，编织纹及似米字格硬陶残片更为集中地出土于四方园一带，而在犁头嘴附近则较少出现或基本不见；从纵深埋藏考察，类似于TG5之Ⅱ-18和Ⅱ-30之硬陶残片的“跨层”拼合现象并非偶见（Ⅱ期及以早夯筑体内各大小夯筑单元的层位编码仅为记录之便）；TG5至四方园剖视点之间，凡幸存陶窑残迹均为烟道以北被Ⅱ期夯土打破——以上现象足以表明这样的事实：一是该地印纹硬陶的烧造核心区系由犁头嘴向四方园方向扩张，因此自东向西也包含了自早至晚的延烧时间线；二是商周陶窑废弃不久即遭到相当彻底的再利用；三是Ⅰ期夯筑体→商周陶窑→Ⅱ期夯筑体→Ⅲ期夯筑体的演变脉络清楚（图四、图五）。

三、结　　语

（1）该遗址之所以成为第一至三次全国文物普查的漏网之鱼，实际受制于湘江中上游沿岸地形地物剧变所引发的客观干扰。因此，课题式的系统调查才是解决上述区域内沿江台地早期文化埋藏问题的唯一有效途径。

（2）江洲遗址特别是犁头嘴区间遗存的商周青铜冶铸线索并无疑义（详见附录）。其间“矿砂化”土壤元素检测意见与基于考古现场观察、体验所得出的推论不符，是否由于漫长时间内微量矿物的“自消化”衰减效应所致，尚待后续工作的进一

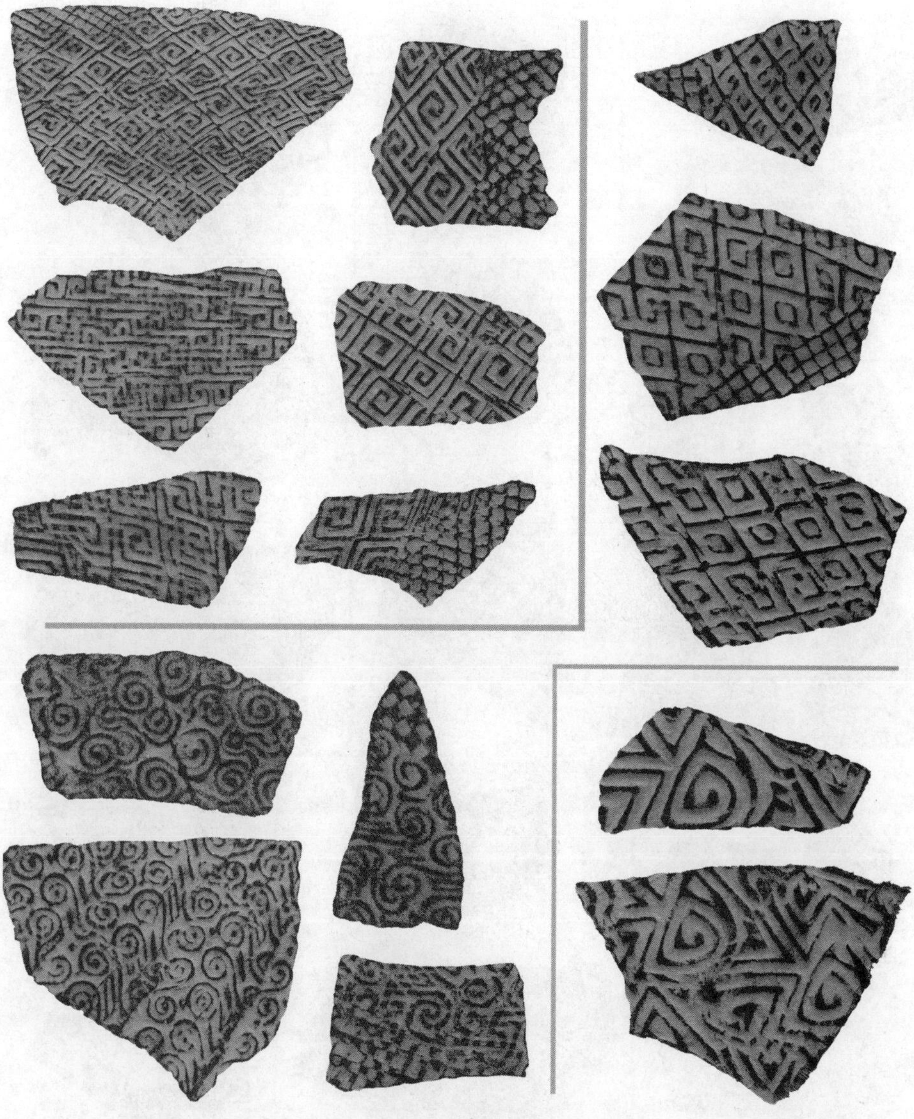

图四　TG5出土部分印纹陶纹饰拓本

步验证。

（3）结构型用土的稳固性需求不同于废土堆放。江洲遗址Ⅰ、Ⅱ期夯筑体（是否夯土城墙姑且搁置不议）普遍呈现的“U”字形或缓平底锅形基槽及鱼鳞状微结构，为湖南早期夯土工艺、夯筑模板、夯筑器具等方面的研究，提供了第一手素材和经验。

（4）江洲遗址中的商周印纹硬陶遗存属于典型的商业化产出类型，与普通生活型遗址的同类出土物相比，具有原真性的器类全、器形多、纹饰丰富多样的绝对优势。根据现阶段的粗略研究可知，江洲遗址商周印纹硬陶遗存的重要性，不只是岭北印纹陶集大成者这么简单，而是在时间线上充当了湖南原住民文化艺术源流的忠实见证

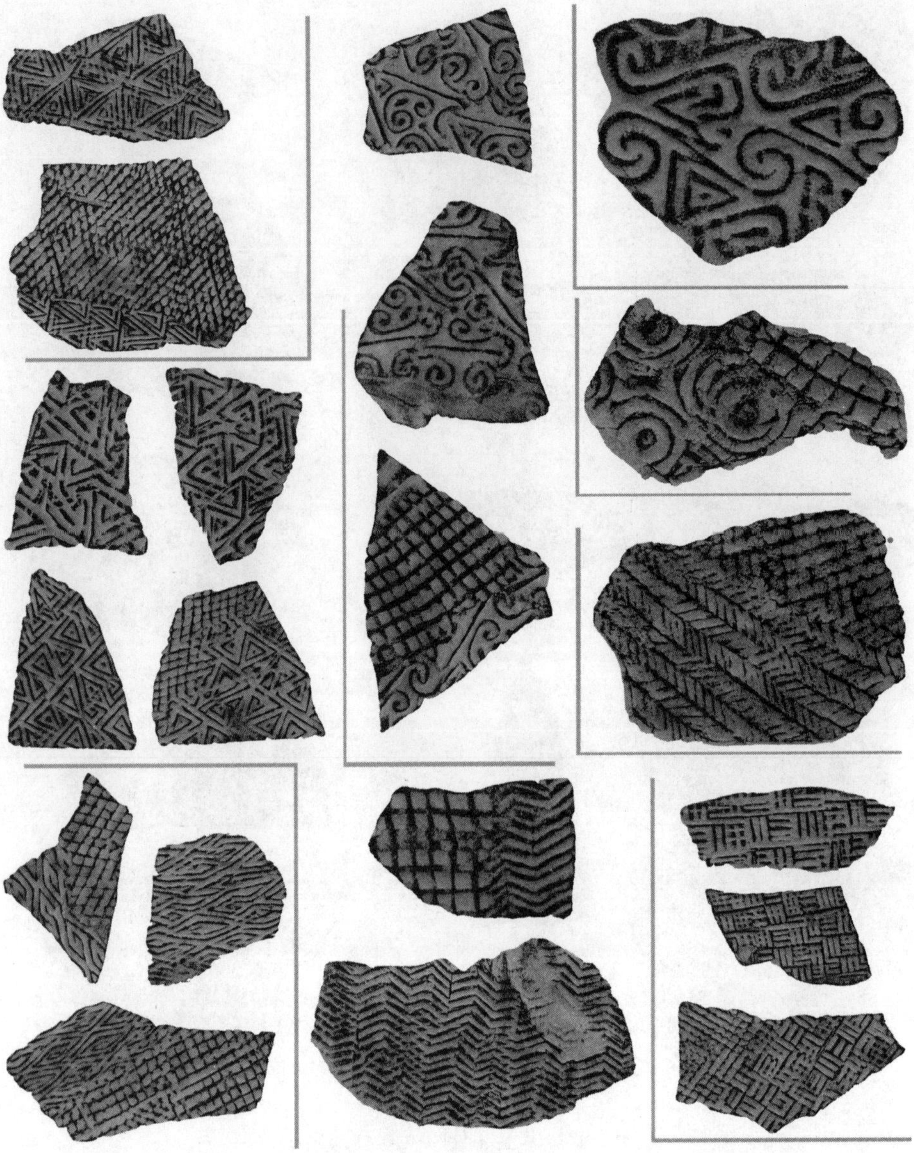

图五　TG5出土部分印纹陶纹饰拓本

者，在空间线上则充当了印纹陶文化传播的桥梁角色（图六）。

（5）本遗址罐（釜）居绝对支配地位而辅以鼎、豆、纺轮的陶器器类构成及广谱式云雷纹为主流的装饰格局，是湘南和岭海广大区域内殷商后期至东周初期习见的共性特征。浅盘口高领罐、深盘口广肩附锯齿状凸棱罐、折腹钵形（矮柄）豆等典型器物所指向的商代晚期或商周之际，与犁头嘴“土堤”以东区间早期冶铸遗存、以西区间的Ⅰ期夯筑遗存均有着切近关联；装饰系统中更多的仍是能逆溯其祖源的像生拟态，凸点菱格类的平面化趋势正方兴未艾而更简约的字符画构图（如所谓“米”字

1

2

图六　TG5出土部分印纹硬陶典型纹饰残片

1. A ~ F大类　2. G大类

纹）还在混沌阶段的事实，标志着此处印纹硬陶延烧的时代下限尚未迈过两周之际的门槛（图七 ~ 图一〇）。

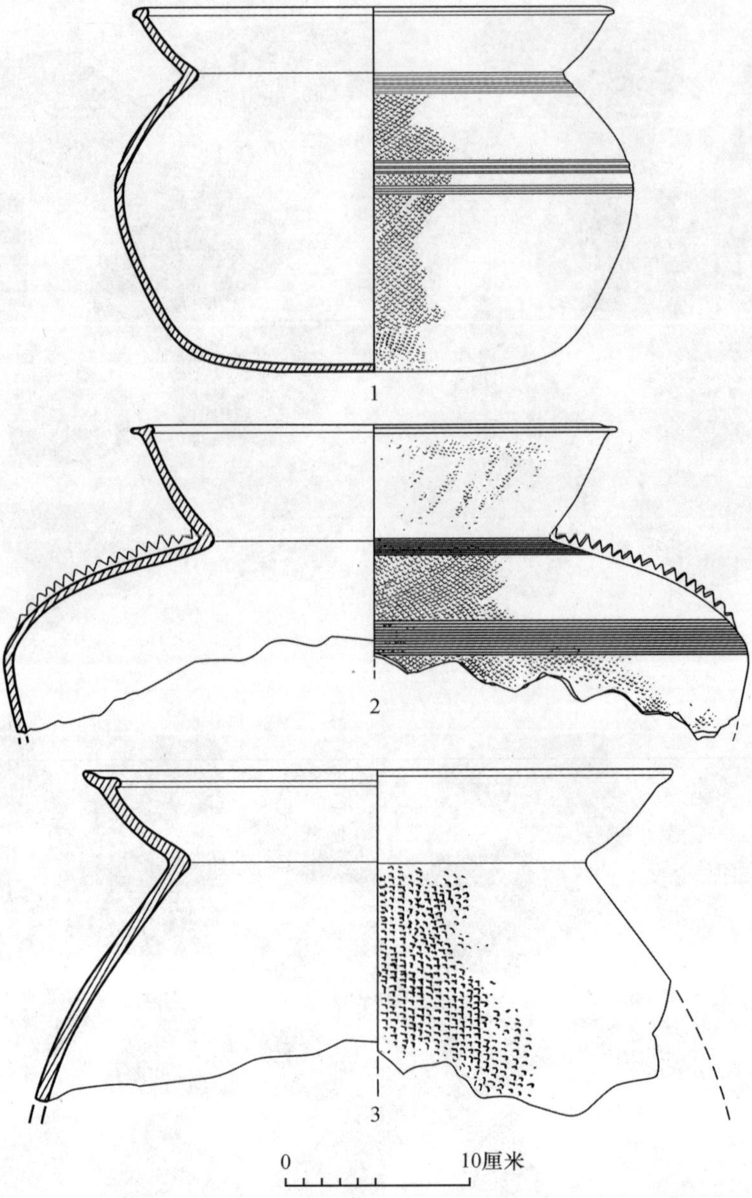

图七　江洲遗址出土陶罐

1. 2015CJTG5-Ⅱ-⑭：1　2. 2015CJTG5-Ⅱ-⑲：1　3. 2015CJ（T3222）F2-D11：1

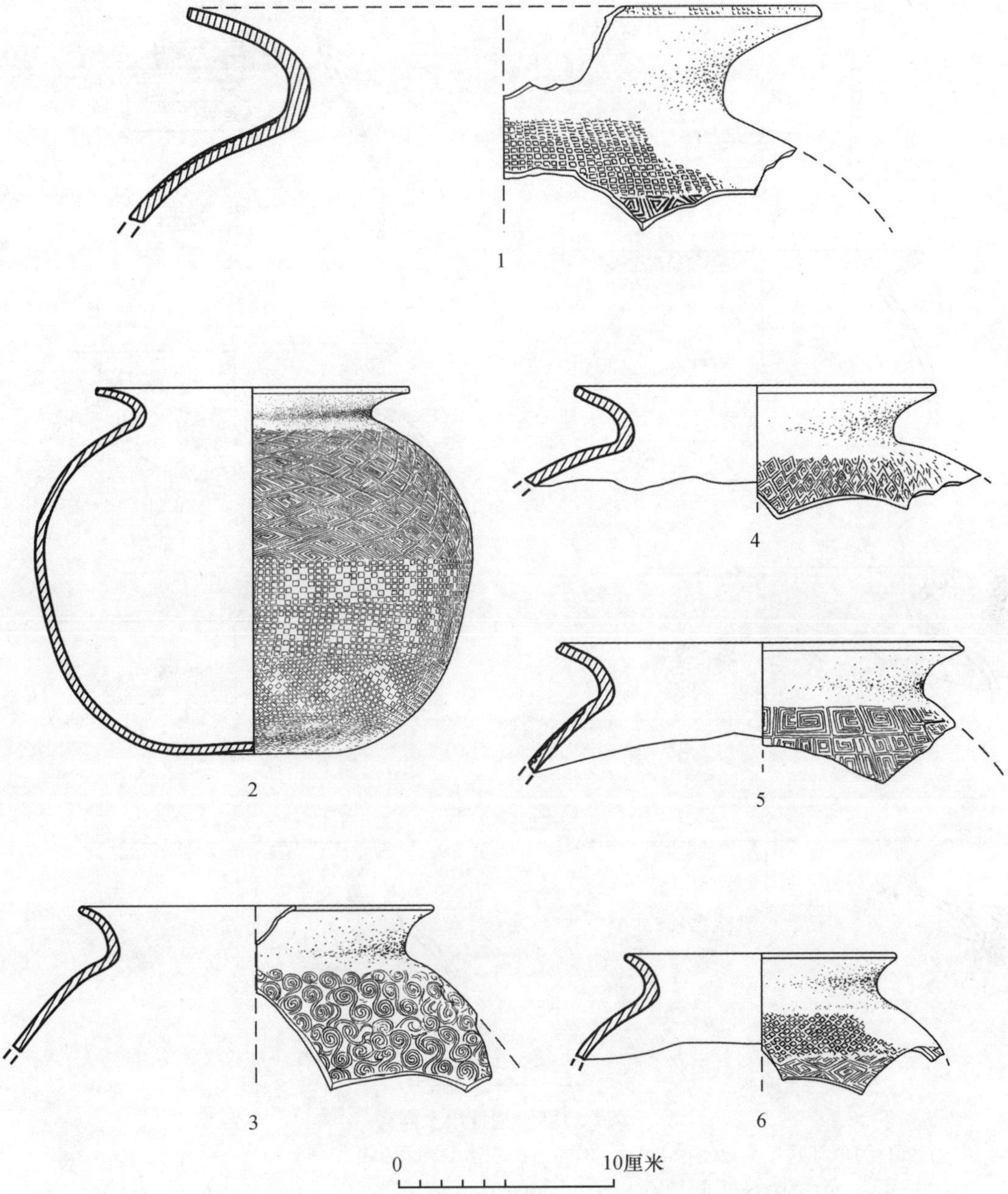

图八　江洲遗址出土陶罐

1. 2015CJTG5-Ⅱ-⑭：2　2. 2015CJTG5-Ⅱ-⑮：1　3. 2015CJTG5-Ⅱ-⑮：2

4. 2015CJTG5-Ⅱ-⑭：3　5. 2015CJTG5-Ⅱ-⑮：3　6. 2015CJTG5-Ⅱ-⑮：4

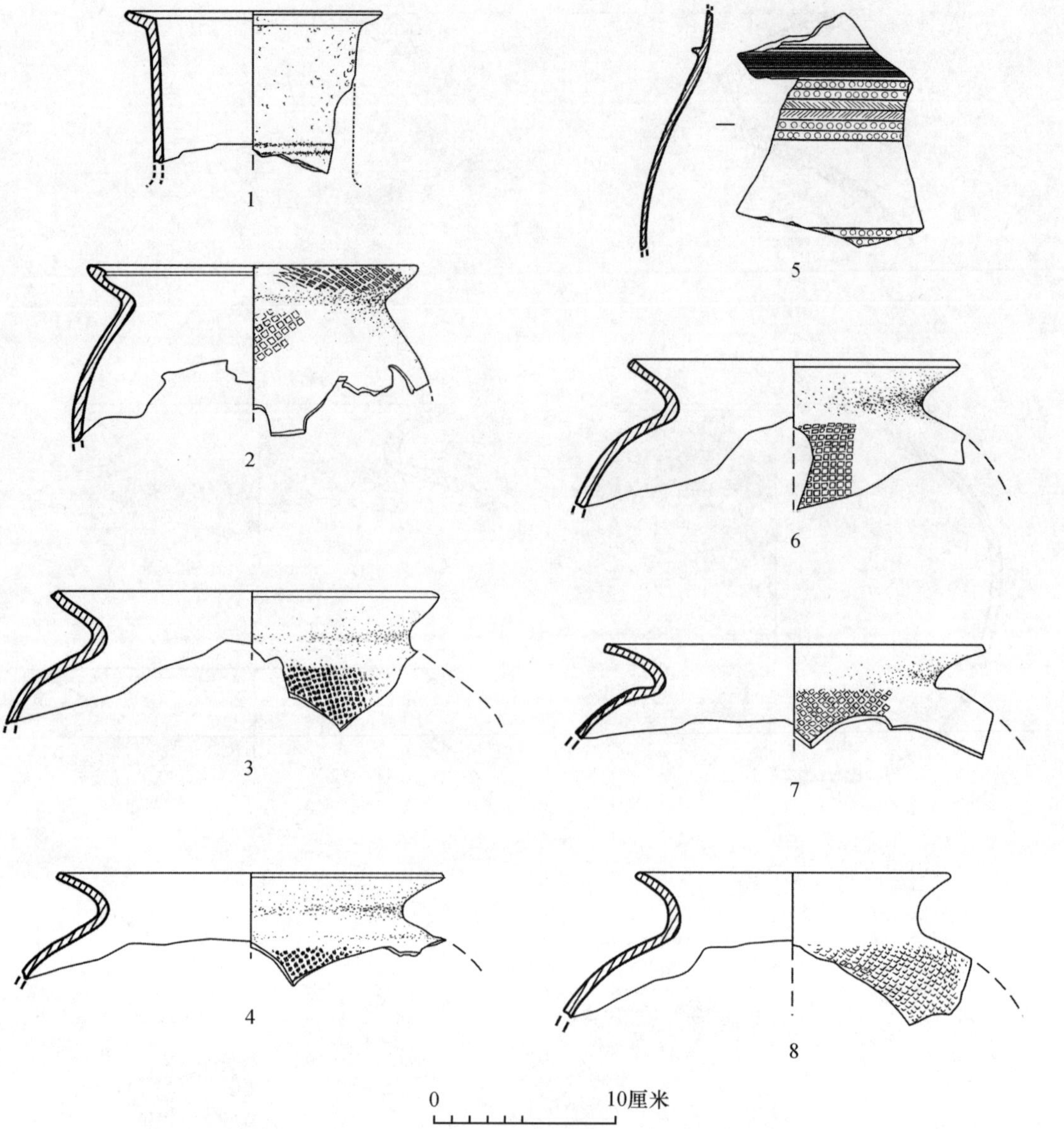

图九 江洲遗址出土陶罐

1. 2015CJT3242⑤：6 2. 2015CJTG5-Ⅱ-㉚：1 3. 2015CJTG5-Ⅱ-⑮：5 4. 2015CJTG5-Ⅱ-⑮：6
5. 2015CJTG5-Ⅱ-⑱［㉚］：1 6. 2015CJTG5-Ⅱ-⑭：4 7. 2015CJTG5-Ⅱ-⑭：5
8. 2015CJTG5-Ⅱ-⑯：1

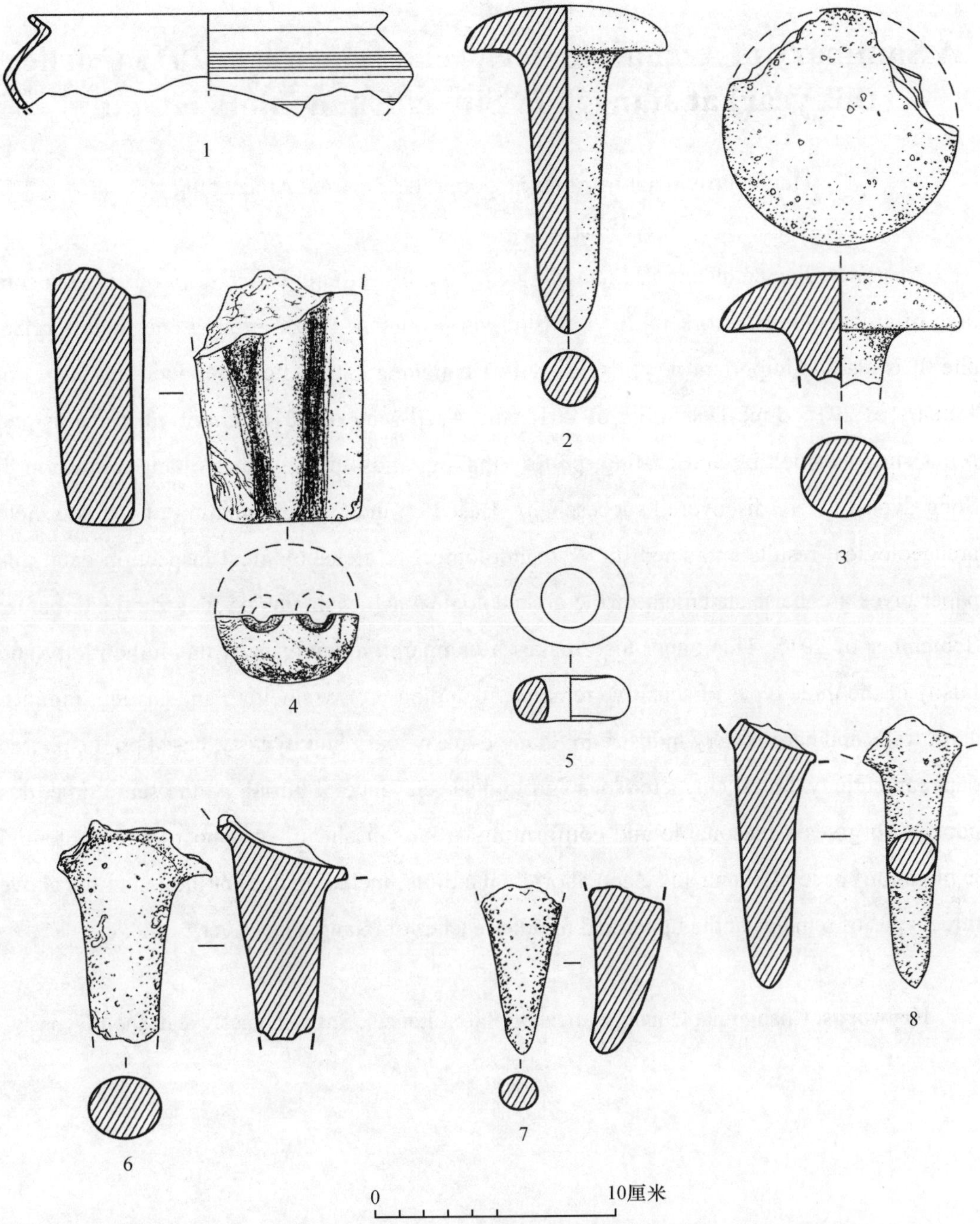

图一〇　江洲遗址出土器物

1. 陶豆（TG5-Ⅱ-⑳：1）　2、3. 陶托（TG5-Ⅱ-⑮：7、TG5-Ⅱ-⑰：1）　4. 铸器石模（TG5-Ⅱ-㉘：1）
5. 陶珠（TG5-Ⅱ-⑯：2）　6～8. 陶鼎足（TG5-Ⅱ-㉘：2、TG5-Ⅱ-⑲：2、TG5-Ⅱ-⑮：8）

执笔：吴顺东

A Summary of Archaeological Achievements in 2015 (earlier this year) at Jiangzhou Site in Changning, Hunan

Hunan Provincial Institute of Cultural Relics and Archaeology

Abstract: Jiangzhou site in Changning City is a breakthrough discovery outside the core area of archaeological work in 2015 at Shuikou Mountain Pb-Zn mining and metallurgical site. It is also an important new discovery in Changning City. After three working stages of January of 2015, June-December of 2015 and April-May of 2016, important remains and relics such as smelting and casting, pottery making and building from Shang and Zhou to Song dynasty were discovered successively. Based on the current situation of the site, field archaeological results and scientific & technological & archaeological inspection data, this paper gives a concise statement of the archaeological achievements of Jiangzhou site before September of 2015. This paper also makes a comparative analysis of the authenticity and falsity of the three types of sensitive remains, including bronze smelting and casting, rammed earth walls and hard pottery industry in Shang dynasty and Zhou dynasty, based on the phased data authenticity, burial characteristics and logical relevance of burial. At the same time, this paper also gives a reasonable and conforming to known clues’ prospect of the potential exploration space of Shang and Zhou aboriginal culture, including but not limited to the above three types of remains at the upper and middle reaches of Xiangjiang River.

Keywords: Changning, Hunan; Jiangzhou Site; Litouzui; Shang Dynasty and Zhou Dynasty

附录　湖南常宁江洲（犁头嘴）遗址冶金样品检测报告

陈建立
（北京大学考古文博学院）

2016年春参观常宁江洲遗址考古现场，从蔬菜村北部沿江Ⅱ期夯土、犁头嘴区间唐宋堆积及同区间商周堆积出土冶金标本中提取样品3份，样品编号分别为41007（TG9：17）、41008（T1067：4）、41010（T3243：6）。采用扫描电镜能谱分析和金相显微镜观察，进行了尽可能细致的检测分析。现将初步检测结果陈述于后。

1. 样品编号41007（TG9：17）

本样品中发现数量较多的铜颗粒，且铜颗粒中未发现合金元素。炉渣平均成分中铁含量较高，且炉渣基质中发现大量Fe_3O_4和铁橄榄石。炉渣玻璃基质中发现了少量Zn和P。基于以上分析判断，该炉渣可能为一铜冶炼渣，冶炼产品为红铜。炉渣中Ca、P等元素可能来自燃料燃烧形成的草木灰，而Zn可能来自与铜矿伴生的少量Zn矿石（表一；图一，1～4）。

表一　样品41007扫描电镜能谱分析表

序号	元素（wt%）	O	Fe	Si	Cu	Al	Ca	K	P	Mg	Zn	BSE图
1	Mapping	32.45	51.53	5.75	4.87	1.60	1.30		2.50			图一，1
	Area A	26.39	73.61									
	Area B	42.45	28.40	8.85	10.28	1.75	0.73	0.85	6.69			
	Area C	42.03	19.55	21.72	2.00	1.33	10.72	1.37	1.00	0.28		
2	Mapping	30.90	43.47	9.60	8.04	0.99	5.70	0.58	0.70			图一，2
	Area A				100.00							
	Area B				100.00							
	Area C	25.65	70.03			0.83					3.50	
	Area D	44.57	20.42	18.94		1.10	10.25	1.14	0.92	0.25	2.40	
	Area E	44.05	32.39	7.86	6.62	2.63	0.58		5.87			
3	Spot A	30.18	68.65	0.32		0.84						图一，3
	Spot B	2.64	3.88		93.48							

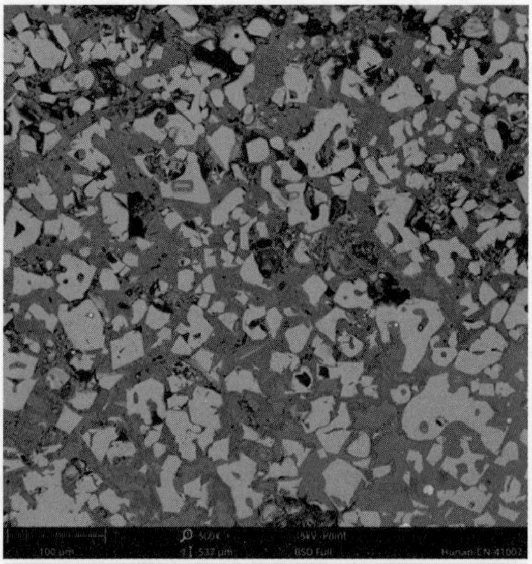

1. 湖南常宁犁头嘴41007 BSE图

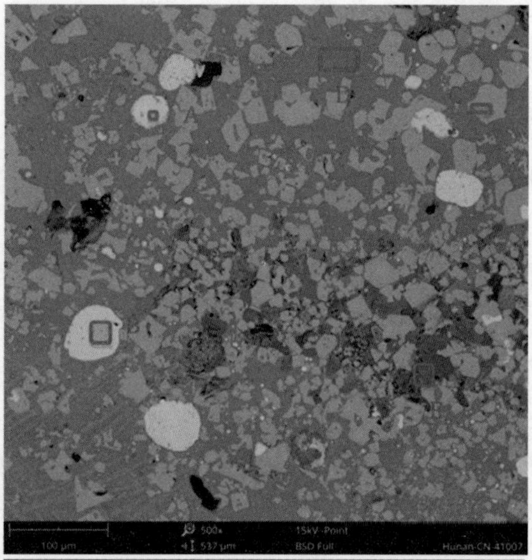

2. 湖南常宁犁头嘴41007 BSE图

3. 湖南常宁犁头嘴41007 BSE图

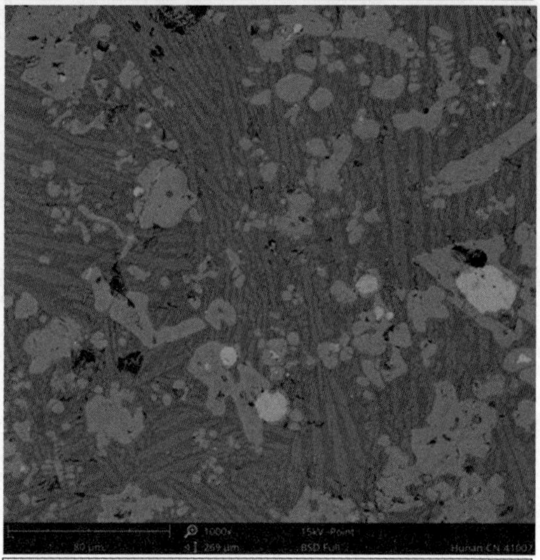

4. 湖南常宁犁头嘴41007 BSE图

图一 样品41007扫描电镜能谱BSE分析图

2. 样品编号41008（T1067：4）

本样品为一典型的Fe-Si系炉渣，含有大量铁橄榄石和浮氏体晶粒及少量的铁尖晶石晶粒。样品中未发现金属颗粒，推测该炉渣可能与块炼铁冶炼、锻打或炒钢有关（表二；图二，1～8）。

表二　样品41008 扫描电镜能谱分析表

序号	元素（wt%）	O	Fe	Si	Al	Ca	K	P	Mg	BSE图
1	Area A	41.74	45.37	11.37	0.54			0.26	0.72	图二，5
	Area B	32.64	65.86	0.53	0.97					
	Area C	33.15	65.40	0.55	0.89					
	Area D	43.06	43.56	11.34	0.56			0.35	1.13	
2	Area A	32.41	66.57	0.43	0.59					图二，6
	Area B	42.06	45.67	11.15	0.42				0.71	
	Area C	43.59	43.17	11.46	0.55			0.33	0.89	
	Area D	45.37	25.87	8.01	15.42	1.57	3.27	0.50		
3	Spot A	42.32	56.15	0.63	0.89					图二，7
	Spot B	41.88	52.59	0.92	4.61					
	Spot C	44.72	42.80	10.83	0.89				0.76	
	Mapping	42.63	41.50	9.91	3.28	1.18	0.89	0.62		
4	Spot A	41.11	57.34	0.81	0.74					图二，8
	Spot B	47.45	37.59	11.49	1.20	0.63	0.37	0.55	0.72	
	Spot C	55.62	13.79	13.99	5.83	5.13	3.47	2.18		

1. 样品41008金相组织图

2. 样品41008金相组织图

3. 样品41008金相组织图

4. 样品41008金相组织图

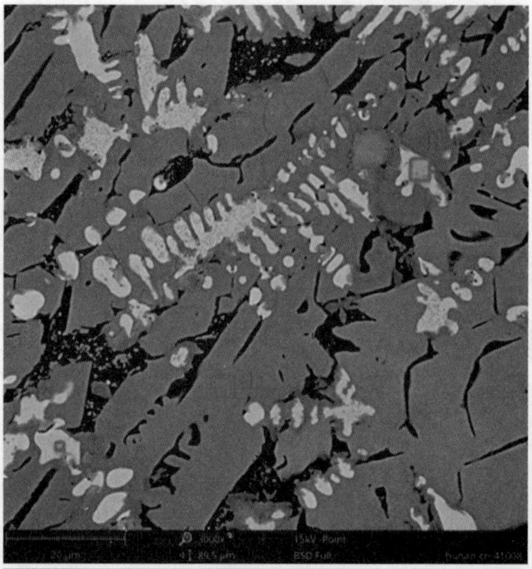

5. 样品41008 BSE图

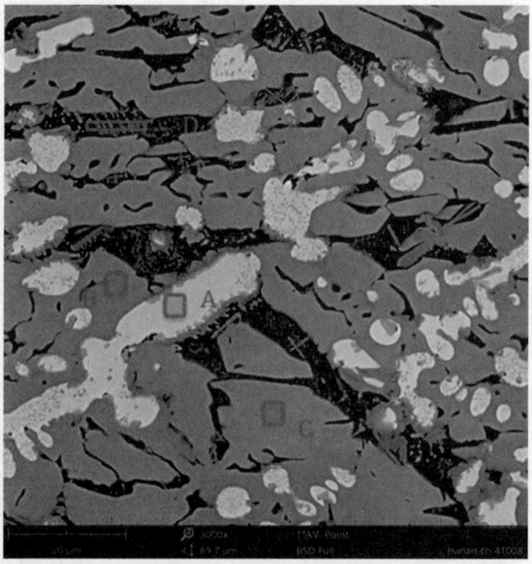

6. 样品41008 BSE图

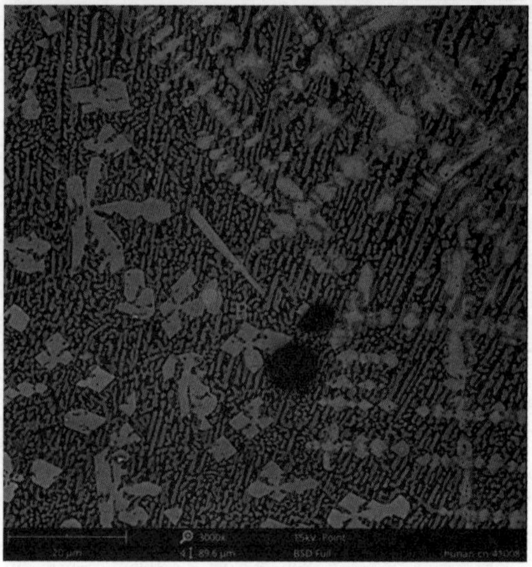

7. 样品41008 BSE图

8. 样品41008 BSE图

图二　样品41008金相组织观察图与扫描电镜能谱BSE分析图

3. 样品编号41010（T3243：6）

本样品中含有大量铜颗粒、冰铜颗粒及Fe_3O_4晶粒。铜颗粒中未见合金元素。冰铜颗粒的Fe含量基本在5%以下。图三，8显示部分冰铜颗粒与Fe_3O_4晶粒聚集分布，且冰铜颗粒出现在团簇状Fe_3O_4晶粒的内部孔隙中，显示这部分Fe_3O_4可能为冰铜内的Fe被氧化后生成。推测该炉渣为冰铜还原渣，冶炼产品为纯铜（表三；图三，1～10）。

表三　样品41010扫描电镜能谱分析表

序号	元素（wt%）	O	Fe	Cu	Si	Al	Ca	K	S	Mg	Ti	BSE图
1	Mapping	48.63	10.37	6.64	15.07	8.47	3.12	1.49		6.22		图三，5
	Area A			100								
	Area B	50.96	9.62		15.14	9.56	1.49	1.51		11.72		
2	Area A	54.63	5.77		19.48	8.97	5.54	1.86		3.75		图三，6
	Area B			100								
	Area C	46.05	23.63		0.36	21.64				8.32		
	Area D	52.91	11.50		12.88					22.71		
	Area E	48.40	40.69		0.87	6.28				3.76		
3	Mapping	49.95	10.49	4.92	15.48	7.54	3.94	1.58		6.11		图三，7
	Area A	34.83	13.33	34.30	5.26	8.00	1.21			3.07		
	Spot B	57.17	19.51		0.45	15.83				6.83		
4	Spot A	47.62	48.02		0.45	1.76				2.15		图三，8
	Spot B	8.19	4.09	63.70	0.66	0.73			22.62			
	Spot C	5.92	3.77	87.39						2.92		
	Spot D	59.09	4.35		17.82	8.56	4.87	1.76		3.56		
	Spot E	55.38	10.80		12.44					21.37		
5	Spot A	11.78	4.83	60.18	0.87	0.85			21.50			图三，9
	Spot B	8.40	3.70	65.08	0.59	0.31			21.92			
	Spot C	11.31	3.99	60.66	1.13	1.42			20.65	0.83		
6	Spot A	52.73	16.33		0.31	21.92				8.71		图三，10
	Spot B	46.07	41.43		1.11	6.19				4.17	1.03	
	Spot C	58.33	4.31		18.10	8.38	4.98	1.77		4.13		
	Spot D	8.17	2.33	84.89	2.15	0.63				1.83		
	Spot E			100.0								

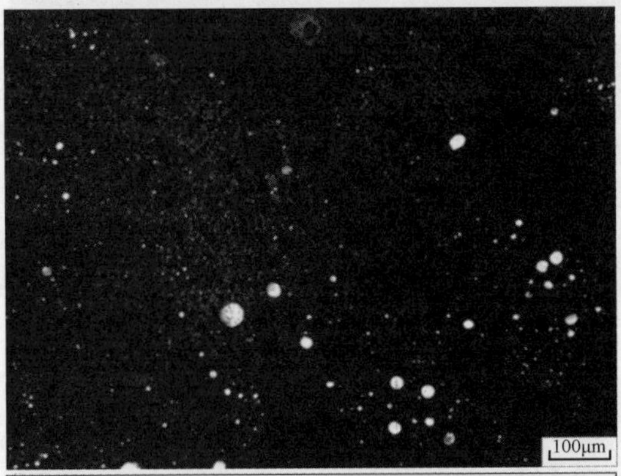

1. 样品41010金相组织图

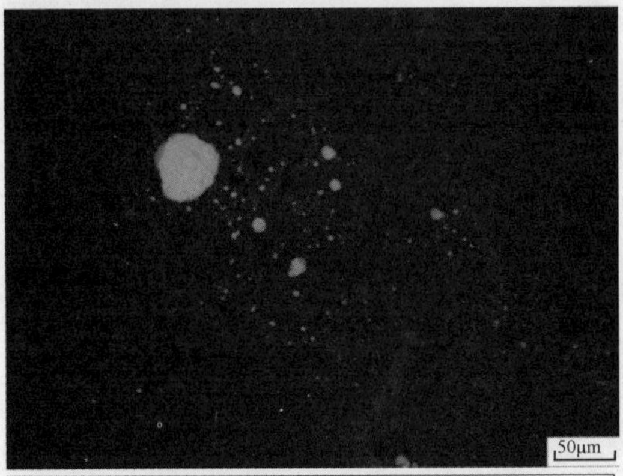

2. 样品41010金相组织图

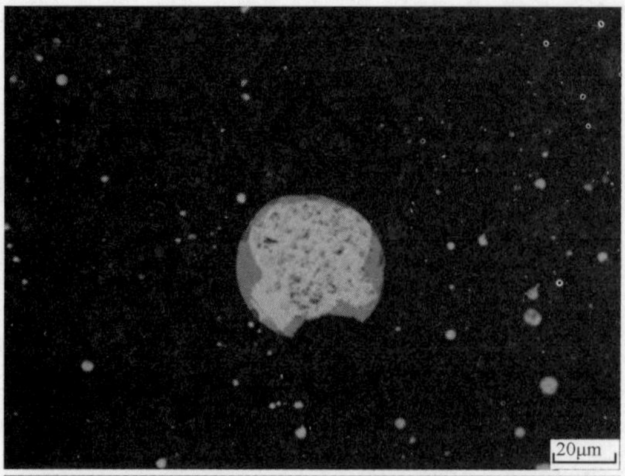

3. 样品41010金相组织图

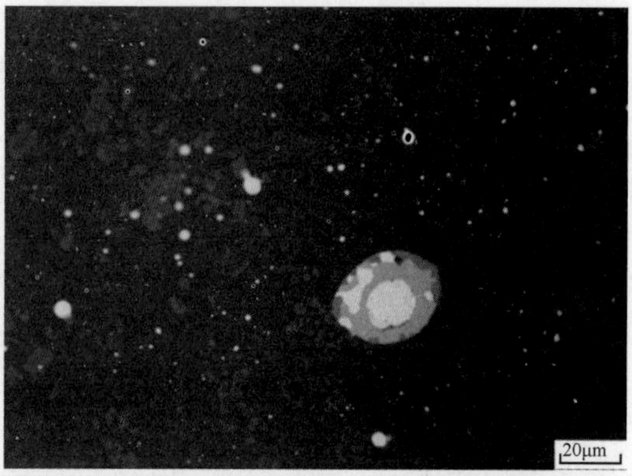

4. 样品41010金相组织图

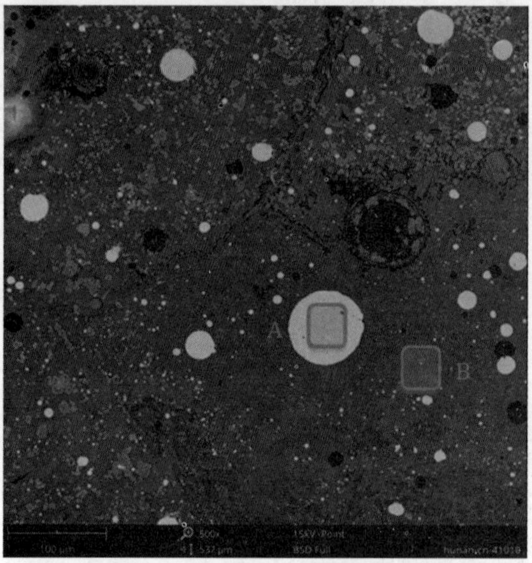

5. 样品41010 BSE图

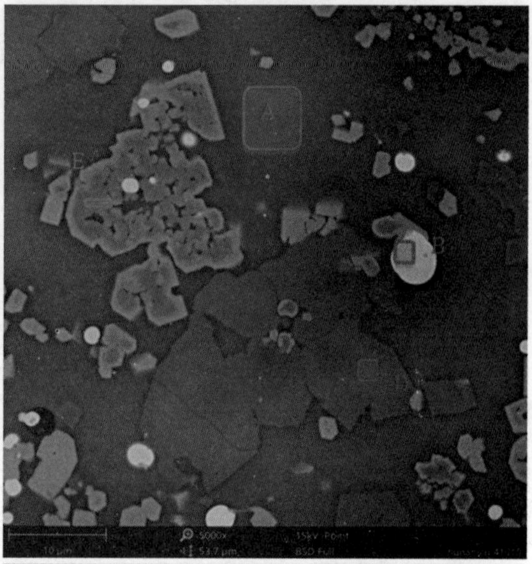

6. 样品41010 BSE图

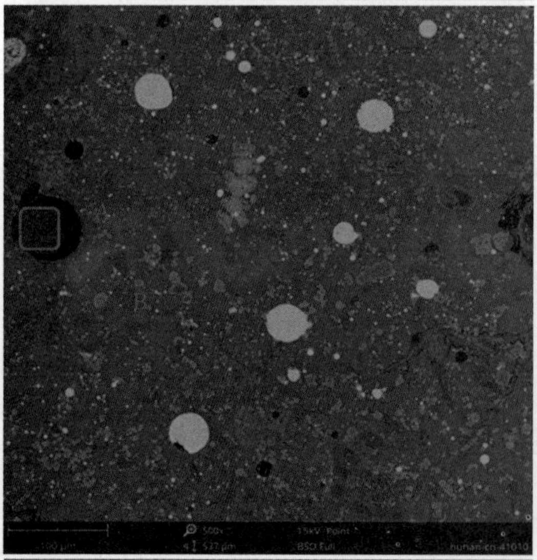

7. 样品41010 BSE图

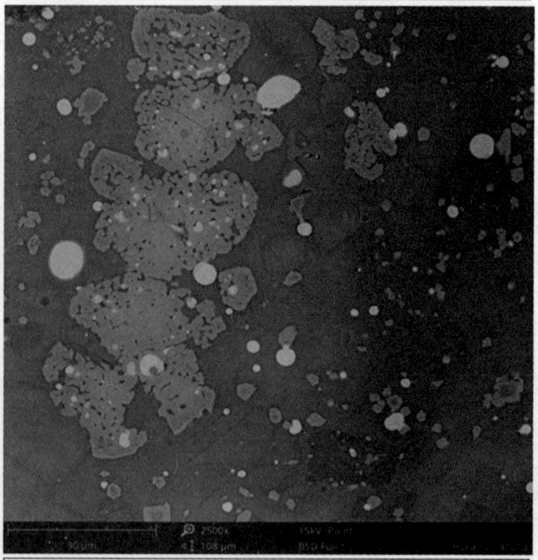

8. 样品41010 BSE图

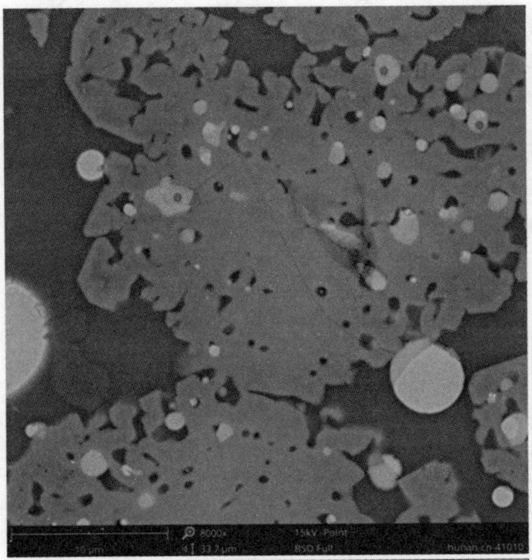

9. 样品41010 BSE图

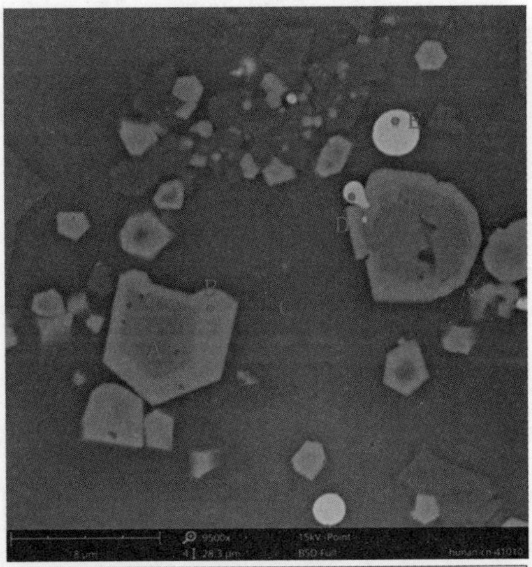

10. 样品41010 BSE图

图三　样品41010金相组织观察图与扫描电镜能谱BSE分析图

探索与研究

澧县袁家山遗址黑褐色土文化层出土石制品的初步研究

李意愿

（湖南省文物考古研究所）

［摘　要］　本文是对袁家山旧石器遗址黑褐色土文化层中出土石制品的研究报告。此层出土石制品589件，原料以小型石英砾石为主，类型包括砾石、石核、石片、工具、废品，其中以废品居多。锤击法为主要剥片和加工方法，石器技术系统属简单石核-石片剥片策略。小型尺寸产品占绝大多数，工具组合以刮削器、尖状器为主，其中小型石核刮削器最具地方特点，代表了澧水流域旧石器时代晚期的一个区域文化类型。根据石制品的分布和类型等特点可知，该遗址这一时期的文化遗存应为早期人类进行石器生产和加工的临时营地。

［关键词］　澧县；袁家山遗址；黑褐色土；石制品；旧石器时代晚期

袁家山遗址位于澧县梦溪镇八根松村。2012～2013年，为配合基础项目建设，湖南省文物考古研究所在此进行了抢救性考古发掘，发现了具有不同石器工业面貌特征的3个叠压文化层，出土了较丰富的石制品，取得了较重要的收获。其中，遗址的地理地貌、地层等发掘基本情况及黄土层（第4层）中发现石制品的初步研究已经刊发[1]。本文则是对该遗址黑褐色土文化层（第3层）中出土石制品的研究报告。

遗址中第3层为黑褐色粉砂质黏土，结构较疏松，因黑褐色斑状膜的含量差异，堆积剖面土色有深、浅的差异，因而据此也可将该层细分为3个亚层。这一文化层在遗址中属局部地层，主要分布于遗址的西南部，由西北向东南呈缓坡状，最厚处约60

厘米。文化遗物集中分布于T9西南扩方及T18，其余探方仅有少数几件（图一；图版五〇）。

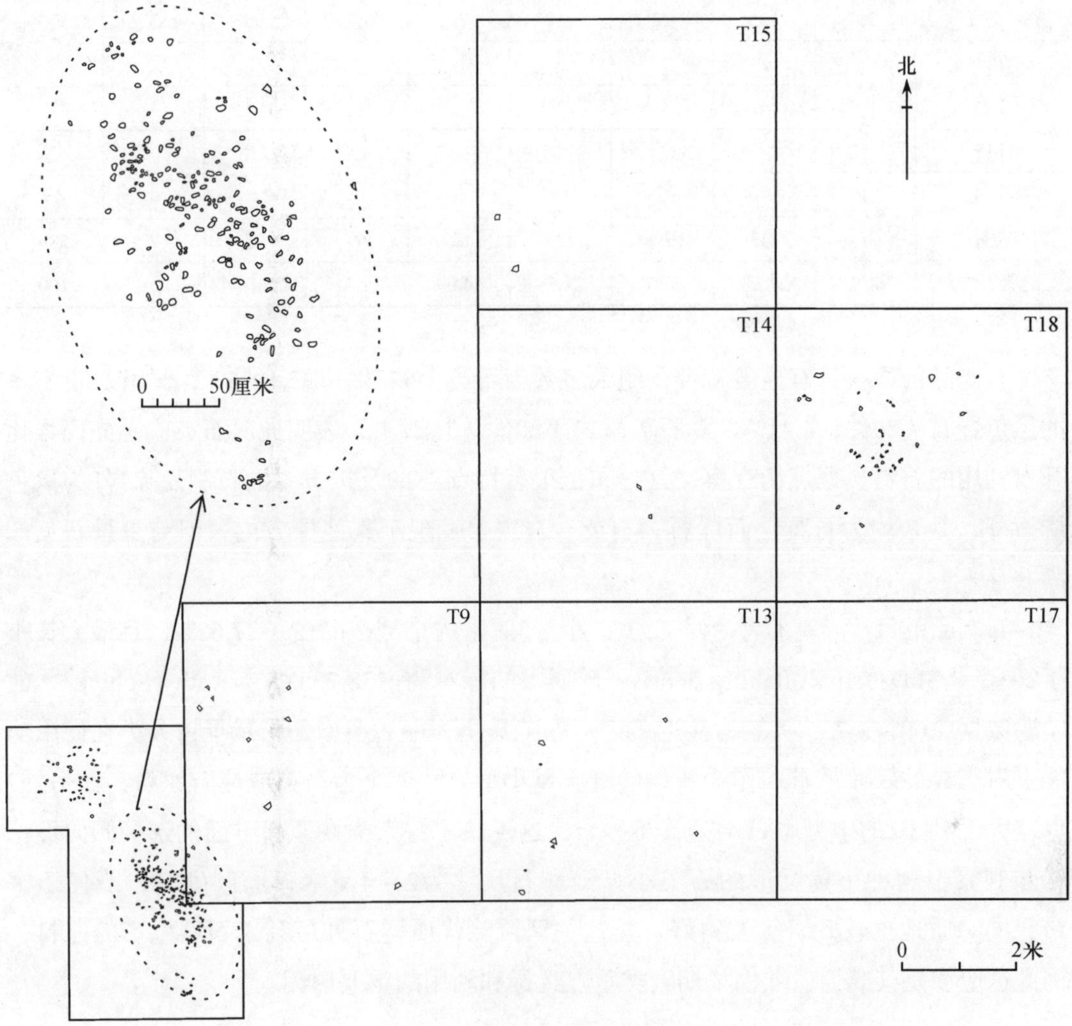

图一 袁家山遗址第3层石制品平面分布

一、石制品概况

袁家山遗址第3层共出土石制品589件。不同类型在探方中的数量统计（表一）显示，T9（包括扩方）中石制品数量丰富且组合较为完整，其余探方石制品类型均有不同程度缺失。所有石制品的类型包括砾石（1.19%）、石核（6.11%）、完整石片（24.28%）、工具（3.91%）及废品（64.51%），其中以废品的数量居多，其次为石片，而成形工具所占比例较低。

表一　袁家山遗址第3层石制品类型与数量统计表

类型→ 探方↓	石核	完整石片	工具	废品				砾石	合计
				断块	断裂片	残片	碎屑		
T9（扩方）	29	125	22	117	75	67	95	3	533
T13	3	2		2		1			8
T14				2					2
T15	1		1						2
T18	3	16		12	8	1		4	44
合计	36	143	23	133	83	69	95	7	589
比例（%）	6.11	24.28	3.91	22.58	14.09	11.71	16.13	1.19	100

石制品的原料具有显著特征，绝大多数为石英（543件，92.19%），另有数量不多的黑色燧石（26件，4.41%）和石英砂岩（20件，3.4%），表明此时石英应是先民强化开发利用的石料。据现场观察，其分布也很有特点：T9及扩方中的石制品除1件为黑色燧石外，其余均为石英；而燧石、石英砂岩主要发现于其他探方内，但与少量石英产品共存。

石制品的尺寸普遍很小（表二），小于5厘米的小型产品占了97.62%，且最大长小于2厘米（SFD：small flaking debris，碎屑）的标本约占58.23%，与Kathy Schick[2]的实验数据（60%～75%）较为接近。定形的工具全为中、小型，暗示了古人类在使用功能上对工具的尺寸需求。作为备料的砾石属小型尺寸者全为石英或燧石原料，而另外2件略大于5厘米的中型砾石则为石英砂岩，这反映了古人类在原料方面的选择倾向性。初步观察，这种呈扁圆形的石英小型河卵石尺寸为2～4厘米，磨圆度好，既便于携带，同时质地也较砂岩等石料好，是这一区域除优质燧石外最利于石器生产的原料，因此这应该是其成为遗址中早期人类重点选择和利用的重要原因。

表二　袁家山遗址第3层石制品尺寸（毫米）统计表

尺寸大小→	<10		10～20		20～50		50～100		100～200	
石制品类型↓	N	%	N	%	N	%	N	%	N	%
石核					32	5.43	3	0.51	1	0.17
完整石片			64	10.87	77	13.07	2	0.34		
工具			3	0.51	20	3.40				
废品	96	16.29	180	30.56	98	16.64	5	0.85	1	0.17
砾石					5	0.85	2	0.34		
合计	96	16.29	247	41.94	232	39.39	12	2.04	2	0.34

石制品重量（图二）也显示个体绝大多数较轻，10克以下的器物占总量的88.96%，而超过100克者仅占0.68%。以上充分表明第3层中的石制品具有细小、轻便的显著特征。

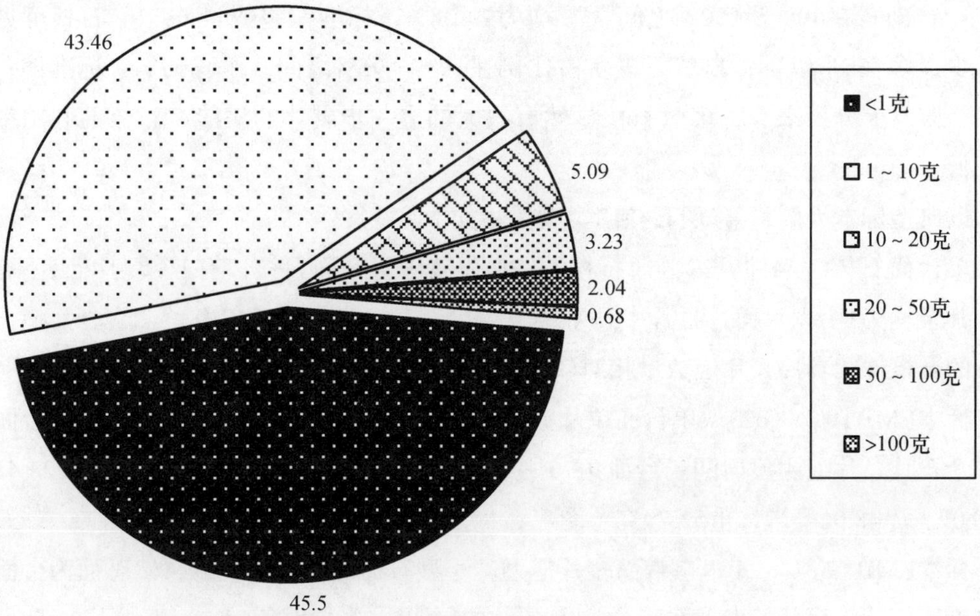

图二　袁家山遗址第3层石制品重量统计

二、石制品分类

以下对石制品进行技术类型学的简要分析，并逐一分类描述。

（一）石核

36件。按剥片技术和特点，可将全部石核分为普通石核（30件）、盘状石核（4件）和砸击石核（2件）。普通石核中有单台面单片疤型5件，单台面双片疤型7件，单台面多片疤型12件，双台面多片疤型4件，双台面双片疤型和多台面多片疤型各1件。这些石核特征反映出这一文化层的剥片策略仍是简单剥片技术，其剥片方向以单向（24件）居多，对向（5件）、向心（4件）次之，另有双向（2件）和多向（1件）。

石核原料除4件燧石、2件石英砂岩外，其余均是石英，且前两类原料均出现于普通石核中。从石核的形态和残余石皮等可知其原型除少数几件再次利用断块或石片进行打片外，基本上均是磨圆度很好的小型河卵石。石核尺寸以小型为主（32件），中型（3件）和大型（1件）仅是少数，平均长25.54、宽33.8、厚29.57毫米，平均重42.11

克。就对应原料来看，其中尺寸稍大的几件石核原料为石英砂岩和燧石两种石料。

石核中没有发现修理台面的行为。普通石核和盘状石核的台面主要为自然砾面，极少量素台面或片疤等人工台面情况多见于燧石石料的石核。砸击石核的台面均为刃状。台面角在60°至102°之间，平均为79.08°，标准偏差值11.09°。石核可见片疤数少，多在5个以下；自然石皮所占比例在10%至95%之间，平均57%，标准偏差值23%。从以上分析来看，多数石核显然有很大的进一步剥片的潜能，石核的利用率相对较低。

以典型标本为例，第3层石核诸类型描述如下。

单台面石核　24件，占普通石核的80%。属固定台面石核，有2个剥片面者只有1件，其余均为1个剥片面，打片中几乎不发生旋转。一半的石核仅有1～2个剥片疤，另一半的石核连续剥片，片疤数量相对较多，有一定的利用率。

标本LMBT9③：623，单台面单片疤型。石英砾石原料，在一端以自然面为台面打下一个石片，片疤阴痕内凹。台面角70°。片疤长24.53、宽25.45毫米。石核长24.41、宽40.07、厚48.06毫米，重53.79克（图三，1）。

标本LMBT9③：590，单台面多片疤型。小型石英砾石原料，以自然砾面为台面在一侧连续打片，部分打击点清晰，片疤数量在5个以上。台面角68°。石核长21.68、宽30.02、厚23.64毫米，重10.23克（图三，2）。

标本LMBT9③：617，单台面多片疤型。小型石英砾石原料，以自然砾面为台面在一侧连续打片，剥片面存在节理，横截面呈“D”形。台面角93°。石核长28.48、宽40.32、厚28.04毫米，重40.64克（图三，3）。

标本LMBT9③：681，单台面多片疤型。小型石英砾石原料，自然台面，1个剥片面，4个以上片疤，个别打击点清晰可辨。台面角73°。石核一端略有残损。长21.86、宽33.61、厚18.11毫米，重11.17克（图三，4）。

标本LMBT13③：232，单台面多片疤型。燧石原料，原型为断块。以其中的一个片疤面为台面，在一侧连续打片，可见较大型的剥片疤有3个，另在一端有6个小型的片疤，不排除是修理所形成的片疤，可能也曾作为工具使用。台面角69°～71°。长43.23、宽55.68、厚44.97毫米，重66.03克（图三，5）。

双台面石核　5件，占普通石核的16.67%。属转向1次台面石核，均有2个剥片面。原料包括石英砂岩、燧石和石英。多数剥片数量不多，个别有9个以上剥片疤。

标本LMBT9③：27，双台面多片疤型。小型石英砾石原料，以相对的两个自然砾面分别为台面对向打片，2个相连的剥片面，5个以上片疤。台面角84°～102°。长19.79、宽27.37、厚17.28毫米，重8.38克（图三，6）。

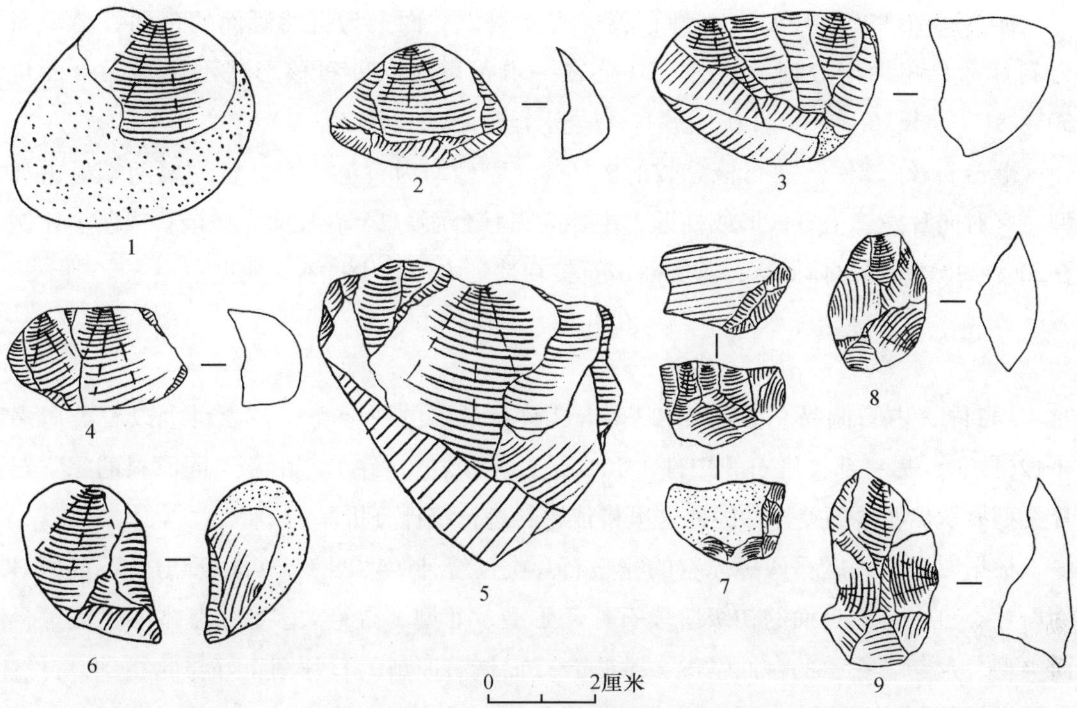

图三 袁家山遗址第3层石核

1～5. 单台面（LMBT9③：623、LMBT9③：590、LMBT9③：617、LMBT9③：681、LMBT13③：232） 6、7. 双台面（LMBT9③：27、LMBT9③：726） 8、9. 盘状（LMBT9③：35、LMBT9③：683）

标本LMBT9③：726，双台面多片疤型。石英原料，原型为砾石。一个台面为素台面，在一侧连续性剥片，片疤细小、平行，似有细石叶的某些特征；另一个台面为自然砾面对向打片，两者相交形成2个剥片面。台面角76°～90°。长17.94、宽26.46、厚19.98毫米，重12.26克（图三，7）。

多台面石核 1件，占普通石核的3.33%。

标本LMBT13③：233，黑色燧石原料，原型为砾石，3个台面，3个剥片面，但剥片疤仅有3～4个，石皮所占比例为50%，剥片随意且利用率很低。

盘状石核 4件，占石核总数的11.11%。全为单面向心类型，以小型石英砾石为坯材，从一个自然面向相对一面向心剥片，打下的片疤数量较多，石皮所占比例在40%～50%。可以视为一类具有一定程度计划性和规范性的石核。

标本LMBT9③：35，石英砾石原料，一面为自然面，另一面为剥片面，以自然砾面为台面单面向心连续打片，片疤在中部汇聚凸起。石核平面为枣核形，横截面为透镜形。台面角75°～87°。长27.68、宽21.15、厚15.43毫米，重8.16克（图三，8）。

标本LMBT9③：683，小型石英砾石原料，一面全为自然砾面的台面，另一面为剥片面，单面向心连续打片，片疤在一端汇聚凸起。石核形状不规则，台面角60°～81°。长36.14、宽21.07、厚17.47毫米，重9.9克（图三，9）。

砸击石核　2件，占石核总数的5.56%。原型均为石英砾石，且均属两端砸击类型，有对向片疤，呈枣核形或柱形，主要为刃状台面，2个剥片面，残余石皮所占比例在20%～30%。但总体而言，这类砸击石核在遗址中数量少且不太典型。

（二）完整石片

143件，占石制品总数的24.28%，是数量最多的一个类型。原料也以石英居多（126件），另有部分燧石（13件）和少量石英砂岩（4件）。由于不同原料的完整石片类型显示出明显的差异，因此这里将依原料进行统计分析。

根据对石英和燧石两种原料的完整石片类型统计（图四），可以看出：石英原料的石片类型中自然台面的初级阶段石片（Ⅰ型、Ⅱ型）占绝大多数，基本不见人工台面类型，这与其石核的台面情况大致吻合；而燧石原料的石片则正好与此相反，自然台面类型的石片很少，主要为素台面，且处于剥片次级阶段的石片（Ⅲ型、Ⅵ型）居多。剩下的4件石英砂岩石片则全为自然台面、背面部分片疤部分石皮的Ⅱ型石片。虽然由于燧石的标本数量相对较少，但上述情况可能表明，遗址上的古人类在面对不同的原料时，采用了差异化的生产策略，从而使得燧石的利用率远高于对石英的利用程度，可能是由于燧石作为一种更加优质石料的可获得性更低、开发难度更高的缘故。

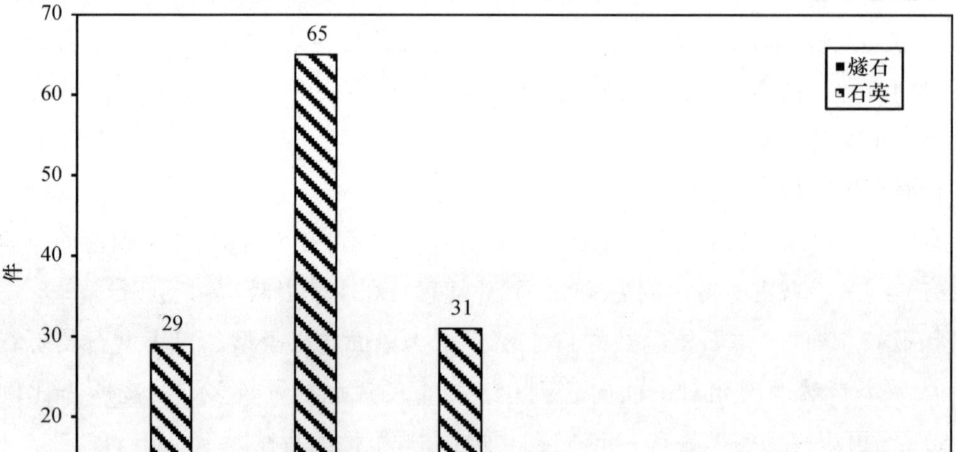

图四　袁家山遗址第3层石英和燧石完整石片类型

全部石片的个体为小型和微型，个别为中型，平均长19.94、宽20.04、厚6.78毫米，平均重4.08克。石片形态均为普通型。石片角68°～126°，平均值92°，标准偏差值12.65°。多数石片远端为尖灭，少数为平底、滚圆、内卷。多数石片打击点、半锥体、锥疤不显，同心纹和放射线也多不见，1/3左右的打击泡可见，但绝大部分石片边缘比较锋利，很少数存在轻微风化和磨蚀。

（三）石工具

23件。原料全为石英，毛坯以小型砾石居多（14件），其次为石片（6件）和断块（3件）。工具种类均属轻型产品，包括17件边刮器、1件凹缺器、1件盘状刮削器及4件尖状器，以刮削器的数量最为丰富。值得关注的是，以小于5厘米（多数为2～3厘米）的小型砾石为毛坯修型而成的刮削器很具特色，它在某种程度上难以与石核完全相区别，因而应是一类石核刮削器，但是从这类砾石毛坯本身相当小的尺寸、刃缘剥落片疤的大小及形制等综合分析，将它们作为先民有意加工形成的一类工具似更为合理，且这些工具均主要选择在较长的一侧进行加工以最大化地增加刃缘的长度。这也形成澧水流域这一阶段石器生产中一个非常引人注目的新特点。

工具尺寸全为小型和微型，平均长28.08、宽24.53、厚13.5毫米，平均重12.11克。修理较为简单，块状毛坯主要为单向，片状毛坯多为反向。刃缘多较为平齐，以弧刃或弧凸刃居多，多数只有1层修疤，个别可见2或3层修疤。修疤以深凹、短和中小尺寸为特点，显示应为硬锤锤击修理技法。

标本LMBT9③：21，凹缺器。石英原料，毛坯为Ⅰ型石片。在石片右侧反向锤击打下一个石片，刃口呈凹状。刃角53°。长14.3、宽19.08、厚6.63毫米，重1.86克（图五，1）。

标本LMBT9③：59，边刮器。小型扁平石英砾石原料。在较宽的一端单向锤击修理，修疤连续、小且较规则，刃缘较平齐，呈弧凸状。刃角66°。长29.43、宽27.47、厚14毫米，重13.23克（图五，2；图版五一，2）。

标本LMBT15③：123，边刮器。小型扁平石英砾石原料。在较长的一侧单向锤击修理，打击点明显，修疤为小型，刃缘略有凹凸。刃角77°。长46.01、宽35.39、厚16.05毫米，重40.78克（图五，3）。

标本LMBT9③：718，边刮器。小型石英砾石原料。选择在较长的一侧单向锤击修理，片疤面规整，刃缘呈弧凸状。刃角76°。长35.53、宽33.08、厚25.89毫米，重35.52克（图五，4；图版五一，1）。

标本LMBT9③：738，边刮器。石英原料，Ⅱ型石片毛坯。在石片远端反向锤击修理，修疤为小型，刃缘平齐呈弧状。刃角46° 。长20.62、宽22.53、厚8.2毫米，重4.05克（图五，5）。

标本LMBT9③：740，边刮器。小型石英扁平砾石原料。选择在较宽的一侧单向锤击修理，修疤连续且呈鳞状分布，刃缘较直。刃角68° 。长28.53、宽24.45、厚13.9毫米，重11.04克（图五，6；图版五一，4）。

标本LMBT9③：744，边刮器。小型石英扁平砾石原料。较长的一侧单向锤击修理，修疤连续、细小，刃缘大致呈凸状。刃角68° 。长24.33、宽19.86、厚9.65毫米，重6.28克（图五，7；图版五一，3）。这件边刮器的原型砾石很小，剥下的片疤也很小，显然目的应不是用于剥取石片，而是非常清楚地反映古人类选择这类小型扁平砾石进行工具制作的意图。

标本LMBT9③：754，盘状刮削器。石英原料，一面为自然砾面，另一面为片疤面，从自然面向片疤面单面向心状修理，因修理片疤面较平坦而被视为刮削器。平面略呈三角形，2个凸刃和1个凹刃。刃角66° ~86° 。长33.52、宽27.63、厚15.69毫米，重13.18克（图五，8；图版五一，5）。

标本LMBT9③：576，尖状器。小型石英扁平砾石原料。在两侧分别单向锤击修理，两刃相交形成扁尖。尖面角89° ，尖刃角58° 。长22.44、宽30.55、厚12.55毫米，重7.48克（图五，9；图版五一，6）。

标本LMBT9③：647，尖状器。石英原料，毛坯为断块。在一端的两侧同向分别连续修理，修疤细小，两刃相交形成锐尖。尖面角50° ，尖刃角45° 。长19.83、宽12.13、厚11.06毫米，重2.26克（图五，10）。

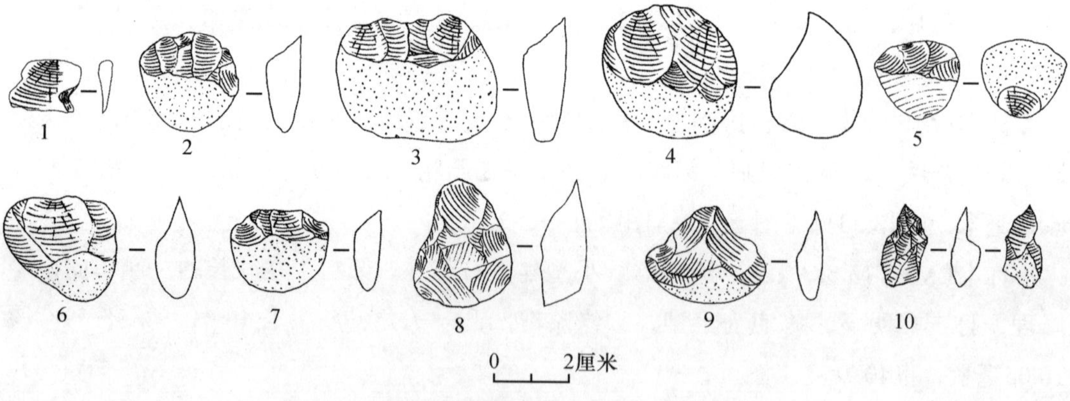

图五　袁家山遗址第3层石工具

1. 凹缺器（LMBT9③：21） 2 ~ 7. 边刮器（LMBT9③：59、LMBT15③：123、LMBT9③：718、LMBT9③：738、LMBT9③：740、LMBT9③：744） 8. 盘状刮削器（LMBT9③：754） 9、10. 尖状器（LMBT9③：576、LMBT9③：647）

（四）砾石

7件，占石制品总数的1.19%。石料包括石英、燧石和石英砂岩，个体为小型和中型。基本与其他石制品类型共出，应主要作为备料携带至遗址中。其中石英小砾石的特征与石核、工具所见的用料完全相同，很好地反映了古人类开发利用特征。如标本LMBT9③：285，扁平椭圆形石英，长41.88、宽28.83、厚14.09毫米，重26.1克。这类石英原料的质量较高，在附近的河滩卵石中的含量较燧石丰富。

（五）废品

380件，占石制品总数的一半以上，包括断块133件、断裂片83件、残片69件及碎屑95件。除少数几件外，基本没有大型产品。碎屑均为石英原料，平均重量为0.16克，其数量和所占比例表明这里应是石器打制或加工的现场。

三、结　　语

袁家山遗址第3层为黑褐色黏土，叠压在黄土层之上，根据地层关系及此前对这一区域旧石器遗址发掘中对晚更新世文化层时代的认识[3]，该遗址应属旧石器时代晚期。

遗址第3层文化遗存反映了一种新的石器工业的特点，其与第4层石器工业相比，具有以下一些不同的面貌特征：首先，原料构成发生很大变化，石英占绝大多数，黑色燧石有一定数量，而石英砂岩数量显著减少；石英石料是人类强化开发利用的对象，体现了古人类对原料的性能、可获性等因素的适应策略；其次，石制品尺寸以微型居多，小型次之，小于1厘米的碎屑也不少，共占了总数量的97.62%，而大中型个体的产品相应地已很少；最后，石制品类型包括砾石、石核、完整石片、工具及废品，其中废品和石片所占比例居多，工具均为轻型器类，以一种小型的扁平石英河卵石修理而成的石核式刮削器具有明显的地方特点，应可视为澧水流域旧石器时代晚期的一个区域文化类型。整体从石核、石片的特征分析，锤击法为主要的剥片和加工方法，砸击法仅少量应用，石器技术仍属简单剥片策略，主要以自然砾面为台面进行连续性剥片，原料的总体利用率不太高，但早期人类对不同岩性的原料也采用了差异化的利用策略。

遗址中石制品数量较为丰富且集中分布在一个呈椭圆形的区域范围内，类型以石片、碎片、断块等剥坯产品为主，这较为符合古人类进行石器生产场所的特征。同时，综合相对较薄的文化层和数量较少的成形工具等方面特点，推测该遗址这一时期的文化遗存应属于早期人类进行石器生产、加工的一处临时营地。

袁家山遗址是湘西北地区近年发现的一处较重要的旧石器时代晚期遗址。遗址第3层在时代上与澧县十里岗遗址大致相当，但石器工业特征显示出一定的差异。其文化面貌更接近于澧县八十垱遗址“下层遗存”[4]，两者在原料利用、剥片技术及工具修理等方面均显示出较为明显的一致性。概之，此次考古发掘发现的文化遗存极大地丰富了我们对这一区域更新世晚期旧石器文化多样性的认识。

附记：本文得到国家社科基金青年项目（编号16CKG005）的资助，谨此致谢。

注 释

[1] 湖南省文物考古研究所、澧县文物局：《澧县袁家山旧石器遗址黄土层发现的石制品及意义》，《湖南考古辑刊》（第12集），科学出版社，2016年。

[2] Schick K D. *Stone Age Site in the Making: experiments in the formation and transformation of archaeological occurrences.* Oxford: Bar International Series, 1986 (319).

[3] 袁家荣：《湖南旧石器时代文化与玉蟾岩遗址》，岳麓书社，2013年。

[4] 李意愿：《八十垱遗址下层遗存及相关问题探讨》，《湖南省博物馆馆刊》（第12集），岳麓书社，2016年。

A Preliminary Study on the Unearthed Stone Artifacts in the Dark Brown Soil Layer of Yuanjiashan Site in Lixian County

Li Yiyuan

(Hunan Provincial Institute of Cultural Relics and Archaeology)

Abstract: This is a research report on the unearthed stone artifacts in the dark brown soil layer of Yuanjiashan Paleolithic site. Totally 589 pieces of unearthed lithic artifacts were found in this layer. The raw material is dominated by the small-sized quartz cobbles, which include cobbles, cores, flakes, tools and waste products. Among them, the waste products are in the majority. Most of the artifacts were produced and modified by direct hard-hammer percussion. The overall stone technology belongs to the so called small flake lithic industry. The majority of the artifacts are small-sized products. The assemblages of the tools are mainly scrapers and points, among which the small-sized core scrapers own the local unique characteristic. Thus, the small-sized core scrapers represent a regional cultural type of upper Paleolithic in Lishui river basin. According to the distribution and type of stone artifacts, the cultural relics of the site could be a temporary hominin camp for stone production.

Keywords: Lixian County; Yuanjiashan Site; Dark Brown Soil; Stone Artifacts; Upper Paleolithic

古椰贝丘遗存初识

——兼谈香港沙下等相关遗存

李 岩 崔 勇

（广东省文物考古研究所）

［摘 要］ 本文对广东佛山高明古椰贝丘遗址、香港西贡沙下遗址及相关同类遗存的性质、年代和文化因素等进行了分析，并将此类遗存归入古椰文化范畴。将古椰文化划分为两期四段，对其文化来源及其在广东史前考古学文化发展过程中的地位等问题进行了阐释。

［关键词］ 古椰遗址；古椰文化；西贡沙下；珠江三角洲

笔者于近些年参加了广东佛山高明古椰贝丘遗址的发掘资料的整理工作，在陶片拼对和比较研究过程中，感受到了古椰贝丘遗址遗存的独特性，同时，还发现了若干与良渚文化早中期之圈足罐十分类似的陶器[1]。顺着这个线索，并结合过往对珠江三角洲及珠江口地区的陶器编年研究成果，通过对附近各个遗址的相关材料进行比较，于香港西贡沙下遗址的发掘材料中见到了同类者[2]。有些学者也曾就沙下遗存的相关问题进行探讨[3]。笔者在学习的基础上，将有关发现进行梳理，并形成该文，试图对古椰、西贡沙下遗址及相关遗存的性质、年代和文化因素等方面加以分析，试陈述如下。

一、古椰遗存初步分期与年代

据目前为止的资料，咸头岭报告将距今7000～6000年的遗存称为咸头岭文化，并就后续至距今4000年前后的遗存进行了排序[4]，笔者基本同意报告中的观点。其后，又有些新的发掘材料出现[5]，为我们更加细致地认识沙下遗址所见材料提供了新的视觉角度和支撑。从粗的线条来看，咸头岭文化之后，该地区的陶器器形及纹饰与类似汤家岗一期、高庙文化[6]等相比，有所变化；佛山高明古椰贝丘遗址（以下简称古椰贝丘遗址）和从化横岭墓地的器物不仅可令我们将这些遗存联系起来，同时也改变了过往的一些看法，关于后者，沙下遗址也有异曲同工之处。

与沙下遗址相关的古椰贝丘遗址大体分为早、晚两个大的阶段，其中第5～8层为早期，第2～4层为晚期，早期遗存基本可以划分为三段（晚期因与沙下遗址关联度较低，不述），即第7、8层为第Ⅰ段，第6层为第Ⅱ段，第5层为第Ⅲ段，第2～4层为第Ⅳ段，下面先简要介绍古椰贝丘遗址早期三段的代表性陶器。

（一）早期Ⅰ段

标本TS09W06⑦：74，釜。夹砂灰褐陶。微卷沿，圆唇，直领，鼓腹，腹以下残。领外饰一周纵向条纹，领、腹结合部位有两周弦纹，腹部饰斜向绳纹（图一，1）。标本TS10W06⑦：9，腰沿钵形器。泥质橙黄陶。圆唇内敛，斜直腹壁较深，器身中部有腰沿，圜底近平，由于陶质软，底部是否有圈足不详（图一，2）。标本TS10W06⑦北：L1，子母口陶器，残存口、领部。泥质橙黄陶。有子母口，领近直（图一，3）。标本TS10W06⑦北：L2，直口罐。泥质橙黄陶，因埋藏原因器表灰黑。口微敞，尖圆唇，斜直领，鼓腹略扁，圜底。领以下饰纵向绳纹，并交叉弦纹形成类似方格纹的形态，腹部靠上部分有一条带状空白，其下为绳纹直至底部（图一，5）。标本TS10W06⑧：L1，直口罐。泥质橙黄陶。微敞口，尖圆唇，直领，鼓腹呈近球形，圜底。领以下装饰分为两部分，上部是素面之上饰成排双戳印纹，下为连续的弧线纹，再下同样为戳印纹；下部为拍印的条纹至底部（图一，4）。标本TS09W09⑦：L1，圈足盘之足。泥质白陶。足壁斜直。饰戳印、弦纹及圈点纹（图一，6）。

（二）早期Ⅱ段

标本TS10W07⑥：6，釜。夹砂灰褐陶。卷沿，圆唇，直领，窄肩状，鼓腹，圜底。领部饰有条纹和弦纹，器身至底为交错条纹和波浪形刻划纹（图一，7）。标本TS09W07⑥：27，直领罐。泥质橙黄陶。较Ⅰ段的同类者领部扁矮，且器身也向扁鼓腹发展。领以下有一带状素面者，其下为交错绳纹和刻划的大波浪纹（图一，8）。标本TS09W08⑥：4，直领罐。泥质橙黄陶，由于埋藏原因，器身部分为灰黑色。形态与标本TS09W07⑥：27基本相同。领部下方有纵向条纹，并有波浪形刻划纹，其下为一条带状空白，再下为交错的条纹（图一，9）。标本TS09W06⑥：26，直领罐。泥质橙红陶，由于埋藏导致器表部分呈现灰黑色。器物形态同上。领部以下先饰弦纹，其下为交错的条纹（图一，10）。标本TS09W08⑥：6，圈足盘。泥质橙黄陶。直口，尖圆唇，浅盘圜底，圈足残。素面（图一，11）。

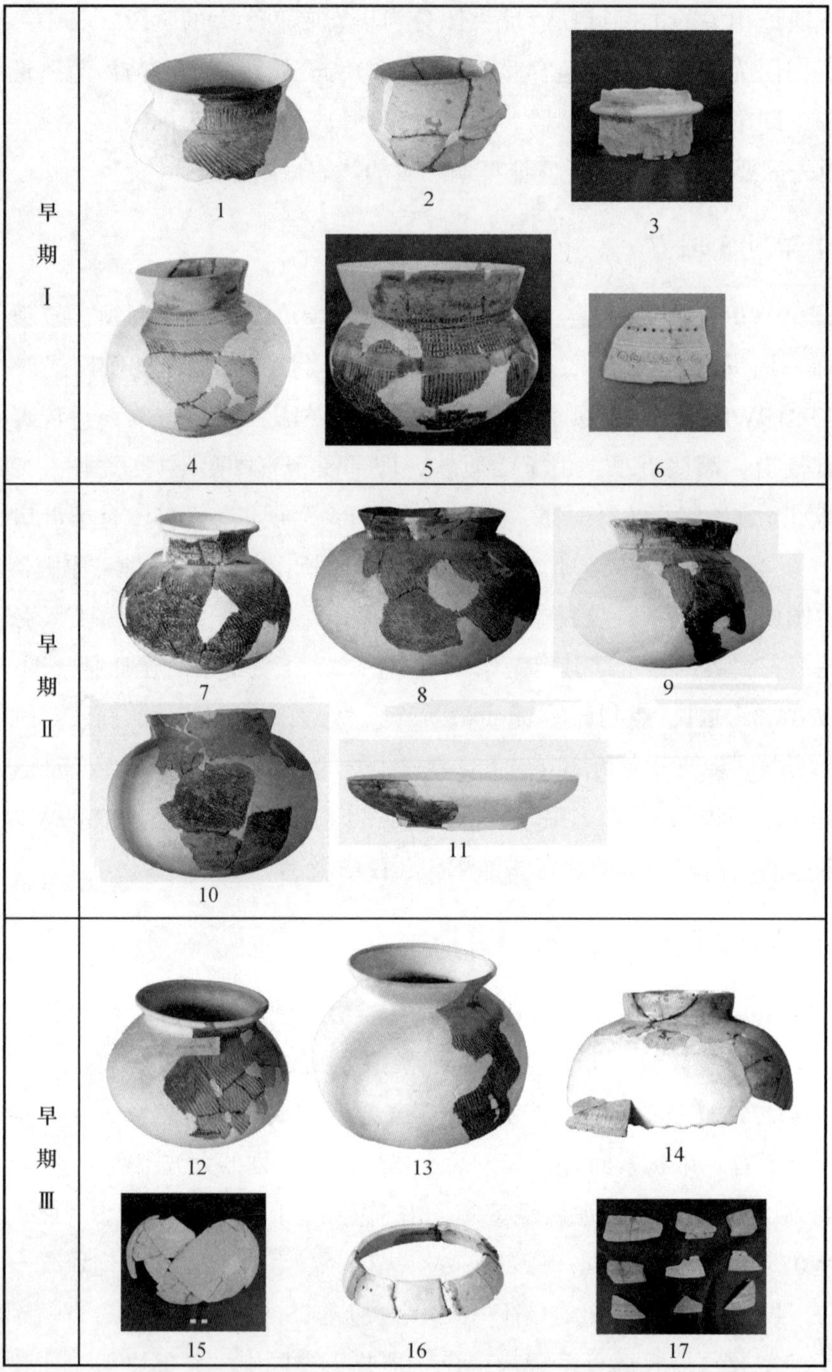

图一　古椰贝丘遗址早期遗存分期示意图

1、7、12. 釜（TS09W06⑦：74、TS10W07⑥：6、TS09W06⑤B：68）　2. 腰沿钵形器（TS10W06⑦：9）　3. 子母口陶器（TS10W06⑦北：L1）　4、5. 直口罐（TS10W06⑧：L1、TS10W06⑦北：L2）　6、11. 圈足盘（TS09W09⑦：L1、TS09W08⑥：6）　8～10. 直领罐（TS09W07⑥：27、TS09W08⑥：4、TS09W06⑥：26）　13. 束颈罐（TS09W08⑤：5）　14～16. 直领圈足罐（TS09W06⑤B：70、TS10W06⑤：25a、TS10W06⑤：25b）　17. 圈足罐（残片）

（三）早期Ⅲ段

标本TS09W06⑤B：68，釜。夹砂灰褐陶。卷沿，圆唇，直领变矮，溜肩状，鼓腹，圜底。领部以下为绳纹和弦纹，肩部为条带状空白，其下为交错绳纹（图一，12）。标本TS09W08⑤：5，束颈罐。泥质橙黄陶。较之前段口更敞开，圆唇，内侧有凸棱，斜直领，束颈，鼓腹，腹下部残。颈部以下为交错绳纹（图一，13）。标本TS09W06⑤B：70，直领圈足罐。泥质橙黄陶。直口，圆唇，鼓腹，腹以下残，圈足呈近喇叭形。器身素面，外表有刻划的弦纹和斜平行线纹（图一，14）。标本TS10W06⑤：25a，直领圈足罐器身。泥质橙黄陶。为腹部残片。形态同前标本。素面（图一，15）。标本TS10W06⑤：25b，为标本TS10W06⑤：25a之圈足，饰有四对小圆形镂孔（图一，16）。

部分圈足罐的足，均为残片，器表均有刻划线条组成的各种图案（图一，17）。

古椰文化早期三段中，从直领罐和釜的排队情况来看，演变基本是连续的，纹饰变化最为显著的是Ⅰ段标本TS10W06⑧：L1装饰纹样在其后逐渐被简化，即各种波浪形的刻划纹饰；Ⅱ段以后如标本TS09W09⑦：L1之连珠状镂孔也处于简化趋势，Ⅲ段出现了明显的新因素，即直领素面圈足罐，但其领部以下留出空白条带状的装饰风格依然存在，例如标本TS09W06⑤B：68、标本TS09W08⑤：5均如是，基于对器物演变的认识，关于古椰文化的年代，根据该遗址^{14}C测年，讨论如表一。

表一　古椰贝丘遗址^{14}C测年简表

Lap编号	样品	样品原编号	^{14}C年代（BP）	树轮校正后年代 1σ（68.2%）	树轮校正后年代 2σ（95.4%）
BA111813	陶器烟炱	06GGLTs09w08⑤-01	4730 ± 30	3630BC(32.9%)3580BC 3540BC(12.6%)3510BC 3430BC(22.7%)3380BC	***3640BC(64.7%)3490BC*** 3460BC(30.7%)3370BC
BA111814	陶器烟炱	06GGLTs10w09⑥-01	4905 ± 30	3700BC(68.2%)3650BC	***3760BC(95.4%)3630BC***
BA111815	陶器烟炱	06GGLTs10w08⑦-01	4715 ± 30	3630BC(18.4%)3590BC 3530BC(15.9%)3490BC 3430BC(34.0%)3370BC	3640BC(29.6%)3560BC 3540BC(20.6%)3490BC
BA111816	橄榄	06GGLTs09w08⑤-C3-2	2350 ± 140	750BC(56.9%)350BC 300BC(11.3%)200BC	800BC(95.4%)100BC
BA111817	橄榄	06GGLTs09w08⑥-H1-1	4355 ± 40	3015BC(68.2%)2910BC	3090BC(95.4%)2890BC
BA111818	橄榄	06GGLTs09w08⑦-A3-1	4825 ± 35	3660BC(30.0%)3630BC 3580BC(38.2%)3530BC	3700BC(39.1%)3620BC ***3610BC(56.3%)3520BC***

续表

Lap编号	样品	样品原编号	^{14}C年代（BP）	树轮校正后年代	
				1σ（68.2%）	2σ（95.4%）
BA111819	破布木	06GGLTs09w08⑤-C8-11	4850±30	3700BC(4.5%)3680BC 3660BC(56.9%)3630BC 3550BC(6.8%)3540BC	***3710BC(79.3%)3630BC*** 3580BC(16.1%)3530BC
BA111820	破布木	06GGLTs09w08⑥-P1-8	4895±30	3695BC(68.2%)3645BC	3760BC(1.4%)3740BC ***3720BC(94.0%)3630BC***
BA111821	破布木	06GGLTs09w08⑦-F11-1	5095±30	3960BC(17.2%)3930BC 3880bc(51.0%)3800BC	3970BC(36.4%)3890BC ***3880BC(59.0%)3790BC***
BA111822	柯	06GGLTs09w08⑤-B3-1	4595±30	3500BC(26.8%)3460BC 3380BC(41.4)3340BC	3500BC(37.2%)3430BC 3380BC(47.8%)3330BC 3220BC(5.7%)3180BC 3160BC(4.7%)3120BC
BA111823	柯	06GGLTs09w08⑥-J3-4	4890±35	3700BC(68.2%)3645BC	***3770BC(95.4%)3630BC***
BA111824	柯	06GGLTs09w08⑦-A3-2	4755±25	3640BC(9.5%)3620BC 3610BC(44.2%)3550BC 3540BC(14.5%)3520BC	***3540BC(90.2%)3510BC*** 3430BC(5.2%)3380BC

从上述表格中，选取可信度在50%以上者（表格中斜体加粗者）将第5～7层的数据再排列如下：早期的^{14}C测年经树轮校正后年代（2σ）达到了距今5900～5400年，通过器物的排队研判，其结束的年代应当在距今5300年左右，测年校正数据稍微偏早少许（注：标本BA111816虽然可信度较高，但年代数据过于年轻，标本BA111817与其他数据比较，并以陶器排队衡量之，也显得偏晚，故此，对此两标本数据未采纳）。

（四）古椰文化晚期，即第Ⅳ段

就古椰遗址的地层关系和出土遗物观察，从第2～4层中，所见遗物有三大类：一是以层凝灰岩为原料的大量双肩石器成品和非成品；二是同于西樵山东麓所见之细石器传统的各类细石核；三是数量较多的且相当破碎的夹砂红褐陶绳纹釜。这些陶器残片具有一些共性：一方面陶质、陶色、纹饰和器形相当一致；另一方面则不仅破碎，而且有一定的磨圆度，与古椰早期的陶器残片在保存状况上有明显不同，所以，对其进行陶片拼对和复原极其困难，也就造成观察比对器型的困难。据此，笔者推测：不排除其在陶器废弃后有专门用途，例如类似历史时期的磉堆内所填碎瓷片、砖瓦，专门用来铺垫某些人工构筑物。也就是说：从聚落的角度来看，古椰早期的各类遗物乃一般生活垃圾和石器制造残余物的堆积；而晚期者基本为石器制造残余物和某些人工构筑物的填充物料堆积。

第4层以上没有^{14}C测年数据可以参考，从地层关系角度而言，这部分内容是晚于古椰文化早期的，将古椰遗址晚期陶器和双肩石器相比，两类器物又存在一定的联系。笔者将古椰文化早期遗存划分为早晚两期，早期为Ⅰ、Ⅱ、Ⅲ段，晚期为Ⅳ段。鉴于四段的连续性和较为共同的特征，从陶器特征来看，其止于拍印几何形纹饰的出现，这样，将其统称为古椰文化。就目前发现的材料来看，具有相同文化特征的遗存，其分布的地域大体在珠江口及珠江三角洲偏西的区域。古椰文化的绝对年代在距今5900～5000年。

二、同类遗存举要

有如下遗存基本可以纳入古椰文化范畴：西贡沙下、马湾东湾仔北一期、香港涌浪、赤鱲角虎地、过路湾、南丫岛深湾、台山新村沙丘、珠海草堂湾、珠海宝镜湾等。其中香港沙下遗址为最近发掘材料，且有墓葬单位，故先述之。

（一）西贡沙下遗址[7]

沙下遗址位于香港特别行政区新界的东部。其所在之地理概貌西为马鞍山，东向西贡海湾，为西贡海、牛尾海与西北部山地间的海岸地带，地势西高东低。遗址所在地南部和中北部有小河流经，并入海，较为适宜人类的活动。2002年，由于工程建设影响，香港古物古迹办事处在履行有关手续后，联合内地几家考古单位对其进行了发掘，揭露面积达3000余平方米，获得了较为丰富的遗物资料；广州市文物考古研究所负责的发掘区域还发现并清理了数座墓葬，为陶器群分析提供了不可多得的资料。

首先，将DⅠ区发现的墓葬介绍如下。

根据简报的介绍，DⅠ区共发现和清理了8座墓葬，分属于第二、三期。第二期有墓葬4座，M3、M5、M6、M8。根据简报介绍的Context记录方式与内地常用的地层记录之对照，转换为M3叠压于所在探方第4层下（下文所述层位均同），打破第8、9层；M5、M6、M8叠压于第7层下，打破第9、10层，但墓葬所在探方未统一地层，因此，本文将主要依据器物分析排列其早晚。第三期有墓葬4座，M1、M2、M4、M7，转换为地层则分别是M1被叠压于第5层下，M2、M4、M7被叠压于第3B层下。其中M1、M2已经超出古椰文化范畴。

1. M3

长方形土坑竖穴墓，长1.76、宽0.85、深0.06米，东北—西南向，坑底平，填浅黄色沙质土，夹杂有绳纹陶片和器座残块，随葬陶罐1件。为泥质陶圈足罐，标本SF276，黄白陶，夹有少量细砂，软胎。口微侈，圆唇，直领，球腹，最大径居中，圜底接喇叭形圈足。表面饰有三组刻划的双弦纹，其间为复线三角形刻划纹，圈足近腹部端有圆角镂孔。最大腹径29.2、圈足径22、通高30厘米（图二，1）。此件器物与古

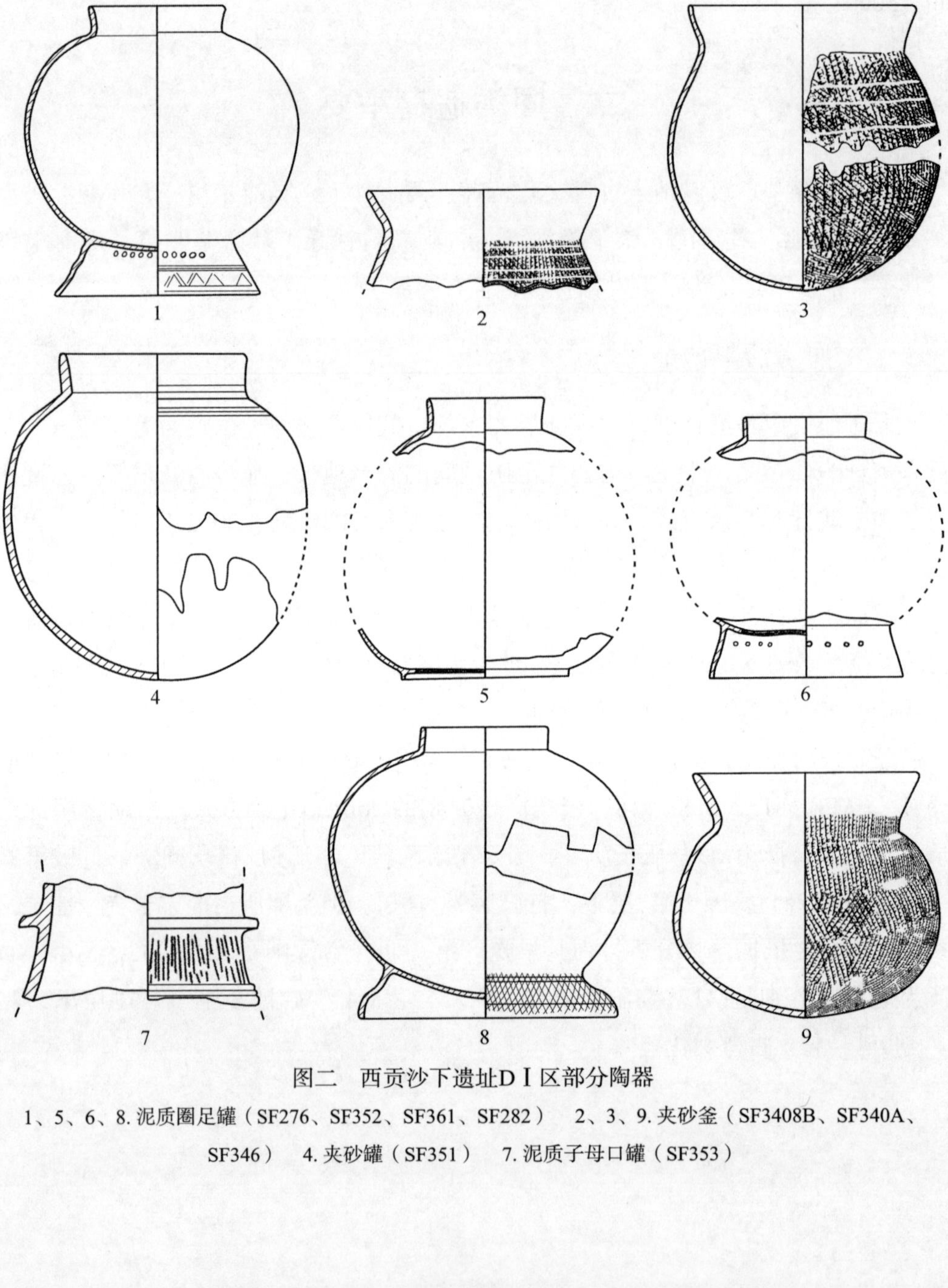

图二　西贡沙下遗址DⅠ区部分陶器

1、5、6、8. 泥质圈足罐（SF276、SF352、SF361、SF282）　2、3、9. 夹砂釜（SF3408B、SF340A、SF346）　4. 夹砂罐（SF351）　7. 泥质子母口罐（SF353）

椰TS09W06⑤B：70基本相同，M3的年代大体在古椰文化晚期的第Ⅲ段。

2. M5

长方形土坑竖穴墓，长1.94、宽1.24、深0.1米，南北向，坑底平缓，填浅黄褐色沙质土，夹杂有少量陶片和石片、石块等，西南角叠置石块，随葬品有：夹砂陶釜、泥质陶罐和陶支座，以及石斧、锛等。下文列出有图或照片之陶器。

夹砂陶釜，共3件。标本SF3408B，残，灰褐色，胎内色深近灰黑。圆唇，折沿，从腹片情况观察，应为鼓腹较深。肩部的绳纹为横纵交叉，形成类似方格纹的效果，这是其特色。口径29厘米（图二，2）。标本SF340A，灰褐色，胎内色深近灰黑。尖圆唇，折沿，圆鼓腹较深，圜底。上腹部是纵向绳纹，且横向压印数条弦纹，下腹至底部为交错绳纹，腹侧和底部有烟炱。口径23.6、腹径28.3、高26厘米（图二，3）。2件陶釜的纹饰特征同古椰文化之第Ⅲ段。

陶支座，标本SF1185，无图。泥质陶圈足罐，标本SF337，无图。文字描述为表面为黄白色，腹壁圆弧，疑似泥质圈足罐的腹片。根据陶色和形态描述，笔者同意该推断，为泥质圈足罐，但具体形态不明。

3. M6

长方形土坑竖穴墓，长1.65、宽0.86、深0.11米，南北向，坑底平缓，填浅黄褐色沙质土，带有灰斑，夹杂有少量陶片和石片、块等，随葬品有1件夹砂陶罐。该夹砂陶罐，简报称其为特型罐。标本SF351，夹砂粗红褐陶。尖圆唇，直领，溜肩，深鼓腹，圜底。肩部有数道弦纹，腹与底可见烟炱。口径9.7、高16.4厘米（图二，4）。深腹或者称为长卵形的器形，根据古椰陶器排队，应当属于时间早的造型，归入古椰第Ⅰ段。

4. M8

长方形土坑竖穴墓，长1.35、宽0.73、深0.06～0.3米，南北向，坑底平缓，填花斑灰、黄沙质土，夹杂有少量黏土，并见有器座、卵石等碎块，随葬品有10件。发掘者同时指出，由于坑内逼仄短窄，也可能是祭祀坑。笔者认为还有一种可能性：此规格的长、宽在石峡遗址[8]的二次葬中并不罕见，因此不能排除其为二次葬的可能性。

夹砂陶釜。标本SF360，灰褐色。斜折沿，尖圆唇，溜肩，圜底。口沿下及肩部有绳纹和波浪形刻划。无图。

泥质陶圈足罐。3件，其中有图者2件。标本SF352，软陶质地，羼细砂，橙黄色。

圆唇，短直颈，鼓腹，腹部残，圜底矮圈足。素面。口径14、足径20、足高0.9厘米（图二，5）。标本SF361，软陶质地，橙黄色。圆唇，短直颈，圆腹，圜底，圈足高于前者。器身素面，足有四组镂孔。口径14、足径22、足高6厘米（图二，6）。

泥质陶圈足盘。标本SF365A，软陶质地，薄胎，橙红色。敞口，圆唇，盘壁折，圜底，矮圈足。素面。口径23.4、足径20、高4.1厘米。

泥质陶子母口罐，简报中称之为泥质陶器。标本SF353，橙红色。筒形。子口凸棱下有刻划纹和弦纹。上径11.6、下径14、残高7.2厘米（图二，7）。

在有图可观察的3件陶器中，泥质陶圈足罐同M3，属于古椰第Ⅲ段，子母口陶器在古椰排队中属于第Ⅰ段，晚期单位有早期器物，并不矛盾。

5. M4

长方形土坑竖穴墓，长1.6、宽0.7、深0.25米，南北向，坑底平，填灰褐色沙质土，夹杂有少量陶片、石片等，随葬品有泥质圈足罐1件，还有石器等。泥质陶圈足罐，标本SF282，橙黄色。方唇，直领，圆鼓腹，圜底，圈足略内曲。圈足处有刻划的菱格纹。口径11.4、腹径27.6、足径23.6、高27厘米（图二，8）。此件泥质陶圈足罐亦属于古椰文化第Ⅲ段。

6. M7

长方形土坑竖穴墓，被H8打破，长1.16、宽0.6、深0.02～0.03米，东北—西南向，坑底平，填浅灰褐色沙质土并有极少量黏土，夹杂有少量陶片、石块等，随葬夹砂陶釜1件，标本SF346，红褐色，圆唇，卷沿，略微束颈，鼓腹，圜底。近颈部有数道弦纹，颈以下饰绳纹，下腹以下饰交错绳纹，底部有烟炱痕迹。口径11.8、腹径13.8、高12.5厘米（图二，9）。

此件夹砂釜的陶质、陶色和纹饰风格，仍然属于古椰文化范畴，在古椰遗址第4层偶见此类陶器残片，本文所指颈部有一周空白装饰风格在该陶釜上所表现的是最晚的形态，湖南省文物考古研究所同行称此类装饰风格为横断绳纹，虽然缺乏共存器物，但可将该器物视为古椰文化最晚之代表之一，其年代也许晚于古椰文化第Ⅲ段，为古椰文化晚期偏早的单位和器物。

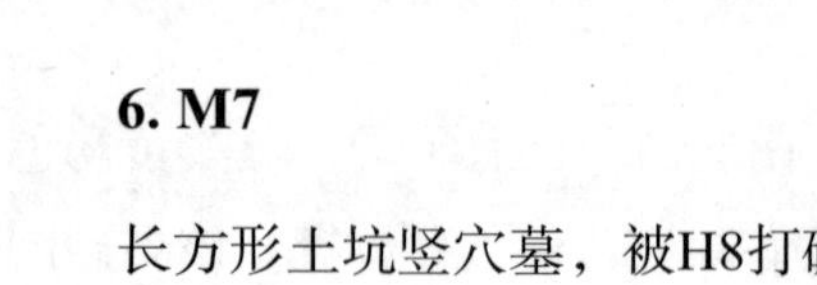

图三　西贡沙下遗址C02和DⅡ02区部分陶器（陶器腰C6016：587）

以下为C02和DⅡ02发掘区的陶器标本。

C02和DⅡ02发掘区因陶片过于破碎，仅选1件。器腰，标本C6016：587，泥质黄陶，残存部分器表有两周扉棱，最大径22、残高7厘米（图三）。

此件有腰沿者，陶色亦同于古椰第Ⅰ段之TS10W06⑦：9，年代亦相同。

沙下遗址根据简报可以辨认的器物分别属于古椰文化第Ⅰ、Ⅱ段，M7的陶釜则可能是古椰文化中最晚的器物之一，或者比第Ⅲ段还稍微晚些，为古椰文化晚期偏早阶段之典型器物。

（二）马湾东湾仔北一期遗存[9]

马湾岛是属于香港新界荃湾区管辖的一个小岛，东湾仔遗址位于马湾岛东北角，名为东湾仔的海湾，因马湾岛将进行房地产开发，受香港文物行政管理部门委托，1993年白德博士（Dr. Solomon Bard）在马湾岛进行全面的调查，遂发现了东湾仔遗存。1994年由罗美娜（P. R. Rogers）在东湾仔沙堤南部进行抢救性发掘，出土了汉代遗物。1997年，中国社会科学院考古研究所把它作为香港和内地文物保护机构的一次学术交流，发掘了东湾仔北，揭露面积总计超过1400平方米，发现并清理了一批史前墓葬和文化层堆积，根据简报报道，发掘者将东湾仔北的出土遗物、遗迹分为三个期别，简报采用邹兴华先生对珠江三角洲史前文化的分期[10]，第一期遗存属于珠江三角洲第二期文化，而据虎地湾、过路湾、春坎湾和深湾F层的^{14}C年代数据显示，这期文化遗存的绝对年代在公元前3700年～公元前2900年。

笔者认为，东湾仔北第一期遗存的年代与古椰贝丘遗址的^{14}C测年相比，基本落在古椰文化的总体范畴内，并无矛盾；从其发表的仅有的数件陶器标本来看，其2件陶釜（有图者1件）均为夹砂褐陶，形制基本相同。侈口，鼓腹，腹部以下残，应为圜底。饰竖绳纹，其上再加横向或斜向划纹，呈方格纹样，口沿内饰平行弧线浅划纹。与古椰早期第Ⅱ段的同类器物基本相同，因此可以认定东湾仔北第一期遗存当与古椰文化早期Ⅱ段基本同时（图四，1、2）。

（三）香港涌浪遗址[11]

涌浪遗址发现于1974年，由香港考古学会发现，香港政府古物古迹办事处于1981年进行了复查，进而确定了文化遗存的分布范围。1985～1986年，蒲国杰先生曾对其进行过小规模抢救性发掘。1992年4月至1993年3月，为配合中华电力有限公司修建新电厂工程，香港古物古迹办事处对遗址进行了全面的发掘。涌浪遗址分为南、北两区进行发掘，南区（下称涌浪南）由香港考古学会承担，北区（简报简称其为涌浪）由古物古迹办事处负责，本文所述材料包括了涌浪南、北两个发掘区取得的陶器。

涌浪南出土陶器中，可以确认为古椰文化的有2件。标本YLS-TM-1992 G21-28-0225，原资料称之为夹砂釜，腹下部及底残，应为圜底者，与古椰出土的同类标本观

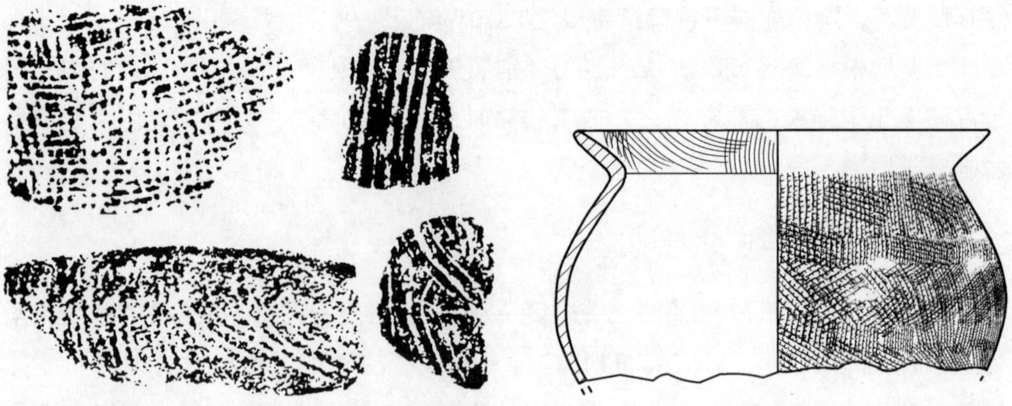

1　　　　2

图四　马湾东湾仔北一期遗存

1. 东湾仔北第一期遗存陶器纹饰　2. 东湾仔北第一期遗存陶釜

察比较，其陶质、陶色及其刻划纹饰乃至刻划纹饰的部位，与古椰文化早期第Ⅰ段者十分相似（参见古椰TS10W06⑦北：L2）。标本YLS6，原资料称之为夹砂陶瓮，于古椰遗址中，此类器物都暂被归入了釜类之中。涌浪南者，从陶质、陶色、器型、波浪形的刻划纹饰及领口以下的刻划饰纹部位看，在古椰文化早期Ⅰ段是常见的器物。据此，涌浪南的出土陶器中，可以认定有古椰文化早期Ⅰ段的陶器存在（图五，1、2）。

1　　　　2

图五　涌浪南出土陶器

1. 夹砂釜（YLS-TM-1992 G21-28-0225）　2. 夹砂瓮（YLS6）

涌浪北出土陶器中，可以确认为古椰文化的有3件。标本0505.93.SF62（图六，1），镂孔陶碗。此类钵形器物有镂孔者在古椰文化早期也可见到。标本0505.92.8592为刻划纹陶器的口沿，此类刻划风格与古椰文化早期者类似，笔者今年在连南石泉山遗址的整理工作中也见到类似刻划纹，同样位于口沿外侧。为了更加稳妥地认识此类刻划纹饰起见，笔者专门请教了湖南省文物考古研究所的尹检顺先生，他的意见是：此类刻划纹饰和陶质、陶色等，常见于湖南之堆子岭文化中，也见于汤家岗遗址，类似水波或曲折类的纹样，是广东本地的内容。笔者从之：此类刻划来自堆子岭文化，并加入了本地的因素，而涌浪北的这件陶片应当与连南石泉山者一样，都是属于古椰文化早期Ⅰ段的器物（图六，2）。标本0505.92.S795为一个陶纺轮，此纺轮的一面在穿孔周围虎地遗址中可见类似者，虎地的一件高柄豆于柄部有穿孔并有类似的刻划，如同眼睛的纹样，在古椰文化陶器中，早期第Ⅱ段可见与虎地高柄豆类似者，由于器物残甚，保存部分未见镂孔加人眼形刻划。这类镂孔加刻划的做法，于崧泽文化陶器中乃可见纹样[12]（图六，3）。从古椰文化的高柄豆来看，属于古椰文化早期Ⅱ段，因此，涌浪北此纺轮大体可以放在古椰文化早期Ⅱ段，那么，涌浪北乃至涌浪遗址可见古椰文化早期Ⅰ、Ⅱ两段的器物，同时也说明崧泽文化的晚期对古椰文化的影响已经清晰可见。

图六 涌浪北出土陶器

1. 镂孔碗（0505.93.SF62） 2. 刻划纹陶片（0505.92.8592） 3. 纺轮（0505.92.S795）

（四）赤鱲角虎地遗址[13]

赤鱲角虎地遗址所见陶器中，有数件陶器可归入古椰文化范畴。

标本FT1021，泥质陶罐。其最为显著的形态特点是有凸棱。口径8.9、最大径12.6、底径8.5、高11厘米（图七，1）。该类造型在古椰文化早期Ⅰ段可见（古椰TS10W06⑦北：L1）。

标本FT1012，高柄豆，泥质橙黄陶。豆盘似深腹碗形，高柄。柄部有镂孔和刻划纹。口径11、底径11、高24厘米（图七，2）。昆山绰墩遗址的崧泽文化墓葬（M8）中也可见到类似的豆[14]，绰墩简报的作者认为此类豆属于崧泽文化早期偏晚阶段的器物。浙江海盐仙坛庙遗址崧泽文化早期墓葬中[15]，M166被认为是崧泽文化早期的墓葬单位，其碗或钵形的盘部及较高的柄，与虎地者造型基本一致。良渚官井头遗址之M99：2在器物排队上应当明显晚于绰墩和仙坛庙者，豆盘和柄部的造型发生了明显的变化，但该豆的柄部镂孔及刻划纹饰却与虎地之高柄豆基本类似。南河浜崧泽文化墓葬则在高柄豆的器物演变和纹饰两方面提供了重要的参考[16]：钵或碗形豆的变化是柄部从矮到高，而柄部的装饰则从镂孔到添加弧形刻划。综合上述，虎地的高柄豆在时间上应当比绰墩遗址M8所见略迟些，而早于良渚官井头遗址者，置于古椰文化早期Ⅱ段是比较合适的。

夹砂陶釜共3件（图七，3～5）。标本FT1022、标本FT42、标本FT107，三者纹饰的风格基本可归入古椰文化早期Ⅲ段。

标本FT99，镂孔刻划纹软陶片（图七，6）。从形态观察，当为豆或圈足盘类器

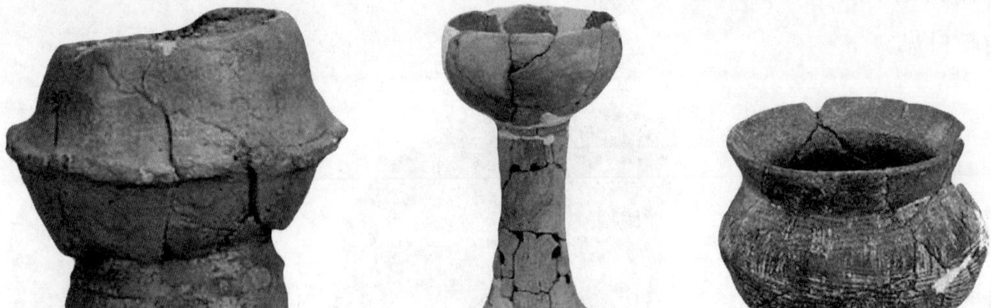

图七　赤鱲角虎地遗址陶器

1. 泥质罐（FT1021）　2. 高柄豆（FT1012）　3～5. 夹砂釜（FT1022、FT42、FT107）
6. 镂孔刻划纹软陶片（FT99）　7. 器足（FT43）　8. 盘（FT108）　9. 泥质圈足盘（FT）

物，纹饰风格更接近古椰文化早期Ⅰ段者（参见古椰TS09W09⑦：L1）。

标本FT43，为类似古椰文化早期Ⅲ段圈足罐之足部，有镂孔和刻划纹饰（图七，7）。

标本FT108，原称为盘（图七，8），此类器物盘部有一显著特点，即为垂棱，因此，崧泽-良渚文化系统中也称之为垂棱豆。该类标本在古椰遗址中并不见，但是，同类器物在普安桥M1可见[17]。普安桥遗址通常被确定为良渚文化早期或崧泽文化向良渚文化过渡时期的遗存，因此，虎地的垂棱豆可以视为古椰文化早期第Ⅲ段的器物。

标本FT，泥质陶圈足盘（图七，9），此类器物在古椰文化早期Ⅱ段可见（古椰TS09W08⑥：6），因此该圈足盘当属于古椰文化早期Ⅱ段。

综合上述，赤鱲角虎地遗址的陶器，基本落在古椰文化早期的范围内。

（五）过路湾遗址[18]

过路湾遗址上区与古椰文化相关者，可以辨识的有3件。

标本KLW22，刻划纹镂孔圈足，泥质陶罐之圈足（图八，1）。从陶质、陶色观察，该件器物的圈足和底部属于古椰文化早期Ⅲ段直领圈足罐，足部纹饰风格高度相似。

标本KLW87，刻划纹镂孔圈足泥质陶杯（图八，2），古椰遗址的陶器中未见此类杯，但陶质、陶色、圈足部位的装饰风格与古椰文化早期Ⅲ段是一致的，因此，被归入古椰文化早期Ⅲ段。

标本KLW86，为高领鼓腹圜底罐，夹砂质地，绳纹（图八，3）。此类器物在古椰文化陶器群中暂不见，但同类器物形态在庙前遗址中可见，“其中高领罐以夹砂陶为主，有少量泥质陶”[19]。腹部有鼓腹也有折腹，罐底以假圈足、平底圈足较为多见。庙前遗址此类罐的排队被认为是属于良渚文化早期的遗存，或是良渚文化最早的遗存。过路湾遗址的高领鼓腹圜底夹砂罐与庙前遗址同类者存在着一定的差异，过路

图八 过路湾遗址上区部分陶器

1. 圈足（KLW22） 2. 刻划纹镂孔圈足泥质杯（KLW87） 3. 高领鼓腹圜底罐（KLW86）

湾遗址者不见圈足，纹饰更有自身特点，即靠近肩部有横断的且较粗的交错绳纹，此应为本地化的结果，而年代应为相当于良渚文化早期，因此，将其定位为古椰文化早期Ⅲ段。

除可辨认器形的3件标本外，过路湾遗址还可见数片泥质橙黄陶片，并有平行线或圈点、短弧线等纹饰，其中圈点纹者有2件标本，标本KLW GL2（A）、标本KLW C HOLES，从风格观察，可归入古椰文化早期Ⅱ段；标本KLW GL2（B）等则与古椰文化早期Ⅲ段圈足罐的足部装饰风格一致，即为古椰文化早期Ⅲ段者。

从上述分析可知，过路湾遗址出土的陶器存在着古椰文化早期Ⅱ段和Ⅲ段的内容。

（六）南丫岛深湾遗址[20]

香港南丫岛深湾遗址出土文物较为丰富，且年代较为复杂，这里笔者仅就个人可以辨识者简述之。

夹砂绳纹陶釜有2件标本，分别为标本SW-85-71-X-54-47、标本C85.451（图九，1、2），两者纹饰风格与古椰文化早期Ⅱ段者类似（古椰TS09W08⑥：6），归入古椰文化早期Ⅱ段。

其他几件陶片标本，标本85.Ⅳ.140-160（图九，3），刻划纹饰的形态与古椰文化早期Ⅲ段圈足罐的足部的刻划纹一致，归入古椰文化早期Ⅲ段。

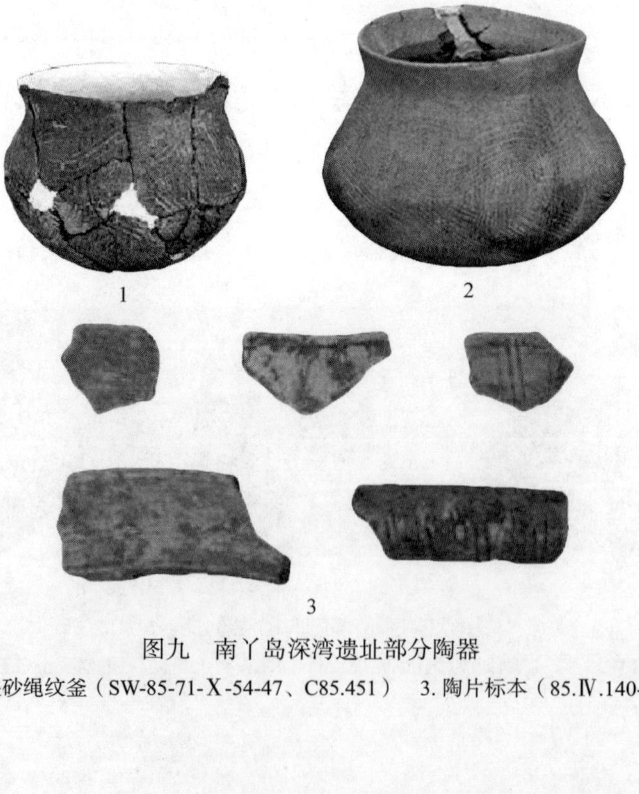

图九　南丫岛深湾遗址部分陶器

1、2. 夹砂绳纹釜（SW-85-71-X-54-47、C85.451）　3. 陶片标本（85.Ⅳ.140-160）

（七）台山新村沙丘遗址[21]

台山新村沙丘遗址位于台山市赤溪镇南10千米之腰古海湾，因配合台山核电厂建设，2007~2008年，广东省文物考古研究所对该遗址进行了抢救性发掘，由于未刊出发掘简报等，本文所举陶器资料均来自《岭外遗珍》一书，由于该书为图录，发表时无标本编号，故以图号代之。

图3-33（图一〇，1），陶器座（？）应为豆之柄部。周身有镂孔、圈点及连珠纹，此类风格与古椰遗址早期Ⅰ段类似。

图3-23（图一〇，2）陶圈足盘。圈足部位有镂孔和刻划直线装饰，其风格与图3-33一致，可视为古椰遗址早期Ⅰ段器物。

图3-26（图一〇，3），夹砂陶圈足罐，灰陶。与庙前遗址所举良渚遗址早期者类

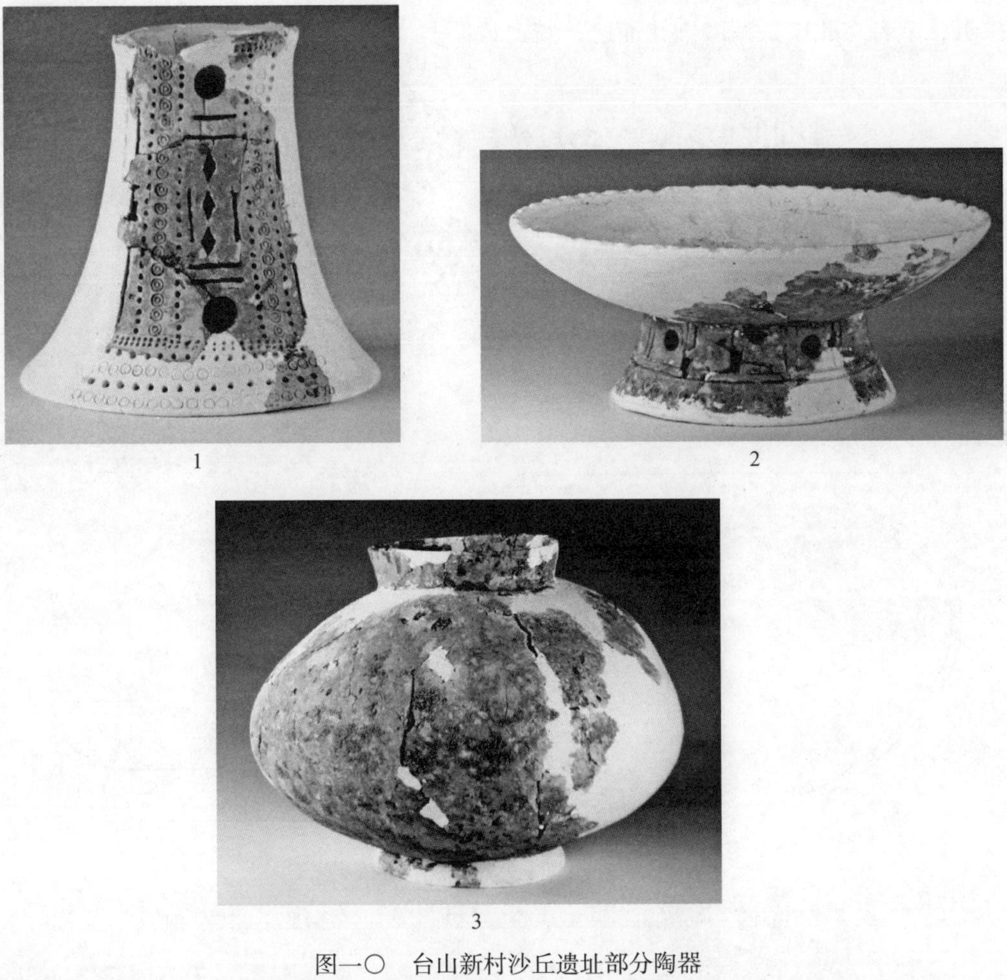

图一〇 台山新村沙丘遗址部分陶器

1. 豆柄（图3-33） 2. 圈足盘（图3-23） 3. 夹砂圈足罐（图3-26）

似，为古椰遗址早期Ⅲ段器物。

（八）珠海草堂湾遗址[22]

三灶岛位于珠海市西南30千米，草堂湾遗址坐落于岛的东南，1989年，广东省博物馆会同珠海市博物馆对该遗址进行了抢救性发掘，发掘者将该遗址遗存划分为一、二两期，早期为第5、6层两层的堆积，出土有一定数量的陶器和石器。本文所涉及的为草堂湾遗址第一期遗存。

草堂湾遗址第一期的陶器纹饰拓片中，刻划纹之波浪形、戳印纹之圈点纹（图一一，1）均可确定为古椰遗址早期Ⅰ或Ⅱ段纹样。可以复原的陶器有2件，标本T2⑥：2和标本T2⑥：1（图一一，2、3），前者为夹砂陶釜，后者为陶圈足盘，无论是纹饰风格还是器型均与古椰遗址早期Ⅱ段一致。古椰遗址发掘期间，严文明先生和朱非素先生都曾经提到，古椰遗址出土的陶器纹饰风格与珠海三灶岛草堂湾遗址第一期接近，笔者在此仅是稍微细化而已，特此说明。

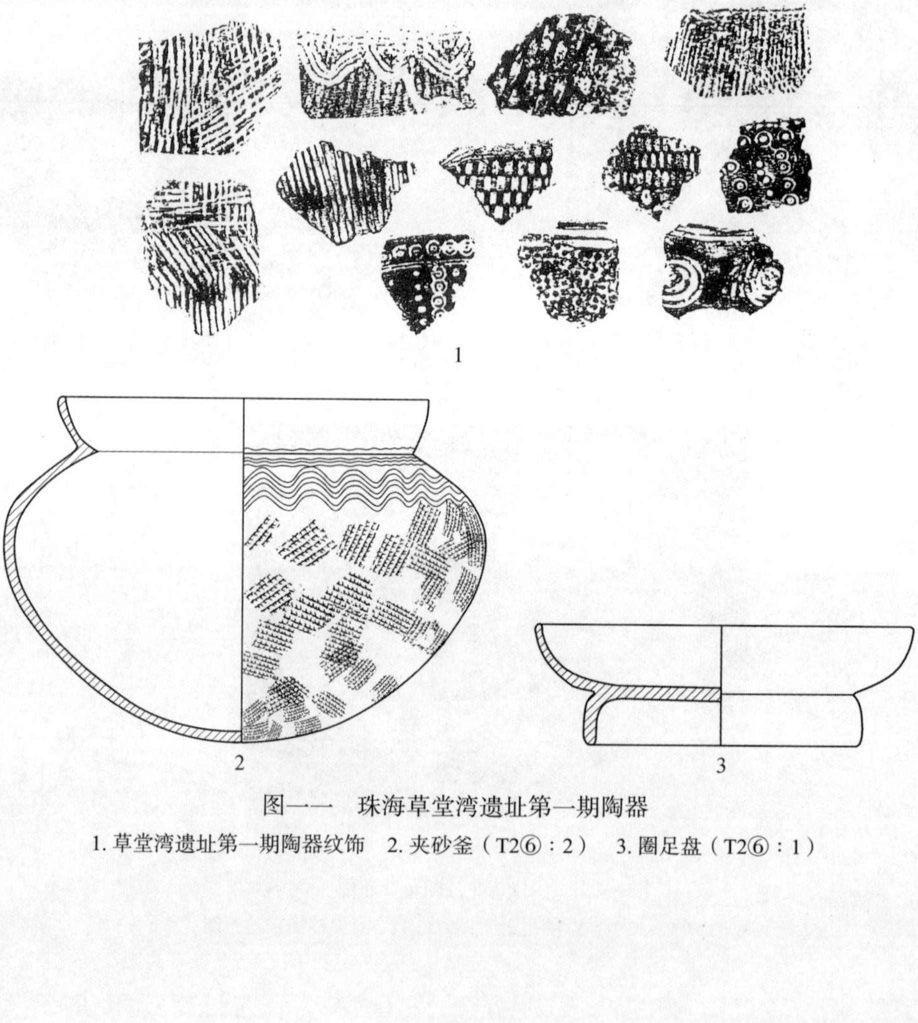

图一一　珠海草堂湾遗址第一期陶器

1. 草堂湾遗址第一期陶器纹饰　2. 夹砂釜（T2⑥：2）　3. 圈足盘（T2⑥：1）

（九）珠海宝镜湾遗址[23]

珠海宝镜湾遗址出土的陶器，根据笔者的观察与对比分析，其陶器大体可分为两期，第一期应当与汤家岗文化、咸头岭文化第一段基本一致，而第二期则应当晚于古椰文化晚期，宝镜湾遗址一、二两期相距较远，中间有明显缺环。对于本文而言，其第一期已经超出古椰文化的上限，而第二期则晚于古椰文化的下限，暂不述。

三、文化因素及其来源与去向

古椰文化的两期四段不仅分布地域清晰，而且其年代也基本有^{14}C测年支持，更为关键的是，通过分期，对其文化来源及其在广东史前考古学文化发展过程中的地位等问题，均可理出一些重要的线索。

进入距今6000年以来的珠江三角洲地区，古椰文化与咸头岭文化的时间线索基本可以接续，但两者的来源应有所不同。李海荣先生在咸头岭考古发掘报告中认为咸头岭文化的一些因素来自广西，通过比较研究，他指出“可以认为，咸头岭文化受到了湘西地区高庙文化比较强烈的影响，它们之间的一些文化因素应该有亲缘关系”，同时，也受到洞庭湖地区汤家岗文化的影响，而其本身，是在本地发展起来的一支独立的考古学文化[24]。笔者认同之。就古椰文化早期的波浪形刻划纹饰陶圈足盘、陶釜等器物而言，应当来自咸头岭文化，但亦不尽然，也就是说，古椰文化早期Ⅰ段所见的一些陶器器型和纹饰风格另有来源。

比较研究表明，古椰遗址早期Ⅰ段的陶器中，有些明显来自堆子岭文化[25]，连珠状的圈点、有凸棱的器物造型和肩部有空白条带状的装饰风格均来自堆子岭遗址。

而那些肩部有空白条带状的装饰风格，松溪口遗存[26]的甲Ⅰ型罐（T3⑭：45）、甲D型罐（T2⑬：21）、乙F型罐（T3⑭：46）与古椰文化早期Ⅰ、Ⅱ段同类器物，无论是器型还是纹饰都可能有承袭关系，这说明，古椰文化中还存在来自湖南西南部的影响。与此同时，就那些肩部有空白条带状的装饰风格而言，松溪口、长沙南托大塘遗址[27]可能是较早具有这一装饰特点的遗存，从湖南本地的角度来看，这些装饰风格并没有在汤家岗文化中留下明显印记，但在堆子岭文化中却十分明显，进而随着时空的推移进入广东，对古椰文化早期Ⅰ段产生了显著的影响（图一二）。

总的来说，咸头岭文化和高庙文化有着亲缘关系，古椰文化与咸头岭文化不同，随着时间的推移，来自北方的影响也发生了改变，存在于湘江流域的堆子岭文化则在古椰文化形成的过程中起到了重要的作用。

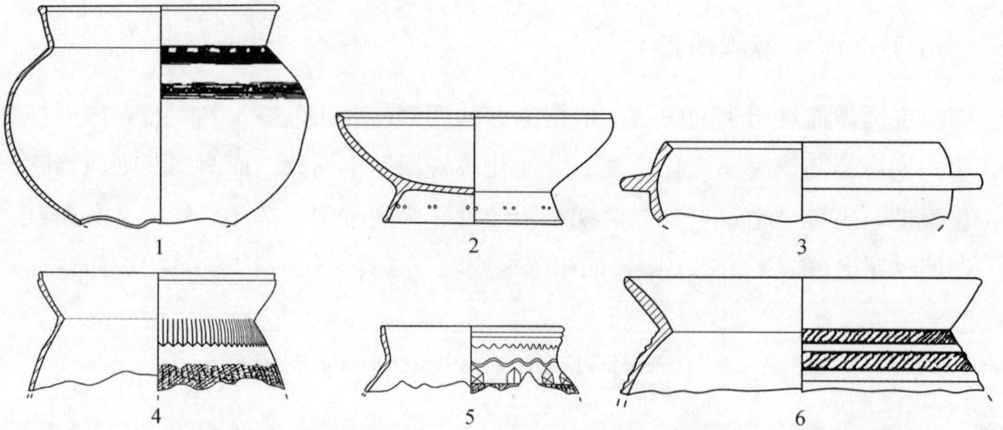

图一二　堆子岭、松溪口、磨盘山等遗址部分陶器

1～3. 堆子岭（H3：136、H3：35、H5：11）　4、5. 松溪口（T1⑫：21、T2⑬：21）
6. 磨盘山（T4③：19）

如果说古椰文化早期Ⅰ段仍然是以自北向南的文化传播为主流的话，那么至古椰文化早期Ⅱ段，情况发生了明显的改变。古椰、虎地两遗址明显可见来自崧泽文化的高柄钵形豆，虎地遗址者甚至纹饰也基本同于崧泽文化，涌浪遗址的纺轮之纹样也同样体现了这个文化因素的不同来源，即来自东北方向的文化因素开始显现。及至古椰文化早期Ⅲ段，以良渚文化的圈足罐为代表者登场，只是足部刻划纹饰与良渚文化者不同，而是保留了来自堆子岭文化的短直线构成的刻划纹样。

古椰文化晚期，由于陶器中只见盘口的夹砂陶釜，因此对于其去向，还有待今后的发现不断去充实、丰富其陶器群的内容，方可有较为清晰的认识。但就目前材料而言，有些线索还是显露了出来，自古椰文化早期Ⅰ段开始的双肩石器在古椰文化发展过程中贯穿始终，其陶器纹饰中除有条纹、绳纹为拍印之外，就珠江三角洲地区而言，尚未见到东莞圆洲遗址第一期[28]所见之各类几何形拍印纹饰，源于粤东的虎头埔文化之拍印的条纹和叶脉纹在古椰文化中也不见，因此可以将古椰文化的下限基本定在拍印的叶脉纹出现之前，但东莞圆洲一期的陶器中有一种陶釜引起了笔者的关注，即简报中所划分的C型陶釜，标本T0105③：4，“红褐陶。个体较大，略有折肩。折沿处饰纵向绳纹，肩上素面，折肩之下饰压印绳纹，腹部饰稀疏较浅的大方格纹”。其肩上一周空白的纹饰排布风格显然与古椰文化的肩部空白条带有关。至于双肩石器，在珠江三角洲地区一直延续了相当长的时间，只是从东莞圆洲文化一期开始，明显有细石器传统的石核与石叶消失了。双肩石器、肩部有空白条带的装饰风格，也许暗示我们，古椰文化的去向仍然在珠江三角洲地区，但是由于文化传统发生了较大的改变，令我们读解起来不仅需要时间和材料的积累，还需要对陶器及其装饰的认真比较与排队，方可梳理出更加清晰的线索。与东莞圆洲文化类似的遗存在珠海宝镜湾、广州南沙鹿颈村[29]、南海鱿鱼岗一期[30]及三水银洲一期[31]都有分布，从某种意义上说，这组遗存才是广东珠江三角洲地区几何形拍印纹饰兴起的时期，与古椰文化的装饰纹样传统等方面相互比较，都发生了明显的改变，这个改变，依据目前材料来看，与虎头埔文化的西进有很大关系。

古椰文化早期、晚期两个大的阶段吸收、消化的外来文化因素是十分明显的，但不同的发展阶段，其外来因素不同，传入的路径也有所不同。

古椰文化早期Ⅰ段不仅有湖南西南部地区的文化因素，还有来自堆子岭文化的因素进入。从目前掌握的陶器群来看，石峡遗址下层或石峡遗址第一期遗存[32]的陶器显然与堆子岭文化有着密切的关系，但其年代与古椰文化相比可能稍晚，并且石峡遗址第一期遗存暂时不见古椰文化早期的崧泽、良渚文化因素，但就堆子岭文化因素而言，通过北江进入珠江三角洲和珠江口是一条非常重要的通道。

关于古椰文化晚期的双肩石器与细石器石核石器。双肩石器的问题，李海荣先生在咸头岭文化的相关论述中已经表达得非常清楚，笔者从之，不再赘述。而细石器石核石器在古椰文化晚期与双肩石器共存是一个非常显著的特点。就珠江三角洲地区而言，除古椰遗址外，其他地点可以确切认定为细石器者，发现最为集中的是距离古椰10千米之内、隔西江干流对望的西樵山遗址，以西樵山东麓出土的石核、石叶为最[33]。古椰文化晚期的细石器石核与西樵山所见者一致，关于此类细石器的年代、文化属性及来源，学者们发表了相当多的看法，此处不一一列举[34]。本文先就其年代和可能的来源途径发表些个人看法如下。古椰遗址自第4层出土此类石核，共存的陶器为盘口釜，还有双肩石器，根据前文所述，其位于古椰文化分期的晚期Ⅳ段，年代大约在距今5000年。在广东的东部和北部（指江西、湖南），至今并未发现细石器遗存，而且从大的时代来说，这是发现于新石器时代较晚阶段的细石器遗存。由于篇幅所限，简而言之，此问题发现于新石器时代乃至更晚到青铜时代的细石器遗存，基本上集中于西南地区和湖南西北部，邻近的广西暂无发现。从空间角度衡量，距离珠江三角洲最近的发现有湖南石门县皂市[35]、贵州平坝县牛坡洞遗址[36]。

牛坡洞遗址第一期的细石器与打制的砾石石器共存，第二期新出现了磨制石器，报告者认为："牛坡洞遗址第一期文化遗存可能属旧石器时代晚期向新石器时代早期过渡的遗存。年代为距今10200～8700年。""第二期文化遗存为牛坡洞遗址的主要堆积。其出土遗物占到整个遗址遗物的一半以上。自牛坡洞遗址第二期遗存开始出现新的特征，即出现精致的磨制石器，预示着牛坡洞遗址可能进入到一个新的时期。牛坡洞遗址的第一期遗存不但在地层上与第二期遗存有着明确的叠压关系，同时在文化面貌上也存在着明显的相似性。除第二期新出现了磨制石器，在其他文化特征方面，与第一期遗存别无二致。”年代为距今8000～5500年。

皂市遗址下层的报告者认为：从细石器的加工方法和功能看，同中原和西樵山等地的细石器都很接近，因此，皂市遗址下层出土的这种小型燧石工具应归入细石器传统的范畴。皂市下层的^{14}C测年数据显示，其年代在距今7000年左右。

古椰文化晚期的细石器，总体来看，与上述两处出土者基本一致。笔者认为，西南地区新石器时代的细石器遗存分布范围广泛，而且延续时间长，有些甚至到青铜时代。同时，也注意到在云、贵、川地区，与两广常见的双肩石器一样，也从新石器时代延续到了青铜时代。一般认为，双肩石器的起源在广西，而目前广西尚未见有关细石器类遗存的发现的报道。基于这样的发现情况，笔者认为：古椰遗址和西樵山遗址之新石器时代的细石器来自西部即贵州地区的可能性很大，在细石器自西向东的传播过程中，双肩石器则逆流而上，进入了西南地区，这个过程发生在距今8000～5000年。皂市下层的细石器在湖南之发现属于罕见，澧水流域从旧石器时代向新石器时代过渡的序列至今已经比较清楚[37]，包括广西地区甑皮岩[38]均未发现细石器于其中。因此，古椰、西樵山、皂市遗址下层的细石器应与过渡时期无关，而是与西南地区例如广元中子铺遗址[39]等属于类似的性质，即新石器时代的细石器传统。

归纳之，古椰遗址和西樵山遗址的细石器传统之器物，自贵州通过西江水系进入广西，进而进入广东，是一条合理的传播通道。可以预见，未来广西从河池到湘粤桂交界地带有可能会发现属于新石器时代的细石器遗存。另一条路径是从贵州进入湘西北，再进入广东。

从时间轴的角度来看，古椰文化有如下突出的影响和作用：首先，让我们明确地看到珠江三角洲地区的考古学文化从这个阶段开始，吸收外来文化因素的风向从西北转向了东北的崧泽-良渚文化；其次，总体上位于咸头岭文化与珠三角以拍印几何形纹饰为特色的遗存之间；再次，由于古椰文化与西部（西南及贵州）的联系，细石器传统为本地新石器文化的发展增添了一大特色，双肩石器在这个阶段发扬光大，导致了对西樵山层凝灰岩和燧石等原料的开发利用达到了高峰，并向周边扩散，使得珠江三角洲地区的双肩石器传统一直延续了相当长的时间，并成为本地极具特色的文化传统之一。

由于古椰遗址的发现及对其的认识，使得我们对以珠江口为代表的区域之考古学文化发展特点也有了一定的了解，与湖南、浙江的新石器时代文化中心相比，广东地区的新石器时代早期偏晚至新石器时代晚期考古学文化发生发展脉络有着明显的不同。以湖南为例子，从旧、新石器时代过渡开始，至石家河文化阶段，相对稳定和自身逐步发展是其明显的轨迹，而珠江三角洲地区，特别是珠江口地区，更多地表现为对外来强势文化或因素的跟随与消化。20世纪90年代后期，笔者与同事曾讨论过这类现象，好像珠江三角洲地区，特别是珠江口地区的文化面貌延续性很弱，相反，新的文化或因素如同间歇性喷泉般出现。通过古椰文化和其后石峡文化的比较研究，对这个问题似乎有了些理解：由于水系、海陆等地理因素，造成平原、宽阔河谷不足，导致以农业为基础的发展空间有限，而海路、河流交通线却甚为便利，使得该地区极易吸收外来文化和因素，似乎是新石器时代晚期周边外来文化因素的集散地，这种现象甚至一直延续到浮滨文化阶段，即商末周初。

上述谨为初识，请各位方家指正。

附记：本文撰写过程中特别得到赵辉、傅宪国、李浪林、方向明、孙国平、张强禄、张春龙、高成林、龙恩海、付永旭等各位先生指教和提供便利，线图由朱汝田先生描绘，特表谢忱！

注　释

[1] 广东省文物考古研究所2006年发掘资料。

[2] A. 香港古物古迹办事处、河南省文物考古研究所：《2002年度香港西贡沙下遗址C02区和DⅡ02区考古发掘简报》，《华夏考古》2004年第4期。

B. 香港古物古迹办事处、广州市文物考古研究所：《香港西贡沙下遗址DⅠ区发掘简报》，《华夏考古》2007年第4期。

C. 沙下遗址新石器时代遗存发现于1996年，1998年以后，湖南省文物考古研究所、陕西省考古研究所、河南省文物考古研究所、河北省文物考古研究所、广州市文物考古研究所等数家单位与香港古物古迹办事处曾多次进行联合发掘，新石器时代遗存主要集中在文中所说的两个简报。

[3] A. 赵辉：《珠江三角洲地区几何印纹陶的出现和文化的发展》，《中国考古学的跨世纪反思》，商务印书馆，1999年。

B. 吕红亮：《香港新石器时代斧、锛生产系统的重建：以西贡沙下遗址为例》，《华夏考古》2007年第4期。

C. 香港古物古迹办事处：《香港近年的考古发现与研究》（孙德荣执笔），《考古》2007年第6期。孙先生敏锐地指出："白陶和细绳纹陶而不共存彩陶的遗存，如马湾东湾仔北一期、大屿山长沙栏、赤鱲角虎地和过路湾（上区）、南丫岛深湾、长洲东湾和西湾、新界沙头角、西贡沙下等遗址，则常被研究者划定为新石器时代中期后段。迄今为止，香港发现的新石器时代中期的两段遗存（前段指类似咸头岭文化者，笔者注），并无直接的地层叠压关系，对出土器物也缺乏具体研究。然而，近年在深圳咸头岭遗址发现多组层位明确的器物，且较深圳大黄沙和小梅沙、中山龙穴和白水井或珠海后沙湾等遗址出土器物更丰富，这无疑将提供理清香港此时期文化面貌的重要标尺。”

本文所涉及的香港地区之内容基本是与上述遗存相关者。相关的研究还见深圳市文物考古鉴定所：《深圳咸头岭——2006年发掘报告》（文物出版社，2013年）有关章节，不一一列举。

[4] 深圳市文物考古鉴定所：《深圳咸头岭——2006年发掘报告》，文物出版社，2013年。

[5] 广州市文物考古研究所从化横岭墓地发掘资料和佛山古椰贝丘遗址发掘资料，未刊。

[6] A. 湖南省文物考古研究所：《安乡汤家岗》，科学出版社，2013年。

B. 湖南省文物考古研究所：《湖南黔阳高庙遗址发掘简报》，《文物》2000年第4期。

[7] 沙下遗址的出土器物除来自注释［2］简报之外，还引用了香港特别行政区古物古迹办事处相关网站发表的图片和文字，特此说明。

[8] 广东省文物考古研究所、广东省博物馆、广东省韶关市曲江区博物馆：《石峡遗址——1973—1978年考古发掘报告》，文物出版社，2014年。

[9] 香港古物古迹办事处、中国社会科学院考古研究所：《香港马湾岛东湾仔北史前遗址发掘简报》，《考古》1999年第6期。

[10] 邹兴华：《珠江三角洲史前文化分期》，《岭南古越族文化论文集》，中国香港市政局，1993年。

[11] 香港古物古迹办事处：《香港涌浪新石器时代遗址发掘简报》，《考古》1997年第6期。另同注释［7］。

[12] A. 上海市文物管理委员会：《青浦福泉山遗址崧泽文化遗存》，《考古学报》1990年第3期。

B. 苏州博物馆、昆山市文物管理所：《江苏昆山市绰墩遗址发掘报告》，《东南文化》2000年第1期。

[13] A. 香港特别行政区古物古迹办事处相关网站发表的图片和文字。

B. William Meacham. Archaeological Investigations on Chek Lap Kok Island. *Journal Monograph Ⅳ*. Hong Kong Archaeological Society, 1994.

[14] 苏州博物馆、昆山市文物管理所：《江苏昆山市绰墩遗址发掘报告》，《东南文化》2000年第1期。

[15] 浙江省文物考古研究所、海盐县博物馆：《海盐仙坛庙遗址的早中期遗存》，《浙北崧泽文化考古报告集（1996—2014）》，文物出版社，2014年。

[16] 浙江省文物考古研究所：《南河浜——崧泽文化遗址发掘报告》，文物出版社，2005年。

[17] 北京大学考古学系、浙江省文物考古研究所、日本上智大学联合考古队：《浙江桐乡普安桥遗址发掘简报》，《文物》1998年第4期。

[18] 香港特别行政区古物古迹办事处相关网站发表的图片和文字。

[19] 浙江省文物考古研究所：《庙前》，文物出版社，2005年。

[20] A. 北京大学考古学系、浙江省文物考古研究所、日本上智大学联合考古队：《浙江桐乡普安桥遗址发掘简报》，《文物》1998年第4期。

B. 秦维廉：《南丫岛深湾考古遗址调查报告》（香港考古学会专刊第三本），香港考古学会，1978年。

[21] 广东省文物考古研究所、江门市文化广电新闻出版局、江门市博物馆等：《岭外遗珍——广东省文物考古研究所基建考古成果选萃》，广东高等教育出版社，2014年。

[22] 梁振兴、李子文：《三灶岛草堂湾遗址发掘》，《珠海考古发现与研究》，广东人民出版社，1991年。

[23] 广东省文物考古研究所、珠海市博物馆：《珠海宝镜湾——海岛型史前文化遗址发掘报告》，科学出版社，2004年。

[24] 深圳市文物考古鉴定所：《深圳咸头岭——2006年发掘报告》，文物出版社，2013年。

[25] A. 湖南省文物考古研究所：《湖南湘潭县堆子岭新石器时代遗址》，《考古》2000年第1期。

B. 郭伟民：《论堆子岭文化》，《江汉考古》2003年第2期。

C. 湖南省文物考古研究所：《湘阴青山——新石器时代遗址发掘报告》，科学出版社，2015年。

[26] 湖南省文物考古研究所：《湖南辰溪县松溪口贝丘遗址发掘简报》，《文物》2001年第6期。

[27] 长沙市博物馆：《长沙南托大塘遗址发掘报告》，《湖南考古辑刊》（第8集），岳麓书社，2009年。

[28] 广东省文物考古研究所、东莞市博物馆：《广东东莞市圆洲贝丘遗址的发掘》，《考古》2000年第6期。

[29] 广州市文物考古研究院发掘资料，资料未刊，笔者参观所见。

[30] 广东省文物考古研究所、北京大学考古实习队：《南海市鲩鱼岗贝丘遗址发掘报告》，《广东省文物考古研究所建所十周年文集》，岭南美术出版社，2001年。

[31] 广东省文物考古研究所、北京大学考古学系、三水市博物馆：《广东三水市银洲贝丘遗址发掘简报》，《考古》2000年第6期。

[32] 广东省文物考古研究所、广东省博物馆、广东省韶关市曲江区博物馆：《石峡遗址——

1973—1978年考古发掘报告》，文物出版社，2014年。

［33］ A. 曾骐：《西樵山东麓的细石器》，《考古与文物》1981年第4期。

B. 黄慰文：《关系西樵山石器制作场的几个问题》，《文物》1993年第9期。

［34］ 关于西樵山双肩石器和细石器的研究论述集中见于易西兵：《西樵山遗址考古研究》，广西师范大学出版社，2015年。

［35］ 湖南省博物馆：《湖南石门县皂市下层新石器遗存》，《考古》1986年第1期。

［36］ 中国社会科学院考古研究所华南一队、贵州省文物考古研究所、平坝县文物管理所：《贵州平坝县牛坡洞遗址2012—2013年发掘简报》，《考古》2015年第8期。

［37］ 袁家荣：《洞庭湖西部平原旧石器文化向新石器文化过渡的研究》，《考古学研究》（七），科学出版社，2008年。

［38］ 中国社会科学院考古研究所、广西壮族自治区文物工作队、桂林甑皮岩遗址博物馆等：《桂林甑皮岩》，文物出版社，2003年。

［39］ 中国社会科学院考古研究所四川工作队：《四川广元市中子铺细石器遗存》，《考古》1991年第4期。

Preliminary Thoughts on Guye Shell Remains, Shaxia and Other Related Remains in Hongkong

Li Yan　Cui Yong

(Guangdong Provincial Institute of Cultural Relics and Archaeology)

Abstract: This paper analyzes the nature, age, and cultural factors of Guye shell mound at Gaoming in Foshan of Guangdong, Shaxia site and the similar remains in Xigong of Hong Kong. It classifies such remains into Guye culture. The author divides Guye culture into four stages of two periods, explaining its cultural origin and the status in the development of archaeological culture in prehistoric Guangdong.

Keywords: Guye Site; Guye Culture; Shaxia, Xigong; Pearl River Delta

倏而来兮忽而逝

——远逝的良渚文化与远古文明

张　敏

（南京博物院）

［摘　要］　良渚文化是龙山时代最发达的考古学文化，良渚文明是古国时代最辉煌的远古文明。资源枯竭、汤汤洪水、涿鹿之战等原因虽然都有可能导致良渚文化在进入华夏国家文明前夕消亡，但良渚文化是一个由灵巫统治的神权社会，是一个由先进生产力与落后上层建筑构成的矛盾综合体，社会形态的滞后可能是制约良渚文化向方国文明发展演进的最重要原因之一，良渚文化也因此成为华夏文明化进程中的一个特例。

［关键词］　良渚文化；消亡原因；考察

一、良渚文化——曾经辉煌的远古文明

良渚文化是曾经辉煌的远古文明。

龙山时代是古史传说时代，是我国历史上的五帝时代，是文化民族的英雄时代，是考古学上的古国时代，是文明曙光冉冉升起的时代。

“华光犹冉冉，旭日渐曈曈”[1]，良渚文化无疑是这一时代文化最发达、文明化程度最高的考古学文化，良渚文化无疑是这一时代满天星斗中光芒最璀璨的一颗新星。

以1936年施昕更先生在余杭良渚镇发掘良渚遗址作为良渚文化认识与研究的肇始，至今已80余年了。80年来，对于良渚文化的认识在不断地深化与升华，关于良渚文化的研究也在不断地深入与更新。

1973年以来，江苏吴县草鞋山、武进寺墩和上海福泉山等良渚文化遗址的发现，以玉琮、玉璧、玉钺等礼器和祭祀高台为代表的文化内涵开始引人瞩目和令人瞠目，良渚古国的形象开始浮出水面。1986年以来，浙江余杭先后发现反山王族陵寝、瑶山

和汇观山祭坛墓地、莫角山神庙宫殿、卢村和子母墩祭坛、美人地贵族居住区、文家山和下家山等中型聚落、塘山大坝、茅山古稻田等，尤其是反山良渚王陵和莫角山良渚宫殿的发现，使良渚古国的形象逐渐清晰地呈现在人们眼前，人们对良渚文化的认识也随之不断地深化和升华。2006年以来，良渚古城的发现[2]使良渚遗址群之间各类遗迹的相互关系豁然明朗，良渚古国中心区域的布局也令人恍然大悟，以古城为中心的良渚遗址群的不同性质、不同等级的文化遗存反映了良渚文化复杂的社会结构体系，良渚文化无疑是我国龙山时代最为辉煌的远古文明[3]。

一次又一次的重大考古发现使人一次又一次地感到振悚和震惊，令人一次又一次地感到振奋和震撼，一系列重大的考古发现无不表明良渚文化是龙山时代文明化程度最高的考古学文化，无不标志着良渚文化已经进入史前文明阶段或已进入雏形国家，而对于良渚文化的认识也逐渐从雾里看花的迷茫，经盲人摸象的探索，终于迈进窥一斑而知全豹的阶段了。

公元前3300年～公元前2300年的良渚文化有着巨大的城垣，城垣内有宫殿群和王陵区，城垣外有祭坛和贵族的高台墓地、贵族居住区等大中型聚落和码头、水井，有灌溉系统完备的大型稻田，有工程浩大的巨型防洪水坝，有黑地朱绘的镶玉漆器，更有令人叹为观止的盈千累万的玉制礼器和装饰器，在陶器、玉器和石器上，还发现了具有文字性质的刻划符号。

良渚文化的文明因素丰富多彩，良渚文化的文明化迹象经纬万端。大型工程的复杂性和社会生活的多元性必然导致社会分层的复杂化和社会分工的细致化。良渚文化的都邑城池、宫殿神庙、献祭神坛、权贵陵墓、大型聚落、水利工程、玉制礼器乃至原始文字的发现，表明早在夏王朝之前在中华大地上已出现了早期国家。

古代国家形态的发展分为古国、方国（王国）、帝国三个阶段[4]，良渚文化的社会发展阶段无疑已进入古国文明。

苏秉琦先生在纪念良渚遗址发现六十周年时曾经指出：“这是处于五帝前后段之间，以太湖流域为中心，已具方国规模的良渚文化在中国文明起源、中华民族和中华文化传统形成过程中所起的重要作用所决定的。”[5]

在龙山时代的社会文明化进程中，“已具方国规模的”良渚文化无疑走在了这一时代的最前列，良渚文化区无疑是史前文明的圣地，良渚文化无疑是古国时代的杰出代表。

然而，在进入华夏国家文明之际，曾经灿烂辉煌的良渚文化在华夏历史舞台上突然销声匿迹，因为率先进入华夏方国文明的夏王朝并非良渚文化的后继，其后的商王朝、周王朝也非良渚文化的后继。那么，已进入早期国家的良渚文化是否为“华夏文明的源头”？是否为“中华文明之光”？就值得重新审视了。

夏王朝不是良渚文化的后继当为不争的史实，尽管在夏文化中或多或少地出现了一些良渚文化因素，但以玉制礼器和神祀祭享[6]为代表的良渚文化的本质文化内涵或核心文化内涵在夏文化中几乎丧失殆尽，良渚文化显然不是华夏国家文明的来源，因为在进入华夏国家文明之前，显赫一时的良渚古国和焜昱错眩的远古文明业已衰亡与消逝。

良渚远古文明与华夏国家文明是一脉相承的文明还是两个不同发展阶段、不同文化性质的文明？良渚远古文明为何从华夏历史舞台悄然消逝？良渚远古文明与华夏国家文明之间的相互关系如何？都是极为复杂的问题。

良渚文化的衰亡与消逝引起了人们无限的遐想，也引起了无尽的反思。考察良渚文化衰亡与消逝的现象，反思良渚文化衰亡与消逝的原因，有助于研究史前社会复杂化进程和探讨华夏国家文明起源，有助于重新认识和理解华夏国家文明起源、发展和演进的历程。

长江下游一系列与良渚文化有关的重要的考古发现虽然为这一复杂问题的探寻提供了研究的基础，但面对如此复杂的问题，考古学研究往往显得力不从心，因为这一问题涉及的学科众多、领域广泛，已远远超出考古学的研究范畴。

因此，多学科、全方位地考察良渚文化由盛而衰的文化现象，反思良渚文明“倏而来兮忽而逝”[7]的历史原因，或许对于探讨华夏国家文明的起源与发展有一定的积极意义。

二、良渚文化——已然消逝的远古文明

良渚文化是已然消逝的远古文明。

曾经辉煌的远古文明的溘然长逝，虽然有社会发展规律的必然性，但良渚文化的消亡作为一种特殊的文化现象，必然有着特殊的深层次的历史原因，因此良渚文化的消亡或有一定的偶然性。

良渚文化有发生、发展、繁荣、衰亡等不同发展阶段，即时间差异；良渚文化沿太湖四周有中心区和次中心区，即空间差异。但作为一种研究方法，忽略良渚文化的时空差异，将良渚文化中所有相互独立又密切联系的不同要素视为一个整体，将良渚文化作为一个文化共同体进行宏观的综合考察，解析良渚文化衰亡原因中的主观因素和客观因素，考察良渚文化衰亡历程的必然性和偶然性，或许有利于认识的深化和研究的深入。

（一）考古学的考察

在以良渚古城为中心的良渚文化中心区域之外，环太湖地区分布着浙江桐乡新地里、姚家山，上海福泉山、吴家场，江苏昆山赵陵山、苏州草鞋山、张陵山、无锡邱承墩、江阴高城墩、武进寺墩等高等级遗址，并且也发现随葬玉琮、玉璧、玉钺的大型墓葬，从而构成良渚文化的中心与次中心。此外，在良渚文化中心区域之内和良渚文化中心区域之外还有大量的良渚文化中、低等级的中小型遗址与中小型墓葬，如莫角山、美人地、文家山、卞家山、庙前等不同等级的聚落遗址和反山、瑶山、文家山、卞家山、庙前等不同等级的墓葬，表明良渚文化社会结构的多元化和复杂化。而嘉兴南河浜、桐乡普安桥、海盐仙坛庙、海宁小兜里、无锡邱承墩等大型祭坛和张家港东山村大型墓葬的发现，表明崧泽文化时期太湖地区业已开始迈向古国时代。

良渚文化区的北面是江淮地区，良渚文化区的西面是宁镇皖南地区。根据江淮和宁镇皖南地区的考古发现，在公元前3500年前后，崧泽文化已开始西进北扩[8]；进入良渚文化之际，江淮地区和宁镇皖南地区的薛家岗文化、凌家滩文化、龙虬庄文化、北阴阳营文化等考古学文化都已先后消亡，在良渚文化的昌盛繁荣之际，广袤而富饶的江淮地区和宁镇皖南地区成为考古学文化的空白区是不争的史实。

这一特殊的文化现象似乎表明了良渚文化在向古国文明迈进的历程中，伴随着对周边地区的征伐、征服和侵略、掠夺。通过战争和征服，通过侵略和掠夺，良渚文化的统治者俘获了大量的劳力资源，掠夺了大量的经济资源，以周边地区考古学文化的毁灭为代价铸就了良渚文化的辉煌。

大量劳力资源和经济资源的获取，促使了良渚文化社会结构的分化，从而形成良渚文化社会结构的多元化和复杂化。

与之相适应的是崧泽文化的大型墓葬中随葬有玉钺却不见玉琮和玉璧，表明崧泽文化时期强化的是王权或军权；在太湖周边地区都成为考古学文化空白区即失去征伐和征服的对象之后，良渚文化的社会组织和社会结构开始急遽转型，玉琮和玉璧充斥整个良渚文化的上层社会表明王权的弱化和神权的强化，表明良渚文化迅速形成多元统治的神权社会。

一个不容忽视的事实是，制作大量的造型各异、纹饰精美的良渚文化玉器必然需要大量的玉石资源和劳力资源，骄逸奢华的贵族生活必然需要丰富的生活资料和人力资源，而建造巨大的城垣、高大的祭坛和宏伟的水坝等大型工程必然需要大量的技术资源和劳力资源。

良渚文化时期，劳力资源无疑是最重要的生产力，经济资源无疑是最重要的生产资料，大量劳力资源和生产资料的获取无疑促进了良渚文化的高速发展。同样，俘获的劳力资源和掠夺的经济资源必然制约着良渚文化的发展和可持续发展。简言之，俘获大量的劳力资源和掠夺大量的经济资源为良渚文化的发展注入了新的活力，征服与掠夺为良渚古国文明化的高速进程打下坚实的基础，征服的劳力资源和掠夺的经济资源成为高度发达的良渚古国的经济基础。

在良渚文化高度发展之际，大型工程和数量巨大的随葬用器、宗教礼仪用品消耗了大量的劳力资源和经济资源，其惊人的消耗速度已远远超过劳力资源的增殖速度和经济资源的增长速度，劳力资源和经济资源的逐渐枯竭导致了良渚文化政治、经济无法维持可持续性的发展，资源的衰竭与枯竭已无力支撑良渚文化上层贵族骄逸奢靡的物质需求，因此劳力资源和经济资源的枯竭或许成为良渚文化最终衰亡的原因之一[9]。

良渚文化资源的极度消耗遂成为其衰亡的重要原因似已成为共识：“由于良渚文化的新发现，长江下游又将是一个起源中心。但这个中心在良渚文化以后的发展不大清楚，其原因也不大明白。可能是因为把太多的人力物力用在土木工程和毫无使用价值的奢侈用品上，最后导致了社会的崩溃”[10]“良渚文化却因过度崇尚神权、无节制消耗社会财富，盛极而衰，乃至消亡”[11]。

良渚文化之后，无论是太湖地区的马桥文化和宁镇地区的点将台文化，还是新发现的广富林文化，都不是良渚文化的后继文化。太湖西部的钱山漾文化虽与良渚文化有一定的联系，但其发展程度、文明化程度与良渚文化已不可同日而语。显然，良渚文化在发展到我国史前社会前所未有的高度后，突然在太湖地区销声匿迹了。

在江淮东部的蒋庄遗址、陆庄遗址和淮北花厅遗址发现良渚文化“远征军”[12]向北扩张的遗留，揭示了良渚文化北上的轨迹，良渚文化的北扩甚至可达泰沂山脉以南的鲁南地区[13]。

因此，良渚文化在太湖地区的突然消失表明了良渚文化向北举族迁徙，良渚文化的迁徙是我国史前时期最大规模的民族集团大迁徙。

（二）古史传说的考察

古史传说虽有传说和神话的成分，但古史传说如与考古发现相吻合并可相互印证，还是具有一定的参考意义。

古史传说时代是我国历史上的五帝时代，五帝时代是我国历史上第一个大分化、大改组的动荡时代，也是华夏国家文明诞生前的阵痛时代。五帝时代的黄帝、炎帝、太皞、少皞、颛顼、帝喾、帝俊、帝鸿、祝融、共工、讙兜、蚩尤、鲧、唐尧、虞舜、夏禹等部族首领都是“远古帝王”，而在诸多“远古帝王”中，黄帝与蚩尤当为五帝时代最杰出的代表。

《史记·五帝本纪》："轩辕之时，神农氏世衰。诸侯相侵伐，暴虐百姓，而神农氏弗能征。于是轩辕乃习用干戈，以征不享，诸侯咸来宾从。而蚩尤最为暴，莫能伐。炎帝欲侵陵诸侯，诸侯咸归轩辕。轩辕乃修德振兵，治五气，艺五种，抚万民，度四方，教熊罴貔貅貙虎，以与炎帝战于阪泉之野，三战然后得其志。蚩尤作乱，不用帝命。于是黄帝乃征师诸侯，与蚩尤战于涿鹿之野，遂禽杀蚩尤。"[14]

"诸侯相侵伐，暴虐百姓"和"习用干戈，以征不享"，当为五帝时代大分化、大改组的动荡时代的真实写照。而黄帝"与炎帝战于阪泉之野"和"与蚩尤战于涿鹿之野"则记载了五帝时代的"远古帝王"之间最著名的两场战争——阪泉之战和涿鹿之战，其中最惨烈的当属涿鹿之战。

历史文献中有关蚩尤的记载甚多。《尚书·吕刑》："蚩尤惟始作乱，延及于平民。"[15]《初学记》卷九引《归藏·启筮》："蚩尤出自羊水，八肱八趾疏首，登九淖以伐空桑，黄帝杀之于青丘，作棡鼓之曲十章：一曰雷震惊，二曰猛虎骇，三曰鸷鸟击，四曰龙媒蹀，五曰灵夔吼，六曰雕鹗争，七曰壮士奋，八曰熊罴哮，九曰石荡崖，十曰波荡壑。"[16]《太平御览》卷一五引《黄帝玄女战法》："黄帝与蚩尤九战九不胜。"[17]《史记正义》引《龙鱼河图》云："黄帝摄政，有蚩尤兄弟八十一人，并兽身人语，铜头铁额，食沙石子，造立兵仗刀戟大弩，威振天下，诛杀无道、不慈仁。"[18]《山海经·大荒北经》："蚩尤作兵伐黄帝，黄帝乃令应龙攻之冀州之野。……遂杀蚩尤。"[19]《逸周书·尝麦解》："蚩尤乃逐帝，争于涿鹿之河，九隅无遗。赤帝大慑，乃说于黄帝，执蚩尤，杀之于中冀。"[20]《盐铁论·结和》："黄帝战涿鹿，杀两皞、蚩尤而为帝。"[21]

徐旭生先生在《中国古史的传说时代》中将我国古史传说时代的部族分为华夏、东夷和苗蛮三大民族集团，并划分了华夏、东夷和苗蛮民族集团的空间分布范围，中原至西北一带为华夏民族集团的分布空间，华夏民族集团中"有黄帝和炎帝"。渤海湾以西至钱塘江以北为东夷民族集团的分布空间，并强调了东夷民族集团中"有太皞，有少皞，有蚩尤"[22]。

在徐旭生先生划分的东夷民族集团分布空间内的考古学文化区有海岱文化区和太湖文化区，在东夷民族集团的分布空间内最发达的考古学文化为海岱文化区的龙山文化和太湖文化区的良渚文化。与海岱文化区的龙山文化和太湖文化区的良渚文化相对应的部族为两皞部族和蚩尤部族，龙山文化与良渚文化所反映的是两皞部族与蚩尤部族创造的考古学文化，其中，两皞部族创造的物质文化即龙山文化[23]，蚩尤部族创造的物质文化即良渚文化[24]，龙山文化和良渚文化都是我国新石器时代末期最发达的考古学文化，太皞、少皞即龙山古国的“远古帝王”，蚩尤即良渚古国的“远古帝王”。

黄帝、炎帝皆属华夏民族集团。五帝时代发生的阪泉之战，为华夏集团内部的战争；而涿鹿之战则为华夏与东夷两大集团之间的战争。

根据古史传说，“蚩尤作兵伐黄帝”和“登九淖以伐空桑”，意味着良渚文化的北上以伐黄帝，“九淖”当为湖荡沼泽密布的江淮东部，“黄帝与蚩尤九战九不胜”“一曰雷震惊，二曰猛虎骇，三曰鸷鸟击，四曰龙媟蹀，五曰灵夔吼，六曰雕鹗争，七曰壮士奋，八曰熊罴哮，九曰石荡崖，十曰波荡壑”，可见战争之惨烈。“蚩尤惟始作乱”“于是黄帝乃征师诸侯，与蚩尤战于涿鹿之野，遂禽杀蚩尤”“赤帝大慑，乃说于黄帝，执蚩尤，杀之于中冀”等，表明黄帝部族与蚩尤部族的涿鹿之战以蚩尤部族的失败而告终。

在涿鹿之战之前，华夏民族集团通过阪泉之战已使华夏民族集团内部通过调整与整合达到高度的统一，民族集团内部的整合与统一是征服外部民族集团的政治基础，民族集团内部的高度统一遂成为涿鹿之战取得最终胜利的有力保证。

由于东夷民族集团的分布范围纵跨江、河、淮、济，地理环境制约了东夷民族集团内部的调整与整合，因而在东夷民族集团内部始终存在着两个强大的部族——太皞部族、少皞部族和蚩尤部族[25]。

在发生涿鹿之战时华夏民族集团已统一为以黄帝为首的民族集团，而东夷民族集团的两皞部族和蚩尤部族始终未能统一，甚至在两皞部族和蚩尤部族内部也未能取得统一，因此战争的结果是“黄帝战涿鹿，杀两皞、蚩尤而为帝”。

古史传说反映了良渚文化即蚩尤部族大规模地向北举族迁徙，走上了一条不归之路。发生在我国史前最悲壮惨烈的涿鹿之战，可能与良渚文化的崩溃与衰亡有着直接的关系，而涿鹿之战也因此成为我国步入华夏方国文明的重要契机。

（三）宗教形态的考察

以琮、璧、钺等玉制礼器为代表的良渚文化玉器，是良渚文化原始宗教形态的物化物，玉制礼器反映了良渚文化的原始宗教形态。

原始宗教大致可分为自然崇拜、生殖崇拜、祖先崇拜三个发展阶段，其中，生殖崇拜又以具象的物化物和抽象的物化物为标志，分为初级和高级两个发展阶段。

良渚文化最主要的礼器玉琮、玉璧为男根女阴的抽象象征物，因此良渚文化原始宗教的形态处于生殖崇拜的高级阶段[26]。

华夏民族集团的黄帝部族的原始宗教形态早已进入祖先崇拜阶段。《山海经·海内经》：“黄帝生骆明，骆明生白马，白马是为鲧。……鲧复生禹。”[27]《史记·夏本纪》：“夏禹，名曰文命。禹之父曰鲧，鲧之父曰帝颛顼，颛顼之父曰昌意，昌意之父曰黄帝。”[28]黄帝为夏禹的祖先，即华夏民族集团中崇拜的祖先为“远古帝王”——黄帝。

灵宝西坡墓地的大型墓葬中除随葬玉钺外，不见玉琮和玉璧[29]。西坡墓地的发现表明华夏民族集团已步入方国时代，已进入王权社会，王权社会中至高无上的是王，王权社会是一元统治的社会。

良渚文化的玉琮、璧为原始宗教礼仪的象征，玉钺为军事力量的象征，拥有玉琮、璧者应为掌握宗教权力的灵巫，拥有玉钺者应为掌控军事权力的军事首领。“良渚文化社会，神权最高，军权居次，但军权却是这个社会的统治权力的基础，因此，良渚文化社会政权的性质是神王国家。”[30]

余杭反山M12随葬玉琮、璧和钺，因此反山M12的墓主是集军事首领与宗教首领于一身的良渚古国的最高贵族——“远古帝王”。若以随葬玉琮、璧、钺作为军事首领与宗教首领的标志和“远古帝王”的象征，良渚古国中还存在着诸多大大小小的“远古帝王”。

在良渚文化高等级墓葬中，随葬玉琮、璧的墓葬明显多于随葬玉琮、璧、钺的墓葬。在出土的良渚文化玉器中，玉琮、璧的数量也远远多于玉钺。在良渚古国贵族内的大多是宗教首领——灵巫，灵巫的数量远远多于军事首领的数量，即灵巫的群体远远大于军事首领的群体。“良渚文化的宗教性器物集中出土在大型墓地和大型墓葬的倾向，使研究者们相信当时的社会已经出现了一个高于基层大众的特殊僧侣阶层，用中国的称呼方式就是巫觋。”[31]

巫是具有天文、地理、数理、医药、工程设计知识的人，巫是掌控农业生产、礼器制作、祭祀神祇等国家经济命脉和政治命脉的人，巫是古代文化和古代文明传承者[32]。巫充斥着整个良渚古国的上层社会，巫主导着良渚古国的发展趋势和发展方向。

《说文·示部》：“礼，履也，所以事神以致福也。”《说文·玉部》：“灵，灵巫，以玉事神。”《大戴礼记·曾子天圆》：“阳之精气曰神，阴之精气曰灵。神灵者，品物之本也，而礼乐仁义之祖也。”[33]由此可见，良渚古国是一个祀天神、祭地祇的崇尚生殖崇拜的社会，是一个由巫制定礼乐、职官、建制、兵刑等典章制度的社会，是一个由医术和巫术统治的神权社会，是一个由灵巫掌控的、多元统治的神权社会。

原始宗教的形态决定了良渚文化的社会形态，尽管良渚社会有着复杂的社会分层和复杂的社会分工，有着“远古帝王”和不同等级的贵族，有着平民和战俘奴隶，有着先进的稻作农业和发达的治玉手工业，然而却处于社会形态相对滞后的医、巫不分的神权统治之下，良渚古国是一个充满着先进生产力与落后上层建筑的复杂而矛盾的综合社会，宗教信仰和宗教形态无疑制约着良渚社会文明化进程的发展与演进。

原始宗教在良渚古国巩固其产生的社会制度方面发挥着重要的作用，宗教形态无疑制约着良渚古国的社会形态和社会形态的发展，先进的生产力与落后的上层建筑可能也是制约良渚文化向华夏方国文明发展演进的最重要的原因之一。

（四）北上动因的考察

良渚文化北上的动因是多元的。

首先，可能是资源的枯竭。在良渚文化高速度持续发展之后，劳力资源和经济资源的枯竭导致了良渚文化在政治、经济、文化上无法持续性发展。而此时良渚文化周边的宁镇皖南地区和江淮地区仍是考古学文化的空白区，资源的枯竭直接影响到良渚贵族的恣意奢欲的生活，更直接威胁到祭祀神灵和埋葬用器所需的巨大耗费，严峻的事实最终导致良渚文化被迫离开赖以生存的太湖地区，转而寻求置换新的生存空间，于是发生了我国史前时期最大规模的民族集团大迁徙和我国史前时期最悲壮惨烈的争夺生存空间的战争。

寻求新的生存空间必然发生部族与部族乃至民族集团与民族集团之间的征服与抗争，涿鹿之战的真正原因是生存地理空间的置换与争夺，是民族集团与民族集团之间的征服与抗争。

其次，可能是海侵引起的洪水导致良渚文化的北上。

海洋学的研究表明，在距今4300年前后发生过一次由南向北的大海侵，海侵时的海面高出现代海面1～4米。海平面的上升引起海水倒灌，突如其来的高海面使得江、河、淮、济入海不畅，洪水泛滥。

五帝时代末期发生的水患洪灾和大禹治水给后世留下了深刻的记忆。《尚书·尧典》：“汤汤洪水方割，荡荡怀山襄陵，浩浩滔天。”[34]《尚书·皋陶谟》：“洪水滔天，浩浩怀山襄陵，下民昏垫。”[35]《归藏·启筮》：“滔滔洪水，无所止极。”《史记·五帝本纪》：“汤汤洪水滔天，浩浩怀山襄陵。”[36]《孟子·滕文公上》：“当尧之时，天下犹未平，洪水横流，泛滥于天下，草木畅茂，禽兽繁殖，五谷不登，禽兽逼人，兽蹄鸟迹之道交于中国。……禹疏九河，瀹济漯而注诸海，决汝汉、排淮泗而注之江，然后中国可得而食也。”[37]

华夏民族集团通过大禹治水这一浩大的工程和这一特殊的“亚细亚生产方式”，

即介于原始社会与奴隶制社会之间的一种特殊的社会形态和生产方式，健全和完善了社会组织的管理机构，从而形成雏形政府，强化了“王”在社会组织中至高无上的绝对领导地位[38]。

良渚文化在太湖地区的消失在公元前2300年前后，正值“滔滔洪水，无所止极”之时。由于良渚末期的大海侵是由南向北发生的，良渚古城北面的塘山大坝顿时失去抵御洪水的作用，良渚古城也无法抗拒这场突如其来的大洪水，为躲避洪水、免遭灭顶之灾，良渚文化唯一的选择是背井离乡，且其举族迁徙的最大可能是北上。

第三，“以中为尊”的观念也有可能促使了良渚文化的北上。

中原为华夏、东夷、苗蛮三大民族集团的交汇地，亦即中心地带，由于居天下之中，故称中国。早期中国的概念大致经历了“共识的中国”与“理想的中国”两个认识阶段[39]。

大约在五帝时期“以中为尊”的观念业已形成，《史记·五帝本纪》：“诸侯朝觐者不之丹朱而之舜，狱讼者不之丹朱而之舜，讴歌者不讴歌丹朱而讴歌舜，舜曰：‘天也。’夫而后之中国，践天子位焉，是为帝舜。”[40]《盐铁论·申韩》：“大河之始决于瓠子也，涓涓尔，及其卒，泛滥为中国害。”[41]

其后，由于夏、商、周的践行，中国与四方、中国与四夷的“以中为尊”的观念更加深入人心。《诗·大雅·民劳》：“惠此中国，以绥四方。”[42]《礼记·曲礼下》：“天子祭天地，祭四方。”[43]《尚书·大禹谟》：“无怠无荒，四夷来王。”[44]《孟子·梁惠王上》：“欲辟土地，朝秦楚，莅中国而抚四夷也。”[45]

由于良渚古国远离“中国”，因而其渴求居中的愿望或许比邻近“中国”的其他部族更加炽热和强烈，“以中为尊”观念也有可能导致良渚文化的举族迁徙和逐鹿中原。

“以中为尊”的观念虽有可能成为良渚文化北上的动因，但此说似乎得不到考古学和古史传说的证明，因此“以中为尊”观念导致良渚文化北上，成为良渚文化北上的契机，目前还难以成立。

此外，良渚文化的北上可能是根据神的意志。

良渚文化的北上是根据神的意志和遵从神的旨意，似乎是一个不能成立的伪命题，因为谁也不知道神的旨意是什么，掌控良渚古国的灵巫——“远古帝王”传达过神的什么旨意。

但是，大量充斥在良渚古国上层社会的集军事首领与宗教首领于一身的灵巫的存在是客观事实，灵巫可“绝地天通”以传达神的旨意，灵巫可以决定良渚古国的命运。在良渚社会中，神是至高无上的，如此大规模的举族迁徙，或许只有神方能在良渚社会中有如此强大的凝聚力和号召力。

良渚文化北上的原因虽然有可能是由灵巫传达神的意志和旨意，但此说根本无法验证，因而聊备一说。

尽管良渚文化最终北上是不争的史实，但良渚文化北上的动因或许是一个永远无法解开的谜。

（五）国家形态的考察

良渚文化的发达程度令人惊讶，一系列重要的考古发现表明了良渚文化内部结构的复杂性和多元性。

良渚古国无疑是五帝时代文化最先进、最发达的国家，苏秉琦先生认为良渚文化是“已具有方国规模”的国家，因此良渚古国应为古国时代与方国时代之交的最完备的古国，或已略具方国特征的雏形方国。

古国是高于部落之上的、稳定的、独立的政治实体，古国与方国之间应有逻辑的、历史的、发展的关系。良渚文化介于古国与方国之间，那么良渚文化的国家形态究竟是古国还是方国？良渚文化所表现的核心文化特征究竟是古国文化还是方国文化？

国家体制是国家本质的表现，国家是出现私有制并形成阶级后阶级矛盾不可调和的产物，国家的基本要素有领土、民族、历史、文化、宗教等，政府、军队、警察、监狱、法庭等则构成国家的基本政治体系和基本政治组织，但古国与方国最基本的区别应是血缘关系与地缘关系的差异，即古国时代的国家政体是以血缘关系为纽带，而方国时代国家政体的血缘关系已被地缘关系所取代。

据《尚书·尧典》《史记·五帝本纪》《大戴礼记·五帝德》的记载，先后入主中原的五帝并非都是有血缘关系的族群首领，五帝时代参政议政的放齐、讙兜、弃、契、皋陶、垂、益、伯夷和治理四方十二州的四岳十二牧也多为具有地缘关系的族群首领。

古国时代的中原地区，阶层分化已在一定程度上突破了血缘关系的羁束，出现了地缘关系的因素，以地缘共同体组成了文化的共同体，率先从古国时代过渡到方国时代，并逐渐形成以权力为主要统治手段的一元统治的王权社会，即华夏国家——夏王朝。而“蚩尤兄弟八十一人”所反映的是，可能在良渚文化内部仍未摆脱血缘关系的羁束，以良渚古城为中心的良渚遗址群形成良渚文化的中心，而外围的新地里、仙坛庙、福泉山、吴家场、赵陵山、草鞋山、张陵山、邱承墩、高城墩、寺墩等高等级遗址形成良渚文化的次中心，因而这一现象既反映了良渚社会分层的复杂化，也反映了这些高等级遗址的首领皆有可能为“蚩尤兄弟八十一人”中的一员，良渚文化的核心文化特征是以血缘共同体组成的文化共同体，因此良渚社会可能是一个以血缘关系为纽带的、以信仰为主要统治手段的多元统治的神权社会，良渚文化始终未能由以血缘共同体组成的文化共同体过渡到以地缘共同体组成的文化共同体。

国家权力是各种力量关系的集合，国家权力的核心是对社会的控制力。而良渚古国可能实行的是以血缘关系为纽带的原始民主制。原始民主制是古国时代之前原始社会氏族或部族内部的共同事务的管理体制，但未必是一种国家形态或国家模式，以血缘关系为纽带的原始民主制表明良渚古国国家形态的发展滞后于华夏民族集团。

血缘关系的羁束制约了良渚文化社会形态向更高阶段的发展，也制约了良渚文化社会关系的调整、整合与统一。

良渚古国是一个充满着先进生产力与落后上层建筑的复杂而矛盾的综合社会，先进的文化、高度发达的文化现象与滞后的政体形态也反映了复杂而矛盾的良渚社会，先进的生产力与落后的上层建筑之间的相互矛盾，可能成为良渚古国从繁荣与昌盛走向衰亡与消逝的政治基因。

三、良渚文化——古国时代的千古绝唱

良渚文化是古国时代的千古绝唱。

良渚文化是以玉琮、璧为代表的高度发达的礼制社会，玉琮、璧贯穿于良渚文化始终。

进入方国时代的夏、商、周三代文明中，基本不见以玉琮、璧为代表的良渚文明，标志着良渚礼制的突然中断与终结，随之消失的还有与玉琮、璧伴生的高大的祭祀建筑。

除了以玉琮、璧为代表的良渚礼制外，良渚文化不同类型的文明因素在夏文化和夏代文明中似乎也微乎其微，表明良渚文明是“倏而来兮忽而逝”的古国文明，良渚文化和良渚文明随着华夏方国文明的诞生已成为古国时代的绝唱。

尽管如此，良渚古国在华夏文明进程中所发挥的巨大作用与做出的巨大贡献是不容忽视的，以良渚古城为中心的规模宏大的良渚遗址群和高度发达的良渚文化，代表了中华5000年文明史中最成熟的史前文明发展阶段和史前文明的发展高峰，良渚文化与良渚文明成为古国时代文明社会的重要里程碑。

良渚文化的社会形态为古国时代的高级阶段。古国时代的国家文明与方国时代的国家文明有着本质上的差异，尽管良渚文化已具备雏形方国社会形态的一定的基本要素。

良渚文化对方国时代的华夏文明的影响是极其深远的，虽然方国时代的华夏国家文明并未继承良渚文化的国家体制和宗教体系，但良渚文化为华夏国家文明做出的巨大贡献是难以抹杀的，良渚文化在华夏国家文明中留下的深刻记忆也是无法抹去的。

良渚文化玉器中的琮、璧、钺，陶器中的鼎、豆、壶，纹饰中的饕餮、云雷等母题，以及漆器、丝绸等诸多文明因素，都为后来中国的主体文化即夏商周文化所继承和发扬，成为中国古代文明的有机构成部分[46]。

太湖周边地区考古学文化的毁灭铸就了良渚文化的辉煌，而良渚文化的毁灭催生了华夏国家文明并铸就了华夏国家文明的辉煌。

良渚文化和良渚文明是一颗划破黑暗星空并放射耀眼光芒的流星，良渚文化和良渚文明在社会发展的滚滚洪流中得到升华，良渚文化和良渚文明在社会变革的熊熊烈火中得到涅槃，良渚文化和良渚文明在华夏国家文明多元一体的历史进程中得到重生。

注 释

[1] （唐）元稹：《会真诗三十韵》，《元微之诗集》（线装本），广陵书社，2013年。

[2] A. 浙江省文物考古研究所：《杭州市余杭区良渚古城遗址2006—2007年的发掘》，《考古》2008年第7期。

B. 刘斌、王宁远：《2006—2013年良渚古城考古的主要收获》，《东南文化》2014年第2期。

C. 刘斌、王宁远、陈明辉：《良渚古城——新发现与探索》，《权力与信仰——良渚遗址群考古特展》，文物出版社，2015年。

[3] 良渚文化虽与龙山文化的年代有前后之分，但大体上仍可归属龙山时代。严文明：《龙山文化和龙山时代》，《文物》1981年第6期。

[4] 苏秉琦：《中国文明起源新探》，《苏秉琦文集》（三），文物出版社，2009年。

[5] 苏秉琦：《良渚文化的历史地位——纪念良渚遗址发现六十周年》，《苏秉琦文集》（三），文物出版社，2009年。

[6] 《周礼·地官·鼓人》：“以雷鼓鼓神祀，以灵鼓鼓社祭，以路鼓鼓鬼享，以鼖鼓鼓军事，以鼛鼓鼓役事，以晋鼓鼓金奏。”郑玄注：“神祀，祀天神也。”贾公彦疏：“天神称祀，地祇称祭，宗庙称享。”孙诒让：《周礼正义》，中华书局，1987年，第899、900页。

[7] 《楚辞·九歌·少司命》，《楚辞补注》，中华书局，1983年，第72页。

[8] 南京北阴阳营、芜湖月堰、潜山薛家岗、黄梅塞墩、武穴鼓墩发现的崧泽文化遗存，表明崧泽文化的西进已从宁镇皖南西抵长江中游；海安青墩、高邮龙虬庄、新沂小徐庄发现的崧泽文化遗存，表明崧泽文化的北扩已从江淮东部北达黄淮南部。

[9] 赵辉：《良渚文化的若干特殊性——论一处中国史前文明的衰落原因》，《良渚文化研究——纪念良渚文化发现六十周年国际学术讨论会文集》，科学出版社，1999年。

[10] 严文明：《良渚文化研究的新阶段》，《史前考古论集》，科学出版社，1998年。

[11] 李伯谦：《崧泽文化大型墓葬的启示》，《历史研究》2010年第6期。

[12] A. 南京博物院等：《江苏阜宁陆庄遗址》，《东方文明之光：良渚文化发现60周年纪念文集》，海南国际新闻出版中心，1996年。

B. 南京博物院：《江苏兴化、东台市蒋庄遗址良渚文化遗存》，《考古》2016年第7期。

C. 南京博物院：《花厅——新石器时代墓地发掘报告》，文物出版社，2003年。

D. 严文明：《碰撞与征服——花厅墓地埋葬情况的思考》，《文物天地》1990年第6期。

[13] 栾丰实：《良渚文化的北渐》，《中原文物》1996年第3期。

[14] 《史记·五帝本纪》，中华书局，1982年，第3页。

[15] 《尚书·吕刑》，《尚书译注》，四川人民出版社，1982年。

[16] 参见《山海经·大荒北经》“黄帝……遂杀蚩尤”袁珂注。袁珂：《山海经校注》，上海古籍出版社，1980年。

[17] 参见《山海经·大荒北经》“黄帝……遂杀蚩尤”袁珂注。袁珂：《山海经校注》，上海古籍出版社，1980年。

[18] 《史记正义》，《史记·五帝本纪》，中华书局，1982年。

[19] 《山海经·大荒北经》，《山海经校注》，上海古籍出版社，1980年。

[20] A.《逸周书·尝麦解》，《史记汉书诸表订补十种·人表考》，中华书局，1982年。

B. 徐旭生：《中国古史的传说时代》（东夷集团），文物出版社，1985年。

[21] 《盐铁论·结和》，《盐铁论注译》，安徽大学出版社，2012年。

[22] 徐旭生：《中国古史的传说时代》（增订本），文物出版社，1985年。

[23] 栾丰实：《太昊和少昊传说的考古学研究》，《中国史研究》2000年第2期。

[24] 张敏：《华夏文明起源的假说》，《东南文化》1990年第4期。

[25] 张敏：《简论考古学的“区系类型”与“文化系统”》，《南方文物》2012年第2期。

[26] 张敏：《红山与良渚——玉器形态与原始宗教形态相互关系的再思考》，《玉魂国魄——中国古代玉器与传统文化学术讨论会文集》（四），浙江古籍出版社，2010年。

[27] 《山海经·海内经》，《山海经校注》，上海古籍出版社，1980年。

[28] 《史记·夏本纪》，中华书局，1982年。

[29] 中国社会科学院考古研究所、河南省文物考古研究所：《灵宝西坡墓地》，文物出版社，2010年。

[30] 张忠培：《良渚文化墓地与其表述的文明社会》，《考古学报》2012年第4期。

[31] 赵辉：《良渚文化的若干特殊性——论一处中国史前文明的衰落原因》，《良渚文化研究——纪念良渚文化发现六十周年国际学术讨论会文集》，科学出版社，1999年。

[32] 吴汝祚：《中华古代文明与巫》，《古代文明研究》，文物出版社，2005年。

[33] 《大戴礼记·曾子天圆》，《大戴礼记解诂》，中华书局，1983年。

[34] 《尚书·尧典》，《尚书译注》，四川人民出版社，1982年。

[35] 《尚书·皋陶谟》，《尚书译注》，四川人民出版社，1982年。

[36] 《史记·五帝本纪》，中华书局，1982年，第20页。

[37] 《孟子·滕文公上》，《孟子译注》，中华书局，1981年。

[38] 强化“王”在社会组织中至高无上的绝对领导地位的记载甚多。如《国语·鲁语下》：“昔禹致群神于会稽之山，防风氏后至，禹杀而戮之。”《史记·夏本纪》：“天讨有罪，五刑五用哉。……皋陶于是敬禹之德，令民皆则禹。不如言，刑从之。”

[39] 苏秉琦：《中国文明起源新探》，《苏秉琦文集》（三），文物出版社，2009年。

[40] 《史记·五帝本纪》，中华书局，1982年，第31页。

[41] 《盐铁论·申韩》，《盐铁论注译》，安徽大学出版社，2012年。

[42] 《诗·大雅·民劳》，《诗经今注》，上海古籍出版社，1980年。

[43] 《礼记·曲礼下》，《十三经注疏》，中华书局，1980年。

[44] 《尚书·大禹谟》，《尚书今古文注疏》，中华书局，1986年。

[45] 《孟子·梁惠王上》，《孟子译注》，中华书局，1981年。

[46] 严文明：《良渚文化与中国文明的起源》，《中华文明的始原》，文物出版社，2011年。

Come and Disappear Suddenly

—The Long-lost Liangzhu Culture and Ancient Civilization

Zhang Min

(Nanjing Museum)

Abstract: Liangzhu culture is the most advanced archaeological culture in Longshan era, while Liangzhu civilization is the most glorious ancient civilization in the ancient times. The depletion of resources, the floods or the war all may lead to the demise of Liangzhu culture on the eve of ancient national civilization, Liangzhu culture is a theocracy society ruled by the wizards. And it is also a contradictory complex consisting of the advanced productive force and backward superstructure. The lagging of social form may be one of the most important reasons restricting the development of Liangzhu culture to the state civilization. Liangzhu culture has thus become a special case in the process of civilization in China.

Keywords: Liangzhu Culture; Causes of Extinction; Investigation

中国南方地区多角罐的起源与嬗变

张　涛

（湖南省文物考古研究所）

［摘　要］　中国南方地区的多角罐肇始于唐末五代时期的浙江地区，其形制受佛塔的影响，与北方地区的塔式罐有一定的渊源，在较短的时间内，迅速向福建、湖南蔓延。随着社会结构的稳定，社会伦理价值体系的变化，以及儒、佛、道三教合一的影响，多角罐的附加堆塑也随之发生变化，各种宗教信仰也在多角罐的堆塑上得到具体的体现。随着佛教支系分化后信徒的传播，多角罐进一步蔓延到广东、广西及贵州地区。明朝时期，在云南东部地区结束。

［关键词］　多角罐；起源；嬗变

关于多角罐的起源，黄义军女士认为：多角坛不见于南方中唐以前墓葬，又与中原风格的随葬品同出，意味着它可能是随着晚唐时期的北人南迁流传到南方的一类丧葬用品。同时，她进一步认为："浙西南瓯江上游北宋晚期的多管瓶，可视为多角坛的一种演化形式。"[1]也有学者认为"后世的多角瓶、五管瓶等，无不脱胎于吴晋青瓷谷仓罐"[2]。徐吉军等学者认为"源于古代为亡魂准备食物和设依神之物的古老葬俗，是人们以谷祭魂、引魂、安魂思想的反映……魂瓶以五谷命名，取谷穗为形"，并举例说明"1963年江西永新北宋刘沆墓出土的大型多角瓷瓶，整体造型很像一串麦穗"[3]。

本文根据多角罐的起源时间、出土地点、器型特点、堆塑形式等研究，结合当时的社会生活、宗教意识形态，对多角罐的起源与嬗变过程进行探讨。

一、多角罐的起源

（一）源于佛塔

多角罐从目前各地发表的材料来看，时代最早的见于浙江婺州出土的唐末时期的覆钵式塔形多角罐[4]和湖南长沙近郊墓葬（长·魏M4）出土的五代时期的四脊攒尖顶式多角罐[5]。起源之始，器身皆规整，呈塔形，盖多为塔刹状，只有五层之分，角呈四纵列排列，器身上小下大，各角多内空，也有实心状者，平底。

佛教传入中国之初，只有经、像，以后才逐渐出现佛寺。佛寺传入中国最早见于记载的是东汉永平十年（67年）的洛阳白马寺，系官署鸿胪寺改建而成[6]。此时，建造佛塔瘗埋佛舍利的规制也随之传入中国，在早期佛塔与丧葬关系的问题上，较为清楚地表现出现在涅经类佛典中阿难与佛有关丧葬的回答中，《游行经》大正1.20上中载："阿难……白佛言，'佛灭度后葬法云何？'佛告阿难，'汝且默然，思汝所业，诸清信士自乐为之。'……'而阇维之，讫收舍利，于四衢道起立塔庙，表刹悬缯，使诸行人皆见佛塔，思慕如来法王道化，生获福利，死得上天。'"日本学者山田明尔认为"在家信者对于死后的强烈关心，转为此后支持佛教基盘的佛塔崇拜、佛舍利崇拜表现，在佛像出现后更把佛塔、佛舍利、佛像混同在一起崇拜"[7]。另外，《后汉书》也记载有："后桓帝好神，数祀浮图、老子，百姓稍有奉者，后遂转盛。"[8]

"塔"的概念和形制，源于印度的窣堵波，又称"塔波"，是梵语Stūpa（P. Thūpa）省略的音译，意义是"高显"或"坟"。塔一般是为藏置佛的舍利和遗物而建造的，也有不藏舍利而作为标志纪念之用的。塔是由台座、覆钵、宝匣和相轮四部分所构成的实心建筑物。每座塔上都装有一个顶子，形式多样，称为塔刹。塔刹是全塔最高的部分，冠表全塔，因而用"刹"字。它的意思是土田，代表一个佛所掌握的一处国土，也称为佛国。塔刹是用来收结顶盖的，人们赋予它许多象征意义，同时它又代表以下各项事物：刹杆、相轮、圆光、仰月、宝盖、宝瓶、宝珠[9]（图一）。关于塔的层数，当有讲究，但各种佛经说法却不统一。白化文先生认为：一般来说，层数最多的是十三层，象征释尊涅槃后藏舍利的七宝塔，以下则大约是菩萨七层，缘觉六层，罗汉五层，"不还果"果位者三层，"一来果"两层，"预流果"一层。十三层以下七层以上的，大约都是成佛果者的象征。当然，这些数字非出自一经，其中有不少矛盾[10]。对于大多数人而言，能达到五层塔的标准便算是功德圆满了，因此，多角罐起始之初很可能应以五层为标准。

唐宋时期中国南方地区出现的佛塔，并不与古印度佛教中流行的覆钵形貌相同。各地的僧徒、塔匠因地因技制宜，对其原型进行发挥创造，与中国传统的楼阁式建筑相结合，从而形成形式多样的中国式塔。在塔基中瘗埋佛舍利的容器和瘗埋规制，也随之不断变化，具有与古印度佛教不同的中国特色[11]。中国的塔虽然仍藏舍利，但塔的功能、结构和形式已有变化，塔内不但供奉佛像，还可供登临远眺。五代以后，随着佛教信仰日益世俗化，舍利塔的修建和舍利容器的制作也突破了原有规制，呈现出多样化的趋势[12]（图二）。

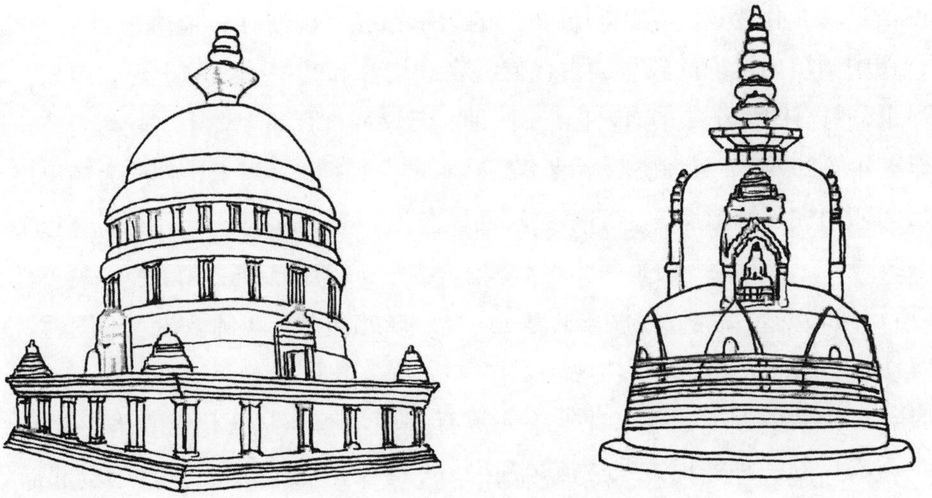

图一　古代南亚次大陆的塔

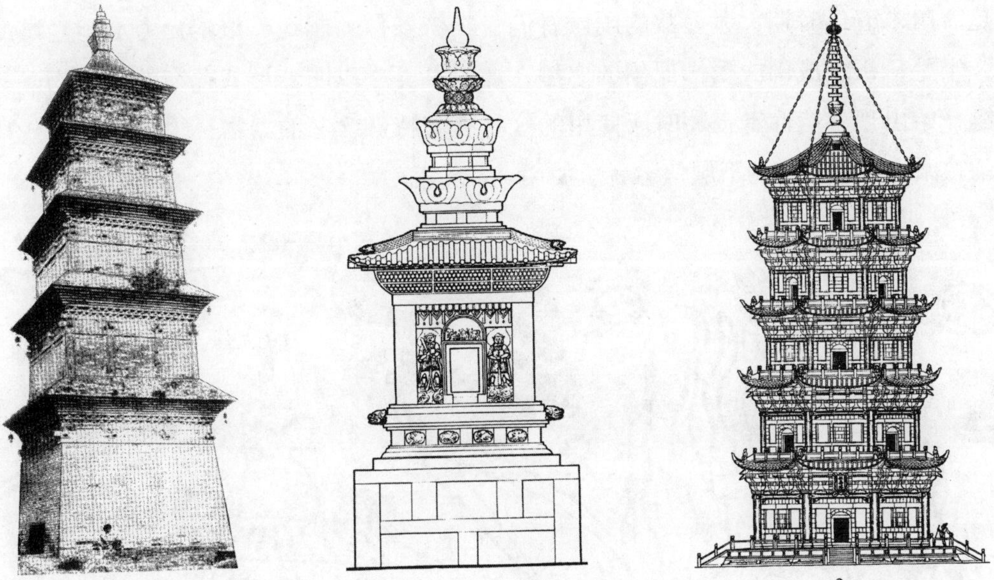

1　2　3

图二　中国的塔

1. 西安兴教寺玄奘法师墓塔　2. 平顺海会院明慧大师塔　3. 泉州开元寺仁寿塔

佛教在传播过程中，对陶瓷业的发展产生了一定的影响。诸多材料中，最早有明确纪年的是藏于北京故宫博物院的永安三年（260年）魂瓶。对于魂瓶的起源，学者们仁者见仁，智者见智，各有说辞，何惠鉴先生认为在长江下游地区出土随葬魂瓶的吴与西晋时期的墓葬，可能属于流亡之中死于北方的那批人，很可能是他们的具有招魂葬观念的后人所建[13]。巫鸿先生认为伴有魂瓶出土的墓葬，其墓主属于某些特定佛教门派的信奉者，作为这种“民间佛教”的展示途径，魂瓶在吴地应运而生[14]。迄今为止，在中国境内发现的较早的古代佛教舍利塔基和其中瘗埋的佛舍利容器，经考古发掘出土，具有明确纪年的有2件。一件是江苏仪征市胥浦乡九十三号西晋墓出土的西晋元康七年（297年）灰陶质窣堵波，高34厘米，腹径21.6厘米，外形为四重塔式，顶部一层为四角尖顶圆形屋，上部第二层四面各设一龛，龛内各有一像端坐且旁立一侍者；罐腹圆鼓，正面设一门，两侧为双阙，沿罐一周塑持节俑六尊[15]。另一件是公元481年所建河北定县北魏五级浮图的基址[16]。以此即可证明佛教传入中国后，在丧葬用的陶瓷器上也很快地得到了体现。

唐时，在僧俗人中，除火葬外，还流行一种塔葬，与火化后立塔不同，塔葬是“全身入塔”的一种葬埋方式。流风所及，一些信奉佛教的官僚贵族也起而效法塔葬，这种埋葬方式在当时社会上已相当普及[17]（图三、图四）。但是，并非所有在自己生命即将走向尽头而希望能火化后立塔或“全身入塔”葬埋的人都能使其愿望得到满足。唐末五代时期，大多数的虔诚者们受经济条件的制约，根本无力承担立塔的资费，于是，祈求成佛或受佛保佑的愿望，通过墓葬中以明器形式存在的塔状物——多角罐开始出现，信仰者丧葬时所使用的这种有着特殊含义的器物，很可能是某些特定佛门教派中较为贫穷的下层信奉者所使用。

图三　敦煌壁画中拜塔的场面

［见吴玉贵：《中国风俗通史》（隋唐五代卷），上海文艺出版社，2001年］

图四 敦煌唐代壁画中佛教信徒诵经拜塔场面

［见吴玉贵：《中国风俗通史》（隋唐五代卷），上海文艺出版社，2001年］

（二）受北方塔式罐的影响

初唐至晚唐时期，中国北方地区流行一种塔形罐，在豫西、关中、河北、晋北等地唐墓中常见，一般由盖、罐、座三部分组成，数量众多、特点鲜明、变化有序，是北方唐墓随葬品中的重要器形。器表的装饰如佛像、力士、瑞鸟、兽首、莲瓣等多与佛教有关。从造型上来看，塔形罐有着呈塔刹状的罐盖、圆形的罐腹及象征佛塔须弥座的底座。塔形罐一般形制高大，多数高0.5米左右，有的甚至高达1.85米，是一种接近于佛教建筑窣堵波形状的明器，明显带有佛教文化色彩，具有典型佛教风格。唐后期，塔形罐趋向简朴、衰败并逐渐消失[18]。从考古资料来看，南方唐墓中尚未见塔形罐出土。

唐初由于统治阶级崇佛，佛教一度盛行，僧人宣扬人生苦海、生死轮回，促使芸芸众生皈依佛门，佛教寺院曾辉煌一时。加之广大百姓社会地位与生活水平的低下，极易受佛教信念的影响，崇尚“佛国净土”，沉醉于念经坐禅、建塔造像的功德活动，将理想寄托于来世“报应”之中。受此影响，丧葬习俗夹入大量与佛教相关的思想，使得墓葬中随葬品等发生变化，符合情理。至于塔形罐的起源问题，由于未在本文讨论范围之中，则略而不谈。只是塔形罐此时应运而生并贯穿于整个唐朝，当属事实。

然而，也正由于佛教势力的扩张，各寺院广占田地，不输课税，僧侣免除赋役，造成“十分天下之财，而佛有七八”[19]的恶果。唐代后期，寺院地主和世俗地主矛盾总爆发，唐武宗灭佛时，扫荡了全国大部分地区，“武宗即位，废浮图法，天下毁寺四千六百、招提兰若四万，籍僧尼为民二十六万五千人，奴婢十五万人，田数千万顷，大秦穆护、祆二千余人”[20]。到了五代时期，旧伤未愈的佛教，又遭遇周世宗的灭佛行动，佛教遭受沉重的打击，损伤严重：僧尼还俗，寺院奴婢释放，寺产没收，寺庙拆除。佛教地位一落千丈，即使到了北宋，北方佛教也没有多大程度的恢复，人们的思想观念发生变化，丧葬用的塔形罐逐渐退出北方的历史舞台，也在情理之中。

北方地区佛教发展时期，早期的佛教文化也开始在南方地区渗透，日本学者木田知生先生研究后认为，早期江浙地区从东汉至孙吴时期有据可考的佛寺有68处[21]。到了隋唐时期，南方佛教已相当繁盛。因唐后期的藩镇割据，政府的灭佛行动并未对南方地区造成大的影响，北方灭佛行动与社会环境的恶化，使得一部分僧尼和信士开始流入南方地区。

纵观考古资料与出土器物，多角罐在唐末至五代时期几乎忽然出现在南方的浙江、福建、湖南地区，且来势迅猛，兴盛于北宋前期至南宋中期，南宋后期开始逐渐淡出历史。从器物类型学的角度分析，此前并没有类似承袭关系的器物。但其与北方地区流行于初唐、中唐时期的墓葬中并消亡于唐后期的塔形罐具有时间上的衔接性，即北方地区的随葬器物塔形罐消亡时，南方地区紧接着出现新的随葬器形——多角罐，二者之间很可能存在一定的因果关系。

从器型上看，塔形罐盖纽模拟相轮或宝珠、宝瓶，相当于塔刹；罐腹为圆形，相当于塔身；底座模拟佛塔的须弥座。多角罐初期盖呈塔刹形，同样模拟相轮或宝珠、宝瓶等，罐腹似塔身，罐腹至肩部有五排四列的尖状角，似塔的檐角，但底座已趋简化。多角罐的大小也较塔式罐变得矮小许多。

受佛教文化地域性变迁的影响，南方的佛教在唐后期得以有比较自由的发展，狂热的信仰多较活跃，精神上保持一定程度的独立和自由心态，进入高深境界，不像北方佛教那样谨小慎微，汲汲于日常言行，苦修以求摆脱烦恼[22]。晚唐以来，中国北方战事频繁，天灾人祸交错，人们遭受的苦难和经济遭受的破坏程度巨大。这一时期，长江以南的南方局势相对稳定，战事较少，经济持续发展，湖广越闽得到进一步开发，北方难民为了躲避战火而大量南移，其中也不乏一定数量的为追求较为活跃、自由的南方佛教的虔诚僧尼和信徒。

唐武宗灭佛后，北方佛教渐趋衰落，塔形罐逐渐向远离中心地区的边远地区如内蒙古、甘肃地区发展，并与当地文化融合，风格与中原的迥异，宋初在甘肃等地区有零星发现，并逐渐走向消亡[23]。与此同时，随着部分北方僧尼、信徒的南迁，很可能与塔形罐有关的葬制的佛崇拜因素也被带到了南方地区，受南方浓厚的文化气氛、开科取士、聚儒释论道与重视农业生产、水利建设的影响，唐末五代，塔形罐的葬制崇拜因素在南方地区得以发展演变成具有南方风格的多角罐。

（三）由厚葬向薄葬转化的结果

秦汉以来，在殡葬礼仪的产生、发展和演绎过程中，慎终追远是儒家在丧葬问题上的基本主张，依此为据而兴起厚葬之风，虽有识之士等力矫时俗，但无济于事。魏晋时期厚葬之风大为减弱，薄葬之风的兴起给人耳目一新的感觉。唐朝时期墓葬的明器制度逐步走向完善与定型，并以法律的形式将等级鲜明的明器制度加以确立，成为后来随葬明器的范式，如唐代开元二十年颁布的《大唐开元礼》载："三品以上，明器九十事""五品以上，明器六十事""九品以上，明器四十事""以上明器并用瓦木为之，四神不得超过一尺，其余偶人不得超过七寸"[24]。这也是薄葬之风的进一步发展。

到了唐末五代时期，由于社会动荡，经济失衡，人们无力筹措较大的丧葬费用，薄葬已成总的趋势，贫下之家，送终之具唯务从简。纵观各地出土多角罐的墓葬，随葬器物趋少，仅为多角罐、1至2件陶罐、几枚铜钱而已，有的或有1面铜镜出土，仅湖南耒阳M60[25]、江西永新刘沆墓[26]等极少数墓出土1至2件简单的金耳环和银簪等，薄葬之风，由此可见一斑。

受薄葬因素的影响，以塔入葬的形式在萌芽状态时便不是以真实模型出现，而是将各层塔檐直接转变成角的形式排列，这样可以大大节约制作成本，使其成为规整、简单、适用、附有寓意的呈四纵排列的五层四角攒尖佛塔。这种将复杂烦琐的丧葬之器简化，或一器多用，自然成为丧葬方式的一条捷径（图五）。

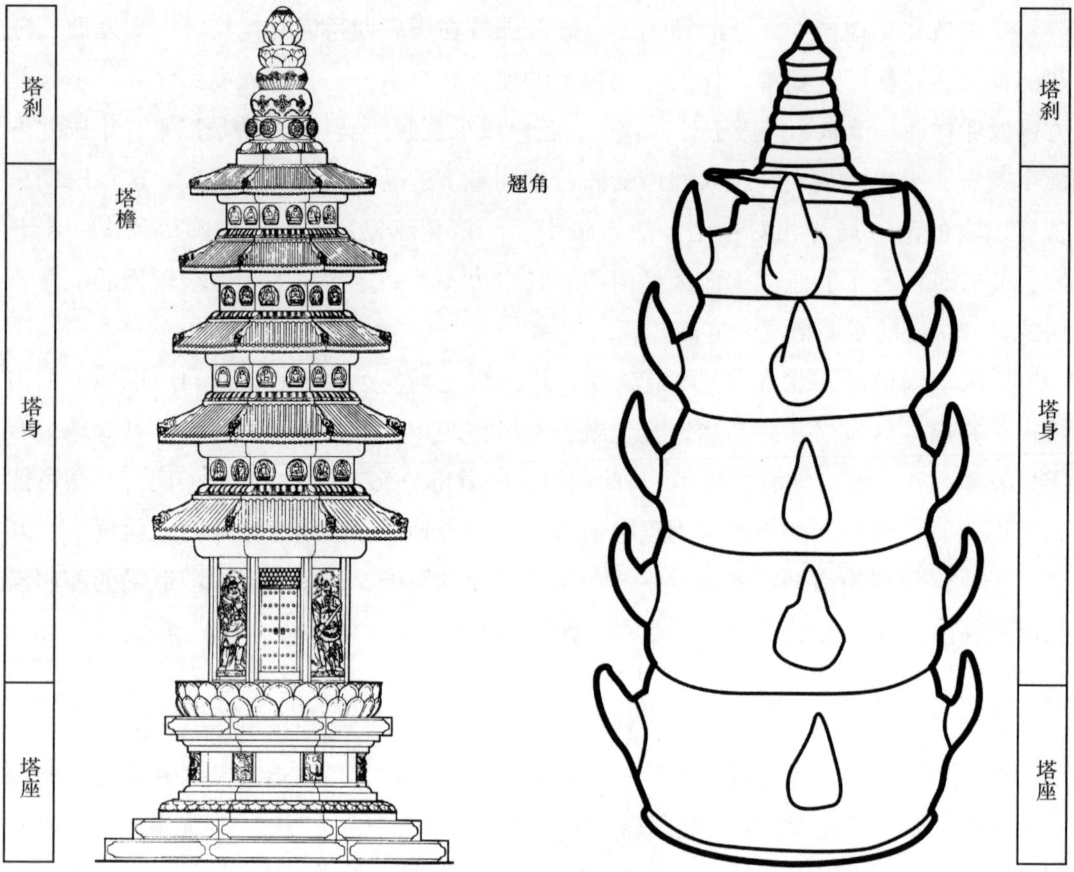

图五　佛塔与多角罐比较

二、多角罐的嬗变

多角罐经过晚唐至北宋前期有规制的发展，越来越多地被社会接受，但随着社会结构的稳定和社会伦理价值体系的变化，多角罐的佛塔观念逐渐淡化，多角罐中角的位置、塔式盖、器型等开始变化，各种宗教信仰在多角罐的堆塑上得到具体的体现。究其原因，主要是儒、佛、道三教合一的影响，佛塔功能进一步弱化的结果。

唐至五代时期，社会结构发生了深刻的变革，以血缘身份为基础的门阀士族退出社会生活领域，伴随着门阀士族的消亡，他们那一套社会伦理价值体系随之失效，社会转型中缺乏道德维系导致的社会失范是当时一个严重的问题[27]，各种教派等为顺应时代的要求，对自身的教理教义都试着作出新的阐释。此时，儒教、佛教、道教和众多鬼神都成了人们信仰的对象，民众在社会生产和生活中，多以自己特有的态度和相适应的方式创造出各种不同的神灵，并赋予其以不同的神性，来护佑自己的生产和生活，来乞求神灵消灾祛病、赐福避祸，从帝王公卿到庶民奴婢，都沉浸在虔诚的不同的宗教信仰中。

两宋时期，宋太祖在即位之初即一反后周世宗的政策，对佛教加以提倡和保护，使其彻底摆脱了“三武一宗”的灭佛厄运。随着佛教中国化程度进一步加深，道教也进一步世俗化，其丧葬礼俗出现了儒、佛、道三教合一的现象，且道教佛化趋向十分明显，大有超过儒家之势。火葬、风水及佛事等习俗，风靡一时[28]。人们往往在家中设有道室或佛堂，如宋初大臣李文正，“每晨起盥栉，坐于道室，焚香诵诗，每一诗日诵一遍，间或却诵道佛书”[29]。佛教由诵佛念经、祈祷、超度亡灵等神学迷信逐渐取代了对佛学理论的探讨研究，佛教进一步世俗化、中国化。道教也将祈福禳灾、驱鬼降妖、借助天之神灵而使其活动更加世俗化。信奉鬼神的世俗迷信也得到了空前的发展，烧纸钱超度等鬼神迷信几乎普及每一个家庭之中。在佛、道二教的影响、浸染下，民众的丧葬观形成一个新的完整体系。糅合了儒家慎终追远的孝道观、佛教的轮回因果报应观和民间道教的鬼神观的丧葬习俗，在社会上得到了充分的体现[30]。宋代以后，一些主要的佛教宗派的基本观点与儒家互相交融，本身也更加汉化。寺院和寺院中的塑像、画像也逐步形成定制，至此汉化佛教基本成熟和定型化，已经把原始佛教的一切改变得面目全非[31]。

与此同时，儒、佛、道三教因需适应时代的发展，从不同角度对教理教义作出新的阐释，中国南方地区形成各种宗教信仰互相影响、渗透的局面，即使在同一种宗教内也有多样的文化因素，在民间宗教信仰风俗中，这种多样性的特点体现得尤为突出。

因为南方地区儒、佛、道三教的并存，诸多人员的信仰观也各有不同，三教兼信的善男信女也不在少数，死后其墓中既包含具有儒教特点的陪葬物，也包括具有佛、道特点的陪葬物，如福建漳浦灶山一号墓中，既出土包括伏听俑、仪鱼俑、十二生肖在内的各类陶俑，也出土具有佛教特点的多角罐，并有表现出“张坚固”“李定度”和“急急如律令”等典型道教术语的买地券[32]。到了北宋一代，随着各教的发展与融合，在同一器物的多角罐上留下道教、儒教的印记进一步增多，正是儒、佛、道三教合一和更加世俗化需要的体现。这一时期，器型在晚唐的基础上发生变化，层数从规则向不规则转变，有三、四、五层之分，亭阁式盖更趋繁杂。到了北宋末期至南宋前期，器型变化更大，不仅有三、四、五层之分，而且角的形式各异，错角开始出现，盖的变化也趋多样，一改过去的繁缛，多为较简单的碗、钵等状。器腹上不仅有角，甚至出现天梯、扶桑树及攀爬、飞翔的兽、鸟等，具有明显的升入天堂之意。如湖南芷江出土的堆塑动物纹多角罐[33]，其器身除堆塑角外，龙、人物、鸟、兽等也附加堆塑于其间，鸟、兽作沿梯攀登状，人物欲靠拢梯子。其中鸟作为飞翔动物，一般无须借助阶梯进行攀登，这无疑证明了这种梯子并非进入谷仓的木梯，而是连通天上人间的“天梯”，表达了《游行经》中阿难与佛的对话，即“生获福利，死得上天”的信念。这里既有佛教的含义渗入其中，同时，道教的特点更占上风，充分体现了宋真宗和宋徽宗时期几乎成为国教的道教的兴盛。

南宋末期，角的形式进一步变小、收缩，角尖已不明显，趋于退化，器腹上和角状物之间出现较多的其他动物形象堆塑，器身最大径向肩部发展，器物功能重新向谷仓罐形式演变。进入元明时期，多角罐器身已无固定模式，盖矮小简单，角状物可分五层、四层、一层，各角尖已萎缩，此时已是多角坛的孑遗（图六）。

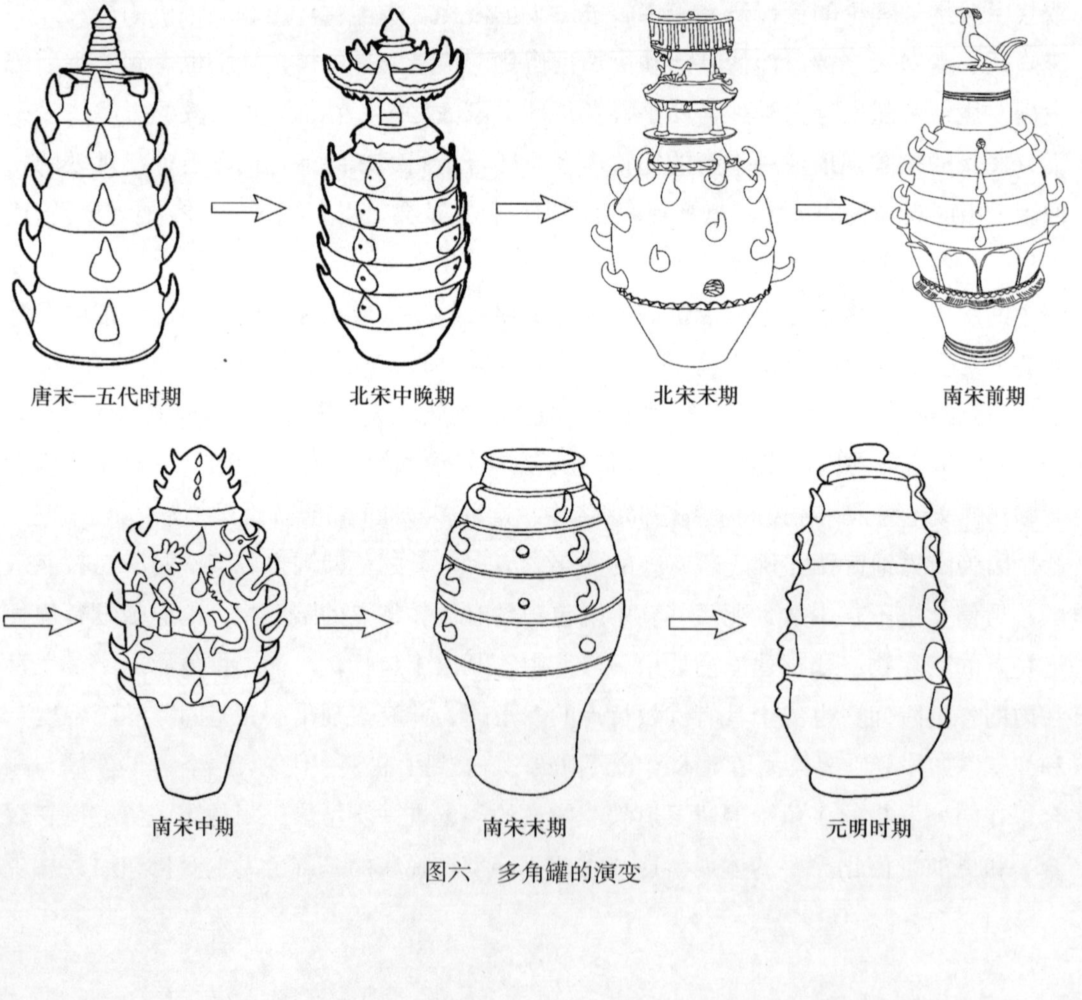

图六　多角罐的演变

三、结　语

中国南方地区的多角罐，很可能在唐末五代时期受佛教某种支系的影响，从浙江起源，且在很短的时间内，迅速向福建、湖南蔓延；随着佛教支系的进一步分化及该佛教支系分化后信徒的传播，到了北宋中期，由福建经广东、湖南向广西蔓延。北宋末期，受某种因素的影响，浙江地区的多角罐迅速消失，广东、广西开始互相影响，多角罐的丧葬风俗此时在这些区域更趋兴盛。南宋时期，湖南这一随葬现象向贵州延续，到了明朝时期，结束于云南东部地区。这是较为清晰的路线，而且这一路线与北方移民的南迁路线基本一致。

但令人奇怪的是，在江西地区发现的多角罐最早只相当于北宋中期，从地理位置上看，其处于浙江和湖南之间。如果浙江是独立的起源地，那么这一葬俗传到湖南时，当先经过江西，然而，从考古出土的器物来看并非如此，原因很可能有二。其一是文化习俗的问题，其时，江西地区基本处于一个以鄱阳湖为中心的统一文化区，其丧葬用器在形制上多表现为使用一种特点鲜明的长颈堆塑盘口瓶，新出现的使用多角罐的葬俗可能一时难以渗透其中，并非像湖南地区有着多元文化并存的格局。这一点，黄义军女士也有过相同的看法[34]。其二是受佛文化某个支系的影响，分布于浙江、福建、湖南三省以商人为主要传播媒介而传入的这种佛文化理念，同时并存，而非率先进入江西地区，只是到了北宋中后期，随着多元文化的冲击，这一丧葬习俗才少量地进入江西地区。

然而，浙江地区在率先起源并流传这一葬制后，并未一直延续下去，到了北宋晚期，便销声匿迹了。相反，广东、广西地区此时却开始得到发展，往西延续的迹象也趋明显，云南绥江石室墓出土的明代多角坛即是明证[35]。至于湖南与云南之间的贵州地区，至今尚未见提及出土多角罐的报道，也很可能是有发现却未报道而已。笔者曾在玉屏地区做过简短的调查，村民称原来曾出土这类器物。以上种种，是某种丧葬文化的南移还是信奉这一佛教支系的人口南移，当是值得思考的问题。

从以上的分析来看，多角罐的发展脉络、发展路线及其与各地的相互影响较为清晰，从纵向来看有承上启下的发展过程，从横向来看也有相互联系的过程，只是联系的过程并不占据重要位置。

总的来说，多角罐源于佛塔，受北方塔式罐的影响，是墓葬由厚葬向薄葬转化的结果，是简化了的佛塔。其角代表的是塔檐，器身即塔身。后期发展中，部分多角罐也兼具了谷仓的作用。多角罐分布在中国广大的南方地区，源于唐末，发展于两宋，于明代结束于西南地区，其在南方各地起源与消失的时间不尽相同。

佛教自东汉时期传入中国，其东渐不仅有北方路线，而且有西南之路和南方之路，经三国、两晋、南北朝、隋代的发展，至唐代已臻极盛。隋唐时期，佛教在中国有南北方宗教之分，北方以律宗为代表，南方以禅宗为代表，此时，佛教进入鼎盛时期，寺院经济得到高度发展。这个时期，佛教的理论由依附汉文的译经演变为独立的解释和演绎，因而建立起多种独立的体系。而且，适应中国情况的礼仪法规也基本完成，唐朝前期北方地区虔诚的信仰者将对佛塔的崇拜进一步演化到埋藏制度中，产生了塔式罐。

唐末五代，受灭佛的影响，一些与塔式罐埋藏制度相关的教派流入南方的江浙地区，这种地下的佛塔崇拜也相应地带至南方，并与南方禅宗分支后的其中一个分支的埋藏制度相融合，受南方中国式佛塔的影响，将塔式罐的覆钵形的器身演变为南方佛塔有檐的角状，将五层塔的檐角简化后直接表现在器身上，但早期仍保留了塔刹形状，从而形成多角罐，专供丧葬之用。

魂瓶尽管在较早时期即出现在墓葬的埋藏制度中，但与多角罐是截然不同的两条路线。从魂瓶的发展史和多角罐的造型、结构分析，二者都受佛教的影响。魂瓶自东汉开始便出现在我国的东南部地区，并逐渐向周边地区蔓延，而且魂瓶的出现要早于多角罐。到了宋中期以后，受三教合一和民间多神崇拜的影响，多角罐也曾受到魂瓶的影响，继承了魂瓶上附加堆塑的传统，在器身上出现了与魂瓶具有相同意义的人物、动物堆塑，将与儒、佛、道三教和民间神祇有关的崇拜直接以堆塑的形式表现在器身上，进一步淡化了多角罐以佛塔为主要功能的形式，从而推动了多角罐的嬗变。

注　释

［1］ 黄义军：《南方宋墓出土盘口瓶和多角坛的分区研究》，《考古与文物》2008年第4期。

［2］ 周玫：《六朝青瓷中的丧葬礼俗》，《东南文化》2003年第11期。

［3］ 徐吉军、方建新、方健等：《中国风俗通史》（宋代卷），上海文艺出版社，2001年。

［4］ 贡昌：《谈婺州窑》，《中国古代窑址调查发掘报告集》，文物出版社，1984年。

［5］ 周世荣：《湖南出土盘口瓶、罐形瓶和牛角坛的研究》，《考古》1987年第7期。

［6］ 《大清一统志》卷163《河南府二·寺观》，上海宝善斋石印本，清光绪二十七年。

［7］ 〔日〕山田明尔：《印度早期的佛教与丧葬》，《东南文化》1992年第3、4期。

［8］ （南朝·宋）范晔：《后汉书·西域传·天竺传》。

［9］ 莫振良：《佛家大百科：造像、法器》，大象出版社，2005年。

［10］ 白化文：《汉化佛教与佛寺》，北京出版社，2003年。

［11］ 杨泓：《中国古代和韩国古代的佛教舍利容器》，《考古》2009年第1期。

［12］ 杨泓：《中国古代和韩国古代的佛教舍利容器》，《考古》2009年第1期。

［13］ 罗宗真：《江苏宜兴晋墓发掘报告》，《考古学报》1957年第4期。

［14］ 〔美〕巫鸿著，郑岩等译：《礼仪中的美术——巫鸿中国古代美术史文稿》，生活·读书·新知三联书店，2005年。

［15］ 李正晓：《中国内地早期佛教造像研究》，中国社会科学院研究生院考古学与博物馆学博士学位论文，2003年，第31、122页。

［16］ 河北省文化局文物工作队：《河北定县出土北魏石函》，《考古》1966年第5期。

［17］ 吴玉贵：《中国风俗通史》（隋唐五代卷）第七章“丧葬风俗”，上海文艺出版社，2001年。

［18］ 杨丽萍：《唐代塔形罐研究》，山西大学考古与博物馆学硕士学位论文，2007年。

［19］ （后晋）刘昫、张昭远等：《旧唐书》卷16《武宗纪》，中华书局，1975年，第43页。

［20］ （宋）欧阳修、宋祁、范镇等：《新唐书·食货志二》。

［21］ 〔日〕木田知生：《江浙早期佛寺考——“早期佛教造像南传系统”研究》，《东南文化》1992年第1期。

［22］ 漆侠、李挺：《论宋代佛教地域分布》，《宋史研究论文集》，云南民族出版社，1997年。

［23］ 杨丽萍：《唐代塔形罐研究》，山西大学考古与博物馆学硕士学位论文，2007年。

［24］ （宋）王溥：《唐会要》卷三十八《葬》。

［25］ 周世荣：《湖南出土盘口瓶、罐形瓶和牛角坛的研究》，《考古》1987年第7期。

［26］ 江西省文物管理委员会：《江西永新北宋刘沆墓发掘报告》，《考古》1964年第11期。

［27］ 韦兵：《佛教世俗化与宋代职业伦理建构——以俄藏黑水域文献〈慈觉禅师劝化集〉为中心》，《学术月刊》2008年第9期。

［28］ 张亮采：《中国风俗史》，生活·读书·新知三联书店，1988年，第168页。

［29］ （宋）江少虞：《宋朝事实类苑》卷六《李文正》。

［30］ 徐吉军、方建新、方健等：《中国风俗通史》（宋代卷），上海文艺出版社，2001年。

［31］ 白化文：《汉化佛教与佛寺》，北京出版社，2003年。

［32］ 漳浦县博物馆：《漳浦唐五代墓》，《福建文博》2001年第1期。

［33］ 湖南省芷江县文物管理所馆藏。

［34］ 黄义军：《南方宋墓出土盘口瓶和多角坛的分区研究》，《考古与文物》2008年第4期。

［35］ 云南省文物考古研究所：《绥江豆腐湾石室墓群发掘》，《文物考古年报》，2007年。

On the Origin and Evolution of the Polygonal Jars in Southern China

Zhang Tao

(Hunan Provincial Institute of Cultural Relics and Archaeology)

Abstract: Polygonal jars in southern China began in Zhejiang area during late Tang and Five dynasties. Their shapes were affected by the stupa. They also had a certain origin with the northern-style tower jars. In a short period of time, they quickly spread to Fujian and Hunan. With the stability of social structure, the changes of social ethical value system and the influence of Confucianism, Buddhism, and Taoism, the additional decoration of the polygonal jars had also undergone changes. At the same time, various religious beliefs have also been reflected on polygonal jars. With the dissemination of the disciple after the differentiation of the Buddhist branch, the polygonal jars spreaded further to Guangdong, Guangxi, and Guizhou. It finally ended in the eastern part of Yunnan during Ming dynasty.

Keywords: Polygonal Jars; Origin; Evolution

科技考古

杉龙岗遗址出土陶片的分析研究

肖　亚

（湖南省文物考古研究所）

［摘　要］　为了对杉龙岗遗址出土陶器的制作工艺有较为全面的了解，本文利用数码显微镜和扫描电镜能谱仪对陶片断面显微结构和基本化学组成进行了分析，利用X射线荧光光谱仪对出土陶片、当地原生土、模拟试制陶器化学元素组成进行了分析，利用X射线衍射仪分析了陶片表面的红色陶衣及部分陶片的物相组成，并结合分子数量比法和痕量元素法，采用多元统计分析软件对分析结果进行了处理。结果表明：陶片为当地黏土烧制而成的可能性较大，陶片中磷含量明显偏高，制陶原料应为某种可塑性和烧制性能较好且含磷量较高的黏土。

［关键词］　杉龙岗遗址；陶片；制陶原料；化学成分分析

杉龙岗遗址位于湖南省常德市临澧县新安镇杉龙村，发现于2005年，发掘于2011年，遗址的主体堆积为新石器时代彭头山文化遗存。该遗址是为配合“中美合作澧阳平原稻作农业起源研究”项目的开展而进行发掘的，发掘过程中不但出土了炭化稻谷，还出土了大量的陶片和石器。

为了对杉龙岗遗址出土的陶器的制作工艺及发展过程有较为全面的了解，本文对杉龙岗遗址出土的部分陶片显微结构、化学元素组成、物相组成等进行了初步分析。

一、实验方案

（一）样品的选取

本次测试的17片陶片选自湖南省杉龙岗遗址，分别出自T2B3④、T2C4④、T2D3④、T2C5⑤、T2D3⑤、T2D5⑤六个出土单位。其中，T2B3④一片，T2C4④三片，T2D3④两片，T2C5⑤四片，T2D3⑤五片，T2D5⑤两片。另有两个当地生土样，呈黄褐色，含少量砂粒，黏性好，分别为G8第9层下生土①和G8第9层下生土②，标记为生土①和生土②。此外，还有一个模拟试制的陶器样品，为杉龙岗遗址区所取生土掺稻草茎秆堆烧而成。所选样品照片及编号如图版五二所示，根据对陶片的外观特征、剖面特征、造型及纹饰的观察，以及陶片尺寸的测量，将陶片的基本情况总结于附表一。

（二）分析技术方案

（1）采用数码相机记录陶片试样的外观形貌，并利用数码显微镜和扫描电镜对陶片断面进行观察记录。结合能谱仪对陶片陶胎的表面和胎芯主要化学成分进行初步分析。结合陶片的微观形貌和化学成分测试结果，分析陶片的羼和料添加情况。

（2）采用X荧光光谱仪（XRF）及X射线衍射仪（XRD）对陶片及所取当地原生土样的化学成分进行更为精确的测试，以探讨制陶所用陶土与当地原生土的关系及陶片中羼和料的种类。

（3）根据陶片与当地原生土的化学成分测试结果，并采用痕量元素法和分子数量比法相结合的方法，分析制陶所用陶土与当地原生土的关系。

（三）实验仪器设备及其型号

本工作主要采用的仪器设备及其型号如下。

（1）KEYENCE VHX-100系列数码显微镜（日本基恩士）。

（2）TM3000扫描电子显微镜（日本日立）及Quantax 70能谱仪（德国布鲁克）。

（3）Axios-Advanced波长色散型X荧光光谱仪（荷兰帕纳科）。

（4）RigakuD/max 2550PC型X射线衍射仪（日本理学）。

二、实验结果及分析

（一）陶片显微结构及物相成分分析

1. 陶片陶胎断面微观结构分析

为了了解陶片中羼和物的添加情况，以及陶片陶胎的基本化学组成，实验进行了陶片断面光学显微分析（图一）和扫描电镜能谱分析（图二）。

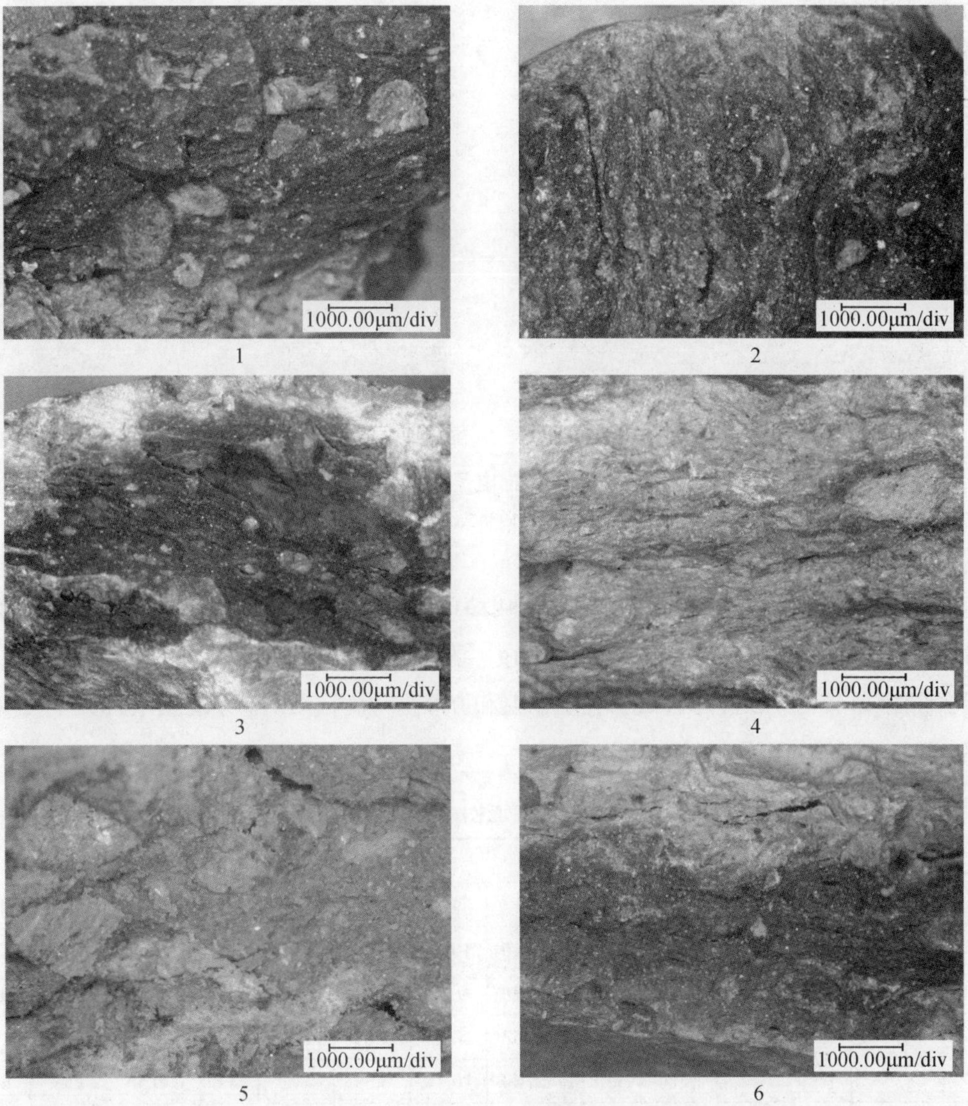

图一　陶片断面光学显微分析

1. T2C4④：2　2. T2C4④：3　3. T2D3④：1　4. T2D3⑤：1　5. T2D5⑤：1　6. T2D5⑤：2

大多数陶片的陶胎呈两层或三层结构，即内外表面与胎芯颜色不一致。从器表颜色来看，以褐色为主，部分陶片表面施红色陶衣，灰色较少；从陶胎颜色来看，陶胎胎芯大多为乌黑色。其中，陶胎内所夹砂粒形状、大小及其在陶胎中的分布不均匀，应该不是人为添加的羼和料，而是未经淘洗的陶土中存在的少量砂粒[1]。此外，在观察陶片陶胎截面微观结构时，在部分陶片内部发现了一些纤维杂质[2]和层片状的杂质（图二），其成分均以O和C为主，可能为有机物成分。但经过多个试样观察发现，同一陶片其他试样中并未发现类似的杂质，这些杂质可能是在制陶的时候带入陶土中的，并非人为添加的羼和物。这些有机杂质在陶胎内部还保持原来的形状，可推测陶器的烧成温度较低。

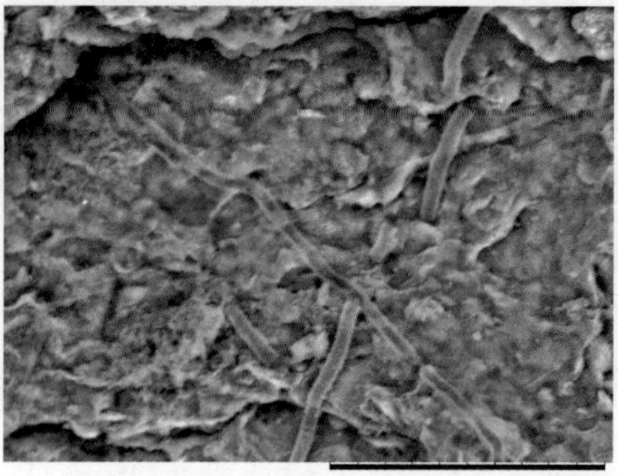

1

2

图二　扫描电镜能谱分析

1. T2C4④：2中的杂质　2. T2C5⑤：1中的杂质

根据SEM-EDS分析结果初步可知，陶器的化学成分以O、Si、Al为主，还有较高含量的Fe、P和C，以及少量的Ca、K和Mg（表一）。其中，Fe、P和C在陶胎的表面和内部含量相差较大。结合陶片的外观形貌和断面形貌可知，部分陶胎表面Fe含量高于内部的陶片，其原因为表面施红色陶衣。

表一　陶片陶胎断面EDS测试结果统计表

序号	实验室编号	样品编号及名称	部位	所含主要元素质量百分比（%）								
				O	Si	Al	Fe	P	C	Ca	K	Mg
1	S1	T2B3④：1	内部	54.00	18.10	10.49	6.40	3.29	4.33	1.14	1.53	0.6
			表面	48.17	15.30	9.10	22.80	0.90	5.9	1.20	1.68	0.7
2	S2	T2C4④：1	内部	53.00	21.53	10.65	4.88	1.90	4.40	0.73	1.38	1.03
			表面	53.81	26.44	10.18	5.59	—	4.80	0.56	2.23	0.21
3	S3	T2C4④：2	内部	54.23	13.89	11.06	7.09	3.29	6.93	1.39	1.74	0.36
			表面	52.14	25.31	10.59	8.70	—	5.95	0.13	1.29	0.14

续表

序号	实验室编号	样品编号及名称	部位	所含主要元素质量百分比（%）								
				O	Si	Al	Fe	P	C	Ca	K	Mg
4	S4	T2C4④：3	内部	53.5	20.4	8.36	7.37	3.7	6.44	0.16	1.17	—
			表面	57.01	20.76	8.36	4.30	0.97	6.44	0.42	1.56	0.12
5	S5	T2D3④：1	内部	51.48	14.98	11.25	6.62	3.43	9.55	0.97	1.52	0.15
			表面	54.48	19.23	8.88	3.38	—	11.75	—	1.77	0.50
6	S6	T2D3④：2	内部	51.6	20.5	9.5	5.8	3	5.4	1.5	2	0.6
			表面	55.32	24.06	9.64	5	—	4	—	2	—
7	S7	T2C5⑤：3	内部	53.5	11.58	10.05	11.9	5.43	8.15	1.85	0.53	0.12
			表面	46.25	27.97	11.72	9.75	—	2.37	0.43	1.42	0.13
8	S8	T2C5⑤：4	内部	53.24	18.73	13.06	7.63	4.13	—	1.09	2.07	—
			表面	49.2	19.89	12.9	11.24	2.82	0.8	—	2.67	—
9	S9	T2C5⑤：5	内部	52.90	15.89	10.15	5.84	2.04	11.08	0.16	1.83	0.11
			表面	49.4	16.1	9	10.5	3.7	7.5	1.6	1.7	0.5
10	S10	T2C5⑤：6	内部	52.34	16.48	10.34	6.28	2.93	9.14	0.38	1.07	0.15
			表面	51.8	20.52	7.96	8.44	—	10.86	—	0.44	—
11	S11	T2D3⑤：1	内部	53.9	15.8	9.9	9.4	2.6	5.6	1.2	1.7	—
			表面	53.19	25.90	12.09	5.99	—	—	—	2.51	0.29
12	S12	T2D3⑤：2	内部	40.76	22.56	12.38	7.89	1.81	11.51	0.23	1.73	0.19
			表面	53.06	22.50	11.57	9.31	0.20	7.68	0.26	2.72	0.27
13	S13	T2D3⑤：3	内部	54.63	17.88	10.68	4.24	2.51	7.89	0.14	1.63	0.20
			表面	51.84	27.44	9.64	9.54	—	6.08	—	1.54	—
14	S14	T2D3⑤：4	内部	50.34	17.06	12.08	7.91	4.50	6.43	—	1.65	—
			表面	52.59	15.28	10.44	10.43	4.11	4.72	0.19	2.03	0.11
15	S15	T2D3⑤：5	内部	51.68	13.62	11.83	6.44	2.49	13.54	—	0.50	—
			表面	50.23	15.23	10.83	11.00	2.47	9.20	—	1.10	—
16	S16	T2D5⑤：1	内部	55.90	20.00	10.93	4.03	—	7.17	—	1.63	—
			表面	49.56	20.44	10.06	8.08	—	8.82	—	2.24	0.72
17	S17	T2D5⑤：2	内部	49.86	15.94	12.78	6.80	4.86	7.72	—	2.02	—
			表面	52.08	23.10	10.08	4.13	—	8.30	—	2.05	0.10

注：“—”表示仪器未检测到该元素。

从陶衣的微观结构来看（图三，1、2），与陶胎内部微观结构对比，表面陶衣颗粒细小均匀，基本没有大颗粒物的残留，说明古人对这层陶衣原料的选择和处理较为精细[3]，可能是经过人为淘洗、沉淀出的细泥。且根据陶衣的XRD分析结果来看（图三，3），陶衣的主要成分为石英，并含少量的云母和赤铁矿，其显色物质应为红色的赤铁矿（Fe_2O_3）。

1

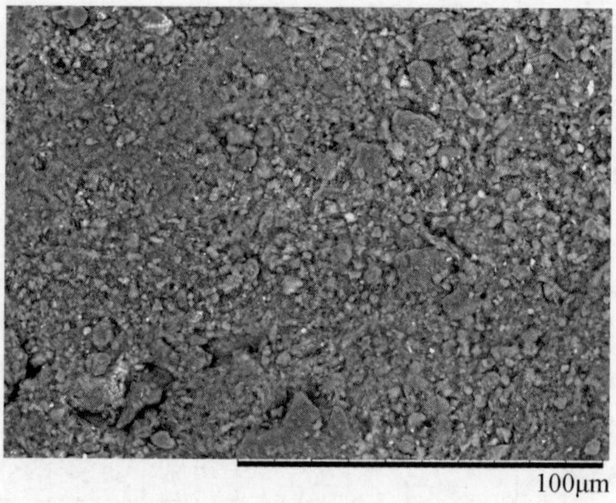

2

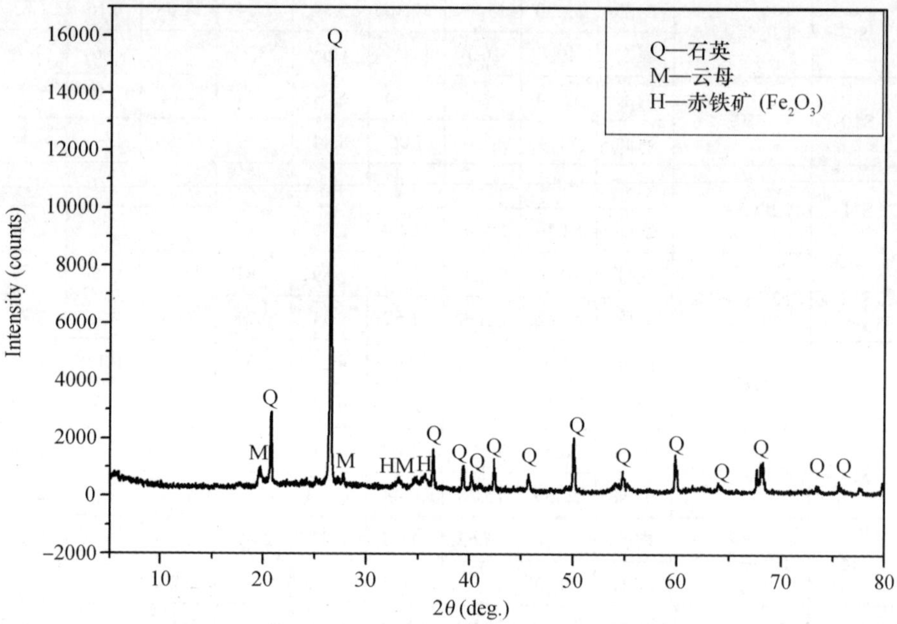

3

图三 红衣陶片（T2C4④：2）表面施加的陶衣成分分析

1. 陶衣光学显微图像 2. 陶衣扫描电镜图像 3. 陶衣XRD分析结果

2. 物相组成分析

采用XRD对部分陶片和生土①的物相成分进行了分析，XRD的测试条件为：铜靶作为靶材，测试电压40kV，测试电流250mA，狭缝设置为DS=SS=1°，RS=0.3mm，石墨单色器，连续扫描，步长为0.02，衍射角2θ范围为5°至80°。根据XRD测试结果可知，陶片主要物相组成基本一致，均为石英和一定量的云母，还有微量的长石和一定量的非晶相，且陶片中云母、长石及非晶相的含量高于生土（表二）。陶片中所含云母为白云母，白云母在加热至800～900℃后，脱去结构水并伴随着某些晶格的重新排列，结构发生改变，在1100～1200℃时矿物晶格被破坏，形成针状莫来石和非晶质相[4]，可见，这几个陶片的原始烧成温度应低于800℃。其中，部分陶片中含有一定量的透长石，透长石是钾长石在高温条件下快速冷却后的产物，其结构在700℃以上稳定，可知这几个陶片的原始烧成温度应在700℃以上。

表二　部分陶片及生土XRD分析结果

实验室编号	试样编号	主要物相组成
S1	T2B3④：1	石英，云母，钾长石，钠长石
S2	T2C4④：1	石英，云母，透长石，钠长石
S3	T2C4④：2	石英，云母，透长石，钠长石
S14	T2D3⑤：4	石英，云母，钠长石，钾长石
S15	T2D3⑤：5	石英，云母，钠长石，透长石
S16	T2D5⑤：1	石英，云母，钾长石，钠长石
S18	试制陶片	石英，云母，钾长石，微斜长石
S19	生土①	石英，云母，钾长石
S20	生土②	石英，云母，钾长石

（二）陶土原料及羼和料的分析

1. 陶土与当地原生土的关系

能谱分析能了解陶胎的主要化学成分分布情况，但分析精度不够，对于某些微量及痕量元素无法给出准确的分析结果，还需借助X射线荧光（XRF）分析仪来进行更为精确的化学成分分析。采用XRF法分析陶胎、陶衣及当地所取黏土的化学成分，其目的是为了分析比较不同陶片的陶胎之间，以及陶胎与本地生土之间化学成分的差别。XRF结果如附表二所示。

为了便于比较不同陶片和黏土化学组成的同异，结合分子数量比法和痕量元素法，分析陶土与本地生土的关系。分子数量比法即将所得的化学成分重量百分比换算为分子数量比，以mR_xO_y:Al_2O_3:nRO_2表示[5]。其中，mR_xO_y代表助熔剂[6]（Fe_2O_3、TiO_2、CaO、MgO、K_2O、Na_2O、P_2O_5等）的分子数之和，nRO_2代表二氧化硅（SiO_2）的分子数。即以Al_2O_3的分子数作为1，分别计算助熔剂和二氧化硅的分子数。数据分析时，以nRO_2为横坐标，mR_xO_y为纵坐标，绘制化学组成分布图（图四）。

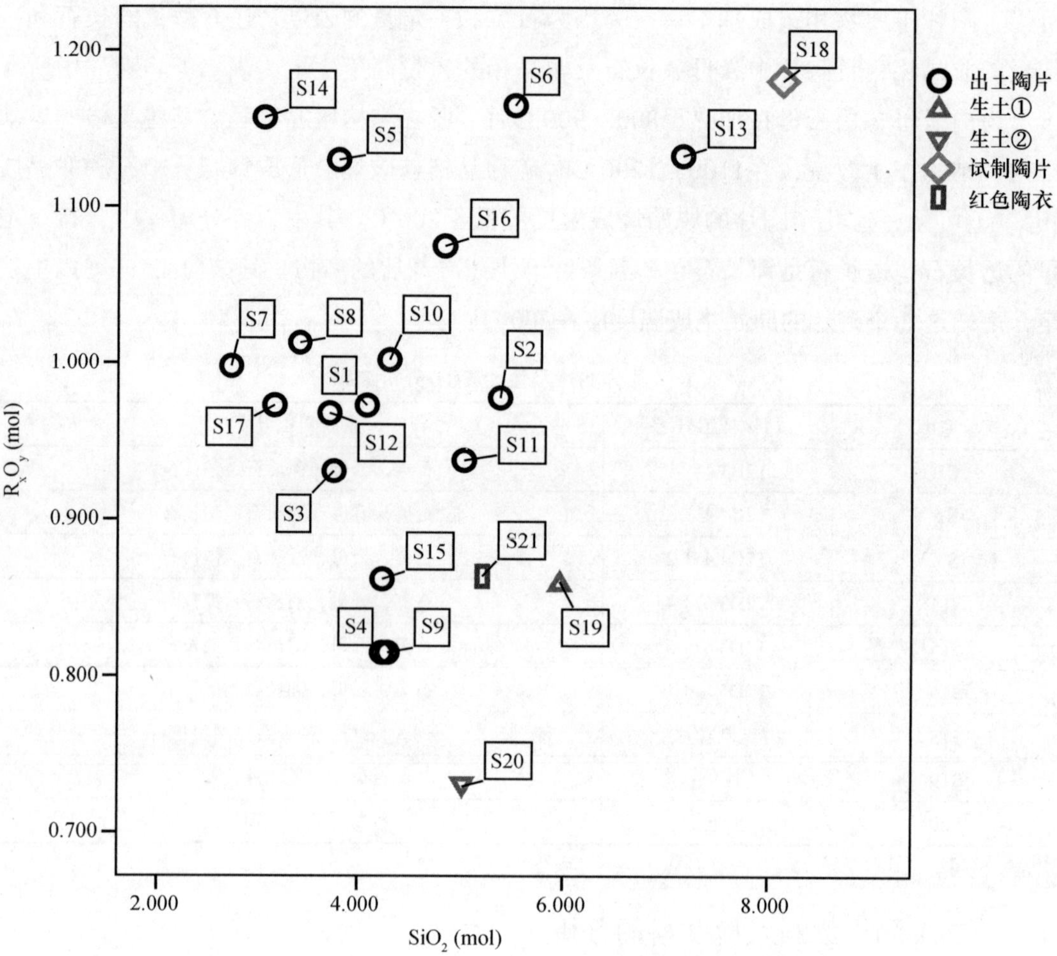

图四　陶片陶胎及生土化学组成分布图

根据图上分布结果来看，陶片陶胎和生土均属于低SiO_2、高助熔剂型。且与生土相比，陶片陶胎中助熔剂的含量更高、SiO_2的含量更低。结合附表二中的数据可以看出，除S13（T2D3⑤：3）外，陶胎中SiO_2的含量均低于生土中SiO_2的含量，助熔剂中P_2O_5和CaO的含量明显高于生土中相应元素的含量，且不同陶片陶胎中的P_2O_5和Fe_2O_3含量变化幅度最大（图五）。陶器在烧制过程中，其陶土往往要经过淘洗、精炼、陈腐等工艺，因此，陶器的陶胎与生土的成分会有区别，仅根据与生土的成分比较分析结果，无法确定是否为当地生土烧制而成。但可以确定的是，出土陶片并非如试制陶片一样，直接采用当地生土添加稻草茎秆烧制而成。

痕量元素法即利用样品中痕量元素作为特征元素，来分析陶土与本地土之间的关系。考古样品中的元素，根据其含量可分为三类：即常量（主要）元素、微量元素和痕量元素。常量元素一般是指样品中含量大于或等于2%的元素，这些元素的比例是

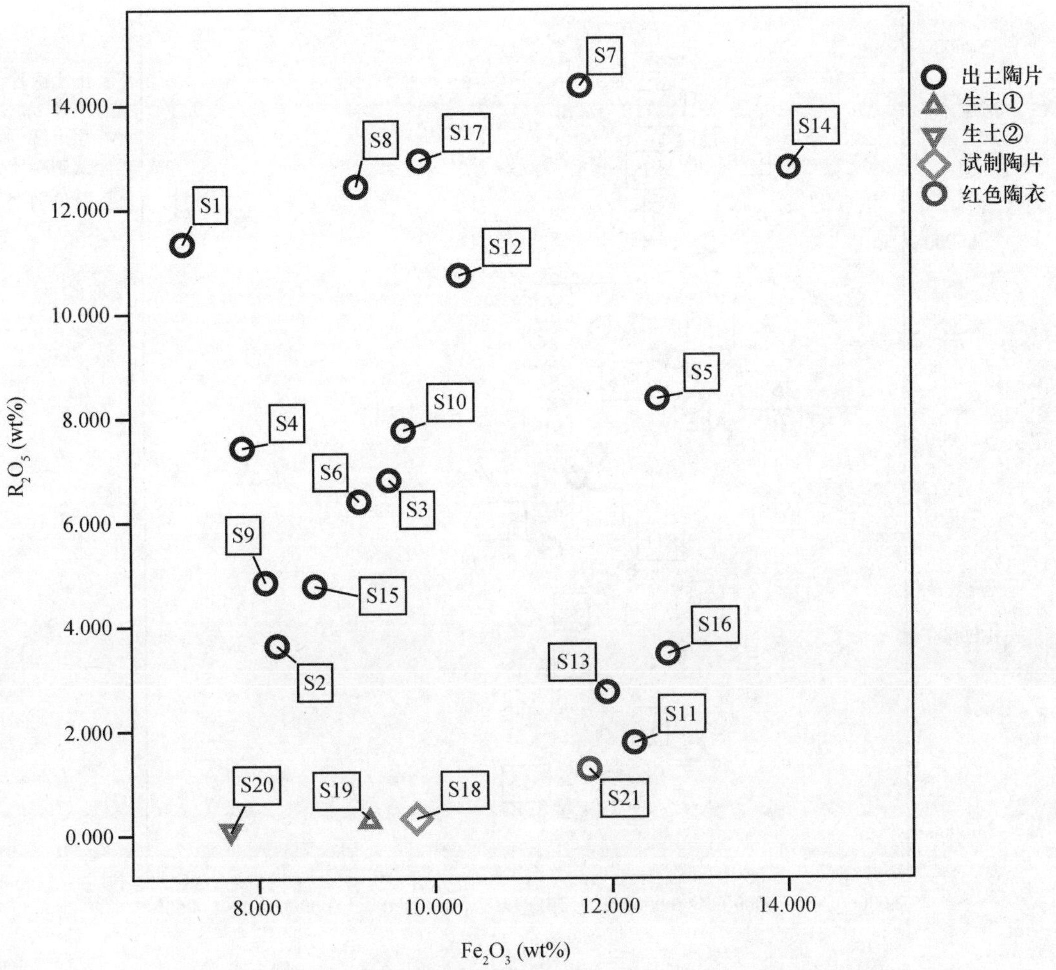

图五 陶片陶胎及生土化学元素Fe、P含量分布图

可以受人为控制的。微量元素是指含量在0.1%~2%的元素，这些元素不排除是人们故意加进去的可能性。痕量元素是指含量低于0.1%的元素，对于这些元素的存在与否，古人是无法控制的，一般由文物的原产地决定[7]。杉龙岗遗址出土陶片和当地生土，以及试制陶片的微量及痕量元素分析结果如附表三所示。使用多元统计分析软件SPSS 18.0对附表三中的痕量元素测试结果进行了降维处理和主成分分析，并绘制了散点图（图六）。根据分析结果，第一主成分所解释的方差为36.769%，第二主成分解释的方差为30.406%，累计方差为67.175%。从分析结果可以看出，除个别陶片S15（T2D3⑤：5）外，出土陶片陶胎与生土的痕量元素在主成分分析结果图上的分布区域基本重合，陶片可能为当地黏土烧制而成。对于陶片S15，在痕量元素组成上与当地生土及其他陶片在主成分分布上相对离散，可能并非本地所产，但由于同类型样品量太少，不排除存在测量方面的误差，是否为本地所产还需要增加大量的样品对比才能

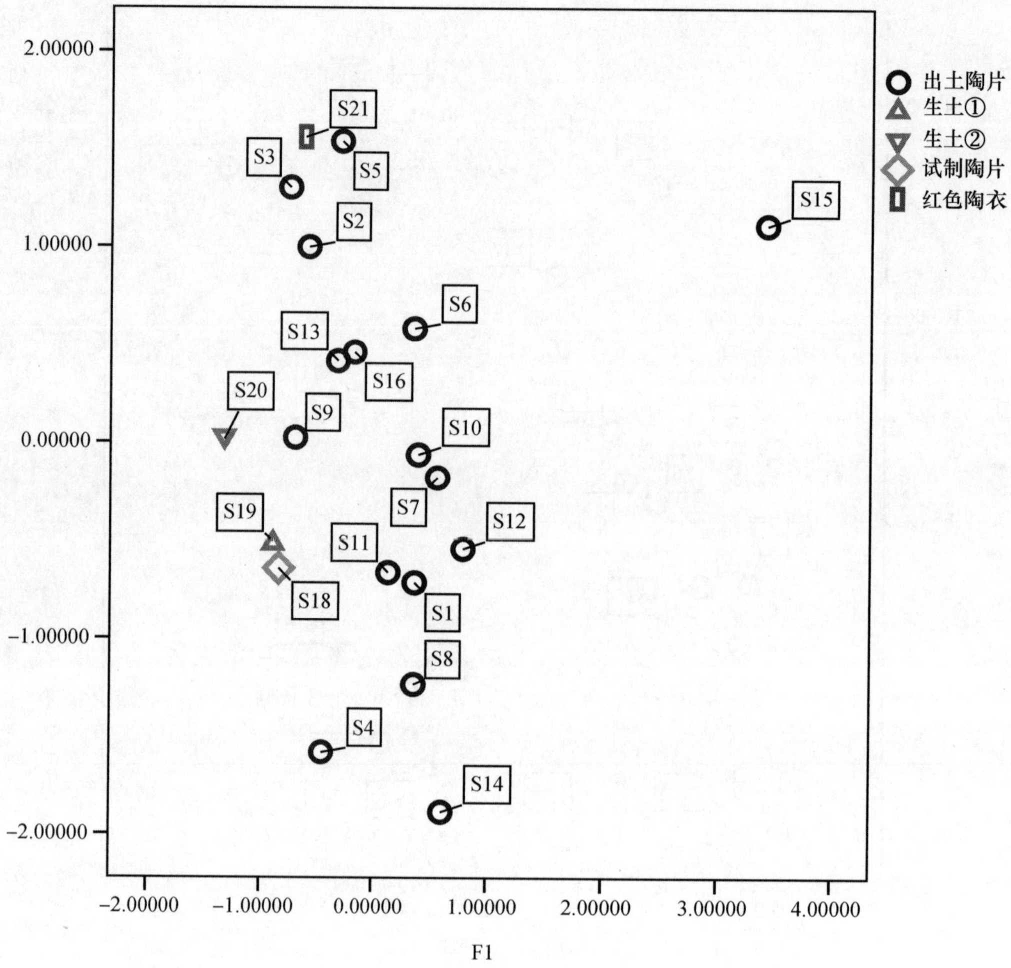

图六　杉龙岗遗址出土陶片陶胎及生土痕量元素主成分分析结果

说明问题。

2. 陶土羼和料的分析

杉龙岗遗址出土陶片中P_2O_5含量普遍较高，明显高于生土及试制陶片，最高能达到14.362%。结合SEM-EDS的分析结果，除部分陶片（T2C5⑤：4、T2C5⑤：5、T2D3⑤：4、T2D3⑤：5）外，大部分陶片陶胎内部的P含量均高于陶片表面。且结合光学显微分析结果可知，陶胎内部磷含量高的陶片，陶心多呈灰黑色。这一现象与鲁晓珂等人[8]描述的良渚古城遗址陶器中部分陶器的化学成分特点相似。鲁晓珂等人解释为陶胎中可能羼和了未燃烧充分或含有其他有机质的草木灰，使得胎芯颜色变为灰黑色，P含量增加，而陶器在成形过程中，细泥浆料不断外渗，表面抹光、打磨等工艺使得不含草木灰的细泥层逐渐趋于表面，或成形后表面敷了一层未添加羼和物的细泥，从而导致陶胎表面P含量降低。这种推测能很好地解释陶片中P含量的异常现象，但是作者并未采用草木灰试制陶器，且没有对草木灰添加前后陶器中其他氧化物含量的变化作出讨论。

李迎华等人[9]曾通过模拟试验探讨了草木灰对陶范化学成分的影响，表明，随着草木灰添加量的增多，陶范中Si、Al、Ti等元素的含量逐渐降低，而Ca、K、Mg、P、Mn等元素的含量则显著增加，其中尤以Ca和K的增加幅度最大。当陶范中草木灰含量为66.6%时，陶范中CaO含量达到12.79%，K_2O含量高达9.30%，而P_2O_5含量为4.16%。而在杉龙岗遗址出土的这批陶片中，CaO和K_2O的含量变化不大，且明显低于P_2O_5的含量。此外，研究指出，对于生物体系而言，Al是"有毒"元素，植硅体的一个作用就是抑制植物对Al的吸收[10]，因此，草木灰中Al的含量要低于黏土，添加草木灰具有降低黏土中Al含量的作用。而在这批陶片中，Al_2O_3和P_2O_5的含量变化情况基本一致（图七），陶片中P_2O_5的含量增加的同时，Al_2O_3的含量也相应增加。因此，从陶片中其他氧化物的含量情况来看，单纯添加草木灰并不能合理地解释陶片中P_2O_5含量的异常现象。

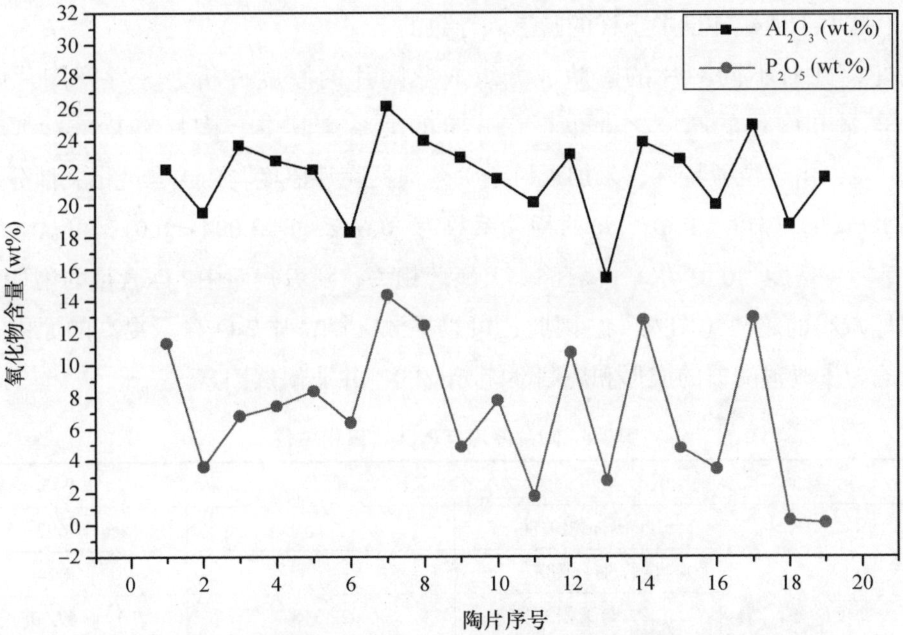

图七 陶片陶胎及生土化学元素含P量与含Al量的关系

已有古陶器的相关研究资料表明，向陶土中添加动物骨灰也可以在一定程度上提高P_2O_5的含量，现代骨瓷即为向瓷土中添加食草动物骨灰。为验证陶片中是否添加动物骨灰，采用XRF对出土牛骨的成分进行了测试，并查阅了骨瓷的成分情况

（表三）。XRF分析结果表明，动物骨头的主要成分为CaO和P_2O_5，已有研究也表明，添加动物骨灰后，除提高P_2O_5含量外，CaO含量也会相应提高，且增加幅度比P_2O_5大，因此，可推断这一高P_2O_5的现象亦非添加动物骨灰的结果。

表三　骨头与骨瓷的化学成分表

试样名称	氧化物含量（wt%）						
	SiO_2	Al_2O_3	P_2O_5	Fe_2O_3	CaO	MgO	Na_2O
骨头	0.460	0.365	31.831	0.765	65.656	0.319	0.245
骨灰瓷[11]	32 ~ 40	13 ~ 17	16 ~ 20	0 ~ 0.43	23 ~ 29	0 ~ 1.30	0 ~ 1.40

李家治[12]先生在对我国多地出土的古代陶器和瓷器标本的分析过程中，也曾发现有几个陶片中含较高含量的P_2O_5，如兖州王因大汶口文化的红陶片，其中P_2O_5含量高达6.66%，曾推测这些陶片的P_2O_5含量如此之高可能与陶器出土于墓葬有关。为验证杉龙岗遗址陶片高P_2O_5的现象是否与埋藏环境中的P含量有关，采用XRF对T2探方中不同地层土样的化学成分进行了分析，如附表四所示。分析结果表明，地层土样中P_2O_5含量在0.150%和0.366%之间变化，明显低于陶片陶胎中P_2O_5的含量，因此，可知高含量的P_2O_5并不是由于埋藏环境中土样的磷渗入导致的。

此外，在对不同陶片的陶胎成分组成及陶片的厚度分析上，发现陶片陶胎中的P_2O_5含量和陶片的厚度之间也存在一定的关系（其中，陶片T2D5⑤：1和陶片T2D5⑤：2，由于位置特殊，未加入讨论）。根据陶片厚度与P_2O_5含量相关性分析结果（表四）可知，厚度与P_2O_5含量的相关系数为−0.692，$P=0.004<0.01$，可认为厚度与P_2O_5含量在置信度为0.01 水平（双侧）上显著相关。随着陶胎中P_2O_5含量的增加，陶片的厚度呈减小的趋势（图八）。因此，可以推测，陶片中P_2O_5含量提高的原因，可能是人为地为了改善陶器的成形和烧制性能导致的，并非偶然因素。

表四　陶片厚度与P_2O_5含量相关性

		厚度	P_2O_5
厚度	Pearson 相关性	1	−.692**
	显著性（双侧）		.004
	平方与叉积的和	22.318	−47.503
	协方差	1.594	−3.393
	N	15	15
P_2O_5	Pearson 相关性	−.692**	1
	显著性（双侧）	.004	
	平方与叉积的和	−47.503	210.991

续表

		厚度	P_2O_5
P_2O_5	协方差	−3.393	15.071
	N	15	15

**. 在 .01 水平（双侧）上显著相关。

综上分析，杉龙岗遗址出土陶片中可能羼和了一定量未燃烧充分或含有其他有机质的草木灰，但单纯添加草木灰并不能获得如此高含量的P_2O_5，推测当时用于烧制陶器的黏土，并非普通的具有一定黏性的生土，而是很有可能为含腐殖质很高的黏土或某种含P量较高的黏土。

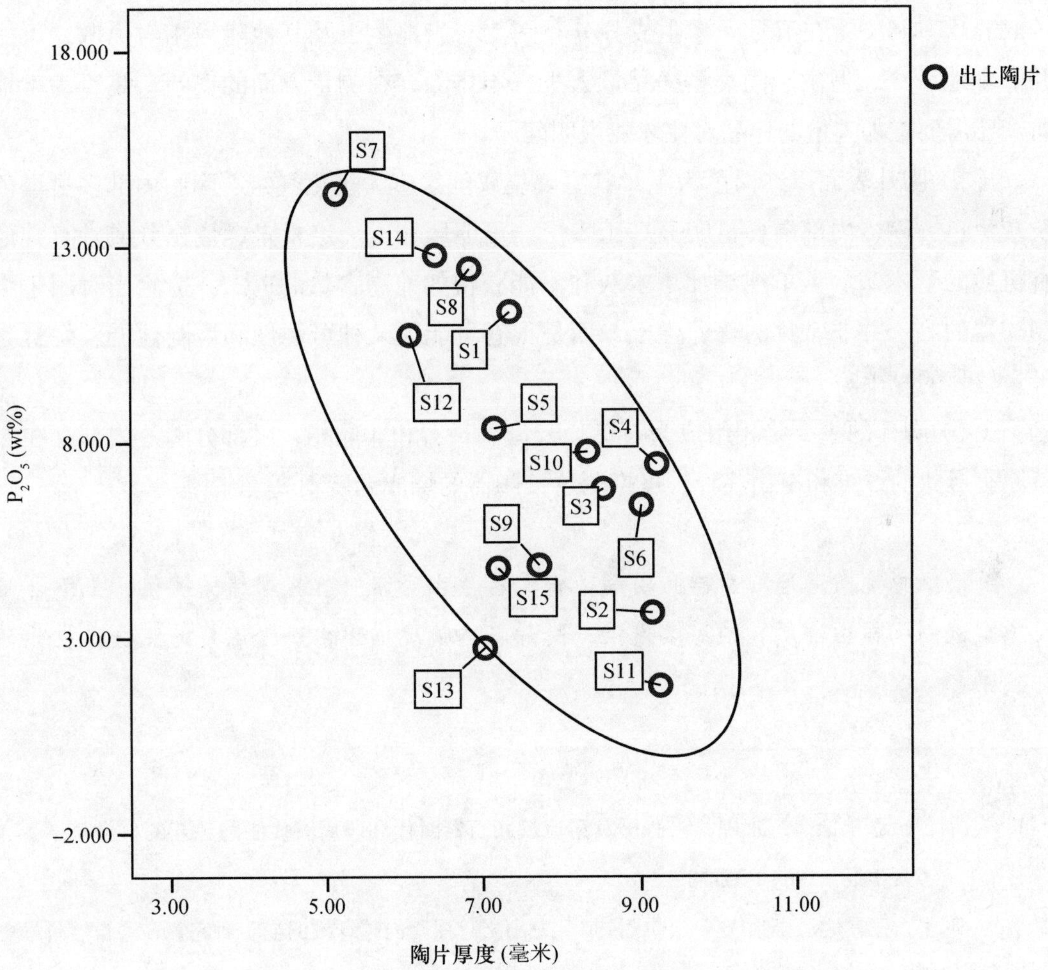

图八　陶片陶胎含P量与厚度关系

三、结　　语

（1）杉龙岗遗址出土陶片主要有夹炭夹砂陶、夹炭陶及夹砂陶三类，以夹炭夹砂陶为主。陶片中存在的砂粒大小、形状不同，分布不均匀，且含量较少，应该是未经淘洗的陶土中原本就存在的，并非人为掺加。部分陶器表面施有很薄的红色陶衣层，其主要显色物质为赤铁矿（Fe_2O_3）。

（2）陶片陶胎中的痕量元素与生土中痕量元素在主成分分析结果图上的分布区域基本重合，陶片为当地黏土烧制而成的可能性较大。虽然个别陶片，如S15（T2D3⑤：5），在痕量元素主成分分布图上与当地生土及其他陶片相对离散，可能并非本地所产，但由于同类型样品量太少，不排除存在测量方面的误差，是否为本地所产还需要增加大量的样品对比才能说明问题。

（3）陶片表面以红褐色为主，其主要烧成气氛应为氧化气氛，陶胎内部多呈黑色及灰黑色，陶器内部磷含量明显高于表层，可能羼和了一定量未燃烧充分或含有其他有机质的草木灰。但单纯添加草木灰并不能获得如此高含量的P_2O_5，推测当时用于烧制陶器的黏土并非常见的普通生土，而是很有可能为某种可塑性和烧制性能较好且含磷量较高的黏土。

（4）陶片的主要物相组成为石英、云母、长石和非晶相，且部分陶片内部存在保持原有形状的纤维和植物茎秆，可推测这批陶器的烧成温度不高。

附记：杉龙岗遗址陶片样品由湖南省文物考古研究所所长郭伟民提供，土壤样品及模拟试制陶器由副所长顾海滨提供，陶片基本情况描述由熊心炼帮助完成，在此一并致谢。

注　　释

［1］周仁、张福康、郑永圃：《我国黄河流域新石器时代和殷周时代制陶工艺的科学总结》，《考古学报》1964年第1期。

［2］邱平、王昌燧、李凡庆等：《大汶口、龙山文化黑陶内碳纤维的初步研究》，《自然科学史研究》2001年第1期。

［3］鲁晓珂、李伟东、罗宏杰等：《陶寺遗址龙山时代黑色陶衣的研究》，《中国科学：技术科学》2011年第7期。

［4］黄伯龄：《矿物差热分析鉴定手册》，科学出版社，1987年。

[5] 李敏生、黄素英：《山西襄汾陶寺遗址陶片的测试和分析》，《考古》1993年第2期。

[6] 李文杰：《中国古代制陶工艺研究》，科学出版社，1996年。

[7] 李士等：《现代实验技术在考古学中的应用》，科学出版社，1991年。

[8] 鲁晓珂、李伟东、刘斌等：《良渚古城遗址陶器的分析研究》，《中国科学：技术科学》2013年第4期。

[9] 李迎华、杨益民、周卫荣等：《古代陶范原料配方含有草木灰的化学判断方法》，《岩矿测试》2009年第2期。

[10] 王永吉：《植物硅酸体研究及应用》，海洋出版社，1993年。

[11] 李丽卿：《测定磷酸三钙含量鉴别骨灰瓷与非骨灰瓷》，《产品可靠性报告》2009年第3期。

[12] 李家治：《我国古代陶器和瓷器工艺发展过程的研究》，《考古》1978年第3期。

Analysis of the Excavated Pottery Fragments from Shanlonggang Site

Xiao Ya

(Hunan Provincial Institute of Cultural Relics and Archaeology)

Abstract: For having a more comprehensive understanding of the production of pottery excavated from Shanlonggang site, the microstructure and basic chemical composition of the ceramic section were analyzed by digital microscope and scanning electron microscope. The chemical composition of the excavated pottery fragments, the local native soil samples, and the simulated trail pottery were analyzed by the X-ray fluorescence spectrometer. The phase composition of the red pottery coating and part of the pottery samples were analyzed by the X-ray diffractometer. Combined with the molecular number ratio method and the trace element method, the above analysis results were processed by multivariate statistical analysis software. The results showed that the pottery were more likely to be maked by the local clay, but the concentration of the phosphorusis obviously much higher, which means that the raw material of the pottery should be a kind of clay with good plasticity, good firing performance and high phosphorus content.

Keywords: Shanlonggang Site; Pottery Fragments; Raw Materials of Pottery; Chemical Analysis

附表一　陶片基本情况描述

序号	实验室编号	样品编号及名称	基本尺寸（毫米）			陶系	表面及剖面特征	造型	纹饰
			长	宽	厚				
1	S1	T2B3④：1	73.94	45.11	7.35	泥质夹炭灰陶	外表面存在红色陶衣痕迹，内表面呈红褐色，胎芯为不均匀灰黑色	长条不规则。容器口沿残片，内部及口沿打磨平整	口沿按压点纹，不规则网状“×”纹
2	S2	T2C4④：1	95.04	76.83	9.15	夹炭夹砂灰陶	表面灰色，外挂不均匀红色陶衣，或薄而露胎，胎芯黑色，胎内有形状及大小不均匀的砂粒	方形不规则。容器口沿残片，内部及口沿打磨平整	纹饰分三层，口沿部按压点状纹，颈部等距横条纹，肩部网状“×”纹
3	S3	T2C4④：2	71.86	47.63	8.53	夹炭夹砂灰陶	内外有不均匀红色陶衣，胎芯呈黑色，有形状及大小不均匀砂粒	长条不规则。坯面打磨平整	
4	S4	T2C4④：3	96.32	93.80	9.21	夹炭灰陶	外表面挂不均匀红色陶衣，或薄而露胎，胎芯黑，内含极细的砂粒，无其他杂质	不规则。容器口沿残片，内部及口沿打磨平整	外部刻划网状不规则纹饰
5	S5	T2D3④：1	110.75	75.10	7.15	夹炭褐陶	内外表面呈褐色，胎芯黑，内含形状大小不规则砂粒及植物茎秆	梯形不规则。容器口沿残片，内部及口沿打磨平整	不规则网状“×”纹，再在口沿附近的网纹上叠加按压规则方块点纹。纹路空隙有奇怪印纹
6	S6	T2D3④：2	76.27	57.80	9.01	夹炭灰褐陶	内表面呈砖色，外表面呈灰色，胎芯为灰黑色，内夹形状及大小不均匀的砂粒	梯形不规则。容器口沿残片，内部及口沿打磨平整	口沿部分网状条纹，肩部疑似竖纹
7	S7	T2C5⑤：3	85.58	90.92	5.13	夹炭夹砂灰陶	内外有疑似红色陶衣斑迹，中间呈灰色，内含较多杂质	四边形不规则。容器口沿残片，内部及口沿部分打磨平整	肩部按压点纹，腹部不规则网状“×”纹

续表

序号	实验室编号	样品编号及名称	基本尺寸（毫米）			陶系	表面及剖面特征	造型	纹饰
			长	宽	厚				
8	S8	T2C5⑤：4	99.14	78.85	6.84	夹炭夹砂红褐陶	外表面红褐色，内表面有不均匀红色陶衣，胎芯呈灰黑色，结构疏松，含较多杂质	长条不规则。容器残片，内部打磨平整	不规则网状纹
9	S9	T2C5⑤：5	74.65	57.10	7.72	夹炭夹砂褐陶	外表面褐色，内表面存在不均匀红色陶衣，中间含较多杂质，胎芯颜色不均，灰色和红色交织在一起	方形不规则。容器口沿残片，内部及口沿打磨平整	不规则网状“×”纹
10	S10	T2C5⑤：6	62.87	58.15	8.33	夹炭夹砂红陶	内外表面均施红色陶衣，胎芯灰黑色，含形状及大小不规则砂粒	梯形不规则。容器碎片，打磨平整	
11	S11	T2D3⑤：1	94.50	86.34	9.25	夹砂红褐陶	陶胎及表面均为红褐色，内外表面略施有红色陶衣，胎内含形状及大小不规则砂粒	方形不规则。容器口沿残片，内部及口沿打磨平整	口沿部按压点状纹，颈肩部不规则网状“×”纹
12	S12	T2D3⑤：2	80.71	63.58	6.07	夹炭夹砂红褐陶	外表面呈红褐色，内表面施有不均匀红色陶衣，胎芯为黑色，并夹有形状及大小不均匀颗粒	方形不规则。容器口沿残片，内部及口沿部分打磨平整	颈部为按压点状纹，肩部为不规则网状“×”纹
13	S13	T2D3⑤：3	74.52	50.59	7.03	夹炭夹砂红褐陶	外表面呈红褐色，内表面施有不均匀红色陶衣，胎芯为黑色，并夹有形状及大小不均匀颗粒	长条不规则。打磨平整	

续表

序号	实验室编号	样品编号及名称	基本尺寸（毫米）			陶系	表面及剖面特征	造型	纹饰
			长	宽	厚				
14	S14	T2D3⑤：4	96.72	100.66	6.40	夹炭夹砂灰陶	内外表面为灰色，胎芯呈黑色，并夹有形状及大小不均匀颗粒	梯形不规则。容器口沿残片，内部及口沿打磨平整	纹饰分三层，口沿部为密集倾斜网纹，颈部疑似横纹，肩部为竖纹，有交叉，应为无草稿的随性划纹
15	S15	T2D3⑤：5	53.73	48.18	7.20	夹炭夹砂灰陶	内外表面为灰色，胎芯呈黑色，并夹有形状及大小不均匀颗粒	三角形不规则。容器口沿残片，内部及口沿打磨平整	同上，应为可拼接部分
16	S16	T2D5⑤：1	100.40	70.45	75.88	夹砂红陶	外挂不均匀红色陶衣，陶胎为橘红色，胎内夹形状及大小不均匀的砂粒	器物局部柱状足底，底部弧形，外援上翘，打磨平整	柱状朝外部分网状“×”纹，底部中间有“井”字纹，疑为防滑
17	S17	T2D5⑤：2	103.41	73.14	23.62	夹炭夹砂褐陶	表面为黑色，并残留有红色彩绘，胎芯为黑色，内表面呈砖色	梯形不规则。器物盖碎片，内嵌提手，提手下加厚内凹，打磨平整	无明显纹饰，提手内有打磨痕迹

附表二 陶片及土壤化学成分主量元素分析结果

序号	实验室编号	样品编号及名称	氧化物含量（wt%）									助溶剂总和（%）	分子式$mR_xO_y:Al_2O_3:nRO_2$
			SiO_2	Al_2O_3	P_2O_5	Fe_2O_3	K_2O	CaO	MgO	TiO_2	Na_2O		
1	S1	T2B3④：1	53.32	22.21	11.34	7.158	1.857	1.496	0.687	1.047	0.648	24.233	$0.973R_xO_y$: Al_2O_3:4.081 SiO_2
2	S2	T2C4④：1	61.726	19.507	3.635	8.213	2.447	1.267	1.597	1.064	0.509	18.732	$0.978R_xO_y$: Al_2O_3:5.379 SiO_2
3	S3	T2C4④：2	52.396	23.712	6.807	9.496	2.42	1.559	1.288	1.27	0.47	23.31	$0.931R_xO_y$: Al_2O_3:3.756SiO_2
4	S4	T2C4④：3	56.665	22.758	7.433	7.832	1.819	1.106	0.775	0.889	0.675	20.529	$0.815R_xO_y$: Al_2O_3:4.233SiO_2
5	S5	T2D3④：1	49.491	22.184	8.362	12.536	2.702	1.908	1.171	0.845	0.363	27.887	$1.130R_xO_y$: Al_2O_3:3.793SiO_2
6	S6	T2D3④：2	59.256	18.281	6.396	9.153	2.327	1.533	1.229	1.194	0.547	22.379	$1.165R_xO_y$: Al_2O_3:5.51O SiO_2
7	S7	T2C5⑤：3	42.102	26.146	14.362	11.683	1.911	1.328	0.642	1.138	0.451	31.515	$0.998R_xO_y$: Al_2O_3:2.737 SiO_2
8	S8	T2C5⑤：4	48.141	23.99	12.438	9.144	2.033	1.412	0.81	1.164	0.737	27.738	$1.013R_xO_y$: Al_2O_3:3.411 SiO_2
9	S9	T2C5⑤：5	57.837	22.929	4.855	8.085	2.179	1.131	1.396	0.813	0.617	19.076	$0.815R_xO_y$: Al_2O_3:4.288SiO_2
10	S10	T2C5⑤：6	54.61	21.587	7.764	9.663	1.984	1.566	0.953	1.066	0.663	23.659	$1.002R_xO_y$: Al_2O_3:4.301SiO_2
11	S11	T2D3⑤：1	59.514	20.111	1.772	12.251	2.545	1.096	1.255	0.951	0.372	20.242	$0.938R_xO_y$: Al_2O_3:5.031SiO_2
12	S12	T2D3⑤：2	50.5	23.114	10.735	10.31	1.825	1.145	0.77	1.006	0.469	26.26	$0.968R_xO_y$: Al_2O_3:3.714SiO_2
13	S13	T2D3⑤：3	64.749	15.407	2.74	11.947	1.596	1.308	0.741	1.19	0.214	19.736	$1.133R_xO_y$: Al_2O_3:7.144SiO_2
14	S14	T2D3⑤：4	42.855	23.877	12.782	14.047	1.666	1.411	0.906	1.318	0.676	32.806	$1.157R_xO_y$: Al_2O_3:3.051SiO_2
15	S15	T2D3⑤：5	56.836	22.818	4.779	8.643	1.798	1.505	1.284	1.279	0.684	19.972	$0.862R_xO_y$: Al_2O_3:4.234SiO_2
16	S16	T2D5⑤：1	56.811	19.963	3.471	12.636	2.659	1.333	1.227	1.111	0.637	23.074	$1.075R_xO_y$: Al_2O_3:4.838SiO_2
17	S17	T2D5⑤：2	46.347	24.921	12.932	9.864	2.105	1.501	0.501	0.998	0.674	28.575	$0.973R_xO_y$: Al_2O_3:3.162SiO_2
18	S18	试制陶片	68.390	14.318	0.319	9.79	2.638	1.101	1.317	1.183	0.432	16.78	$1.181R_xO_y$: Al_2O_3:8.120SiO_2
19	S19	生土①	65.65	18.732	0.275	9.256	2.141	0.447	1.844	1.021	0.513	15.497	$0.859R_xO_y$: Al_2O_3:5.958SiO_2
20	S20	生土②	63.952	21.643	0.104	7.674	2.656	0.628	1.983	0.872	0.406	14.323	$0.731R_xO_y$: Al_2O_3:5.023SiO_2
21	S21	陶衣	61.356	20.023	1.264	11.742	1.732	1.183	1.035	1.351	0.313	18.62	$0.864R_xO_y$: Al_2O_3:5.209SiO_2

附表三 陶片及土壤化学成分微量元素分析结果

序号	实验室编号	样品编号及名称	微量元素含量（PPM）												
			Mn	S	Ni	Zr	Sr	Ba	Sn	Rb	Zn	Pb	Nb	Cu	Co
1	S1	T2B3④：1	969	2629	46	336	310	—	218	147	133	67	44	33	—
2	S2	T2C4④：1	356	2570	60	318	204	1852	178	234	186	—	38	52	—
3	S3	T2C4④：2	1148	2833	100	314	241	—	—	243	159	—	39	60	157
4	S4	T2C4④：3	379	2543	52	302	203	—	151	140	57	—	38	26	143
5	S5	T2D3④：1	1115	3730	87	337	344	2822	—	248	144	88	34	81	—
6	S6	T2D3④：2	4528	2934	54	343	286	2130	—	188	202	88	50	44	138
7	S7	T2C5⑤：3	566	3590	53	372	275	2343	—	180	98	—	58	52	155
8	S8	T2C5⑤：4	664	3548	49	407	319	2598	—	208	78	—	48	—	180
9	S9	T2C5⑤：5	775	2316	76	305	177	—	—	207	111	57	45	41	106
10	S10	T2C5⑤：6	522	2908	51	352	273	—	—	192	116	—	57	46	—
11	S11	T2D3⑤：1	1036	3491	—	349	308	—	182	215	112	115	35	32	—
12	S12	T2D3⑤：2	428	3137	68	453	267	3527	244	149	111	74	50	39	142
13	S13	T2D3⑤：3	1078	2470	75	338	201	2425	—	195	160	59	44	45	146
14	S14	T2D3⑤：4	396	3960	—	405	325	2318	—	173	86	—	38	—	158
15	S15	T2D3⑤：5	309	5217	—	610	328	—	—	186	190	—	101	76	—
16	S16	T2D5⑤：1	1750	3273	—	366	189	—	—	246	191	63	36	39	—
17	S17	T2D5⑤：2	未检测												
18	S18	试制陶片	2420	3266	37	320	112	—	—	205	90	78	37	34	129
19	S19	生土①	588	4434	36	288	106	—	—	192	100	—	38	42	—
20	S20	生土②	239	2740	51	278	109	—	—	239	111	—	34	39	—
21	S21	陶衣	760	3171	86	325	215	—	228	248	210	—	41	53	—

注：“—”表示仪器未检测到该元素。

附表四　杉龙岗遗址地层土化学成分主量元素分析结果

序号	土样探方及地层编号	位置	氧化物含量（wt%）										
			SiO_2	Al_2O_3	P_2O_5	Fe_2O_3	K_2O	CaO	MgO	TiO_2	Na_2O	MnO	SO_3
1	T2B10①	0～12厘米	75.155	11.702	0.227	7.517	1.964	0.602	0.906	1.158	0.388	0.223	0.092
2	T2B10②-1	12～21厘米	77.213	10.244	0.158	7.013	1.878	0.758	0.821	1.197	0.455	0.153	0.068
3	T2B10②-2	21～31厘米	77.065	10.547	0.158	6.766	1.940	0.784	0.802	1.192	0.516	0.153	0.062
4	T2B10③A-1	31～36厘米	77.521	10.574	0.169	6.347	1.930	0.751	0.758	1.307	0.434	0.149	0.038
5	T2B10③A-2	36～42厘米	76.325	10.453	0.150	7.031	1.984	0.767	0.809	1.439	0.435	0.187	0.128
6	T2B10③-B	42～49厘米	77.529	10.592	0.158	6.409	1.866	0.730	0.818	1.267	0.447	0.160	0.024
7	T2B10④-1	49～56厘米	76.520	11.077	0.177	6.707	1.993	0.744	0.845	1.275	0.435	0.140	0.033
8	T2B10④-2	56～63厘米	75.084	12.197	0.244	6.960	1.993	0.679	0.957	1.319	0.341	0.095	0.036
9	T2B10⑤	63～72厘米	70.973	14.164	0.354	8.459	2.269	0.784	1.133	1.306	0.331	0.145	0.040
10	T2B10⑥B	87～90厘米	70.449	14.269	0.366	8.108	2.546	1.087	1.162	1.349	0.390	0.151	0.060

兔子山遗址7号井出土木牍树种的鉴定研究

张晓英

（湖南省文物考古研究所）

［摘　要］　益阳兔子山遗址出土了大量木牍，为了解古人制作木牍的材质类型，本实验对兔子山遗址7号井出土的28件无字木牍样品进行鉴定，结果表明这批木牍主要由南方红豆杉、海南五针松、润楠等木材制作而成。此次分析结果对于研究古代环境、古气候环境变迁及当时人类对自然资源的利用等具有重要意义。

［关键词］　木材鉴定；木牍；兔子山遗址；植被分布；古环境

益阳湖山秀丽，人文荟萃，境内有资、澧、沅三水经过并注入洞庭湖，优越的自然环境和适宜的气候条件孕育了益阳深厚的文化底蕴。兔子山遗址是2013年由湖南省文物考古研究所和益阳市文物处联合发掘的，遗址位于湖南省益阳市赫山区三里桥铁铺岭社区。共发掘了16口古井，其中11口古井出土简牍大约15000枚，其中包括较多木牍。该遗址时代约从公元前250年至公元250年，是目前全国已发掘古井出土简牍时序最为完整的一个遗址。考古资料证明兔子山遗址是益阳历代县衙所在地，这些简牍资料记录了当地署衙在楚、秦、两汉时期的县级官府运作、社会状况等方面的信息[1]，具有重要的学术价值。

7号井位于兔子山遗址西北部，也是该遗址地势最高处，井的上端在该遗址未被发现时被施工队铲去，井口为圆形，直径1.2米，残深8.4米，简牍记录的是长沙国益阳县衙公私文书，年代大约为西汉早期。木牍树种的鉴定对于了解古代当地植被的生长分布情况、自然气候特征及当时人们利用自然改造自然的技术水平等都具有重要意义。

此次研究共鉴定了7号井出土的28件无字木牍，初步了解了木牍制作材料的基本状况。

一、实验部分

本次实验样品由湖南省文物考古研究所副研究员兼兔子山遗址考古发掘领队张春龙提供，鉴定的木材来自兔子山7号井（简称J7），实验使用的均为出土的无文字木牍。

处理过程：①将沾满污泥的木牍多次清洗干净；②分别在其横、径、弦三个面上切出厚约20微米的切片；③先用番红染色，然后分别通过浓度为50%、70%、90%、100%的乙醇脱水，再用加拿大树胶制成永久的光学切片；④置于光学显微镜（ZEISS Scope A1）下观察各个切面的微观形貌；⑤根据木材的显微特征并结合相关的工具书[2]，判断木材种属。

二、实验结果

此次分析的28件木材中共鉴定出7类树种，分别隶属5科7属7种，树种鉴定结果及其在地层中的分布位置情况见表一。

表一　兔子山木材相关信息及鉴定结果

<table>
<tr><th>地层位置</th><th>种属名</th><th>数量</th><th>科</th></tr>
<tr><td rowspan="4">J7②</td><td>南方红豆杉(Taxus mairei SY Hu)</td><td>4</td><td>红豆杉科</td></tr>
<tr><td>海南五针松(Pinus fenzeliana Hand.-Mazz.)</td><td>1</td><td>松科</td></tr>
<tr><td>润楠(Machilus pingii Cheng ex Yang)</td><td>1</td><td>樟科</td></tr>
<tr><td>云山青冈[Cyclobalanopsis sessilifolia (Blume) Schott]</td><td>1</td><td>壳斗科</td></tr>
<tr><td rowspan="4">J7③</td><td>南方红豆杉(Taxus mairei SY Hu)</td><td>1</td><td>红豆杉科</td></tr>
<tr><td>海南五针松(Pinus fenzeliana Hand.-Mazz.)</td><td>1</td><td>松科</td></tr>
<tr><td>大果木姜(L. Lancilimba Merr)</td><td>1</td><td>樟科</td></tr>
<tr><td>槲栎(Quercus aliena Bl.)</td><td>2</td><td>壳斗科</td></tr>
<tr><td>J7⑤</td><td>南方红豆杉(Taxus mairei SY Hu)</td><td>10</td><td>红豆杉科</td></tr>
<tr><td rowspan="3">J7⑥</td><td>南方红豆杉(Taxus mairei SY Hu)</td><td>4</td><td>红豆杉科</td></tr>
<tr><td>润楠(Machilus pingii Cheng ex Yang)</td><td>1</td><td>樟科</td></tr>
<tr><td>山枣(Ziziphus Montana W. W. Smith)</td><td>1</td><td>漆树科</td></tr>
</table>

1. 南方红豆杉（*Taxus mairei SY Hu*）

该木材在横切面上生长轮明显，管胞为四边形或多边形，部分呈卵圆形，早晚材缓变，轴向薄壁细胞缺如，径切面交叉场主要呈柏木型，少量为杉木型，螺纹加厚显著，管胞为单列具缘纹孔型，管胞上纹孔较少。弦切面上螺纹加厚明显，木射线单列散生，最长为25个细胞，大部分集中在3～15个细胞。横、径、弦三切面显微图片见图一。

根据横、径、弦三切面的特征并且通过相关工具书对树种的描述及图版，鉴定该木材为南方红豆杉，28件样品中共发现19件南方红豆杉。

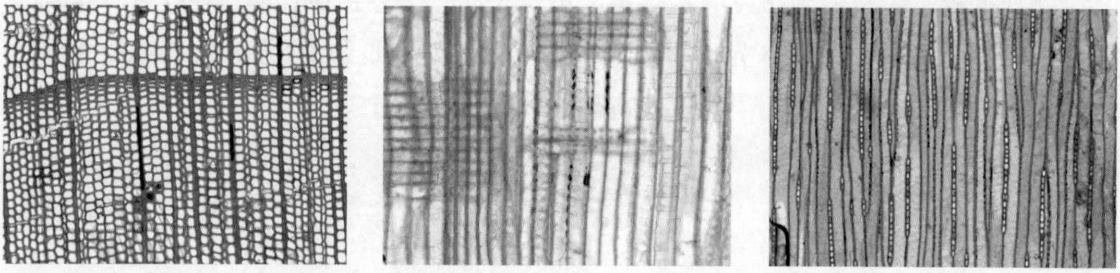

图一　南方红豆杉横、径、弦三切面显微图片

2. 海南五针松（*Pinus fenzeliana Hand.-Mazz.*）

该木材从宏观上可发现生长轮明显，横截面上肉眼可见少量孔洞，木材由于在水中长期浸泡，导致早材糟朽较为严重，晚材保存状况稍好。横切面早晚材突变，有少量轴向树脂道，主要分布于晚材管胞中。早材管胞呈多边形近卵圆形，管胞壁较薄；晚材多为方形，管胞壁较厚，管胞腔较小。径切面管胞上为断续的单列具缘纹孔，管胞上存在较浅的交叉纹路，交叉场中心主要为单个窗格型，部分为双窗格型，交叉场边缘为松型。未见螺纹加厚，但螺纹裂隙明显。弦切面上为单列木射线及纺锤木射线，以单列木射线为主，高2～11个细胞，大多数为4～7个，弦切面纺锤木射线中存在径向树脂道。横、径、弦三切面显微图片见图二。

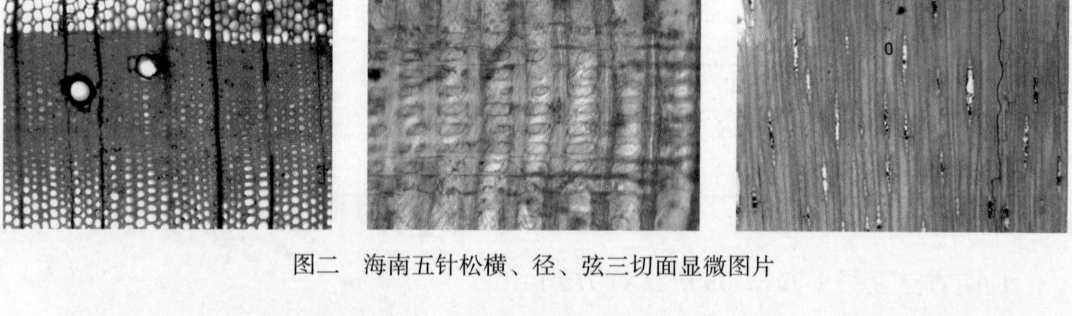

图二　海南五针松横、径、弦三切面显微图片

通过相关的木材鉴定工具书，判断其为海南五针松。此次分析的28个木材样品

中，共检测到2件海南五针松。

除了大部分木材为裸子植物外，还有部分的其他阔叶树种。

3. 润楠（*Machilus pingii Cheng ex Yang*）

横切面为散孔材，导管为卵圆形，单管孔及2～3个复管孔，未见侵填体，木射线较发达，早材及晚材交界较为明显。径切面交叉场为异形Ⅲ型和异形Ⅱ型，存在较多的直立细胞和方细胞。导管为单穿孔，未见螺纹加厚，部分胞腔内具有树胶，并含有油细胞。弦切面木射线非叠生，木射线为双列异形Ⅲ型和异形Ⅱ型，导管纹孔互列，端壁结状加厚不明显，木射线高9～17个细胞。横、径、弦三切面显微图片见图三。

根据木材三切面特征并结合相关工具书，鉴定该木材样品为润楠，共检测到2件木牍样品为润楠。

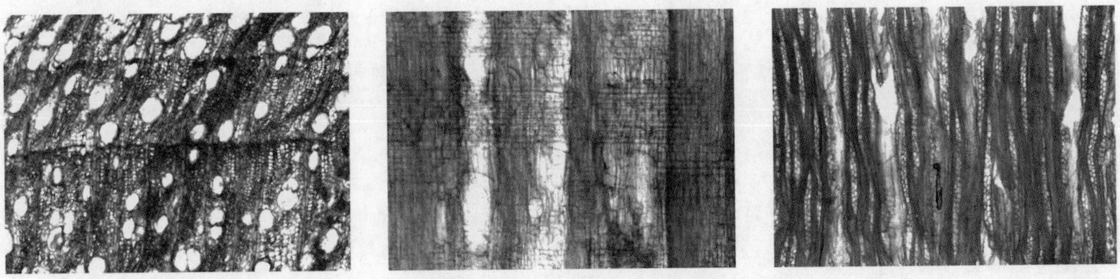

图三　润楠横、径、弦三切面显微图片

4. 槲栎（*Quercus aliena Bl.*）

横切面呈环孔材，为单管孔及径向复管孔，管孔径向分布呈火焰状，早晚材缓变，早材管孔较大且多，晚材管孔较少，部分呈小管孔团，越靠近晚材管孔越小，导管中树胶及侵填体未见。横切面上木射线具较细和较粗两种。径切面上薄壁细胞端壁结状加厚不明显，交叉场范围较大，导管为单穿孔。弦切面上主要为单列木射线，另外还有少量宽列木射线，单列木射线高5～20个细胞，宽列木射线宽9～16个细胞，高度很高，木射线中含少量树胶。横、径、弦三切面显微图片见图四。

结合相关工具书，鉴定此种木材为槲栎，此次分析中共鉴定出该类木材2件。

5. 云山青冈［*Cyclobalanopsis sessilifolia (Blume) Schott*］

该木材的横切面管孔较少，散孔材，管孔较小，为单管孔，呈径向分布，具有较宽多列木射线和单列木射线。早晚材无明显界限。径切面上，导管非叠生，导管单穿孔，具有一定的节状加厚，导管上纹孔不太明显。木射线非叠生，以单列木射线为主，

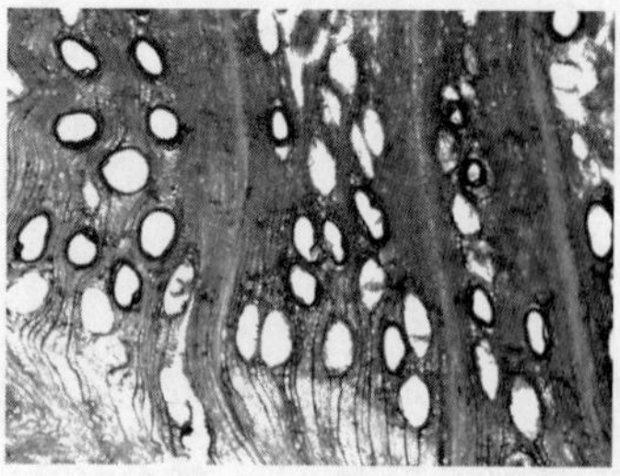
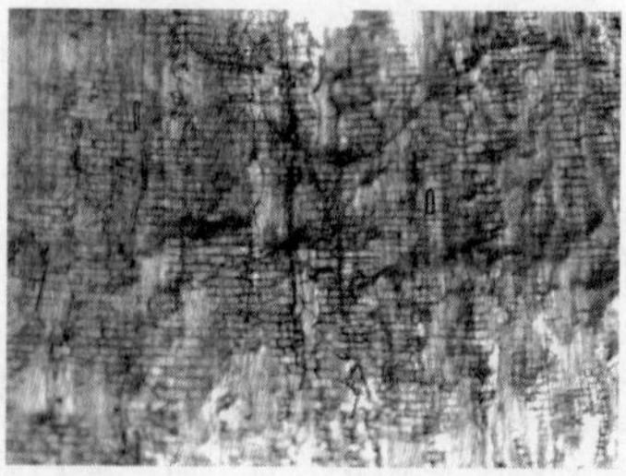
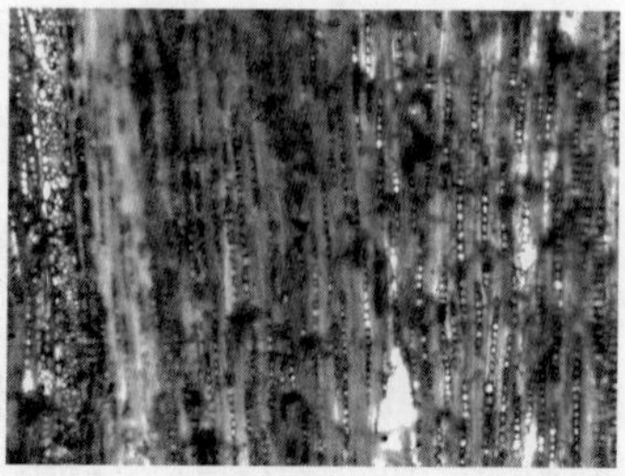

图四　槲栎横、径、弦三切面显微照片

单列木射线高4～16个细胞，同时有宽列木射线，宽度为10～15个木射线细胞，高度甚高，部分木射线细胞中有树胶填充。横、径、弦三切面显微图片见图五。

通过三切面特征并结合相关工具书，鉴定该木材为云山青冈，此次鉴定的木材样品中共发现1件样品为云山青冈。

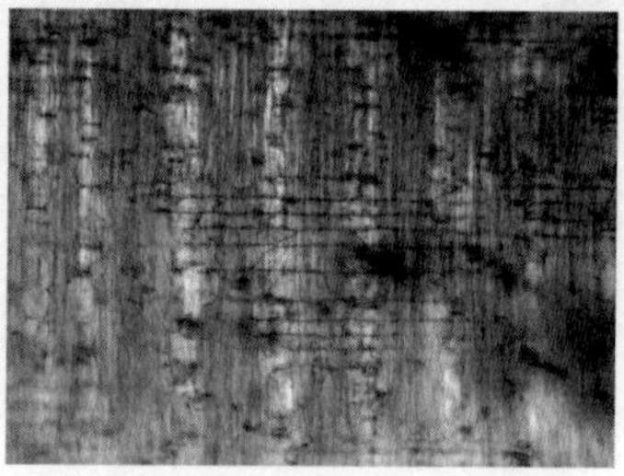
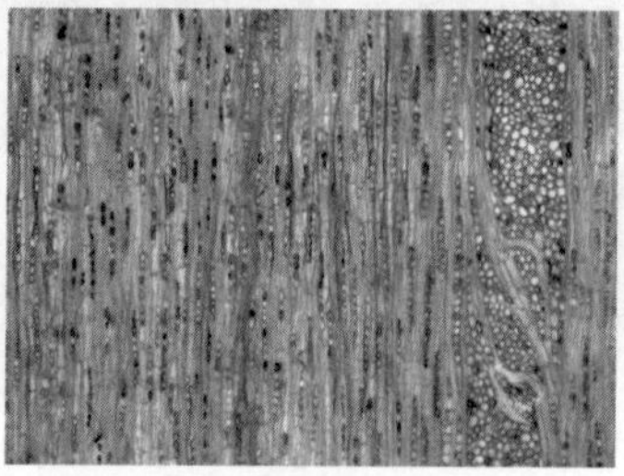

图五　云山青冈横、径、弦三切面显微图片

6. 大果木姜（*L. Lancilimba Merr*）

横切面上为散孔材，管孔径向分布，由单管孔和径列复管孔组成，部分管孔中存在树胶，早晚材渐变。径切面上导管为单穿孔，有树胶道，未见螺纹加厚，导管纹孔互列，交叉场中含较多树胶，为异形Ⅲ型。弦切面上木射线基本为两列异形Ⅲ型木射线，极少有单列木射线，部分木射线细胞中存在树胶，木射线高9～20个细胞。横、径、弦三切面显微图片见图六。

根据其三切面特征并结合相关工具书籍，判断该木材为大果木姜，此次分析仅发现1件大果木姜。

7. 山枣（*Ziziphus Montana W. W. Smith*）

该木材为环孔材，单管孔和径列复管孔，早材管孔较晚材大，越靠近晚材管孔越小，早材管孔2～3列，含一定的侵填体，晚材管孔团较多。径切面导管分子为单穿孔，纹孔互列，薄壁细胞节状加厚不太明显，交叉场为异形Ⅲ型。弦切面上单列木射

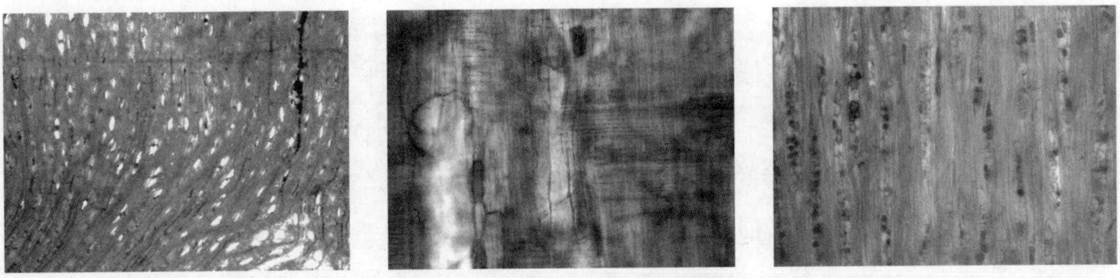

图六　大果木姜横、径、弦三切面显微照片

线、双列木射线、多列木射线及纺锤木射线均存在，纺锤木射线中存在树胶道，木射线中还含有一定的树胶。横、径、弦三切面显微图片见图七。

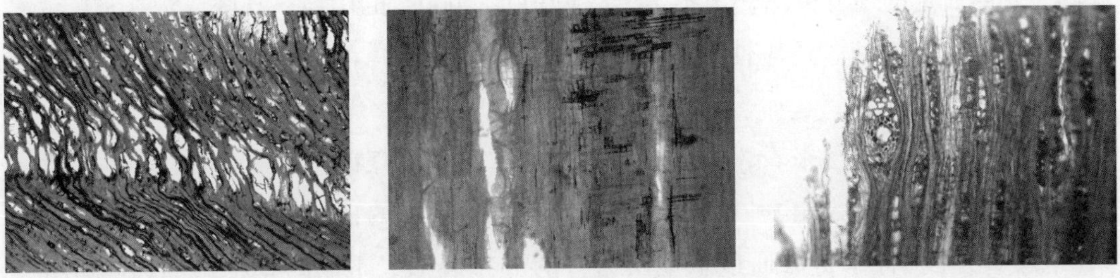

图七　山枣横、径、弦三切面显微图片

通过三切面特征，结合湖南当地树种及相关工具书，判断该木材为山枣，此次鉴定中仅发现1件木牍由山枣制作。

三、结果讨论

此次鉴定的28个木牍样品中，以南方红豆杉为主，含19件，另外海南五针松、润楠、槲栎木材各2件，大果木姜、云山青冈、山枣各1件。木牍制作的材料以珍贵的南方红豆杉、润楠等为主，同时也发现少量普通木材，如山枣等。

红豆杉果实颜色艳丽，宛如南国相思豆，故名红豆杉，散生于海拔500～3500水平米，为典型的阴生植物，生长缓慢，并具有重要的药用价值[3]，在气候温暖、雨量充沛、湿度较高的酸性土壤中生长良好[4]。益阳地处亚热带季风湿润气候区，适宜红豆杉的生长。红豆杉木材有天然的淡红色，并且纹理直，结构细腻，富有光泽，耐腐蚀，是理想的书写材料。

海南五针松是一种喜阳乔木，主要分布在热带，高度可达50米，喜欢温暖多雨气候，在湖南西南部有分布[5]，材质轻软有弹性，纹理通直易于加工，是一种容易干燥又不易开裂的木材。主产于热带地区的海南五针松出现在益阳古井中，可能是因为益阳地区属于中亚热带季风气候区，当地气候适合该树种生长，故出现了少量该树种。

润楠为珍贵楠木树种之一，高度可达30米。木材纹理致密，不仅可以作为良好的木材资源，同时还具有较多的药用价值[6]。润楠原本就是非常有限的木材资源，此次鉴定中发现润楠，也可见当地官府对于资料记录是比较慎重的。

槲栎高可达30米，木材纹理较直，结构粗且不均匀，较重且硬度大，干燥后收缩大。其种子富含淀粉，是制作食物的好原料。云山青冈是一种常绿乔木，分布于长江以南各省海拔较低的地区，其种子可酿酒或者作为动物饲料。该木材干燥速度缓慢，硬度大，耐久性、耐磨性好，性能优良。大果木姜是一种主产于热带的木材，适宜在湿润、光照充足的地方种植。山枣生于海拔300～2000米的山坡、丘陵或沟谷林中，是一种喜光、生长迅速、适应性强的植物，山枣果实也是一种重要的食物来源，该树种在湖南地区分布较广。

从木材分布的地层来看，不同时期使用的木材种类存在一定的差别，第2、3地层树种较为丰富，均鉴定出4种类型的木材，而第5地层中的10件木牍均为红豆杉制作，第6地层共发现3种木材。通过各地层树种的分布可知，不同时期使用的树种存在差异，但均使用了南方红豆杉，说明该树种在各个时期都有种植，当时对该树种的利用比较多。

通过鉴定出的7种木材及其在地层中的分布可知，这些木材主要生长在温暖湿润的气候中，说明古代益阳气候条件较好。针叶木材及阔叶木材均可见，推测为针阔叶混交林，但不同时期树种分布可能发生了一定程度的变化。由鉴定出的树种可知，用于制作木牍的基本为优良木材，因此也可推测当地官府比较看重文字记录工作。同时，古人可能利用木材的果实制作食物，这也体现了人类对自然资源的充分利用。

益阳历史文化悠久，7000多年前的新石器时代早期就有人类活动的历史遗迹，有文字可考的历史目前就追溯到了秦朝。此次鉴定共分析了来自兔子山的28个木牍样品，其中19个木牍为南方红豆杉木材制作，其次有少量的海南五针松、润楠、槲栎、云山青冈、大果木姜、山枣等树种，鉴定结果表明益阳地区古代自然气候条件优越，可能为针阔叶混交林，从木材树种上可推测衙署对各类文字记录较为重视。

注　释

[1] 周西璧：《洞庭湖滨兔子山遗址考古古井中发现的益阳》，《大众考古》2014年第6期。

[2] A. 成俊卿、杨家驹、刘鹏：《中国木材志》，中国林业出版社，1992年。

B. 方文彬、吴义强：《中国湖南主要经济木材解剖性质及彩色图鉴》，科学出版社，2011年。

C. 江泽慧、彭镇华：《世界主要树种木材科学特性》，科学出版社，2001年。

D. 姜笑梅、程业明、殷亚方：《中国裸子植物木材志》，科学出版社，2010年。

[3] A. 王红萍、段红梅：《红豆杉的价值与开发利用研究进展》，《北方园艺》2013年第12期。

B. 张蕊、周志春、金国庆等：《南方红豆杉种源遗传多样性和遗传分化》，《林业科学》2009年第1期。

[4] A. 谢志慧、杜玲玲、李效贤等：《南方红豆杉研究新进展》，《中国药业》2009年第15期。

B. 叶水英：《红豆杉的生物学特性及开发利用》，《生物学教学》2006年第4期。

[5] 陈美高：《海南五针松在湖南的分布与生长特性》，《湖南林业科技》1991年第2期。

[6] 徐振东、杨曼、胡蝶等：《润楠属主要树种的资源状况、研究现状和开发利用前景》，《长江大学学报》（自然科学版）2016年第3期。

The Identification of Inscribed Wooden Tablets from No.7 Well of Tuzishan Site

Zhang Xiaoying

(Hunan Provincial Institute of Cultural Relics and Archaeology)

Abstract: Yiyang Tuzishan site has unearthed a great number of inscribed wooden tablets. This paper identified 28 wordless inscribed wooden tablets from No.7 well of Yiyang Tuzishan site to study the species. The result is that they were made from Taxus mairei, Hainan white pine, Machilus pingii and so on. The result is significant to the study of the local climatic characteristics as well as the change, human's utilization of natural resources, and environment in the ancient times.

Keywords: Wood Identification; Inscribed Wooden Tablet; Tuzishan Site; Vegetation; the Ancient Environment

能量色散X射线荧光光谱中玻璃的定量分析方法

赵志强[1]　周　珺[2]

（1. 湖南省文物考古研究所　2. 长沙市博物馆）

［摘　要］　X射线荧光光谱具有分析速度快、无损分析、易于解析谱图等优点，目前已广泛应用于文物考古等领域。为实现能量色散X射线荧光光谱（EDXRF）对物质成分的定量分析，本实验以Corning-B、Corning-C和Corning-D玻璃作为标准样品，利用ARL QUANT' X型EDXRF进行能谱测量，经基本参数法计算得到校准曲线。结果表明，物质主要组分的推荐值和测量值的绝对误差小于1.3%，变动系数低于1.7%，本实验所建立的玻璃校准曲线能较好地克服元素间的吸收增强效应，保证为古玻璃研究提供准确、可靠的分析数据。

［关键词］　能量色散X射线荧光光谱；基本参数法；玻璃；定量分析

能量色散X射线荧光光谱（EDXRF）是物质成分定性、定量分析的常用方法，由于它具有快速、无损分析、谱线简单、多元素同时准确分析等优点，目前已广泛应用在地质、冶金、文物考古等领域[1]。X射线荧光光谱的定量分析方法很多，按基体校正方法不同，可划分为实验校正法、影响系数法、经验系数法和基本参数法。实验校正法是最早用于X射线荧光光谱分析的一种校正方法，主要是绘制分析元素浓度函数的强度，包括校正曲线法、内标法和比例常数法[2]。影响系数法（Influence Coefficient method）是由已知或假设组分浓度的样品，以公式计算出理论影响系数，建立相应方程，但该方法物理含义不清晰，仅采用数学模型解决相互之间的影响，对于差异较大的样品需要重新建立方程[3]。经验系数法（Empirical Coefficient method）是依据一组标准样品，根据所给组分参考值和实际测得的强度，使用线性或非线性回归的方法计算出影响系数，经验系数法需要准备较多的标准样品，并且其适用性在很大程度上受标准样品的形态、化学组成及含量范围的限制[4]。基本参数法（Fundamental Parameters）是应用X射线荧光强度的理论公式，基于各项物理参数（原级X射线光谱强度分布、质量吸收系数、荧光产额、吸收限跃迁因子、谱线分数等），消除吸收和增强效应，基本参数法可以通过少量标样，通过测量强度与理论强度，经过迭代运算即可分析样品的含量，它是目前应用广泛的定量分析方法[5]。基于此，本论文利用ARL QUANT’X型X荧光能谱仪，采用基本参数法应用于玻璃的定量分析上，以制作供古玻璃分析研究的灵敏度校准曲线，同时也为其他类型样品曲线的建立提供参考依据。

一、方法原理

基本参数法是以X射线荧光强度的理论公式为基础，在计算过程中需要准确知道各种物理参数。需要指出的是，由于物理参数和几何因子数值的误差不可忽略，因此在计算强度和含量时难以获得理想结果。其解决办法是将X射线的强度表示成相对强度，计算公式如下：

$$R_i = \left(\frac{I_i}{I_{(i,s)}}\right)_{ms} \times \left(\frac{I_{(i,s)}}{I_{(i)}}\right)_{cal}$$

R_i为X射线相对强度的测量值，I_i为被测样品中i元素的测量强度，$I_{(i)}$表示i元素的纯元素强度，$I_{(i,s)}$表示标样中i元素的强度，ms表示实际测量值，cal表示计算值（即根据标样中元素i和其他元素的已知含量从基本参数法公式中计算出来的结果）。

其中，I_i为P_i（原级X荧光强度）和S_i（次级X荧光强度）之和，理论计算公式如下[6]。

$$P_i = G_i C_i \sum_{\lambda\min}^{\lambda\mathrm{abs},i} \frac{D_{i,\lambda} I_\lambda \Delta_\lambda \mu_{i,\lambda}}{\mu_s^*}$$

$$S_i = G_i C_i \sum_{\lambda\min}^{\lambda\mathrm{abs},i} \frac{D_{j,\lambda} I_\lambda \Delta_\lambda \mu_{i,\lambda}}{\mu_s^*} eij, \lambda C_j$$

二、实验部分

（一）实验样品

实验样品为美国康宁博物馆制作的Corning-B、Corning-C和Corning-D玻璃样品，其中Corning-B标样代表的是罗马、拜占庭天然碱玻璃的特性，Corning-C代表东亚地区铅钡玻璃的特征，Corning-D代表古代地中海地区高钾玻璃的特点[7]。标样中各成分质量分数见附表一。

（二）实验仪器及参数

仪器为美国热电公司（Thermo Fisher Scientific）产ARL QUANT’X型X荧光能谱

仪。铑（Rh）靶X射线光管，输入电压4～30V，测试电流自动调节；电制冷硅漂移探测器，元素检测范围为Na（11）～U（92）；真空环境下测试，每个样品的检测时间为340s。具体参数如表一所示。

表一　EDXRF测试条件

测试条件	滤光片	输入电压（kV）	测试环境	测试时间（s）	测试元素
Low Za	无	4	真空	70	Na、Mg、Al、Si、P
Low Zb	cellulose	8	真空	70	K、Ca、Sn、Sb
Low Zc	Aluminum	12	真空	50	Ti、V、Mn、Ba
Mid Za	Thin Pd	16	真空	50	Fe、Co、Ni
Mid Zb	Med Pd	20	真空	50	Cu、Zn
Mid Zc	Thick Pd	30	真空	50	Sr、Pb

三、实验结果与讨论

利用ARL QUANT’X型XRF内置的基本参数法计算出玻璃标样各成分数据，见附表一。为便于直观讨论，采用最小二乘法对各组分数据进行线性回归分析[8]，以R^2值表示回归拟合效果（R^2在0～1，越接近1，拟合效果越好），部分组分的线性拟合结果如图一《部分组分线性拟合图》所示，结合附表一和《部分组分线性拟合图》可知，Na_2O、K_2O、SiO_2、CaO、PbO等成分的R^2值均在0.99以上，绝对误差在1.3%以下，其利用基本参数法计算出来的物质各组成成分数据与推荐值基本吻合，个别组分（Al_2O_3、MgO、Fe_2O_3等）测量值与推荐值有误差，但R^2值均在0.8以上，拟合优度较高，可满足测试需要。以上分析结果表明标样中各组分所使用基本参数的正确性。

为进一步验证校准曲线的精确度，按表一测试条件，将玻璃标准样品各进行8次重复测试，统计分析结果。利用SPSS软件计算各组分的平均值、标准偏差及变动系数（见附表二，仅列出含量大于1%的组分及特征成分）。由附表二可知，标样Corning-B中Na_2O、Al_2O_3、SiO_2、CaO、CuO的变动系数在1%以下，K_2O、MgO在1.6%左右；标样Corning-C中SiO_2、CaO、PbO的变动系数在1%左右，Na_2O、MgO、K_2O等组分在4.4%以下；标样Corning-D中SiO_2、CaO、K_2O的变动系数在1%以下，Na_2O、MgO、Al_2O_3、P_2O_5在3.105%或以下，样品中的组分含量越高，其变动系数越小，精确度越高。需要指出的是，EDXRF对部分轻元素的灵敏度不是很高，一方面由于轻元素自身的荧光产额比较低，容易被吸收，另一方面也因为元素的含量较低，激发效应不是很强，测出来的峰强值误差大。以上结果表明，校准曲线的精确度较为理想，各组分测量值均在仪器误差允许范围内，说明基本参数法在EDXRF分析技术中的可行性。

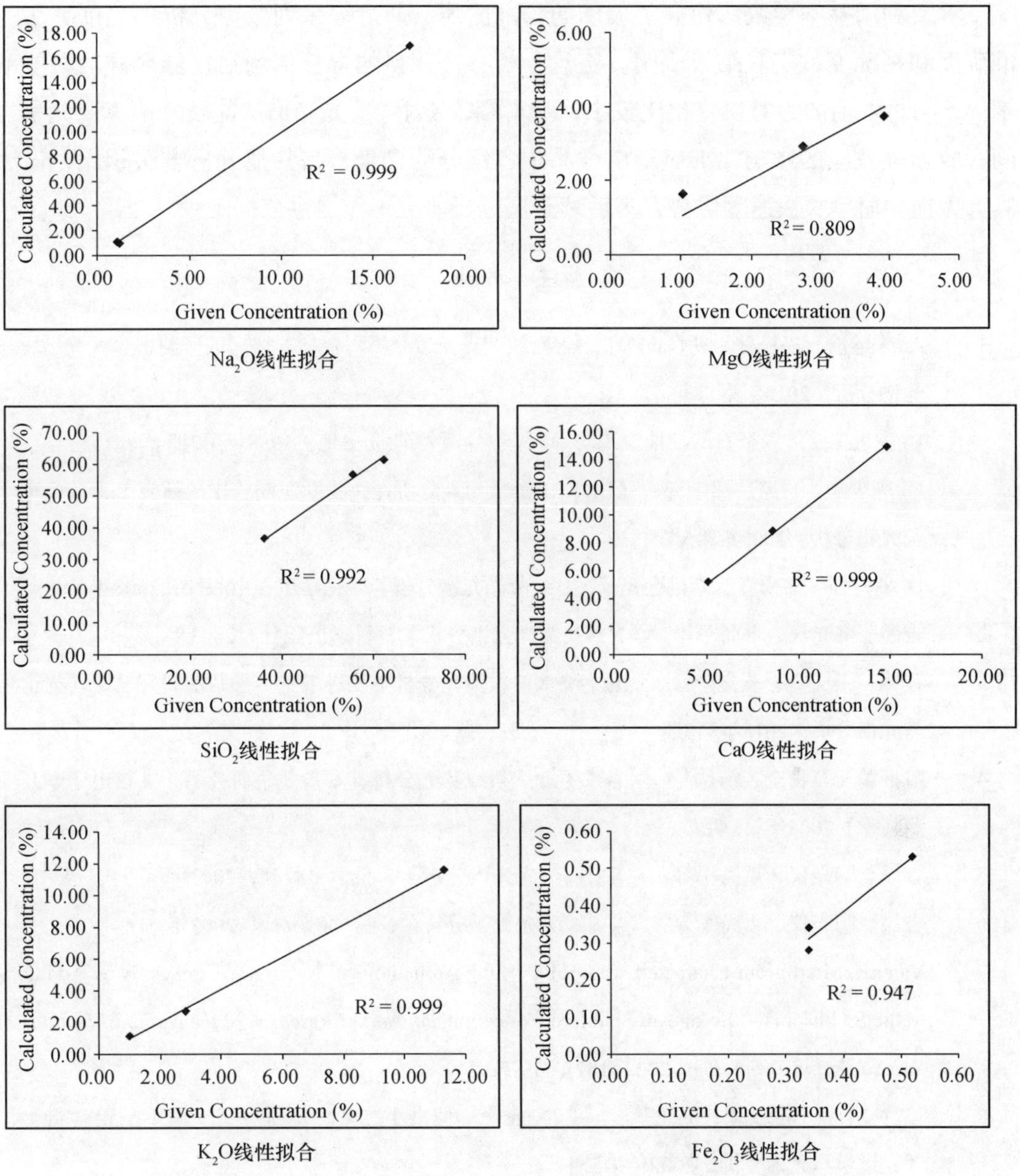

图一　部分组分线性拟合图

四、结 语

本文利用基本参数法建立了玻璃的校准曲线，通过一系列数据分析来验证方法的准确度和精确度，实验结果表明，定量分析方法测得的含量值均在仪器允许的误差范围内，与推荐值的绝对误差相比较小，基本参数X射线荧光光谱法能较好地克服元素之间吸收增强效应的影响，准确得出样品中各组分的含量，与其他分析方法相比，该法具有无损、简单、快速等优势，为后续开展分析研究工作提供依据。

注 释

[1] A. 朱继浩、冯松林、初凤友等：《X射线荧光光谱分析陶瓷标准样品的研制》，《光谱学与光谱分析》2010年第11期。

B. 王进玉：《青金石的早期应用与中西交流》，《西北史地》1988年第2期。

C. 周少华、付略、梁宝鎏：《EDXRF微量元素分析在文物断源断代中的研究》，《光谱学与光谱分析》2008年第5期。

D. 罗立强、詹秀春、李国会：《X射线荧光光谱分析》，化学工业出版社，2008年。

[2] 吉昂、陶光仪、卓尚军等：《X射线荧光光谱分析》，科学出版社，2003年。

[3] 程锋、张庆贤、葛良全：《能量色散X射线荧光分析中改进型基本参数法研究》，《光谱学与光谱分析》2015年第7期。

[4] 戴振麟、葛良全、邹德慧：《能量色散X射线荧光分析基本参数法研究》，《核电子学与探测技术》2008年第1期。

[5] 吉昂、陶光仪、卓尚军等：《X射线荧光光谱分析》，科学出版社，2003年。

[6] 吉昂、陶光仪、卓尚军等：《X射线荧光光谱分析》，科学出版社，2003年。

[7] Vicenzi. Microbeam Characterization of Corning Archeological Reference Glasses: New Additions to the Smithsonian Microbeam Standard Collection. *Journal of Research of the National Institute of Standards and Technology*, 2002 (107): 719-727.

[8] A. 黄启厅、周炼清、史舟等：《FPXRF——偏最小二乘法定量分析土壤中的铅含量》，《光谱学与光谱分析》2009年第5期。

B. 唐曙光：《基于Excel的实验数据最小二乘法计算探讨》，《大学物理实验室》2003年第4期。

The Quantitative Analysis Method of Glass in EDXRF

Zhao Zhiqiang[1]　Zhou Jun[2]

(1. Hunan Provincial Institute of Cultural Relics and Archaeology　2. Changsha Museum)

Abstract: The X-ray fluorescence spectrometry has been widely used in the field of cultural heritage, duing to its fast analyzing speed, non-destructive analysis, simple spectrum interpretation, etc. EDXRF requires standard samples for quantitative analysis, so that Corning-B, Corning-C and Corning-D were applied as standards for glass quantitative analysis in this research. These three standards were analyzed by ARL QUANT'X EDXRF. Each element was calculated via the FP to get the calibration curve. The variation coefficient is no more than 1.7%, and the absolute error between the calculated value and the actual value is lower than 1.3%. The result shows that the calibration curre in this experiment can overcome the absorption and enhancement effect among elements, which can provide accurate and reliable data for ancient glass research.

Keywords: EDXRF; Fundamental Parameters; Glass; Quantitative Analysis

附表一　基本参数法测定玻璃成分数据与标准推荐值结果对照（wt%）

	Corning-B			Corning-C			Corning-D		
	推荐值	测量值	绝对误差	推荐值	测量值	绝对误差	推荐值	测量值	绝对误差
Na_2O	17.00	16.88	0.12	1.070	1.080	0.01	1.200	0.950	0.25
MgO	1.03	1.63	0.60	2.760	2.920	0.16	3.940	3.730	0.21
Al_2O_3	4.360	4.31	0.05	0.870	2.380	1.51	5.300	4.550	0.75
SiO_2	62.30	61.27	1.03	36.15	36.52	0.37	55.460	56.610	1.15
P_2O_5	0.82	0.93	0.11	0.140	0.480	0.34	3.930	3.990	0.06
K_2O	1.00	1.140	0.14	2.840	2.690	0.15	11.300	11.560	0.26
CaO	8.56	8.830	0.27	5.070	5.170	0.10	14.800	14.860	0.06
TiO_2	0.089	0.100	0.011	0.790	0.000	0.79	0.380	0.390	0.01
MnO	0.250	0.250	0	—	0	0	0.550	0.570	0.02
Fe_2O_3	0.340	0.340	0	0.340	0.280	0.06	0.520	0.530	0.01
CoO	0.046	0.050	0.004	0.180	0.160	0.02	0.023	0.030	0.007
CuO	2.660	2.660	0	1.130	1.050	0.08	0.380	0.380	0
Sb_2O_5	0.460	0.540	0.08	0.030	0.460	0.43	0.970	0.890	0.08
BaO	0.120	0.120	0	11.400	10.880	0.52	0.510	0.410	0.10
PbO	0.610	0.550	0.06	36.700	35.460	1.24	0.480	0.310	0.17
SnO_2	0.040	0.050	0.01	0.190	0.150	0.04	0.100	0.000	0.10
ZnO	0.190	0.190	0	0.052	0.040	0.012	0.100	0.100	0
SrO	0.019	0.020	0.001	0.290	0.250	0.04	0.057	0.060	0.003
V_2O_5	0.036	—	0.036	—	0	0	—	0.030	0.03
NiO	0.099	0.100	0.001	—	0.020	0.02	—	0.050	0.05

附表二　基本参数法测定玻璃成分数据的精确度实验结果

组成成分		Na_2O	MgO	Al_2O_3	SiO_2	P_2O_5	K_2O	CaO	CuO	PbO	BaO
B	平均值（%）	17.114	1.447	4.342	61.053	—	1.13	8.57	2.607	—	—
	标准偏差	0.154	0.024	0.031	0.401	—	0.018	0.052	0.022	—	—
	变动系数（%）	0.902	1.691	0.724	0.657	—	1.617	0.61	0.834	—	—
C	平均值（%）	1.003	2.556	—	36.004	—	2.922	5.494	1.169	36.839	11.827
	标准偏差	0.043	0.034	—	0.366	—	0.058	0.052	0.04	0.347	0.177
	变动系数（%）	4.323	1.329	—	1.016	—	1.974	0.941	3.419	0.942	1.498
D	平均值（%）	1.113	3.08	5.21	54.859	3.886	12.999	14.383	0.473	—	—
	标准偏差	0.035	0.067	0.124	0.25	0.058	0.087	0.139	0.007	—	—
	变动系数（%）	3.105	2.175	2.382	0.456	1.502	0.668	0.966	1.464	—	—

金石锥指

里耶秦简字词补释

杨先云

（湖南省文物考古研究所）

［摘　要］　本文探讨里耶秦简，在整理者和学者的研究基础上，结合相关的传世文献和出土文献，对一些简文字词进行考释和补充，以期有助于读者对文本的理解。

［关键词］　里耶秦简；释文；字词；考释

一、羊　官

☐羊官　8-111＋8-141[1]

"羊官"，《校释》未注。里耶秦简多见"畜官""田官"等。睡虎地秦简《秦律十八种》有"牛长"，整理者认为是饲牛人员中的负责者[2]。《汉书·外戚传》有"掖庭牛官令舍"的记载。汉阳陵封泥中有枚"牛官"，有学者认为可能是阳陵邑中负责养牛的机构[3]。汉简又见"牛掾"，郭俊然认为"牛掾"是牛官令下之掾，负责处理耕牛事务[4]。我们认为"羊官"或与"牛官"相类，是专门处理与羊有关饲养管理等事务，既指负责养羊的官署，也是职官名，级别较低。羊与牛一样也是重要畜产，可能也需要专门机构和人员来管理。由于简文残断严重，文意尚未可知，无法断定含义，这里仅暂备一说。

二、遣

☐☐月己亥朔辛丑，仓守敬敢言之：令下覆狱遝迁陵隶臣邓

☐☐☐名吏（事）、它坐、遣言。·问之有名吏（事），定，故旬阳隶臣，以约为

☐☐☐史，有沓耐辠以上，毄（系）迁陵未夬（决），毋遣殹。谒报覆狱治所，敢言 8-136＋8-144

《校释》对“遣言”的解释：遣，疑当读为“谴”，罪过。《后汉书·蔡邕传》：“诏书每下，百官各上封事，欲以改政思谴，除凶致吉。”言，语已之辞[5]。

“遣言”又见于里耶秦简9-158“署迁陵遣言·问之”[6]。我们认为将“遣”读作“谴”恐不妥。里耶8-136＋8-144是一份具体的司法文书，其内容与睡虎地秦简《封诊式》司法文书样式简文相类：

有鞫 敢告某县主：男子某有鞫，辞曰：“士五（伍），居某里。”可定名事里，所坐论云可（何），可（何）罪赦，或覆问毋（无）有，遣识者以律封守，当腾，腾皆为报，敢告主。6-7[7]

覆 敢告某县主：男子某辞曰：“士五（伍），居某县某里，去亡。”可定名事里，所坐论云可（何），可（何）罪赦，【或】覆问毋（无）有，几籍亡，亡及逋事各几可（何）日，遣识者当腾，腾皆为报，敢告主。13-14[8]

里耶秦简中的“遣”应与睡虎地秦简《封诊式》“遣”意思相近，更有可能是“派遣”的意思。里耶简文8-136＋8-144的“遣”即指派遣人，一般是“遣诣廷”或“遣识者当腾、以律封守”。如里耶秦简8-198＋8-213＋8-2013“定当坐者名吏里、它坐、訾能入赀不能，遣诣廷”。里耶秦简9-981所载：

卅年九月丙辰朔己巳，田官守敬敢言之：廷曰令居赀目取船，弗予，謾曰亡。亡不定言。论及

讂问，不亡，定謾者訾，遣诣廷。问之，船亡，审。沤枲。乃甲寅夜水多，沤，包（浮）船，船系

绝，亡。求未得，此以未定。史逐将作者泛中。具志已前上，遣佐壬操副诣廷。（正）

敢言之。

九月庚午旦，佐壬以来。扁发。壬手。（背）[9]

简文前面要求“遣诣廷”，后面田官就“遣佐壬操副诣廷”。里耶8-136＋8-144的

“遣”即指说明“遣人”的事，简文“毋遣”，即指没有遣人。8-136＋8-144简文后段“毋遣”是对简文前段“遣”的回答。

三、仆　足

迁陵丞迁告畜官仆足　8-137

《校释》认为：“足”为人名[10]。此说值得商榷。假若“足”为人名，表明这份文书是迁陵县丞下达给畜官仆的文书，“仆”常与“养”“走”相连，如里耶秦简8-130＋8-190＋8-193“诸徒隶当为吏仆养者皆属仓”，里耶秦简8-756“吏仆、养、走”，“养”指炊烹，“走”指行书徒，“仆”，《校释》认为指的是仆人[11]。岳麓秦简也有“吏仆”，整理者认为是侍从、供役使的人[12]。沈刚认为“仆”最接近的解释是赶车的人[13]。无论仆是具体从事哪项杂役的，可以知道的是“仆”地位低下，甚至让徒隶充当“仆”。按照正常的政务文书来往格式，迁陵县丞不可能向地位十分低下的畜官仆传达文书，故而这里的“仆足”只能是人名，是畜官人名，简8-137是迁陵县丞写给名叫仆足的畜官的文书。

四、均史佐、别臧

佐、均史佐日有泰（大）抵已备归，居吏被繇（徭）使及　8-197

“均史佐”首见，《校释》未解释，疑里耶秦简的“均佐”或与之相关：

均佐上造郁郅往春曰田□☑　8-1277

还见于里耶12-2301号简：

钱三百六十。卅二年九月甲戌朔丁酉，少内殷、佐处出稟家为占入钱，居县受，偿署所均佐临邛公卒奇里吕吾卅二年冬夏衣。[14]

从简文上看，均佐即是身份描述，应即为职官名。《岳麓书院藏秦简》（肆）简278“冗募群戍卒及居赀赎责戍者及冗佐史、均人史，皆二岁一归”。整理者认为均人史即均人的佐史，“史”当是承前省略了“佐”字[15]。游逸飞认为里耶秦简的“均佐”就是岳麓秦律的均人之佐之省。据上引岳麓秦律，里耶8-197简文“佐均史佐”可补为“【冗史】佐、均史佐”，“【冗史】佐、均史佐”就是岳麓秦简的“冗佐史、均人【佐】史”[16]。暂备一说。“均人”又见于睡虎地秦简《法律答问》简187“可（何）谓宫均人，宫中主循者殹（也）”，整理者将“均”读作“徇”，古书或写作“徇”“狥”，《尚书·泰誓》传：“徇，循也。”循，巡查[17]。我们疑岳麓秦简的“均人史”或与睡虎地秦简《法律答问》中的“宫均人”有关，既然“宫均人”是指主宫中巡查的，或大胆推测，那没有形容定语“宫”的“均人”或指负责巡查的官吏，“均人史”即是“均人”属吏。我们怀疑简文“均史佐”应指“均史”“均佐”。“史”一类属吏一般负责的是文书工作，或“均人史”即负责巡查的文书工作，“均史”即“均人史”的省称。“均佐”也是“均人”属吏佐，是“均人佐”的省称，辅佐“均人”的巡查工作。

里耶8-197简背释文有“报别臧”，“臧”通“藏”。“报别臧”有两种解释。一是别藏，是另藏别处之意，即指报书另藏。秦代有专门的“藏律”，如睡虎地秦简《秦律杂抄》所载：“臧（藏）皮革橐（蠹）突，赀啬夫一甲，令，丞一盾。·臧（藏）律。”这就是关于府藏的法律[18]。里耶8-560“用钱八万，毋见钱。府报曰取臧钱临沅五”，这里的“臧钱”也是指少内府藏的钱币。二是“报别臧”，向“别臧”复命。“别臧”作职官名见于西汉鼻纽铜印“别臧官印”[19]。《汉书·张汤传》载：“安世以父子封侯，在位大盛，乃辞禄。诏都内别臧张氏无名钱以百万数。”文颖注言：“都内，主臧官也。”郭俊然指出“别臧”官即主天子别藏之官，具体负责天子亲耕所获之谷[20]。秦代还未见“别臧”或者“臧”作为官署或职官名的例子，且“报”后跟官署名，也暂未见。这里“别臧”更有可能像文书中常见的“别书”“别传”“别奏”用语，为另行收藏。“报别臧”字迹较大，墨迹重，书写风格与其余简文皆不同，疑为后来书写的批语，应是指明报书收藏存放方式。故简文“报别臧”是指报书另行收藏的意思。

五、侍　　廷

昌辞（辞）曰：上造，居平□，侍廷，为迁陵丞。　8-754＋8-1007

《校释》认为“居平□”的“平”即《汉书·地理志》河南郡的平县，“□”则为里名[21]。宫宅洁认为“平□侍廷”是指平□县侍廷里[22]。宫说可从。“侍廷”又见于河南偃师出土的侍廷里父老买田约束石券[23]，“侍廷”即是里名。居延新简EPT56.69有“修武县寺廷里王平”[24]，“寺廷”即修武县里名。邢义田认为“侍廷”即“寺廷”，“寺”“侍”通假，“寺”应是指县寺、县廷，也就是县衙门；寺廷里似指县寺所在之里[25]。可从。《说文》：“寺，廷也。”朱骏声通训定声：“朝中官曹所止理事之处。”《广雅·释宫》：“寺，官也。”王念孙疏证：“皆谓官舍也。”岳麓秦简1266正/175正：“内史杂律曰：黔首室、侍（寺）舍有与廥、仓、库、实官补属者。”整理者将“侍”读为“寺”，官舍，并举《二年律令·徭律》410号简

"县道官敢擅坏更官府寺舍者，罚金四两，以其费负之"[26]为例。《管子·度地》："城郭、堤川、沟池，官府寺舍及州中当缮治者，给卒财足。"里耶简文"侍廷"从宫宅洁意见，应是"平□"县里名。

六、中　舍

甲辰，疾已去，出米三斗一甂，赏中舍。9-19背[27]

里耶秦简校释小组将"赏"读为"偿"，偿还，疑"中舍"是官署名[28]。此说可从。我们疑"中舍"的"舍"应同"邸舍"一样，表处所。《周礼·天官·宫正》："以时比宫中之官府次舍之众寡。"孙诒让《正义》："凡吏士有职事常居宫内者为官府，官府之小者为舍。""舍"同"官府"连称，可见和"官府"性质相近。"中舍"一词还见于洛阳金村的战国时秦国银器铭：

卅七年工右舍□重八两十一朱□□·十一·右

卌年中舍四枚重□中□□□[29]

出土文献有大量关于"中舍"的例子：

出靡五斛一斗　正月十一日中舍子通取　敦煌汉简317[30]

中舍从者吉□□□　正月食　敦煌汉简391[31]

☑卒宗取韭十六束，其三束为中舍，二束掾舍，十一束卒史　居延新简EPT51：325[32]

"偿中舍"又见于《居延新简》EPT52·185：

□入谷钱六百，偿中舍。又负丞□□□

又二百八十五，偿中舍。又负官簿余钱二百廿[33]

整理者认为居延新简的"中舍"即候官中舍，即甲渠候之舍[34]。肖从礼对"中舍"有很好的梳理：

在先秦两汉时期，"中舍"在不同时期其具体所指皆有所不同。在先秦时期的楚国，"中舍"写作"中余""中谢"或"中射"，为楚王侍御之官；"中舍"在楚简中又作"中舒"，掌官府财物之出入，其职类似周官"舍人"；在汉简中"中舍"既可指"从者"，又为边塞官吏"从者"所居之称，东汉时期，上至皇室下至各级官吏之随从者皆可以"中舍"代称；金村的战国秦国银器铭"中舍"为秦国制造工官，主作器械，类于考工室，属少府[35]。

秦国银器上的"中舍"即"工中舍"的省称，"工右舍"也可省称为"右舍"。如张家山汉简《奏谳书》"署中廥发"与"署狱西廥发"，这里的"中廥"即指"狱中廥"。张家山汉简《传食律》237号简"诸吏乘车以上及宦皇帝者，归休若罢官而有官者，县舍食人、马如令”。在汉简中“县舍”就提供饮食。我们怀疑里耶秦简的“中舍”是“县中舍”的省称，与张家山汉简“县舍”类似，是向吏员提供饮食的官署，根据具体情况有偿或无偿地提供食物，同时很有可能又类似于西北汉简“中舍”给官吏提供居住的职能。

附记：本文于2016年11月投稿后见何有祖《里耶秦简所见人名“仆足”试考》一文（简帛网2018年5月6日，http://www.bsm.org.cn/show_article.php?id=3075），对“仆足”有详细论述，“仆足”条当以何文为准。另《里耶秦简》（贰）（文物出版社，2017年）的一则简文有“佐仆足”（9-1567），可为“仆足”作人名的佐证。

注　释

［1］ A. 湖南省文物考古研究所：《里耶秦简》（壹），文物出版社，2012年。
B. 陈伟：《里耶秦简牍校释》（第一卷）（以下简称《校释》），武汉大学出版社，2012年。
C. 本文所引里耶秦简简文，参考《里耶秦简》（壹）和《校释》，图版参看《里耶秦简》（壹），缀合参看《校释》，不另注。

［2］ 睡虎地秦墓竹简整理小组：《睡虎地秦墓竹简》，文物出版社，1990年，第22、23页。

［3］ 杨武站：《汉阳陵出土封泥考》，《考古与文物》2011年第4期。

［4］ 郭俊然：《汉官丛考——以实物资料为中心》，华中师范大学博士学位论文，2013年，第130页。

［5］ 陈伟：《里耶秦简牍校释》（第一卷），武汉大学出版社，2012年，第145页。

［6］ 里耶秦简博物馆、出土文献与中国古代文明研究协同创新中心中国人民大学中心：《里耶秦简博物馆藏秦简》，中西书局，2016年，第114页。

［7］ 睡虎地秦墓竹简整理小组：《睡虎地秦墓竹简》，文物出版社，1990年，第148页。

［8］ 睡虎地秦墓竹简整理小组：《睡虎地秦墓竹简》，文物出版社，1990年，第150页。

［9］ 湖南省文物考古研究所、湘西土家族苗族自治州文物处、龙山县文物管理所：《湖南龙山里耶战国—秦代古城一号井发掘简报》，《文物》2003年第1期。

［10］ 陈伟：《里耶秦简牍校释》（第一卷），武汉大学出版社，2012年，第77页。

［11］ 陈伟：《里耶秦简牍校释》（第一卷），武汉大学出版社，2012年，第21页。

［12］ 朱汉民、陈松长：《岳麓书院藏秦简》（叁），上海辞书出版社，2013年，第182页。

［13］ 沈刚：《秦简中的“吏仆”与“吏养”》，《人文杂志》2016年第1期。

［14］ 里耶秦简博物馆、出土文献与中国古代文明研究协同创新中心中国人民大学中心：《里耶秦简博物馆藏秦简》，中西书局，2016年，第138、204页。

[15] 陈松长：《岳麓书院藏秦简》（肆），上海辞书出版社，2015年，第175页。
[16] 游逸飞、陈弘音：《里耶秦简博物馆藏第十至十六层简牍校释》，古代中国研究青年学者研习会（十一）论文，2016年6月25、26日。
[17] 睡虎地秦墓竹简整理小组：《睡虎地秦墓竹简》，文物出版社，1990年，第138页。
[18] 睡虎地秦墓竹简整理小组：《睡虎地秦墓竹简》，文物出版社，1990年，第83页。
[19] 焦南峰、王保平、马永赢等：《汉阳陵帝陵东侧11～21号外藏坑发掘简报》，《考古与文物》2008年第3期。
[20] 郭俊然：《汉官丛考——以实物资料为中心》，华中师范大学博士学位论文，2013年，第72、73页。
[21] 陈伟：《里耶秦简牍校释》（第一卷），武汉大学出版社，2012年，第216页。
[22] 宫宅洁：《里耶秦简"讯敬"简册识小》，简帛网2016年11月16日，http://www.bsm.org.cn/show_article.php?id=2662。
[23] 黄士斌：《河南偃师县发现汉代买田约束石券》，《文物》1982年第12期。
[24] 甘肃省文物考古研究所、甘肃省博物馆、文化部古文献研究室等：《居延新简：甲渠候官与第四燧》，文物出版社，1990年，第310页。
[25] 邢义田：《地不爱宝——汉代简牍》，中华书局，2011年，第104、105页。
[26] 陈松长：《岳麓书院藏秦简》（肆），上海辞书出版社，2015年，第169页。
[27] 里耶秦简博物馆、出土文献与中国古代文明研究协同创新中心中国人民大学中心：《里耶秦简博物馆藏秦简》，中西书局，2016年，第138、204页。
[28] 里耶秦简校释小组：《新见里耶秦简简牍资料选校》（二），《简帛》（第10辑），上海古籍出版社，2015年。
[29] 黄盛璋：《新出战国金银器铭文研究》（三题），《古文字研究》（第十二辑），中华书局，1985年。
[30] 甘肃省文物考古研究所：《敦煌汉简》，中华书局，1991年，第231页。
[31] 甘肃省文物考古研究所：《敦煌汉简》，中华书局，1991年，第234页。
[32] 《中国简牍集成》编辑委员会：《中国简牍集成》第10册《居延新简》（二），敦煌文艺出版社，2001年，第112页。
[33] 《中国简牍集成》编辑委员会：《中国简牍集成》第10册《居延新简》（二），敦煌文艺出版社，2001年，第53页。
[34] 《中国简牍集成》编辑委员会：《中国简牍集成》第10册《居延新简》（二），敦煌文艺出版社，2001年，第53页。
[35] 肖从礼：《楚汉简牍所见"中舍"考》，《丝绸之路》2011年第12期。

The Study on the Words of the Bamboo Slips of Qin Dynasty Excavated in Liye

Yang Xianyun
(Hunan Provincial Institute of Cultural Relics and Archaeology)

Abstract: In this paper, we discuss the study of the Bamboo Slips of Qin Dynasty excavated in Liye, on the basis of the research of collaterals and scholars, combining with relevant literature and unearthed literature. We interpret and supplement some words in order to contribute to the understanding of the annotations.

Keywords: the Bamboo Slips of Qin Dynasty Excavated in Liye; Annotations; Words; Interpretation

《湖南考古辑刊》（第14集）征稿启事

为了弘扬湖湘文化精神，推介湖南考古新发现，展示湖南省文物考古事业方面的研究成果与水平，湖南省文物考古研究所秉承甘为人梯的一贯宗旨，决定2019年继续主办《湖南考古辑刊》（第14集）。现面向省内外的业内专家、学者、同仁及文物爱好者征集稿件，细则如下：

（1）本刊现已设立考古新发现、探索与研究、科技考古、文物杂谈、家园凝眸、金石锥指、史海钩沉、公众考古等栏目，主要以考古发掘简报、专业论文为主，兼顾文物发现资讯。

（2）稿件采用A4纸，宋体，5号字，字数一般应控制在5000字以内，简报、报告等不超过10000字。要求内容规范、准确，语言流畅、精炼，表述清楚，逻辑关系明确。避免啰唆、口语化、带个人感情色彩语句出现。发掘简报、报告要求地层关系明确、遗迹描述准确，器物的分型、分式要有依据，文、图、表等务必对应。稿件要能首尾呼应。来稿请提供200字左右中英文摘要及3～5个关键词。摘要以第三人称写法独立成文，应精当完整地体现包括目的、方法、结果、结论四要素在内的文章主要信息，关键词要求是与论文主题内容密切相关的词汇。报告、论文撰写格式请参阅《考古》《文物》杂志所发精品文章以及本辑刊第10、11、12、13集报告、论文格式。

（3）文章中的器物图、照片、图表等务必清晰，器物图和照片请一律附纸版原件（硫酸纸或者照片原件），也可以是数码照片或扫描图片，要求扫描仪分辨率设置在600DPI以上。

（4）请规范使用当前通用的计量单位、特定字符或代码，比如类型学研究的型（大写英文字母）、式（大写罗马数字）表达便各有成规，切不可交错混用。图、表均应具备不看正文就可读懂的“自明性”，确保序号、题名、注解等基本要素的完备及标注位置的正确，插图的图例、比例尺缺一不可。

（5）注释请一律采取尾注方式，参考引文应避免引用过期素材或过时的观点，并请注意“征引”与“转引”的区别，文末注释应确保著录序次与正文标注序次的一致，以及著录诸要素（作者、文题篇名、出处、版次或期号、出版或刊发的时间等）的完整性。待刊的论文，未公开发表的论文、资料，网络资料等一律不可作为注释引用。参考文献的开列格式可参照GB/7714-87《文后参考文献著录规则》执行。

（6）随稿请附作者简历，包括性别、出生年月、学历学位、职务及职称、当前研究课题及主攻方向等关键信息；论文并请说明创新或发明的要点所在。

（7）来稿请注明第一作者或联系人的姓名、详细通讯地址、邮政编码、电话、传真、QQ及E-mail地址。切勿一稿两投。编辑部将在收到来稿后的30个工作日内完成决定性应答，包括对拟用稿件提出补充或修改意见；确定稿件合格并汇集专家审稿意见之后的90天内向作者做出进一步的处理说明。请务必在收到编辑部函件后的1个月内返回修改稿，否则将视为自动放弃。编辑部有权对采用的稿件做必要的删改。稿件一经发表，当致稿酬并赠送当期刊物。对不采用的稿件一般不退，请作者自留底稿。

（8）欢迎通过E-mail或QQ投稿。E-mail：hnkgjk@163.com。QQ：364038309。通讯地址：410008，长沙市东风路东风二村巷18号，《湖南考古辑刊》编辑部。邮寄请附包括稿件全部内容的电子文件光盘。

《湖南考古辑刊》编辑部

1. 药王洞遗址远景

2. 药王洞遗址近景

药王洞遗址

药王洞遗址1号洞穴北洞口地层剖面

1. 磨制石斧出土现场

2. 磨制石斧

药王洞遗址出土磨制石斧（TN2W1⑤：2）

图版四

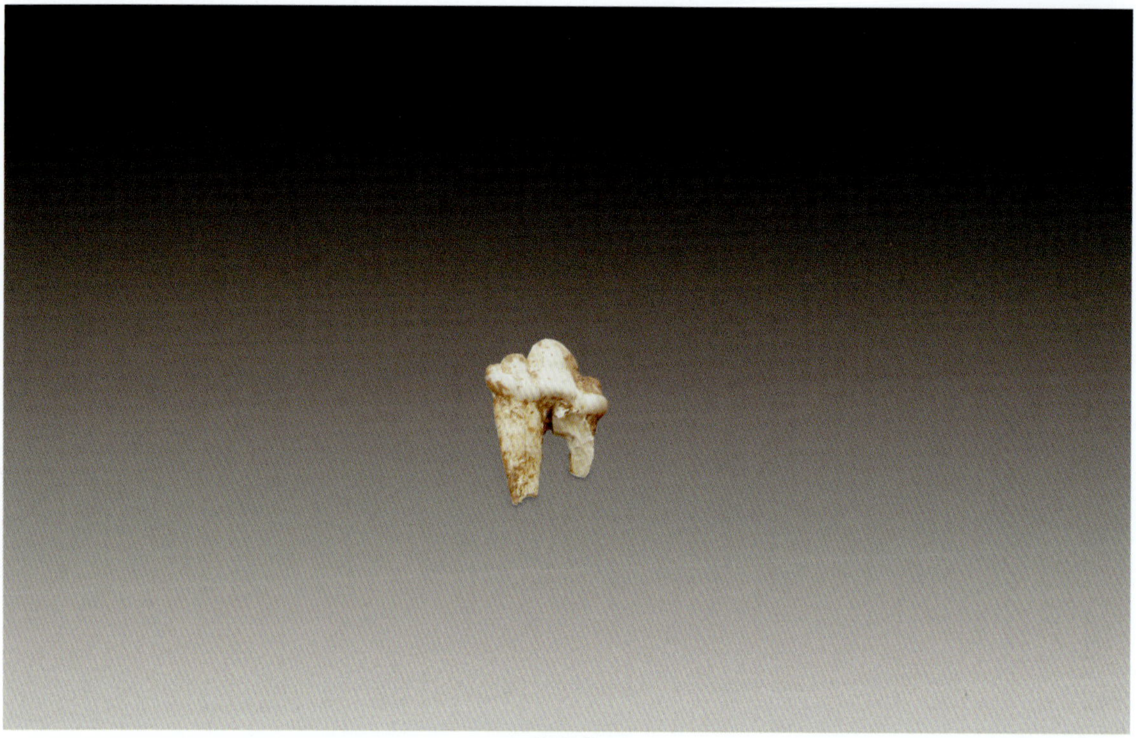

1. 熊齿化石

2. 牛齿化石

药王洞遗址出土动物化石

1. A型斧（T0102③：61）

2. B型斧（T0101④：3）

3. C型斧（T0101④：5）

4. 锤使用痕迹

周家岗新石器时代遗址出土石器

图版六

1. 豆（老爷台T2③：3）

2. 罐（老爷台T2③：4）

3. 罐（老爷台T2③：1）

4. 罐（木马岭M1：1）

沅陵老爷台、高坪、木马岭遗址出土陶器

车轱山遗址全貌（东北—西南）

图版八

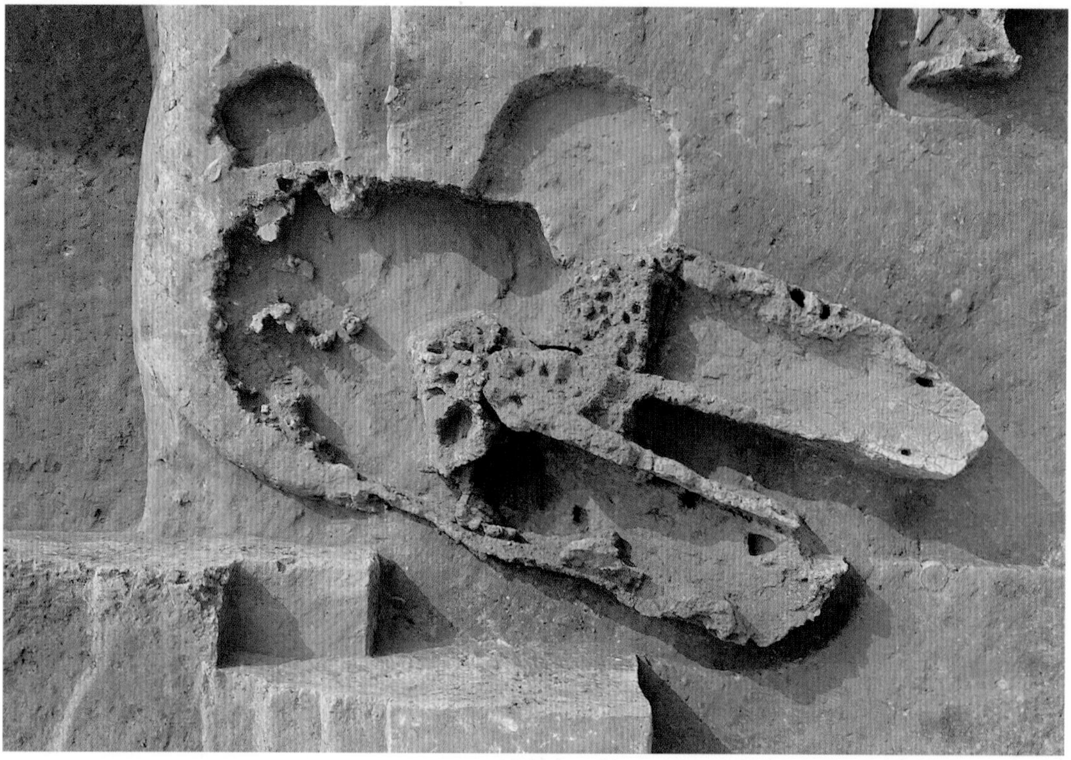

1. Y2清理完工照

2. Y2前部出露部分

车轱山遗址Y2

1. Z1清理完工照

2. Z2清理完工照

车轱山遗址Z1、Z2

1. M10

2. M12

3. M16

4. M28

车牯山遗址墓葬出土现场

1. F1局部照

2. S3（左）、S4（右）在TS01W03内分布情况

3. S26清理完工照

4. Y3清理完工照

车轱山遗址F1、S3、S4、S26、Y3

1. M12出土陶器

2. M13出土器物

3. M16出土陶器

4. H82出土陶器

车轱山遗址出土器物

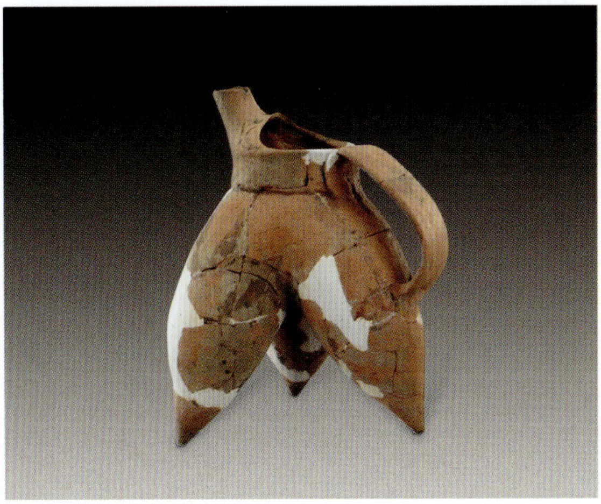

1. 盉（M12：4）

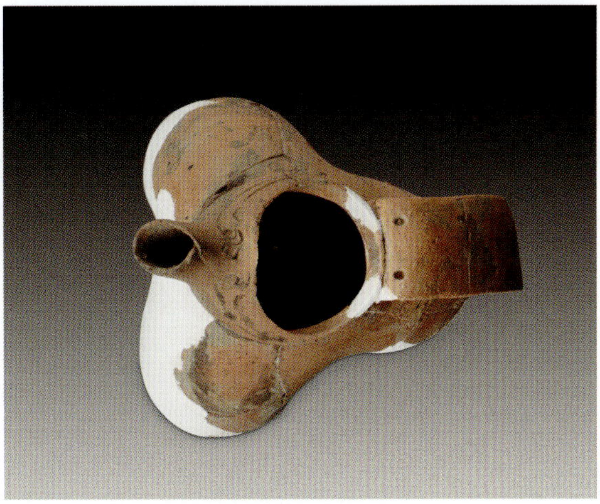

2. 盉俯视（M12：4）

3. H34陶器组合

4. H57陶器组合

5. M6瓮棺及随葬陶器

车轱山遗址出土陶器

图版一四

1. Ⅰ式盘（H5③：7）

2. Ⅱ式盘（H5①：6）

3. Ⅰ式甗形器（H2：1）

4. Ⅱ式甗形器（H1：1）

5. 壶形器（H5①：9）

6. 盆（H5③：3）

老鸦洲遗址出土陶器

1. A型Ⅰ式鼎（H5③：2）

2. A型Ⅱ式鼎（H5②：5）

3. B型Ⅰ式鼎（H5②：4）

4. B型Ⅱ式鼎（H5①：1）

老鸦洲遗址出土陶器

图版一六

1. C型鼎（H5③：1）

2. D型鼎（H5②：25）

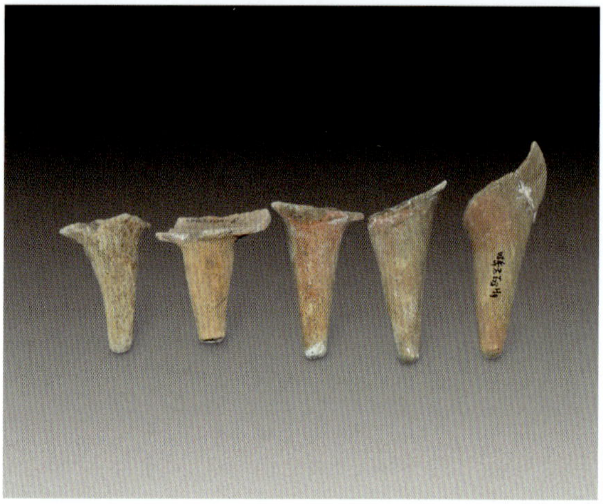

3. 鼎足

4. 硬陶缸（H5②：9）

5. 硬陶盂（H5②：13）

老鸦洲遗址出土陶器

1. A型Ⅰ式鬲（H5③：6）

2. A型Ⅱ式鬲（H5①：4）

3. B型Ⅰ式鬲（H5③：9）

4. B型Ⅱ式鬲（H5②：17）

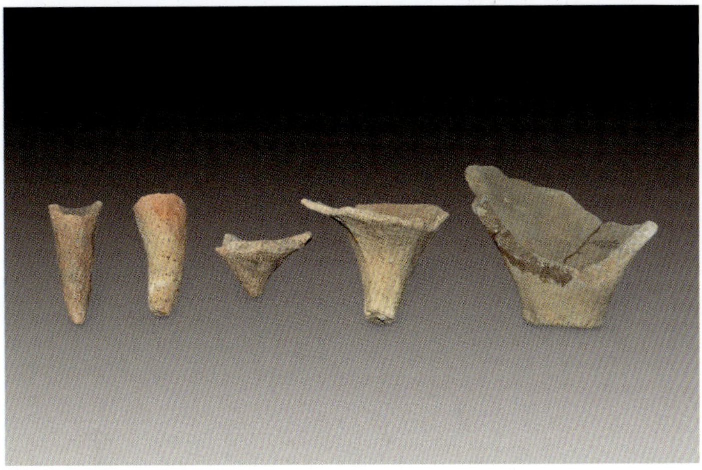

5. 鬲足

老鸦洲遗址出土陶器

图版一八

1. A型Ⅰ式（T7②：1）

2. A型Ⅱ式（H5②：2）

3. B型（H5②：12）

4. C型（H5①：2）

5. D型（H11：2）

6. E型（H5③：8）

老鸦洲遗址出土陶罐

1. A型（H11：1）

2. B型Ⅰ式（H5②：18）

3. C型（H12：1）

4. D型（H5②：1）

老鸦洲遗址出土陶釜

图版二〇

1. A型Ⅰ式（H5③：11）

2. A型Ⅰ式（H5②：19）

3. A型Ⅱ式（H5②：6）

4. A型Ⅲ式（H5②：11）

5. B型Ⅰ式（H5③：10）

6. B型Ⅱ式（H5①：8）

老鸦洲遗址出土硬陶釜

1. C型硬陶釜（H5②：14）

2. A型簋（H5①：5）

3. B型Ⅰ式簋（H5③：4）

4. B型Ⅱ式簋（H5②：7）

老鸦洲遗址出土陶器

图版二二

1. A型硬陶罐（H5②：15）

2. B型Ⅰ式硬陶罐（H5②：16）

3. B型Ⅱ式硬陶罐（H5①：7）

4. C型硬陶罐（H5②：8）

5. 豆柄（H12：6）

6. 拍（T6②：2）

老鸦洲遗址出土陶器

1. A型陶器盖（H5③：12）

2. B型陶器盖（H5③：13）

3. D型陶器盖（H5②：3）

4. 石刀（H5②：33）

5. 石范（H5③：20）

6. 石范（H5③：21）

老鸦洲遗址出土器物

1. GLM2盗洞位置照

2. GLM5盗洞形状及位置照

3. GLM1墓墙砌法及模印纹饰

4. GLM1西北部祭祀器物组配

龙祖山战国、汉墓

1. B型侈口罐（GLMl：29）

2. 小口罐（GLM1：2）

3. 盘口壶（GLM1：17）

4. 尊（GLM1：18）

5. 水盂（GLM2：1）

6. 盆（GLM2：6）

7. 盖钵（GLM1：7）

8. 高足杯（GLM1：24）

龙祖山战国、汉墓出土陶器

图版二六

1. 鼎（GLM2：21）

2. 灶（GLM2：2）

3. 粮仓（GLM2：3）

4. 粮仓（GLM2：7）

5. 灯（GLM2：22）

6. 香熏炉（GLM1：25）

7. 井（GLM1：11）

8. 水桶（左：GLM1：30，右：GLM2：26）

龙祖山战国、汉墓出土陶模型明器

1. A型陶器盖（GLM2：10）

2. B型陶器盖（GLM2：13）

3. 云母片（GLM1：20）

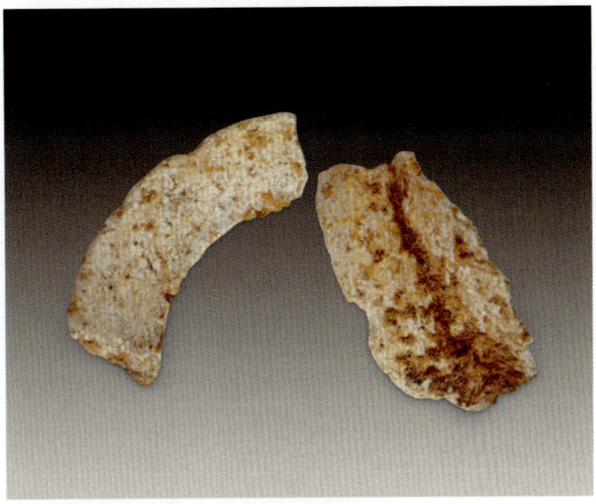
4. 侈口白陶釜（GLM1：23）

5. 黛板（GLM2：19）

龙祖山战国、汉墓出土器物

图版二八

1. 青铜盆（GLM3：1）

2. 青铜镳斗（GLM1：14）

3. 青铜镳壶（GLM1：15）

4. 青铜箭镞（GLM5：2）

5. 青铜戈（GLM5：3）

6. 青铜箭镞（GLM5：4）

7. 铜钱（GLM1：16）

8. 铁斧（GLM2：23）

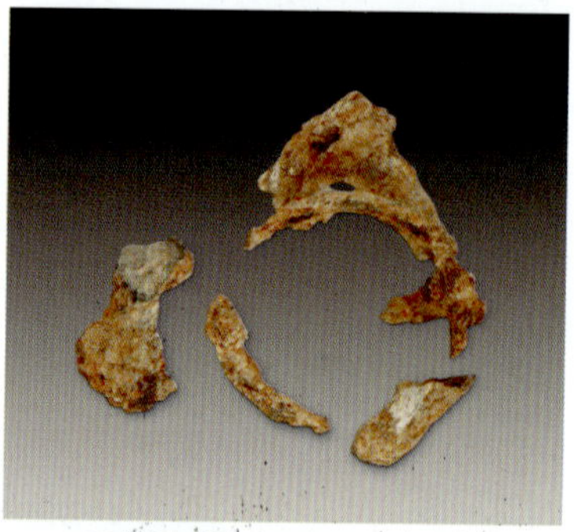
9. 铁支架（GLM1：28）

10. 环柄铁刀（GLM1：26）

11. 环柄铁刀（GLM2：18）

龙祖山战国、汉墓出土器物

赤蓝桥东汉墓M1

图版三〇

1. 甲类A型（M1：1）

2. 甲类B型（M1：3）

3. 乙类D型（M1：17）

4. 乙类B型（M1：15）

5. 乙类D型（M1：10）

6. 乙类B型（M1：13）

7. 乙类C型（M1：11）

8. 乙类C型（M1：12）

9. 乙类A型（M1：14）

10. 乙类A型（M1：16）

赤蓝桥东汉墓出土陶罐

1. 乙类C型陶罐（M1：9）

2. 陶盆（M1：6）

3. 陶灶（M1：2）

4. 陶钵（M1：4）

5. 铜镜（M1：8）

6. 铁剑（M1：18）

7. “永元四年”纪年砖　8. “永元”纪年砖　9. 几何形纹饰砖　10. 几何形纹饰砖　11. 几何形纹饰砖　12. 几何形纹饰砖

赤蓝桥东汉墓出土器物

图版三二

1. 碓屋（M10：10）

2. 鸡圈（M10：12）

3. 猪圈（M10：11）

4. 厕（M25：17）

5. 灶（M10：13）

6. 灶（M25：6）

狮北汉代墓地出土陶器

1. M10陶器组合

2. M25陶器组合

狮北汉代墓地出土陶器

图版三四

1. 罐（M10：15）

2. 罐（M25：3）

3. 钫（M25：18）

4. 扁壶（M25：7）

5. 盆（M10：24）

狮北汉代墓地出土陶器

1. M10：21

2. M25：4

狮北汉代墓地出土陶鼎

图版三六

1. 广肩罐（M1：4）

2. 广肩罐（M1：5）

3. 广肩罐（M1：6）

4. 贯耳敛口罐（M1：22）

5. 贯耳矮领罐（M1：25）

6. 深腹罐（M1：8）

踢金岭东汉砖室墓出土陶器

1. 灯（M1：3）

2. 灶（M1：9）

3. 鼎（M1：12）

4. 仓（M1：13）

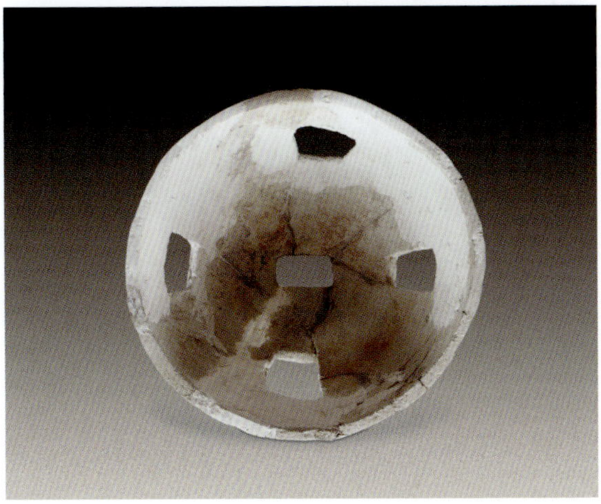

5. 甑（M1：14）

6. 罍（M1：15）

踢金岭东汉砖室墓出土陶器

图版三八

1. 陶器盖（M1：16）

2. 陶双口坛（M1：17）

3. 陶纺轮（M1：18）

4. 陶纺轮（M1：20）

5. 陶纺轮（M1：23）

6. 铁釜（M1：1）

踢金岭东汉砖室墓出土器物

1. 铁釜架（M1：2）

2. 铁稍（M1：19）

3. 铜五铢（M1：21）

4. 铁稍（M1：24）

5. 铁削（M1：27）

6. 铁器组合（M1）

踢金岭东汉砖室墓出土器物

图版四〇

1. 瓷盘口壶（M8：1）

2. 陶小口瓶（M10：2）

3. 陶堆塑罐（M10：1）

4. 陶堆塑罐（M17：2）

郴州宋代墓葬出土器物

1. 陶罐（M15：1）

2. 铜镜（M15：4）

3. 金耳环（M20：4）

4. 银耳环（M17：3）

5. 银簪（M20：3）

郴州宋代墓葬出土器物

1. 老卫城北墙中段墙体剖面（西北—东南）

2. 老卫城东门内侧砖铺路面（西—东）

1. 老卫城西门址（北—南）

2. 老卫城西墙中段墙体断面（西—东）

图版四四

1. 老卫城出土釉瓷器（T6②：1）

2. 老卫城出土银戒指（T2①：1）

3. 新寨窑址出土陶垫饼（Y1：2）

4. 新寨窑址出土瓷器盖（T1②：29）

5. 新寨窑址出土瓷罐残片（T1②：51）

6. 新寨窑址出土瓷壶残片（T1②：57）

老卫城遗址及周边遗存出土器物

1. 新寨窑址Y1窑床（南—北）

2. 新寨窑址出土Bb型瓷碗（T1②：22）

3. 新寨窑址出土瓷碗（T1②：26）

4. 新寨窑址出土瓷碗（T1②：28）

5. 新寨窑址出土瓷盘（T1②：41）

老卫城遗址周边遗存（新寨窑址）

图版四六

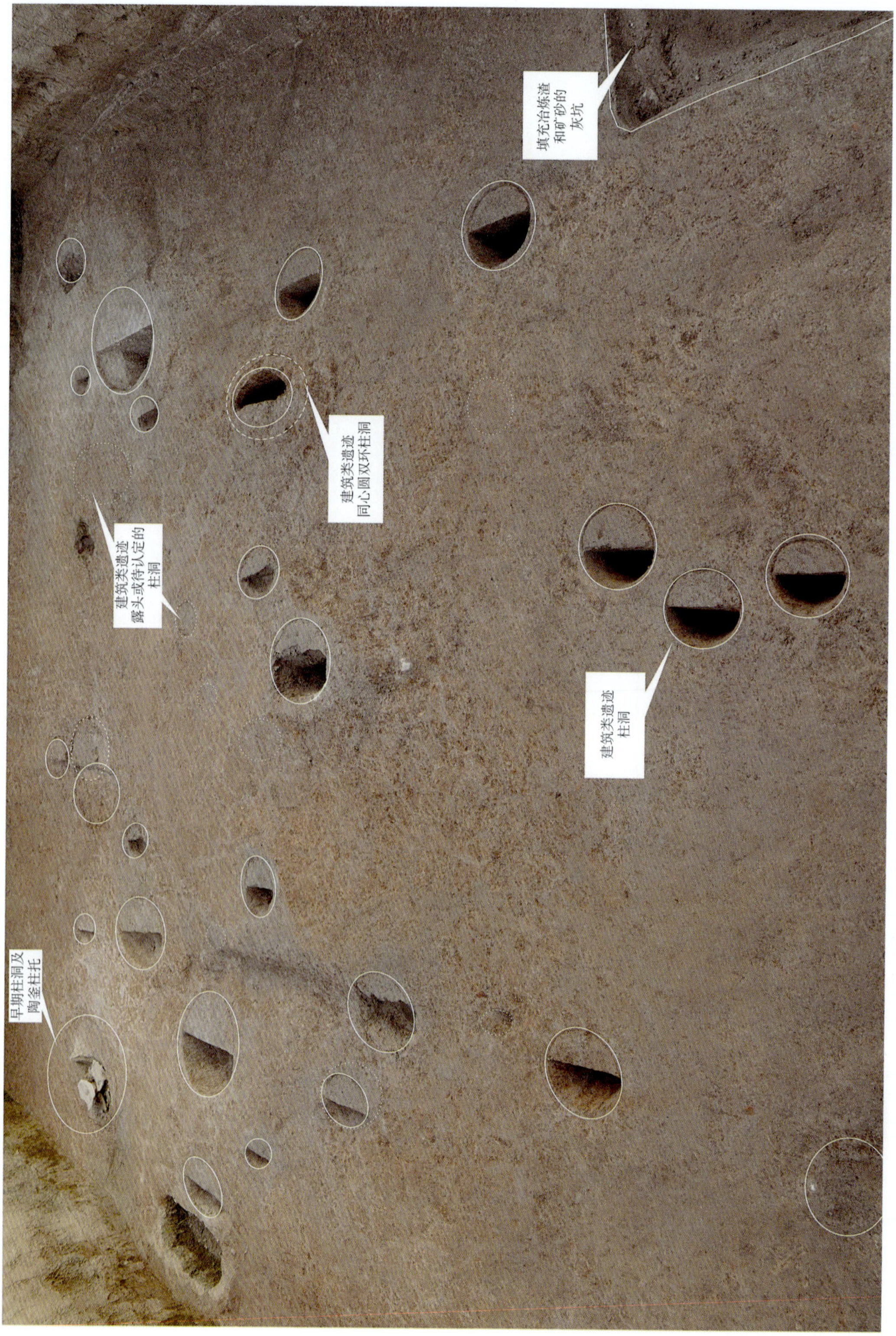

江洲遗址T3222第6层下遗迹分布示意图

江洲遗址TG9陶窑及上下夯土构筑物层序示意图

图版四八

1. 冶炼型铜块（T1047⑨：1）

2. 青铜器残件（T1067⑨：1）

3. 铸器石模（TG5-Ⅱ-㉘：3）

江洲遗址出土冶铸遗物

1. TG1犁头嘴土堤

2. TG11木头塘栗山

3. TG12陈家大屋东南土坎

江洲遗址TG1、TG11、TG12东、西、南三区间夯土构筑物特征示意图

图版五〇

袁家山遗址第3层出土石制品现场

1. 边刮器（LMBT9③：718）

2. 边刮器（LMBT9③：59）

3. 边刮器（LMBT9③：744）

4. 边刮器（LMBT9③：740）

5. 盘状刮削器（LMBT9③：754）

6. 尖状器（LMBT9③：576）

袁家山遗址第3层出土石工具

图版五二

S1. T2B3④：1

S2. T2C4④：1

S3. T2C4④：2

S4. T2C4④：3

S5. T2D3④：1

S6. T2D3④：2

S7. T2C5⑤：3

S8. T2C5⑤：4

S9. T2C5⑤：5

S10. T2C5⑤：6

S11. T2D3⑤：1

S12. T2D3⑤：2

S13. T2D3⑤：3

S14. T2D3⑤：4

S15. T2D3⑤：5

S16. T2D5⑤：1

S17. T2D5⑤：2

S18. 试制陶器

杉龙岗遗址陶片样品